# 지역문화와 디지털 콘텐츠

# 지역문화와 디지털 콘텐츠

김　현·주영하·정치영·임동주
정경란·김백희·임준근·곽병훈 공저

북코리아

# 책을 펴내며

우리는 세계화의 시대를 살아가고 있다. 세계화는 정치·경제·사회·문화 등 모든 분야에서 국경을 초월한 상호교류와 상호의존도가 빠르게 강화되어 가는 현상을 말한다. 세계화는 탈영역화, 등질화, 기능적 통합 등의 속성을 지녀, 세계화가 진행되면 지역들이 서로 통합되고 유사한 성격을 가지게 될 것으로 생각하기 쉽다. 그러나 지구촌으로 통합되는 과정 속에, 한편에서는 지역 간의 격차가 오히려 커지고 독특한 지역문화가 형성되고 있다. 즉 세계화 과정에서 지역의 중요성은 한층 강화되고 있으며, 지역문화의 개념은 더욱 부각되고 있는 것이다. 이러한 현상을 우리는 지방화 또는 지역화라 한다.

이렇게 세계화와 연속선상에서 이해되는 지방화는 지역문화에 새로운 의미를 부여하였다. 과거에는 고립되어 아무도 인식하지 못했던 지역문화가 인터넷을 비롯한 통신망의 발달로 인해 실시간에 세계 전역에 알려져서 세계적인 것으로 거듭날 수 있게 된 것이다. 이와 더불어 국내에서는 1995년 지방자치가 본격적으로 시작되면서 지방자치단체 단위의 발전전략과 맞물려 지역문화가 새롭게 주목받고 있다. 지방자치단체들은 지속적인 지역 발전의 매개체로 지역문화의 상품화와 산업화를 도모하고 있으며, 나아가 지역문화를 통해 지역의 정체성을 확립하려는 노력을 계속하고 있기 때문이다.

이러한 시대적 흐름 속에서 지역문화에 대한 심층적인 연구와 더불어 지역문화자원을 수집하고 집대성하여 다양한 매체를 통해 소개하기 위한 디지털 콘텐츠화의 필요성이 강하게 제기되고 있다. 한국학중앙연구원은 이와 같은 사회적 요구에 부응하

여 전국에 산재해 있는 지역문화 자료를 체계적이고 종합적으로 정리한 지역문화백
과사전인 『한국향토문화전자대전』 편찬사업을 수행하고 있다. 이 사업은 전국 시·
군·구 지역의 다양한 지역문화 자료를 발굴·수집·연구하여 집대성하고, 이를 디
지털화하여 인터넷으로 서비스하는 지식정보시스템을 구축하는 것이다.

한국학중앙연구원의 연구자들은 2003년부터 「디지털 성남문화대전」을 비롯해 8
개 시·군의 향토문화대전을 편찬하면서 지역문화의 디지털 콘텐츠화에 나름의 경험
과 지식을 축적해왔으며, 이를 학술연구자와 지역문화 전문가, 그리고 디지털화를
뒷받침하는 정보기술 전문가들과 나누기 위해 '제1기 향토문화 아카데미'라는 집중강
좌를 2007년 여름에 개최한 바 있다. 그리고 이 강좌의 준비과정으로 9개월에 걸쳐
『한국향토문화전자대전』 편찬사업의 협력 수행 기반 확대를 위한 지역문화 연구자
교육 프로그램 개발'이란 긴 이름의 과제를 한국학중앙연구원의 연구비를 지원받아
공동연구로 수행하였다. 이 책은 이러한 일련의 노력의 결과물이다.

다시 정리하면 이 책은 『한국향토문화전자대전』 편찬을 통해 얻은 다양한 지역문
화 디지털 콘텐츠 편찬 방법들을 전문연구자들은 물론, 지역문화 콘텐츠에 관심이
있는 일반 독자들과 공유하기 위해 기획되었다. 이를 위해 이 책은 크게 문헌자료의
이해와 활용, 현장조사의 방법과 실제, 정보시스템 구현 기술 등 3편으로 구성하였
다. 1편 '문헌자료의 이해와 활용'에서는 조선시대 지리지에서부터 근·현대에 만들
어진 시·군지와 지방공공기관 발행 자료, 그리고 각종 지도에 이르기까지 지역문화
디지털 콘텐츠 편찬에 이용할 수 있는 다양한 문헌자료의 성격과 내용, 수집방법과

활용방안 등을 다루었다. 2편 '현장조사의 방법과 실제'에서는 디지털 마을지를 제작하는 데 필요한 여러 가지 현장조사 방법과 함께 사진·음향·동영상 등 시청각 자료의 수집과 기록방법을 상세하게 설명하였다. 3편 '정보시스템 구현 기술'에서는 디지털 향토지 편찬에 요구되는 최신 정보 기술을 엄선하여 소개하였다.

이 책은 필자들만의 노력으로 만들어진 것이 아니다. 지난 5년 동안 『한국향토문화전자대전』 편찬에 참여해 온 전국 각 지역의 연구자, 정보기술 전문가, 그리고 편찬 실무를 담당해 온 한국학중앙연구원 한국학정보센터 연구원들의 공동작품이라 할 수 있다. 이 자리를 빌려 이들의 노고와 도움에 다시 한 번 큰 절을 올린다. 그리고 이 책의 출간을 지원해 주신 한국학중앙연구원의 관계자들과 깔끔하게 책을 만들어 주신 북코리아의 이찬규 사장님에게도 감사드린다.

끝으로 이 책이 지금 이 시간에도 빠르게 사라져 가고 있는 지역문화의 보존과 계승에 조그마한 도움이 되었으면 하는 바람이다.

2008년 7월
저자를 대표하여 **김 현**

# 차례

책을 펴내며 iv

1편 | 문헌자료의 이해와 활용

1. 전통시대 지리지 2

　1) 지리지의 정의와 역사 2

　2) 지리지의 유형과 편찬경향 4

　3) 지리지의 내용 구성 13

　4) 지리지의 활용방안 20

2. 근현대 시·군지 26

　1) 시·군지의 정의 26

　2) 일제강점기의 시·군지 편찬과 내용 27

　3) 현대 시·군지의 편찬과 내용 35

　4) 근·현대 시·군지의 활용방안 73

3. 지방 공공기관 발행 자료 99

　1) 지방 공공기관 발행 자료의 의미 99

　2) 지방 공공기관 발행 자료의 유형과 활용현황 102

　3) 지방 공공기관 발행 자료의 활용방안 111

4. 지도류   146

　1) 지도의 정의와 분류   146

　2) 고지도의 내용과 수집방법   148

　3) 근대 및 현대지도의 내용과 수집방법   160

　4) 지도의 활용방안   166


2편 | 현장조사의 방법과 실제   189


1. 디지털 마을지 콘텐츠 제작 방안   190

　1) 한국의 '마을', 동(洞)·리(里)로 들어가기   190

　2) 마을 이야기 콘텐츠 제작   194

　3) 토박이 이야기꾼 콘텐츠 제작   219

　4) 나오기: '내가 이해한 마을'   242


2. 디지털 마을지 시청각 자료의 수집과 기록   248

　1) 디지털 마을지 시청각 자료의 역할과 종류   248

　2) 시청각 자료의 수집   256

　3) 시청각 자료의 기록   258

　4) 동영상, 무엇을 찍을 것인가?   274

　5) 시청각 자료 가공·제작방침 및 조사자의 역할   282

# 3편 | 정보시스템 구현 기술　285

## 1. 디지털 향토지 편찬의 기술적 환경　286

　1) 디지털 향토지 편찬의 지향점　286

　2) 정보 자료 온라인 서비스의 발전 단계　288

　3) 디지털 콘텐츠 편찬의 차별화 요소　294

　4) 디지털 저작물 온라인 서비스의 제형태　299

　5) 디지털 향토지의 발전 방향　314

## 2. 디지털 향토지 콘텐츠 접근 방법의 설계와 구현　318

　1) 온라인 서비스를 위한 향토지 편찬 프로세스　318

　2) 텍스트 정보 기반의 서비스 기능 구현　330

　3) 부가 정보 기반의 서비스 기능 구현　342

　4) 디지털 향토지 편집자의 역할　354

## 3. 전자텍스트 편찬 도구 활용 기술　357

　1) 전자텍스트 편찬 도구의 필요성　357

　2) 전자텍스트 편집 도구　359

　3) 전자텍스트 키워드 정제 도구　363

　4) 키워드 정제 도구 활용 실습　364

　5) 전자텍스트 편찬 도구의 발전 전망　377

# 그림목차

## 1편 1. 전통시대 지리지

그림 1 『고려사』 지리지 '강화현' 부분    4

그림 2 『평양지』(1590년)    7

그림 3 『신증동국여지승람』(1531년)    21

그림 4 『여지도서』 장단부 부분    23

그림 5 『대동지지』, 「정리고」의 화외해로 부분    24


## 1편 2. 근현대 시·군지

그림 1 종이책 형태의 『여주군사』 목차의 모습    71

그림 2 『여주군사』 인터넷으로 서비스하고 있는 모습    71

그림 3 인터넷 『여주군사』의 목차 모습    72


## 1편 3. 지방 공공기관 발행 자료

그림 1 통계자료 유형    103

그림 2 지역(향토)자료 아카이브 관리시스템    115

그림 3 근거자료 목록    115

그림 4 『통계연보』 수록 내용    126

그림 5 『시정백서』 수록 내용    127

그림 6 상공회의소 자료 수록 내용    128

그림 8 팜플렛, 행정 자료 등의 수록 내용    132

그림 9 상공회의소 자료    133

그림 10 각 시·군청 홈페이지    133

그림 11 통계청 홈페이지    134

그림 13 문헌자료 목록으로서의 활용 예    138

그림 14 멀티미디어 활용 예    140

1편   4. 지도류

그림 1   『혼일강리역대국도지도』(일본 龍谷大學 소장)   150

그림 2   「천하도」(18세기)   151

그림 3   『팔도총도』   153

그림 4   『대동여지도』 경기도 서해안 부분   153

그림 5   광주지도(규장각 소장)   155

그림 6   전주지도(18세기 후반, 규장각 소장)   158

그림 7   『강화부궁전도』「행궁도」(1881년)   159

그림 8   『창녕조씨강화산도』「박씨촌도(朴氏村圖)」   160

그림 9   『구한말한반도지형도』 한성(漢城) 도엽의 일부   161

그림 10   일제시대 1:50,000지형도, 경성 도엽   162

그림 11   일제시대 1:10,000 지형도, 충주 도엽의 일부   163

그림 12   1:50,000지형도, 서울 도엽   165

그림 13   강화도의 지형   168

그림 14   17세기 말의 강화도 남부(『강도전도』(1684))   170

그림 15   19세기 후반의 강화도 남부(『강도부지도』)   170

그림 16   1895년경의 강화도 남부(구한말 한반도 지형도)   171

그림 17   1916년경 강화도 남부(일제시대 1:50,000지형도)   172

그림 18   1974년경의 강화도 남부(1:50,000지형도)   173

그림 19   1986년경의 강화도 남부(1:50,000지형도)   174

그림 20   서울 도성안의 주요 교량   176

그림 21   『도성삼군문분계지도』   176

그림 22   『대동지지』,『대동여지도』를 이용한 조선시대 경기도의 교통로 복원   177

그림 23   『대동지지』에 기재된 경기도 장시와 교통로   178

그림 24   'David Rumsey Historical Map Collection'   179

그림 25   'Japanese Historical Maps'의 검색화면(위)과
시기별 고지도 구현 화면(아래)   181

그림 26  일본 국토지리원의 '고지도 컬렉션' 초기화면    182
그림 27  기후현 도서관에서 운영하는 '고지도의 세계' 사이트    182
그림 28  개인이 운영하는 일본의 시기별 지형도 비교 사이트    184

2편  1. 디지털 마을지 콘텐츠 제작 방안
그림 1   제주시 디지털 마을지 - 삼도2동의 그림지도(심재석 제작)    205
그림 2   이희봉, 강화군 길상면 온수리 김부자집 평면도, 2002.    239

2편  2. 디지털 마을지 시청각 자료의 수집과 기록
그림 1   촬영시 반사가 된 사례    260
그림 2   촬영시 반사가 안된 사례    260
그림 3   실내에서 찍은 문서사진    260
그림 4   비석 원경 촬영    261
그림 5   비석 근경 촬영    261
그림 6   포토머지기능 사용 예    263
그림 7   포토머지기능 사용 결과물    264
그림 8   현지에서 스캔한 사진    265
그림 9   현지에서 작업하는 모습    265
그림 10  프리미어 작업 장면    272
그림 11  공간지형 촬영의 예    275
그림 12  물질자료의 스케치의 예    276
그림 13  삼각대 수평이 맞는 사진    278
그림 14  삼각대 수평이 안 맞는 사진    278
그림 15  수평이 맞는 사진    279
그림 16  수평이 맞지 않는 사진    279

3편 1. 디지털 향토지 편찬의 기술적 환경

그림 1 한국문화원연합회의 간행물 데이터 서비스 288

그림 2 한국학중앙연구원의 『정신문화연구』 PDF 파일 서비스 290

그림 3 『파주문화재대관』 291

그림 4 『사료로 본 독도와 동해』 291

그림 5 『과천시지』 온라인 서비스 292

그림 6 하이퍼텍스트가 지향하는 관련 정보의 연결 고리 295

그림 7 위키피디아 백과사전 300

그림 8 태양계의 모습 302

그림 9 브리태니커 온라인 304

그림 10 온라인 『조선왕조실록』 306

그림 11 테네시주 역사·문화 백과사전 308

그림 12 아칸사스주 역사·문화 백과사전 309

그림 13 슈퍼브레이크 닷 컴 311

그림 14 『한국향토문화전자대전』(http://korea.grandculture.net)
구글 어스 인터페이스 311

그림 15 메트로폴리탄 박물관의 미술사 연표 312

그림 16 하이퍼 히스토리 온라인 313


3편 2. 디지털 향토지 콘텐츠 접근 방법의 설계와 구현

그림 1 『한국향토문화전자대전』 콘텐츠의 전자문서 구조 325

그림 2 『한국향토문화전자대전』 검색 화면 333

그림 3 『한국향토문화전자대전』 콘텐츠 목차 서비스 337

그림 4 『한국향토문화전자대전』 디렉토리 서비스 339

그림 5 『한국향토문화전자대전』 용어·색인 서비스 341

그림 6 시청각 자료 편찬 공정 342

그림 7 『한국향토문화전자대전』시청각 갤러리 서비스　344

그림 8 지역문화지 전자지도 서비스의 3가지 구성 요소　345

그림 9 공간정보 등록부(Spatial Information Registry)의 구조　346

그림 10 공간정보 등록부 관리기 화면　347

그림 11 전자지도 호출을 위한 XML 요소 태깅 사례　348

그림 12 전자지도에서 본문 텍스트로의 연계　349

그림 13 본문 텍스트에서 전자지도로의 연계　350

그림 14 등록부를 매개로 한 텍스트 - 전자지도 링크　350

그림 15 '텍스트' - '베이스 맵' - '공간정보 등록부'의 연동 구조　351

그림 16 지역문화지 전자연표 서비스의 3가지 구성 요소　352

그림 17 전자연표 본문 텍스트 상호 연계　354

## 3편　3. 전자텍스트 편찬 도구 활용 기술

그림 1 XML Spy 프로그램 화면　361

그림 2 〈oXygen/〉 XML Editor 프로그램 화면　361

그림 3 EmEditor 프로그램 화면　362

그림 4 작업환경 설정파일　366

그림 5 파일 메뉴 선택 화면　368

그림 6 데이터 메뉴 선택 화면　369

그림 7 배치작업 메뉴 선택 화면　370

그림 8 도구 메뉴 선택 화면　371

그림 9 작업 환경 설정 파일을 읽어 들인 화면　372

그림 10 요소 목록 추출 결과 화면　373

그림 11 특정 요소를 선택한 요소 연동 기능 화면　374

그림 12 요소 자동 적용 배치 작업 대화상자　375

그림 13 요소 자동 적용 배치 작업 조건 설정 화면　376

그림 14   마이크로소프트 엑세스로 읽은 추출 요소 목록 데이터   377


**표목차**

1편   1. 전통시대 지리지

표 1     전통시대 주요 지리지 편찬 상황   9

표 2     전통시대 지리지의 종류   11

표 3     조선시대 지리지의 항목 분포   14

표 4     전통시대 지리지(읍지)의 분야별 주요 내용   17

표 5     조선시대 지리지의 서적별 주요 내용 비교   18


1편   2. 근현대 사군지

표 1     일제강점기의 중요한 부사(府史) 편찬 상황   28

표 2     일제강점기의 읍지(邑誌) 편찬 상황   28

표 3     조선시대 읍지의 항목과 일제강점기 읍지의 항목 분류 비교   30

표 4     전국 시·군지 편찬 현황   37

표 5     1960년대의 시·군지   44

표 6     1970년대의 시·군지   45

표 7     1980년대의 시·군지   46

표 8     1990년대의 시·군지   49

표 9     2000년대의 시·군지   52

표 10    경기도의 지자체 홈페이지 지역문화 내용(2007.11.18 현재)   65

표 11    『진양지』, 『진주목읍지』, 『진양속지』, 『진양군사』, 『디지털진주문화대전』
         내용비교   73

표 12    『디지털진주문화대전』 콘텐츠 목차 구성   75

표 13    『한국향토문화대전』 분야, 유형, 시대 분류표   88

표 14  『한국향토문화전자대전』과 각종 시·군지의 특성 비교표  92

1편  3. 지방 공공기관 발행 자료

표 1  지방 공공기관 발행 문헌자료의 유형  103
표 2  『시흥군지』와 『옹진군지』에 활용된 문헌자료 유형  108
표 3  『강릉시사』와 『제주시오십년사』에 활용된 문헌자료 유형  110
표 4  『디지털강릉문화대전』 전체 참고문헌 목록 현황  113
표 5  문헌자료 유형  116
표 6  실제 집필 원고  120
표 7  수정 원고  121

1편  4. 지도류

표 1  주요 고지도 웹 서비스  156

2편  1. 디지털 마을지 콘텐츠 제작 방안

표 1  ○○시·군 행정동 마을 목록표  195
표 2  예시: 제주시 납읍리의 경우  195
표 3  마을이야기 가상 스토리 표  199
표 4  예시: 제주시 납읍리의 경우  200
표 5  디지털 마을지 작업 일정표  201
표 6  현지조사에 필요한 도구  203
표 7  마을이야기 콘텐츠 구성표  217
표 8  '남자 토박이 이야기' 질문표  224
표 9  족관계표 작성 예  226
표 10  개인 연표 작성의 예시  231
표 11  '남자 토박이 이야기' 콘텐츠 구성표  232

표 12    '여자 토박이 이야기' 질문표    234

표 13    조리법 작성의 예시    238

표 14    여자 토박이 이야기 콘텐츠 구성표    241

표 15    디지털 마을지 전체 콘텐츠 구성표    245


2편 2. 디지털 마을지 시청각 자료의 수집과 기록

표 1    이미지 (사진촬영, 스캔) 작업 지침    283

표 2    사운드 및 동영상 작업 지침    283

표 3    지도/도면/도면 애니메이션/도표/PVR    283


3편 1. 디지털 향토지 편찬의 기술적 환경

표 1    디지털 콘텐츠 편찬의 차별화 요소    294

표 2    책자형 저작물이 제공해 온 전통적인 콘텐츠 접근 방법    299


3편 2. 디지털 향토지 콘텐츠 접근 방법의 설계와 구현

표 1    길잡이 콘텐츠의 소재와 활용    320

표 2    『한국향토문화전자대전』 전자문서 요소의 활용    329

표 3    검색 색인의 유형과 대상 정보    334


3편 3. 전자텍스트 편찬 도구 활용 기술

표 1    작업환경 설정파일 구조    366

표 2    파일 메뉴의 하위 메뉴    368

표 3    데이터 메뉴의 하위 메뉴    369

표 4    배치작업 메뉴의 하위 메뉴    370

표 5    도구 메뉴의 하위 메뉴    371

# 1편

# 문헌자료의 이해와 활용

1. 전통시대 지리지

2. 근·현대 시·군지

3. 지방 공공기관 발행 자료

4. 지도류

# 1. 전통시대 지리지

## 1) 지리지의 정의와 역사

지지(地志) 또는 지지(地誌)라고도 불리는 지리지(地理誌)는 일정한 지역에 대한 체계적이고 종합적인 기록이다. 지리지는 자연지리적인 내용뿐 아니라, 역사·문화·사회·경제·정치·행정·군사 등과 같은 인문지리 내용까지 풍부하게 담고 있어, 지리지가 담고 있는 시대와 지역의 모습을 이해하려는 연구자에게 최적, 최다의 정보를 제공한다. 조선시대까지 간행된 지리지 가운데 현존하는 것은 약 1,000종으로 알려져 있다.

사실 지리지는 동서양을 막론하고 고대부터 만들어졌다. 서양에서는 고대 그리스시대부터 어떤 지역의 자연조건과 그 위에 거주하는 사람들의 문화와 생활양식을 기술하는 저술이 꾸준히 이루어졌으며, 동양에서도 중국을 중심으로, 행정과 군사, 재정 등의 측면에서 통치자에게 지리적 지식을 제공하기 위해 지리지가 기원전부터 저술되어 왔다.

현재 남아있는 우리나라 전통시대 지리지의 선구적 형태는『삼국사기』지리지와『고려사』지리지이다.[1] 우리나라에서는 삼국시대부터 지리지가 편찬되

---

[1]『삼국사기』지리지는 총 50권 중에 34~37권의 4권에 해당한다. 고려시대 김부식이 편찬하였으며,『삼국사기』는 고려 인종 23년(1145) 왕명으로 펴낸 기전체(紀傳體) 역사책이다. 본기(本紀), 연표(年表), 지(志) 및 열전(列傳)으로 구성되며, 지(志) 중에 34~36권은 신라, 37권은 고구려·백제의 내용이다. 주로 당시의 군·현명(郡·縣名)을 나열해 놓은 것으로서 지리지의 기본 성격인 국가의 통치 자료로서는 미흡하다. 이는 삼국이 멸망한 뒤 200여 년 뒤 출간해서 선대의 기록이 민멸되고, 삼국의 군현제가 정비되지 못하였으며, 삼국의 중앙정부가 지방세력을 충분히 통제하지 못한 탓도 있다.『고려사(高麗史)』지리지(地理志)는 총 139권 중에 56~58권의 3권에 해당한다. 정인지·김종서 등이 편찬하였다.『고려사』는 조선시대 세종의 명으로 시작하여 문종 원년(1451)에 완성한 고려왕조에 관한 기전체 역사책이다. 지(志)는 총3권 분량으로 고려 건국 918년에서 멸망한 1392년까지 약 500년간 고려(高麗) 군·현(郡·縣)의 연혁을 단순하게 나열하고 있다. 관찬(官撰) 지리지의 효시라 할 수 있는『삼국사기』지리지와『고려사』지리지는 지리지

었다는 기록이 『삼국유사』, 『삼국사기』 등에 등장한다. 백제는 지리지를 편찬하였을 뿐 아니라 일본에 지리서를 전하였으며, 신라도 강역(疆域) 등을 기록한 지리지를 만들었다고 하나, 현존하는 것은 없다. 고려시대에도 적지 않은 지리지가 편찬되었을 것으로 보이나, 현재 남아 있는 것은 1145년 편찬된 『삼국사기』지리지가 유일하다. 따라서 『삼국사기』지리지는 현존하는 가장 오래된 지리지인데, 중국의 영향으로 사서의 부록으로 첨부되어 있다. 그 내용은 국토의 위치, 국호의 변천, 행정구역의 연혁 등으로 구성되어 있으며, 이두(吏讀)식 지명이 그대로 담겨 있어 고지명 연구에 귀중한 자료가 되고 있다.[2]

　조선시대에 들어서면, 다양한 지리지가 편찬되기 시작한다. 먼저 1432년 (세종 14)에는 『신찬팔도지리지(新撰八道地理志)』가 만들어지는데, 이 책은 조선왕조 들어 왕명에 의해 이루어진 최초의 지리지 편찬사업의 결과물이었다. 그러나 이 책은 현존하지 않고, 이 책을 편찬하기 위해 각 도(道)에서 만든 도별 지지 가운데 1425년에 만들어진 『경상도지리지(慶尙道地理志)』가 현존하여 그 구성과 내용을 추정할 수 있다. 『경상도지리지』는 연혁·산천·관방·공물·호구·성씨·인물 등 인문과 자연에 걸친 풍부한 내용으로 구성되어 있어, 『신찬팔도지리지』가 상세하고 다양한 내용으로 체계적으로 구성되었음을 미루어 짐작하게 한다. 그리고 1451년(문종 1)에는 『삼국사기』지리지와 유사한 형식과 내용으로 구성된 『고려사(高麗史)』지리지(地理志)가 편찬되었고, 1454년(단종 2)에는 『신찬팔도지리지』의 내용을 보완한 『세종실록(世宗實錄)』지리지(地理志)가 만들어졌다. 이들을 이어 조선시대 전시기에 걸쳐 다양한 지리지가 제작되었다.

　조선시대 지리지는 역사서의 부록으로 쓰인 것이 아니라, 독자적인 지리서

---

　편찬의 효시라고 할 수 있지만, 이후 편찬되는 『세종실록』의 부록인 『세종실록』지리지 등과 달리 지리지로서의 결함이 많다. 이 두 권의 지(志)들은 내용이 소략하고 지역민의 삶과 물산을 조망할 수 있는 정보가 거의 없다. 이는 전체 형식의 역사서에 포함된 일부로서의 「지(志)」가 지닌 한계로 보인다.

2) 이찬, 「한국지리학사」, 『한국문화사대계 Ⅲ』(1965), 685~687쪽.

로 편찬되어 한국지리학상의 중요한 의미를 지닌다. 독립된 형태의 지리서는
이전의 지리서와 외형상의 측면 뿐 아니라 내용상의 발전도 보이고 있다. 조
선시대에 본격적으로 편찬되는 지리지들은 역사·정치·경제·사회·문화 등
에 관한 폭넓은 관심을 바탕으로 풍부한 내용을 담고 있는 인문지리서이다.
조선시대 지리지의 내용은 역사서에서 기록하지 못하는 각 지역에 관한 종합
적인 정보를 수록하여 현재까지 당시의 지역사정을 전해준다. 이는 중세 지리
지의 체제를 정립하여 새로운 지리학과 지방지 편찬의 범형(範型) 수립이라는
의미를 지닌다.

## 2) 지리지의 유형과 편찬경향

지리지는 편찬주체와 다루는 지역범위 등에 따라 그 유형을 구분할 수 있
다. 먼저 지리지는 편찬주체에 따라 관찬지리지(官撰地理誌)와 사찬지리지(私
撰地理誌)로 나누어진다. 관찬지리지는 국가나 도(道), 각 지방의 관아에서
편찬한 지리지로 『세종실록』지리지, 『신증동국여지승람(新增東國輿地勝覽)』,
『여지도서(輿地圖書)』 등이 대표적인 예이다.

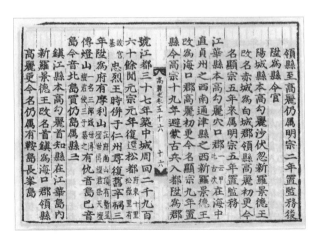

**┃그림 1┃** 『고려사』지리지 '강화현' 부분

## (1) 조선 초기의 관찬지리지

조선 초기의 관찬지리지는 국가의 통치 자료를 수집·확보하기 위해서 왕명으로 편찬한 지리지로서 전국을 대상으로 지방의 자료를 수집하여 편찬한 지리지이며, 이후 지방의 읍지 편찬의 계기가 된다. 여기에는 다양하고 풍부한 지역의 물산, 경계, 교통, 조세, 인물 등의 정보가 집대성되어 있다. 이 시기의 주요 관찬지리지로는 다음과 같은 것들이 있다.

| | |
|---|---|
| 1432(세종 14년) | 『신찬팔도지리지(新撰八道地理志)』 |
| 1454(단종 2년) | 『세종실록(世宗實錄)』 지리지(地理志)』 |
| 1477(성종 8년) | 『팔도지리지(八道地理志)』 |
| 1481(성종 12년) | 『동국여지승람(東國輿地勝覽)』 |
| | – 관찬지리지의 전형(典型) |
| 1531(중종 26년) | 『신증동국여지승람(新增東國輿地勝覽)』 |
| 1765(영조 41년) | 『여지도서(輿地圖書)』 – 관찬지리지의 완성판 |

## (2) 조선 중기 16~7세기의 사찬읍지 : 사찬(私撰)지리지

조선 중기인 16~7세기에 이르면 다양한 사찬(私撰) 읍지가 편찬된다. 이는 사찬지리지로서 관(官)이 주도하는 것이 아니라 지역의 유학자나 유지들이 개인적인 관심으로 편찬한 지리지이다. 주로 각 고을(읍)의 지리지인 읍지(邑誌)가 주를 이룬다. 1531(중종 26년) 『신증동국여지승람(新增東國輿地勝覽)』 편찬 이후, 16세기 후반부터 지리지의 양식이 변화하여 국가의 명령에 의하지 않고 지방 단위로, 사림(士林)과 수령(守令)을 중심으로 지리지가 편찬되는데, 이것이 "읍지(邑誌)"이다. 이 시기의 주요 사찬지리지는 다음과 같은 것들이 있다.

| 1507(중종 2년) | 『문소지(聞韶志)』 이자(李耔, 1480~1533)가 편찬한 최초의 사찬 읍지로서 경상도 의성(義城)의 읍지 |
| 1521(중종 16년) | 『제주풍토록(濟州風土錄)』 김정(金淨, 1486~1520) 편찬 |
| 1581(선조 14년) | 『연안부지(延安府誌)』 윤두수(尹斗壽, 1533~1601) 편찬 |
| 1587(선조 20년) | 『함주지(咸州志)』 정구(鄭逑, 1543~1620) 편찬 |
| 1596(선조 29년) | 『해주읍지(海州邑誌)』 찬자 미상(북한 소재) |
| 1648(인조 26년) | 『송도지(松都志)』 김육(金育, 1580~1658) 편찬 |

16~7세기 조선 중기 전국에서 편찬된 읍지의 수는 333개에 이른다. 조선 중기의 읍지 편찬은 읍지의 발아기로서 사찬읍지들이 대부분이고, 내용이 풍부하며 사실적인 읍지들이 많다. 16~7세기는 읍지 편찬의 태동기라고 할 수 있다. 이 시기는 사찬읍지가 주를 이루지만, 관찬읍지도 혼효(混淆)되어 있다. 그러나 같은 시기의 관찬읍지도 지방의 사족들이 협조 또는 제작에 참여하여 이루어졌으므로 사찬읍지와 관찬읍지 사이에 질적으로나 내용상의 큰 차이가 없다.

조선 중기의 읍지들은 지방통치 자료, 향촌 질서의 재편과 안정, 재지세력의 현양, 군·현의 역사지리서, 군사·방어의 강화와 대비, 교화의 수단 등 다양한 목적을 지닌다. 그리고 여러 유형의 읍지들이 편찬되어 사회적 요구에 부응하고, 각 지역의 지역적 특성을 나타내기도 한다. 조선의 개국이후 100여 년이 지나서 지배체제가 안정되고, 지방행정구역이 한양중심으로 확립되어 각 지방의 역사와 전통을 정리할 시기에 이르렀던 차에, 각 지역의 거주자 자신들의 시각에서 각 고장의 지식·정보를 풍부하게 기술한 읍지 편찬이 활성화되었다. 활발한 읍지의 편찬으로 인하여 중세 지지(地誌)의 체계가 정립되고, 현재 우리는 조선시대 국가의 실상과 구조를 생생하게 파악할 수 있는 기본적인 자료를 갖게 되었다.

우리나라의 전근대시대에 편찬되는 지리지는 대부분 관찬지리지이고, 사찬

지리지는 대체로 조선 중·후기에 이르러 집중적으로 편찬된다.3) 사찬지리지는 개인이나 지방유림 등 민간에서 편찬한 지리지를 말하는 데, 읍지류 이외에도 전국 규모의 사찬지리지로서 유형원의 『동국여지지(東國興地志)』, 김정호의 『대동지지(大東地志)』등이 있다.

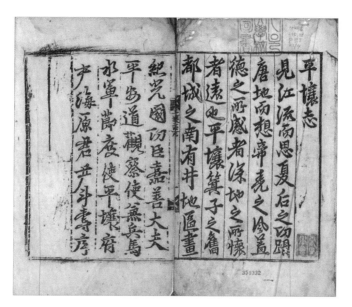

**■ 그림 2 ■** 『**평양지**』(1590년): 평안도관찰사였던 윤두수가 편찬한 사찬읍지로, 16세기 읍지로는 유일하게 원본이 남아있음.

## (3) 조선 후기 18~9세기의 관찬읍지

18~9세기 중엽에는 관찬읍지가 사찬읍지를 압도하는 모습으로 관찬읍지가 편찬되었다. 이 시기에는 관 주도 하에 전국에서 개별 군·현(郡·縣) 읍지들이 다수 편찬되었다. 정조(正祖) 대에는 105종이 편찬되는데, 이는 전체 개별

---

3) 이성무, 「한국의 관찬지리지」, 『규장각』, 6호(1982), 142쪽. 그리고 조선 초기의 지리지 편찬에 관한 포괄적 정보를 담고 있는 글로는 정두희, 「조선초기 지리지의 편찬 1, 2」, 『역사학보』, 69-70호(1976)가 있다.

읍지의 12.1%에 이른다. 18세기 중엽 이전에는 읍지 편찬이 국지적·산발적으로 이루어지며, 편찬의 중심지는 하삼도의 남부 지방, 특히 경상도와 전라도였다.

그리고 그 후에 조선 후기의 19세기 후반부터는 분량과 내용이 증보된 형태로 읍지 편찬이 이루어진다. 19세기 후반 고종 대에는 영남읍지 17책, 호남읍지 10책, 호서읍지 17책, 해서읍지 17책 등이 편찬되었다. 이와 같이 가장 많은 읍지가 편찬되는 시기는 19세기 후반 고종(高宗) 대이다. 고종 대에 편찬된 읍지는 424종이 전하며, 이는 전체 개별 읍지의 49.8%에 이른다. 전국적으로 읍지 편찬이 확산되는 것은 순조(純祖) 대이며, 이 시기에는 도지(道誌)도 본격적으로 편찬되기 시작한다. 헌종(憲宗)·철종(哲宗) 대에는 경기도, 평안도 등 중부·북서부 등에서 읍지 편찬 활동이 활발하고, 이후 중·북부 지방이 남부 지방에 비하여 개별 읍지 편찬에 있어서 보다 활발한 경향을 보인다.[4)]

1899년(광무 3) 조선시대의 관 주도 향토지 편찬으로서는 마지막으로 전국적인 읍지 편찬이 이루어진다. 이는 1895년에서 1896년에 걸쳐 시행되는 지방행정제도의 대대적인 개편에 따라서 지방의 실정을 파악해보려는 정부의 의도에서 수행된 사업이다. 그러나 이 당시에 편찬된 읍지의 내용과 형식은 이전에 편찬된 읍지의 내용을 세밀하게 고치는 것에 불과하며, 그 형식적 변천도 찾아보기 어렵다.[5)]

한편 지리지는 다루고 있는 지역 범위에 따라 그 유형을 전국지리지와 지방지리지로 구분할 수 있다. 전국지리지는 『세종실록』지리지, 『대동지지』와 같이 전국을 대상으로 편찬한 것으로, '여지(輿誌)' 또는 '통지(統誌)'라고도 한다. 전국지리지는 조선시대 전 시기에 걸쳐 제작되었으나, 특히 조선 전기에

---

4) 양보경, 「조선시대 읍지의 체재와 특징」, 『인문과학논집』, 4집(1997), 210쪽.
5) 성우경, 「도사·지방사 편찬의 개선방향에 관한 연구」, 서울시립대학교 석사학위논문(1993), 14쪽.

는 국가적인 차원에서의 편찬이 활발하였다. 그 이유는 조선의 건국과 그에 따른 지방행정구역의 재편성 등에 따라, 지방사회의 실정 파악과 조세확보를 위한 지방의 경제·재정·인구 실태의 조사가 시급했기 때문이었다. 반면 조선 중기 이후에 이루어진 개인에 의한 전국지리지 편찬은 사회 개혁의 수단이나, 지도 제작과 관련하여 지역에 관한 내용을 설명하는 등의 다양한 성격을 지니게 되었다.6)

표 1  전통시대 주요 지리지 편찬 상황

| 구 분 | 주 류 | 사 례 | 비고 |
|---|---|---|---|
| 고려~조선 초기 | 정사(正史) 지리지 | 『삼국사기 지리지』(1145), 김부식<br>『고려사 지리지』(1451), 정인지, 김종서 등 | |
| 조선 초기 | 관찬지리지 | 『신찬팔도지리지(新撰八道地理志)』(1454)<br>『세종실록지리지(世宗實錄地理志)』(1477)<br>『팔도지리지(八道地理志)』(1481)<br>『동국여지승람(東國輿地勝覽)』(1531) | |
| 조선 중기: 16~7세기 | 사찬읍지 | 『문소지(聞韶志)』(1507), 이자(李耔) 편찬<br>*최초 사찬읍지로 경상도 의성(義城)의 읍지<br>『제주풍토록(濟州風土錄)』(1521), 김정(金淨)<br>『연안부지(延安府誌)』(1581), 윤두수(尹斗壽)<br>『함주지(咸州志)』(1587), 정구(鄭逑)<br>『해주읍지(海州邑誌)』(1596), 찬자 미상(북한)<br>『영가지(永嘉志)』(1602), 권기(權紀)<br>『승평지(昇平志)』(1618), 이수광(李睟光)<br>『진양지(晉陽誌)』(1632), 성여신(成汝信)<br>『송도지(松都志)』(1648), 김육(金堉) 편찬 | |
| 조선 후기: 18~9세기 | 관찬읍지 | 『여지도서(輿地圖書)』(1757)<br>『신증동국여지승람(新增東國輿地勝覽)』(1765)<br>『진주목읍지(晉州牧邑誌)』(1832), 진주목 간행 | |
| 조선 말기: 19세기 후반 | 전국 규모 읍지 | 『영남읍지, 호남읍지, 호서읍지, 해서읍지』 | |

자료: 한국문헌연구소(편), 『한국지리지총서』(1983); 한국인문과학원(편), 『한국근대도지/읍지』(1991) 등의 자료를 참조.

6) 이해준·김인걸 외, 『조선시기 사회사 연구법』(한국정신문화연구원, 1993), 350~351쪽.

지방지리지는 각 지방에서 자기의 고장을 단위로 하여 작성한 지리지로, 부(府)·목(牧)·군(郡)·현(縣)이 일반적인 편찬의 대상이 되며, '읍지(邑誌)'라 부르기도 한다. 읍지의 편찬경향은 시대에 따라 달랐는데, 크게 16~17세기, 18~19세기 중엽, 19세기 후반 등 세 시기로 나누어 볼 수 있다. 16~17세기는 사찬읍지가 대부분을 차지하였는데, 지방통치 자료의 필요성, 주자학의 지방 보급에 따른 사대부들의 향촌 질서의 확립 노력, 문중조직의 형성, 지방행정제도의 안정으로 인한 지방문화의 축적 등이 편찬의 배경이 되었다.[7] 한편 18~19세기 중엽에는 관찬읍지가 사찬읍지를 압도하는 것이 특징이며, 교화적인 성격이 강하였다. 19세기 후반에 이르면, 읍지의 성격은 군사·재정 중심적인 것으로 변모하고 양적으로 현저하게 증가하는 추세를 보인다. 이는 당시 외세의 침입과 지방 재정의 문란 등과 같은 당시 사회가 지닌 제반 문제를 해결하려는 노력에서 비롯된 것이었다.[8]

조선시대 지리지 편찬의 흐름을 일별하면, 『신증동국여지승람』을 시작으로 광범위하고 포괄적인 지역문화의 지식·정보를 망라하는 지리지가 나온다. 이런 지리지 중 지방사의 범주에 속하는 것들은 아래 〈표 2〉중 「협의의 지리지」로 분류된 것들이다. 그 중에서도 역시 대표적인 것은 주·부·목·군·현(州·府·牧·郡·縣) 등 지방 각 읍(各邑)을 단위로 작성된 읍지이다. 드물기는 하지만 촌·면·동(村·面·洞)의 수준에서도 지리지가 편찬되고 있다. 이는 그만큼 지방에 대한 관심과 정리의 정도가 매우 높았음을 보여준다.

---

7) 이해준·김인걸 외, 위의 책, 353쪽.
8) 양보경, 『조선시대 읍지의 성격과 지리적 인식에 관한 연구』, 서울대학교 박사학위논문(1987), 165쪽.

표 2 전통시대 지리지의 종류

| 분류 | | 지리지의 종류 | | 대상 지역 | 대 표 서 적 |
|---|---|---|---|---|---|
| 광의의 지리지 | 협의의 지리지 | 輿誌 | | 全國 | 『東國輿地勝覽』, 『大東地志』 |
| | | 邑誌 | 道誌 | 道 | 『慶尙道邑誌』, 『湖南邑誌』, 『關東誌』 |
| | | | 郡・縣誌 | 府・牧・郡・縣 | 『義州牧邑誌』, 『龍仁縣邑誌』, 『大麓志』 |
| | | | 村・洞・面誌 | 村・洞・面・里 | 『薰陶坊鑄字洞志』, 『金溪洞誌』 |
| | | | 鎭營誌 | 鎭・營・驛・牧場・城 | 『畿甸營誌』, 『群山鎭鎭誌』, 『笠巖山城鎭誌』 |
| | | | 邊防誌 | 邊境地方 | 『北關誌』, 『北行陸錄』, 『北塞記略』 |
| | 外國志 | | | 外 國 | 『海東諸國記』, 『琉球風俗記』, 『寶瀛誌』, 『海槎錄』 |
| | 山川志 | | | 山・川・名勝地 | 『東國名山記』, 『妙香山誌』 |
| | 紀行 및 日記類 | | | | 『流頭遊錄』, 『耽羅錄』 |
| | 雜志 | | | | 『道路表』, 『魯城闕里誌』 |

자료: 양보경, 「조선시대 읍지의 성격과 지리적 인식에 관한 연구」, 서울대학교 박사학위논문(1987), 20쪽.

그러나 조선 후기에 들어가면 역사지리에 관한 정보를 종합적으로 담고 있는 한백겸의 『동국지리지』가 저술된다. 이것은 저서의 성격상 우리 고대 국가의 영역 및 지리 비정 등에 중점을 둔 것이지만, 치밀한 고증에 의한 지리 연구의 효시가 된다. 이런 분위기 속에서 유형원은 효종 7년(1656) 『동국여지지』라는 지리지를 편찬하였다. 이 책은 기본적으로 『신증동국여지승람』과 같은 성격을 갖고 있다. 『동국여지지』는 『동국여지승람』에 비하여 실용성과 개혁의 관점에서 지역 위주로 문제를 파악하며 그 실상을 보다 정확하고 체계적으로 이해하려는 시도를 보이고 있다. 그리고 단순한 자료 수집과 나열이 아니라 치밀하게 고증을 거친 저작이다. 『동국여지지』는 16세기 후반 이래 활성화된 읍지 편찬의 성과 및 『동국지리지』의 역사지리학과 문헌고증적 태도를 종합한 것이다.9) 『동국여지지』는 우리나라 지역사 및 지역문화 연구에 대한

---

9) 양보경, 「반계 유형원의 지리사상: 동국여지지와 군현제의 내용을 중심으로」, 『문화역사지

비판적 연구의 효시이다.

조선 후기에는 실학의 연구 성과 등을 반영하면서 관찬지리서의 편찬도 아울러 행해졌다. 그 대표적인 것이 『여지도서』와 『동국문헌비고』, 「여지고」의 간행이다. 『여지도서』는 조선 전기의 『신증동국여지승람』을 보완하기 위한 것으로 각 군·현의 읍지를 모아 하나로 엮는 형식을 취하여 영조 33년(1757)에 완간되었다.

『동국문헌비고』는 영조 46년(1770) 처음 편찬된 이래 다시 정조와 순조 때 보완 작업이 있었으며 이 작업이 순조 31년(1831)에 완료되어 『신증동국문헌비고』라고 하였다. 다시 고종 광무 7년(1903) 이후 보완 작업이 있어 순종 융희 2년(1908)에 『증보문헌비고』라는 명칭으로 간행되었다. 여기에는 영조 46년(1770) 이전의 기사로서 빠진 것을 보완한 것은 '보(補)'라고 표시하고, 그 이후의 사실은 '속(續)'이라 표시하여 영조 46년 이후 1908년까지 변화된 사실을 알 수 있다. 이 『증보문헌비고』에 실린 「여지고」는 해당 군·현을 놓고 그것에 대해 다시 세부 항목을 설정해 각 군·현 단위로 설명하는 형식을 취하지 않고 주제별로 항목을 설정한 뒤 각 주제에 대해 개별 군·현의 기사를 싣는 식으로 되어있다.

이와 같은 조선시대 지리지의 편찬경향을 종합적으로 정리하면, 시대적 요구와 사회구조의 변화를 반영하여 14~15세기에는 관찬의 전국지리지, 16~17세기에는 사찬읍지, 18~19세기에는 관찬읍지의 비중이 컸다고 할 수 있다. 그리고 현존하는 지리지는 관찬지리지와 사찬지리지를 모두 합쳐 1,000여 종이 훨씬 넘는 것으로 추산되며, 이 중 읍지가 더 큰 비중을 차지하고 있다.

리』, 4(1992).

## 3) 지리지의 내용 구성

지리지의 내용은 편찬된 시기와 편찬의 주체, 즉 관찬 및 사찬 여부에 따라 다르다. 그리고 같은 항목일 경우에도 편목의 명칭이 다른 경우가 있고(예: 軍額, 軍摠, 軍兵 등), 표현된 항목의 비중이 다른 경우(人物과 孝子, 烈女, 忠臣, 孝婦 등)도 있다. 더욱이 읍지는 같은 시기의 것이라도 각 군·현에서 수록한 항목이 각기 다른 경우가 많아 이를 일률적으로 정리하기 어렵다. 이 모든 것을 포괄하여 지리지의 구성항목을 대략적으로 제시하면 다음과 같으며, 여기에 부록으로 지도가 첨부되어 있는 경우도 있다.

- 자연지리적 내용
  - 산천(山川), 형승(形勝), 도서(島嶼), 강계(疆界) 등
- 인문지리적 내용
  - 역사, 문화적 내용: 건치연혁(建置沿革), 군·현명(郡·縣名), 능침(陵寢)/원릉(園陵), 총묘(塚墓), 풍속(風俗), 고분(古蹟), 누정(樓亭), 학교(學校)/서원(書院), 사찰(寺刹)/불우(佛宇), 단묘(壇廟), 비판(碑板)/책판(冊板), 고사(古事), 제영(題詠)/시문(詩文), 성씨(姓氏), 인물(人物), 충신(忠臣), 효자(孝子)/효녀(孝女), 열녀(烈女), 명환(名宦), 과환(科宦), 은일(隱逸), 학행(學行), 유우(流寓), 행의(行誼), 선생안(先生案)/환적(宦蹟) 등
  - 사회, 경제적 내용: 호구(戶口), 경지(水田·旱田), 조세(田稅, 大同, 均稅, 商稅, 船稅, 鹽稅), 장시(場市), 토산(土産), 창고(倉庫), 제언(堤堰), 요역(徭役), 환곡(還穀) 등
  - 정치, 행정, 군사적 내용: 관직(官員·職役), 방리(坊里), 성곽(城郭), 공해(公廨), 진관(鎭管), 진보(鎭堡), 군액(軍額)/군총(軍摠), 목장(牧場), 관액(關阨), 역원(驛院), 봉수(烽燧), 도로(道路), 발참(撥站), 진도(津渡), 교량(橋梁) 등

이 가운데 생소한 항목을 몇 가지 소개하면, 역사·문화적 내용 중에 명

환·과환·은일·학행·유우·행의·선생안 등은 모두 지역과 관련된 인물에 대한 내용으로, 명환은 지역에서 배출한 주요 관리를, 과환은 과거에 급제한 사람을 기록한 것이며, 은일은 벼슬을 하지 않고 은둔해 살던 선비, 선생안은 지방 관아의 역대 관원 명단이다. 정치·행정·군사적 내용 중에 공해는 관아 의 건물을 말하며, 진도는 나루터를 의미한다.

위의 항목들을 살펴보면, 지리지가 조선시대 한 지역 또는 국가 전체의 사회와 문화를 종합적으로 파악하는 데 가장 기초가 되는 자료라는 점을 다시 한 번 확인할 수 있다. 이러한 항목들을 통해 지리지는 조선시대 단일 시점의 특정 지역 또는 전국의 지역상은 물론 시간의 흐름에 따른 생활문화의 변화상 을 한눈에 추적할 수 있는 자료를 제공한다는 점에서 텍스트로서의 적합성과 유용성을 지닌다. 참고로 『세종실록』지리지를 비롯하여 주요 지리지가 수록하 고 있는 항목들을 정리한 것이 〈표 3〉이다.

표 3  조선시대 지리지의 항목 분포[10]

| 자료/<br>시기/<br>분류/<br>편목 | 관찬지리지 | | | | | 사찬지리지 | | 비고 |
|---|---|---|---|---|---|---|---|---|
| | 세종실록<br>지리지 | 신증동국<br>여지승람 | 여지도서 | 1871~72년<br>도지 | 광무 3년<br>읍지 | 동국여지지 | 대동지지 | |
| | 15세기<br>전반 | 16세기<br>전반 | 18세기<br>중반 | 1871~72년 | 1899년 | 17세기<br>중반 | 19세기<br>중반 | |
| 地圖 | – | 全國·道<br>지도 | 道·郡縣<br>지도 | 郡縣<br>지도 | 郡縣<br>지도 | | – | |
| 建置沿革 | ● | ● | ● | ● | ● | ● | ●(沿革) | 지명 및 읍격 이력 |
| 郡名 | | ● | ● | ● | ● | ● | ●(邑號) | 옛 지명 |
| 屬縣 | ● | ● | | | | | ●(古邑) | 지명 |
| 官員·官職 | ● | ● | ● | ● | ● | | ●(官員) | 軍官, 鄕吏, 儒·鄕<br>任 등의 편목도 있음 |
| 姓氏 | ● | ● | ● | ● | ● | | | |

10) 조선시대 주요 지리지의 내용을 분석하여 작성함.

| | | | | | | | | 비고 |
|---|---|---|---|---|---|---|---|---|
| 風俗 | ● | ● | ● | ● | ● | ● | | |
| 形勝 | | ● | ● | ● | ● | ● | ●(形勝) | |
| 山川 | ● | ● | ● | ● | ● | ● | ●(山水·嶺路·島嶼) | 島嶼, 江海 등의 편목도 있음. 渡·津 포함 |
| 疆域 | | | | ● | ● | | ●(疆域表) | |
| 坊里 | | | ● | ● | ● | | ●(坊面) | |
| 道路 | | | | ● | ● | | | |
| 公廨·宮室 | | ● | ● | ● | ● | ●(公署·宮室) | ●(營衙·宮室) | 營鎭 편목도 있음 |
| 倉庫·倉司 | | ● | ● | ● | ● | ●(倉庫) | ●(倉庫) | |
| 土産·土宜 | ● | ● | ●(物産) | ● | | ●(土産) | ●(土産) | |
| 俸廩 | | | | ● | ● | | | |
| 城池·城郭 | ● | ● | ● | ● | | ● | ●(城池) | |
| 關防·鎭堡 | | ● | ● | ● | | | ●(鎭堡) | |
| 關阨 | | | | ● | ● | | | |
| 兵船 | | | | ● | ● | | | |
| 堤堰 | ● | | | ● | ● | | | |
| 學校·校院 | | ● | ● | ● | ● | ● | ●(祠院) | 書院 편목도 있음 |
| 驛院·驛站 | ● | ● | ● | ● | | ●(郵驛) | ●(驛站·驛道) | 騎撥·院站 편목도 있음 |
| 烽燧·烽火 | ● | ● | ● | ● | ● | ●(烽燧) | ●(烽燧) | |
| 橋梁 | | ● | ● | ● | ● | ●(關梁) | ●(橋梁) | |
| 祠廟·壇廟 | ● | ● | ● | | | ● | ●(壇壝·廟殿) | |
| 牧場 | | | | ● | ● | ● | ●(牧場) | |
| 魚梁 | ● | | | | | | | |

| | | | | | | | | |
|---|---|---|---|---|---|---|---|---|
| 鹽所 | ● | | | | | | | |
| 磁器·陶器所 | ● | | | | | | | |
| 津渡·津航 | | | | ● | | | ●(津渡) | |
| 場市 | | | ● | ● | ● | | ●(場市) | |
| 佛宇·寺刹 | ● | ● | ● | ● | ● | ● | | |
| 陵寢·塚墓 | ● | ● | ● | ● | ● | ● | ●(陵墓·陵寢·陵園) | 墓所 편목도 있음 |
| 古跡 | | ● | ● | ● | ● | ● | ●(古邑) | |
| 故事·典故 | | | | | | | ●(典故·故事) | |
| 樓亭 | ● | ● | ● | ● | ● | | ●(樓亭) | |
| 戶口 | ● | | ● | ● | ● | | ●(田民表) | 人摠 편목도 있음 |
| 軍額·軍摠 | ● | ●(軍兵) | | ● | ● | | ●(軍籍) | |
| 結摠·田結 | ●(墾田) | | ● | ● | ● | | ●(田民表) | |
| 糶糴 | | | ● | ● | | | | |
| 田稅 | | | ● | ● | | | ●(穀簿) | |
| 進貢·進上 | ●(土貢) | | ● | ● | ● | | | |
| 大同 | | | ● | ● | | | | 대동세<br>(대동법 시행) |
| 均稅 | | | ● | ● | | | | 균역세<br>(균역법 시행) |
| 結錢 | | | ● | | | | | |
| 土質<br>(비옥도) | ● | | | | | | | |
| 還摠 | | | | | ● | | | |
| 題詠·詩文 | | ● | ● | ● | ● | | | 重修記, 上樑文 |
| 碑板·冊板 | | | | ● | ● | | | |

| | | | | | | | | |
|---|---|---|---|---|---|---|---|---|
| 人物 | ● | ● | ● | ● | ● | ● | | 孝子·孝女, 烈女, 孝婦, 忠臣, 流寓 등의 편목도 있음 |
| 名宦 | | ● | ● | ● | ● | ● | | 科擧, 名賢 편목도 있음 |
| 八景·十景 | | | | ● | ● | | | |
| 先生案·宦蹟 | | | | ● | ● | | | |
| 邑事例 | | | | ● | | | | |

전통시대 지리지의 주요 내용을 현대적 의미의 분야에 따라 정리하면 다음 〈표 4〉와 같다.

표 4 전통시대 지리지(읍지)의 분야별 주요 내용

| 구분 | 전통시대 읍지의 주요 내용 | 중요 항목 |
|---|---|---|
| 1 | 역사·문화·지리적 내용 | 경사상거(京師相距), 사린경계(四隣境界), 건치연혁, 군명, 형승, 풍속, 각리(各里), 성씨, 인물, 토풍(土風), 불우(佛宇), 사묘, 능묘, 고적(古蹟) |
| 2 | 사회구조적 내용 | 호구, 전결, 요역(徭役), 성씨, 인물, 선행, 규행(閨行), 현행(見行), 문과, 무과, 사마, 총묘(冢墓), 정표(旌表) |
| 3 | 경제·산업적 내용 | 호구, 전결, 산천, 토산, 제언, 관개(灌漑), 목장, 잡축(雜畜), 어전(漁箭), 염막(鹽幕), 시장, 선척(船隻) |
| 4 | 법제·행정적 내용 | 건치연혁, 진관(鎭管), 관원, 속현(屬縣), 군명(郡名), 호구(戶口), 군정(軍丁), 읍호(邑號), 임내연혁, 강역, 계수관소속(界首官所屬), 관원, |
| 5 | 교통·통신 내용 | 봉화(烽火), 봉수, 진도(津渡), 교량, 역원(驛院) |
| 6 | 재정적 내용 | 전결, 조적(糶糴), 전세(田稅), 대동(大同), 균세(均稅), 봉름(俸廩) |

자료: 양보경, 「조선시대 읍지의 체재와 성격」, 『인문과학논집』, 4(1997)의 내용 참조.

그리고 전통시대 지리지의 서적별 주요 내용을 정리하여 비교하면 다음 〈표 5〉와 같다.

표 5  조선시대 지리지의 서적별 주요 내용 비교

| 지리지 | 주요 내용 | 비고 |
|---|---|---|
| 세종실록<br>지리지 | 관원, 건치연혁(建置沿革), 임내(任內), 산천, 능묘(陵墓), 궁실, 누정, 호구(戶口), 군정(軍丁), 성씨, 인물, 토풍(土風), 전결(田結), 토선(土宜), 토공(土貢), 토산(土山), 도(陶), 자기소(磁器所), 성곽, 역(驛), 목장, 봉화(烽火), 불사(佛寺), 제언(堤堰), 도서(島嶼), 월경(越境), 견아지(犬牙地), 소령군현(所領郡縣) | 1477년<br>관찬<br>전국 |
| 신증동국<br>여지승람 | 건치연혁, 진관(鎭管), 관원, 속현(屬縣), 군명(郡名), 성씨, 풍속, 형승(形勝), 산천, 토산(土産), 봉수(烽燧), 성곽, 관방(關防), 궁실, 누정, 학교, 역원, 교량, 창고, 불우(佛宇), 사묘, 능묘, 고적(古蹟), 명환(名宦), 인물, 제영(題詠) | 1530년<br>관찬<br>전국 |
| 함주지<br>(咸州誌) | 경사상거(京師相距), 사린경계(四隣境界), 건치연혁, 군명, 형승, 풍속, 각리(各里), 호구, 전결, 산천, 토산, 관우(館宇), 성곽, 단묘(壇廟), 학교, 역원, 군기(軍器), 봉수, 제언, 관개(灌漑), 정사(亭榭), 교량, 불우, 고적, 임관(任官), 명환, 성씨, 인물, 선행, 규행(閨行), 현행(見行), 문과, 무과, 사마, 총묘(冢墓), 정표(旌表), 책판, 제영, 총담(叢談) | 1587년<br>사찬<br>함안<br>경상도 지방<br>의 최초 읍지 |
| 영가지<br>(永嘉誌) | 지도, 연혁, 읍호(邑號), 임내연혁, 강역, 진관, 계수관소속(界首官所屬), 관원, 형승, 풍속, 각리, 호구(전결, 군액, 노비 附), 산천, 토산, 토품, 관우, 누정, 성곽, 향교, 단묘, 서원, 서당, 향사당, 군기, 역원, 장점(匠店), 봉수, 도로, 제언, 관개, 진도(津渡), 교량, 지당(池塘), 임수(林藪), 장시, 고적, 불우, 고탑, 명한, 임관, 성시, 인물, 유우(流寓), 우거(寓居), 선행, 규행(閨行) 효자, 열부, 총묘(비문), 총담 | 1602년<br>사찬<br>안동 |
| 승평지<br>(昇平誌) | 정도(程途), 건치, 관원, 진관, 파영(把營), 읍호, 성씨, 官舍, 누정, 학교, 역원, 사찰, 사묘, 고적, 임내, 호구, 유액(儒額), 무반, 군정, 전법, 조세, 진상, 공물, 창고, 관전(官田), 제언, 목장, 잡축(雜畜), 어전(漁箭), 염막(鹽幕), 시장, 선척(船隻), 요역(徭役), 공장(工匠), 관속, 향임(鄕任), 장면(掌面), 서판(書板), 명환, 인물, 우거, 사실(事實), 제영, 잡저(雜著) | 1618년<br>사찬<br>순천 |
| 경산지<br>(京山誌) | 경계도리(境界道里), 건치연혁, 군명, 성씨, 풍속, 형승, 산천, 토산(土産), 수택(水澤), 각방(各坊), 호구, 전결, 공부(貢賦), 군액, 성곽, 궁실, 누정, 학교, 사묘, 역원, 창고, 불우, 고적, 총감, 총묘, 제영, 명환 | 1668년<br>사찬<br>성주 |
| 여지도서<br>(輿地圖書) | 사계(四界), 방리(坊里: 각 방리 거리, 호구수), 건치연혁, 군명, 형승, 성지(城池), 관직, 산천, 성씨, 풍속, 능침(陵寢), 단묘, 공해(公廨), 제언, 창고, 물산, 교량, 역원, 목장, 봉수, 누정, 사찰, 고적, 인물, 전결, 조적(糶糴), 전세(田稅), 대동(大同), 균세, 봉름(俸廩), 군병(軍兵) | 1757년<br>관찬<br>전국 |

자료: 한국문헌연구소(편), 『한국지리지총서』(1983); 한국인문과학원(편), 『한국근대도지/읍지』(1991) 등의 자료 참조.

전통시대 지리지는 다음 몇 가지 특성을 지닌다. 먼저 초기 관찬지리지의 초석을 놓은 『세종실록』지리지는 "토풍(土風), 전결(田結), 토선(土宣), 토공(土貢), 토산(土山), 도(陶), 자기소(磁器所), 성곽, 역(驛), 목장, 봉화(烽火)"등 지배체제를 확립하는 데 필요한 사회·경제적 사실들이 내용의 주를 이룬다. 그리고 관찬지리지의 초기 전형을 수립한 『신증동국여지승람』은 "궁실, 누정, 학교, 역원, 교량, 창고, 불우(佛宇), 사묘, 능묘, 고적(古蹟), 명환(名宦), 인물, 제영(題詠)"등 문물과 예속(禮俗), 시문(詩文) 등 조선 중기 사회의 격조 높은 성숙을 보여주는 문화적 사실의 내용들이 많은 비중을 차지한다.

조선 중기의 사찬읍지로서 경상도 지방에서 최초로 편찬된 『함주지』의 항목을 살펴보면 『동국여지승람』에는 없는 새로운 항목이 첨가되었다. 특히 "각리(各里), 호구, 전결, 군기(軍器), 제언, 관개(灌漑)"등의 항목이 새로 등장하고 있다. 이런 내용들은 해당 지역의 인구, 토지, 군수(軍需), 풍속 등 지역민의 삶과 직결되는 사실들이다. 『함주지』의 편찬자인 정구(鄭逑, 1543~1620)는 풍속의 교정(矯正)과 생민(生民)의 보호를 위해 이를 편찬한 것이다. "안민(安民)"과 "수령칠사(守令七事; 農桑盛, 戶口增, 學校興, 軍政修, 賦役均, 詞訟簡, 姦猾息)"[11]의 지방통치 사료의 특징을 보인다. 진주의 읍지인 『진양지(晉陽志)』, 『영가지』등도 같은 맥락에서 편찬되었다. 조선 전기의 관찬지리지와 달리 사찬읍지는 항목 수가 많아지고, 각 읍에 따라 내용 항목에 차이가 나며, 항목의 배열순서도 상이하며, 지역적 차별성을 보인다.

조선 후기의 지리지는 읍지와 도지 등 다양한 형태로 편찬되었으며, 관찬과 사찬을 아울러 조선시대 전체의 지리지 편찬 비율상 가장 많은 수가 편찬된다. 이는 조선 후기 실학의 지식인 계층이 주도하는 위민의식의 반영과 지방 관아의 능동적 편찬 지원에 기인한 것으로 보인다. 지리지 편찬의 내용과 형식면에서도 이전의 지리지 형식의 기본 틀을 유지하면서, 나아가 군사·재정

---

11) 이는 『경국대전(經國大典)』「이전(吏典)」〈고과(考課)조에 명시된 7가지 근무수칙으로서 조선시대 지방의 수령이 지방의 백성을 다스릴 때 힘써야 할 의무사항이다.

적인 내용 중심으로 읍지의 성격이 변모된다.[12]

## 4) 지리지의 활용방안

지금까지 살펴 본 바와 같이 조선시대에는 전 시기에 걸쳐 많은 지리지가 편찬되었다. 그 가운데에서도 지역문화 연구에 널리 활용되고 있는 주요 지리지의 내용과 특성을 소개하고자 한다. 이들 지리지는 향토문화 콘텐츠 제작에도 기초적인 자료로 이용할 수 있다.

먼저 1454년(단종 2)에 편찬된 『세종실록』지리지는 군·현에 따라 차이가 있지만, 〈표 3〉과 같이 약 25개 항목으로 구성되어 있다. 그 특징으로는 첫째, 전국 모든 군·현의 인구·거리·면적 등은 물론이고, 목장의 말과 목자 수, 병영의 병사 수와 군선의 척수, 염소(鹽所)[13]와 도기소(陶器所)[14]의 수 등 각종 숫자와 통계가 정확하게 기재되어 있다는 점이다. 둘째, 각 지방의 지역적 특성을 파악하여 정리하였다는 점이다. 특히 토양의 비옥도, 기후, 풍속 등을 간단하면서도 명확하게 서술하였는데, 예를 들면, 경기도 강화현(江華縣)은 "땅이 기름지고, 기후가 일찍 따뜻해지며, 민속(民俗)이 어염(魚鹽)으로써 업(業)을 삼는다."라고 기록되어 있으며, 경상도 경주부(慶州府)는 "땅은 기름지고 메마른 것이 서로 반반이고, 기후는 따뜻하며, 풍속은 질박(質朴)하여 신라의 유풍(遺風)이 있다."라고 기재되어 있다. 셋째, 산업과 관련된 항목들이 많이 포함되어 있다는 점이다. 토의(土宜)·토산·토공(土貢)·간전(墾田)[15]·철장(鐵場)·약재(藥材)·목장·어량(魚梁)·염소·도자기소 등이 그것이다. 특히 앞서 살펴본 바와 같이 목장·철장·염소·어량·약재에 관한 내용은 현대의 그 어떤 자료에서도 보기 드물 정도로 상세하게 기재되어 있다.

---

12) 양보경, 앞의 논문(1997), 213쪽.
13) 염소는 소금을 만드는 곳을 말한다.
14) 도기소는 도기를 만드는 곳이다.
15) 논과 밭, 즉 농경지를 말하며, 그 면적이 기재되어 있다.

따라서 『세종실록』지리지는 15세기 전반 우리나라의 지역상을 이해하는 데 가장 기본적인 자료가 되며, 이를 이용하여 전국에 걸친 당시의 산업지도를 제작하는 등 다양하게 활용할 수 있다. 더욱이 이 자료는 국역되어 있을 뿐 아니라, 국사편찬위원회의 '조선왕조실록' 웹사이트에서 원문과 국역본을 함께 열람할 수 있기 때문에 누구나 쉽게 이용이 가능하다.16)

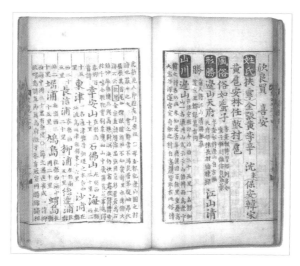

┃그림 3┃ 『신증동국여지승람』(1531년)

1531년에 간행된 『신증동국여지승람』은 〈표 3〉에서 확인할 수 있듯이, 문화적인 내용이 풍부하게 수록되어 있다는 특징을 지닌다. 각 지방의 산천에 대한 기록에서도 산과 강의 위치 등에 대한 설명과 더불어 산과 강에 얽힌 고사나 이를 소재로 한 시문을 함께 싣고 있다. 누정의 경우에도 누정의 위치·연혁·특성과 함께 누정을 방문하고 남긴 유명 인사들의 시와 기문(記文)을 수록하고 있다. 또한 별도로 제영(題詠) 항목을 두어, 각 지방의 명소를 소재

---

16) 국사편찬위원회에서 운영하는 '조선왕조실록' 웹사이트는 "http://sillok.history.go.kr" 이다.

로 창작된 시들을 모아 놓았다. 그리고 『세종실록』지리지에 비해 인물 부분이 대폭 보강된 것도 『신증동국여지승람』의 중요한 특성인데, 각 지방이 배출한 학자·고승·충신·무장·효자·열녀 등을 기재하였다.

따라서 『신증동국여지승람』은 조선시대 문화사와 문학 연구에 귀중한 자료로 활용되고 있으며, 지방의 역사인물을 소재로 한 문화콘텐츠의 제작에도 활용할 수 있다. 『신증동국여지승람』 역시 국역작업이 이루어져 책으로 발간되었으며, 민족문화추진회에서 전문을 인터넷으로 서비스하고 있다.17)

『여지도서』는 1757~1765년 사이에 각 군·현에서 편찬한 읍지를 모아 책으로 묶은 관찬읍지이다. 당시 존재하였던 군·현중 39개 군·현의 읍지는 누락되고, 총 295개의 읍지와 17개 영지(營誌), 1개 진지(鎭誌)가 수록되어 있는데, 그 내용은 〈표 3〉과 같이, 『신증동국여지승람』의 내용에 사회·경제적인 내용을 담고 있는 항목이 많이 추가되었다. 구체적인 항목으로는 방리·제언·도로·교량·부세(진공(進貢), 전세(田稅), 대동(大同), 균세(均稅) 등)·봉름(俸廩) 등이 수록되어 있어 당시 지방의 재정 상태를 파악할 수 있는 기본 자료를 제공해 준다.

『여지도서』의 가장 큰 특징은 '여지도'와 '서'를 합친 책 이름 그대로 각 읍지의 가장 앞부분에 〈그림 4〉와 같이 각 군·현의 지도를 수록하고 있다는 점이다. 이를 통해 당시 군·현 아래의 각 면(面)과 주요 시설의 위치 등을 파악할 수 있다. 그리고 방리조(坊里條)에 군·현의 면과 리(里)의 호수와 남녀 인구수를 기록하고 있어 당시의 지역 별 인구규모를 추산하는 데 이용할 수 있다.18) 사실 한 시대의 문화상과 사회상을 이해하기 위한 가장 기초적인 작업은 그 기반이 되는 인구현상의 파악일 것이다. 인구에 대한 지식이 없이는 정치·경제·사회·문화현상의 변동을 올바로 해석하는 것이 불가능하기 때문

---

17) 『신증동국여지승람』의 국역본은 "http://www.minchu.or.kr(민족문화추진회 홈페이지)" 에서 열람할 수 있다.
18) 경상도 등 일부 지역은 면별 인구통계가 기재되어 있지 않다.

이다. 『여지도서』는 일부 누락된 군·현이 있으나, 전국에 걸친 18세기 후반의 공시적인 기록이라는 점에서 활용가치가 매우 높은 지리지라고 평가할 수 있다.

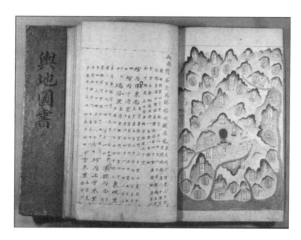

■ 그림 4 ■ 『여지도서』 장단부 부분 : 가장 앞부분에 채색지도가 첨부되어 있음.
출처: 한국정신문화연구원, 『한국민족문화대백과사전』(1991).

『대동지지』는 김정호가 1864년경에 편찬한 지리지로 가장 대표적인 사찬 전국지리지이다. 이 책은 첫머리에 총목(總目)과 문목(門目), 그리고 인용서목(引用書目)이 있고,[19] 본문은 경도와 팔도의 「지지」와 별도의 「산수고(山水考)」, 「변방고(邊防考)」, 「정리고(程里考)」, 「역대지(歷代志)」 등으로 구성되어 있다. 이 책의 특징은 먼저 「지지」 부분에서 각 도의 지지의 끝부분에 도별 통계표가 작성되어 있다는 점이다. 여기에는 인구·경지 등 일반적인 내용은 물론이고, 각 도별 장시·보발(步撥)·기발(騎撥)[20]·진도·목장·제언·

---

[19] 총목은 전체목차, 문목은 각 항목의 내용구성을 설명하는 부분이며, 인용서목은 이 책을 편찬하는데 참고한 도서의 목록이다.
[20] 기발과 보발은 조선시대의 교통·통신수단이며, 이를 합쳐 파발(擺撥)이라 한다. 기발은 말을 타고 공문이나 군사정보를 전달하며, 보발은 도보로 전달하는 것이다.

보(洑)·황장봉산(黃腸封山)[21]·송전(松田)·사액서원(賜額書院)·조창(漕倉)·민창(民倉) 등의 숫자 또는 명칭이 기재되어 있다. 별도로 작성한 「산수고」·「변방고」·「정리고」·「역대지」 가운데는 「정리고」와 「역대지」만 전해지는데, 특히 국내는 물론 국외의 교통로를 정리한 「정리고」의 내용이 주목된다. 여기에는 서울을 중심으로 각 지방으로 이어지는 10개 대로와 제주로 이어지는 해로, 연변해로(沿邊海路), 발참(撥站)의 노선, 중국 연경으로 가는 수로와 육로, 일본 에도와 유구국(琉球國)으로 가는 해·육로(〈그림 5〉 참조)의 노선이 거리와 경유지를 포함하여 상세하게 기록되어 있다. 그러므로 「정리고」는 조선 후기 교통로를 복원하는 데 필수적인 자료이다. 『대동지지』는 영인본이 간행되었고, 최근 국역작업이 진행 중이다.

▌그림 5 ▌ 『대동지지』, 「정리고」의 화외해로 부분: 동래에서 출발하여 에도〔江戶〕까지 가는 길이 기록되어 있음.

---

21) 황장봉산은 국가에 용재로 쓸 황장목(소나무)을 육성하기 위해 지정한 보호림을 말한다.

한편 각 지방의 개별적인 상황을 보다 자세하게 살펴보기 위해서는 읍지의 검토가 이루어져야 한다. 읍지 중 상당수는 영인작업이 이루어져 쉽게 활용할 수 있다. 그 예로 아세아문화사는 전국 각 도 별 읍지 20권, 경주지 등 지방지 2권 등을 『한국지리지총서』라는 시리즈로 간행하였으며, 한국인문과학원은 1989년에 각 군·현의 사찬읍지를 망라하여 『한국읍지총람』이라는 이름으로 55책을 간행하였다. 이밖에 서울대학교 규장각은 소장하고 있는 조선 후기 지리지 가운데 간행되지 않은 읍지를 모아 『규장각자료총서』-지리지 편-이라는 이름으로 각 도별로 연차적으로 간행하고 있다. 다만 읍지를 이용할 때는 그 기록내용의 정확성에 유의해야 한다. 특히 19세기 후반에 편찬된 읍지 중에는 그 이전 시기의 읍지를 그대로 베끼거나, 새로 편찬하였다 하더라도 과거의 통계자료를 이용한 경우가 적지 않게 발견된다. 따라서 읍지를 활용할 때는 같은 지방을 대상으로 편찬된 여러 종의 읍지를 충분히 비교·검토함으로써 이러한 오류를 피해야 한다.

## 2. 근·현대 시·군지

### 1) 시·군지의 정의

지역문화에 대한 지식정보를 담고 있는 자료는 다양하지만 가장 포괄적인 정보를 담고 있는 근·현대의 자료는 시·군지이다. 일반적으로 시·군지란 지방의 역사, 문화, 지리, 풍속, 산업 등을 조사하고 연구하여 기록한 책이다. 전통시대의 지리지 편찬을 계승하여 근·현대적 형태로 나타난 것이 시·군지라고 할 수 있다. 여기에서 시·군지에 포함될 수 있는 것들은 넓은 의미로 일제강점기의 도사와 부사 그리고 현대의 도사(지), 시·군사(지) 등이다. 지역문화에 대한 지식정보를 담고 있는 자료는 실로 다양하지만, 가장 포괄적인 정보를 담고 있는 자료로는 역시 시·군지를 꼽을 수 있다. 근대 시·군지 편찬의 역사는 1910년을 기점으로 살필 수 있다. 우리는 일제강점기의 시·군지와 해방이후 편찬된 시·군지를 대상으로 그 체계와 내용 등을 비교함으로써 새로운 지역문화 콘텐츠 개발의 모형을 모색할 수 있다.

지역문화의 지식과 정보를 총체적으로 정리하는 시·군지를 편찬하는 것은 전통시대부터 이어져 온 중요한 지역문화의 역사·문화 지식정보의 기록 방식이다. 중앙의 일관된 기획과 조사에 기초하여 편찬된 전국지리지와는 달리, 지역의 시·군지는 각 지역의 정보와 지식을 나름의 시각에서 현장감 있게 담아냈다는 장점이 있다. 그러나 근래의 시·군지 편찬을 보면, 획일적인 틀을 벗어나지 못하거나, 과거 전통시대 읍지의 체제와 내용을 답습하는 등의 단점을 보이는 것도 사실이다.

그동안 시·군지의 편찬방식과 내용에 대한 연구는 충분히 이루어지지 못하였다. 1980년부터 일부 역사학자들을 중심으로 지방사·지역사는 지방향토민의 자발성에 기초하여 지역민이 사랑하는 역사, 지역민과 더불어 공유하는 역사가 되어야 한다는 주장이 제기되었다. 이러한 시각이 확산되면서 시·군지 편찬을 비롯한 지역향토사 연구는 중앙정치사나 일반역사의 한 부분이 아니라 그 자체가 하나의 독자적인 역사문화 연구 영역임을 인정받게 되었다. 이에 따라 여러 연구자들에 의해 시·군지 편찬과 지역사연구의 방향, 시·군지 서술의 방식 등에 대한 연구들이 진행되었으나, 이러한 연구의 대상은 모두 전통적인 편찬방식에 기초한 종이책 형태의 시·군지였다.

그러나 지금은 전자매체의 급속한 발전에 따른 새로운 형태와 편찬방식의 시·군지 제작을 고민해야 할 시점이다. 이러한 상황에서 이 장에서는 해방이후 최근에 이르기까지 전국에서 발간된 시·군지를 종합적으로 분석·검토하여, 새로운 시·군지의 편찬 방향을 모색하고자 한다. 종이책 형태의 출판물로서의 시·군지도 필요하지만, 디지털 형태의 매체로서의 시·군지 편찬도 시대의 흐름에 맞는 필연적인 과업이라 할 수 있다.

## 2) 일제강점기의 시·군지 편찬과 내용

### (1) 일제강점기 시·군지의 편찬과 내용

근·현대의 향토지 또는 시·군지의 범위에 넣을 수 있는 것들 중에는 각종 지리지(地理誌), 지지(地誌), 읍지(邑誌), 군지(郡誌), 시지(市誌), 면지(面誌), 시사(市史), 도사(道史), 부사(府史), 지방사(地方史), 향촌사회사(鄕村社會史), 향토사(鄕土史) 등의 사료가 있다.

전통시대의 지리지를 계승하면서 새로운 모습을 보이며 등장하는 근대적 의미의 시·군지는 일제강점기에 나타난다. 일본은 1910년 한일합방 이후 몇 번에 걸쳐 지방관제(地方官制)를 개편하였다. 그 대략적 모습은 도(道), 부(府), 군(郡), 면(面), 리(里)로 정비되었다. 이에 따라 일제강점기의 향토사 편찬은 부사(府史)가 주를 이루면서 또한 다양한 읍지(邑誌)의 종류도 편찬된다.

표 1  일제강점기의 중요한 부사(府史) 편찬 상황

| 구 분 | 시 기 | 편 찬 | 비고 |
|---|---|---|---|
| 경성부사(京城府史) | 1934~1941년 | 경성부청(京城府廳) | |
| 인천부사(仁川府史) | 1933년 | 인천부 | |
| 인천부사급연대표(仁川府史及年代表) | 1933년 | 인천부 | |
| 대구부사(大邱府史) | 1943년 | 대구부 | |
| 전주부사(全州府史) | 1943년 | 전주부 | |
| 진남포부사(鎭南浦府史) | 1926년 | 前田力 著 | |
| 목포부사(木浦府史) | 1930년 | 목포부 | |
| 원산부사(遠山府史) | 1936년 | 원산부 | |
| 원사부사연표(遠山府史年表) | 1936년 | 원산부 | |
| 군산부사(群山府史) | 1935년 | 군산부 | |
| 신의주사(信義州史) | 1911년 | 和田孝志 著 | |

자료: 성우경, 「도사·지방사 편찬의 개선방향에 관한 연구」, 서울시립대학교 석사학위논문(1993), 20~21쪽 참조.

부사 편찬은 일본인들이 진출한 주요 도시를 중심으로 역사, 문화, 인구현황, 지리, 관제, 행정, 교통, 통신, 항만, 금융, 산업, 무역, 상수도, 위생시설, 언론 등의 자료를 정리하였다. 그리고 일본인의 거주현황과 생활현황들을 자세히 다루고 있어 당시 일본의 조선 지배에 이용하려는 목적을 분명히 보여준다.

부사와 함께 일제강점기에는 읍지(邑誌)를 편찬하였다. 주로 지방관이 해당 지방 유지와 유림 등과 더불어 읍지를 편찬하였다.

일제강점기에 편찬된 읍지(邑誌)의 기본 성격은 식민통치를 원활하게 하기 위한 자료 수집으로서의 작업이다. 그리고 이 시기의 읍지 내용은 근대적 사

표 2 일제강점기의 읍지(邑誌) 편찬 상황

| 구 분 | 읍지 편찬 지역 | 총 수 |
|---|---|---|
| 경기도 | 강화, 개성 | 2 |
| 충청북도 | 진천 | 1 |
| 충청남도 | 공주, 부여, 서산, 서천, 연기, 홍성, 보령, 논산 | 8 |
| 전라북도 | 김제, 부안, 익산, 임실, 장수, 진안, 순창, 고경, 옥구, 무장, 운봉, 임피(臨陂) | 12 |
| 전라남도 | 강진, 고흥, 곡성, 광양, 광주, 구례, 나주, 무안, 순천, 여수, 영관, 완도, 장성, 진도, 하명, 해남, 제주, 보성, 장흥, 옥과, 남평, 능주(綾州) | 22 |
| 경상북도 | 경산, 경주, 군위, 김천, 대구, 상주, 선산, 안동, 영덕, 영일, 영천, 염천, 달성, 영주, 의성, 청도, 청송, 성주, 자인, 하양, 신령, 용궁 | 20 |
| 경상남도 | 김해, 동래, 밀양, 사천, 울산, 산청, 섬천, 의령, 진주, 창령, 통영, 하동, 창원, 함안, 삼가, 안의 | 16 |
| 강원도 | 강릉, 삼척, 평강, 김화, 울진 | 5 |
| 황해도 | 봉산, 신천, 재령, 평산, 해주 | 5 |
| 평안북도 | 구성, 영변, 정주 | 3 |
| 평안남도 | 강동, 강서, 맹산, 성천, 평양 | 5 |
| 함경북도 | 경성(鏡城), 종성 | 2 |
| 함경남도 | 문천, 원산, 홍원, 함흥, 안변, 영흥 | 6 |
| 합 계 | | 107 |

자료: 양보경·김경란, 「일제 식민지 강점기 읍지의 편찬과 그 특징」, 『응용지리』, 22호(2001), 103쪽 참조.

회의 이행과정에서 나타나는 사회적 양상을 반영한 항목들이 새로이 등장한다. 특히 자연환경·각종 산업시설·경지면적·금융·행정·언론·사법·무역·경찰·사법·위생·의료·기상 등은 이전에는 볼 수 없었던 항목들이다. 이를 통해 보면 전통시대 지리지·읍지 등에서 볼 수 없는 새로운 향토지의 모습을 확인할 수 있다.

표 3  조선시대 읍지의 항목과 일제강점기 읍지의 항목 분류 비교

| 분야 분류 | 조선시대 읍지 수록 항목 | 일제강점기 읍지 수록 항목 |
|---|---|---|
| 자연 지리적 내용 | 산천(山川), 형승(形勝), 도서(島嶼) <br> *임수(林藪), 온천(溫泉), 영현(嶺峴) | 지세(地勢), 기상(氣象), 기후(氣候), 승지(勝地), 명승(名勝), 승경(勝景), 경치(景致), 가경(佳景) <br> *지소(池沼), 지당(池塘), 천택(川澤), 약수(藥水), 강호(江湖), 폭포(瀑布), 계곡(溪谷), 천문(天文), 암석(巖石), 암굴(巖窟), 지질(地質), 풍토(風土), 천계(川溪), 정천(井泉), 해류(海流), 간만(干滿), 조류(潮流) |
| 역사·문화·사회·지리적 내용 | · 건치연혁(建置沿革), 군명(郡名), 강계(疆界)〔정도(程途)〕 <br> · 능침(陵寢)〔원릉(園陵)〕, 총묘(塚墓), 풍속(風俗), 고적(古蹟), 누정(樓亭), 학교(學校)〔교원(校院)〕, 사찰(寺刹)〔불우(佛宇)〕, 단묘(壇廟), 공해(公廨), 비판(碑板)〔책판(冊板)〕, 고사(古事), 제영(題詠)〔시문(詩文)〕 <br> · 성씨(姓氏), 인물(人物), 충신(忠臣), 효자(孝子), 효녀(孝女), 열녀(烈女), 명환(名宦), 과환(科宦), 은일(隱逸), 학행(學行), 유우(流寓), 행의(行誼), 생존(生存) <br> · 선생안(先生案)〔환적(宦蹟)〕 <br> *읍치(邑治), 분야(分野), 태봉(胎峯), 교방(教坊), 어제어필(御製御筆) | · 읍(邑)〔군(郡)〕호(號), 씨족(氏族) <br> · 위생(衛生), 교육(敎育), 종교(宗敎), 신사(神社), 신사(神祠), 의료(醫療), 사회(社會) 각종단체(各種團體) <br> · 속임(屬任), 향임(鄕任), 관속(官屬), 문묘(文廟), 사단(祠壇), 단소(壇所), 묘우(廟宇), 원사(院祠), 사사(社寺), 단사(壇社), 원우(院宇), 관우(館宇), 영당(影堂), 불도묘(不挑廟), 수직(壽職), 문원(文苑), 필원(筆苑), 서사(筮仕), 의사(義士), 수관(守官), 사환(仕宦), 상신(相臣), 정재각(亭齋閣), 정관(亭觀), 누각(樓閣), 이문(異聞), 기이(奇異), 서적(書籍), 자선(慈善), 현원(賢媛), 문학(文學), 과목(科目), 풍기(風紀), 일덕(逸德), 유현(儒賢), 훈공(勳功), 충훈(忠勳), 선정(先正), 노비(奴婢), 유일(遺逸), 유허(遺墟), 기예(技藝)〔재행(才行)〕, 가자(加資), 의휼(義恤), 묘각(墓閣), 비각(碑閣), 비명(碑銘), 규행(閨行), 문행(文行), 견행(見行), 조행(操行), 독행(篤行), 유림(儒林), 사림(士林), 단유(壇壝), 사마(司馬), 도사(道師), 봉군(封君), 공서(公書), 구청(求請), 일화(逸話), 열(列)〔열(烈)〕전(傳), 독지(篤志), 명석(名釋), 일덕(逸德), 명소(名所), 문망(聞望), 문장(文章), 유액(儒額), 과거(寡居), 안(案)〔관원안(官員案)〕, 향안(鄕案), 주지안(州誌案), 부관안(府官案), 관안(官案), 연계안(蓮桂案), 존위계안(尊位契案), 군안(軍案), 이안(吏案), 환안(宦案), 사마안(司馬案), 문과안(文科案), 무과안(武科案), 읍후안(邑侯案), 읍재안(邑宰案), 군관안(郡官案), 병안(兵案), 전안(田案), 공안(貢案) 등 <br> *사회사업(社會事業), 공공사업(公共事業), 단체사업(團體事業), 사법(司法), 법무(法務), 변사(邊師) |
| 경제·지리적 내용 | · 호구(戶口), 결총(結總)〔한전(旱田), 수전(水田)〕, 조세(租稅)〔전세(田稅), 대동(大同), 균세(均稅), 상세(商稅), 선세(船稅), 염세(鹽稅), 장시(場市), 토산(土産), 제언(堤堰) | · 경찰(警察), 경제(經濟), 재정(財政), 금융(金融), 통신(通信), 체신(遞信), 역체(驛遞)〔우(郵)〕, 교통(交通), 회사(會社), 시가(市街), 산물(産物), 경비(經費), 상납(上納), 결부(結賦), 재부(財賦), 공부(貢賦), 토품(土品), 사업(士業), 산업(産業), 농업(農業), 잠업(蠶業), 수산업(水産業), 축산(畜産), 임업(林業), 공업(工業), 상업(商業), 광업(鑛業), 어염업(魚鹽業), 공장(工場), 장점(匠店), 토지(土地)〔면적(面積)〕, 경지(耕地)〔면적(面積)〕, 임야(林野)〔면적(面積)〕, 삼림(森林)〔면적(面積)〕, 수리(水利), 관개(灌漑), 보축(洑築)〔제보(堤 |

| 경제 · 지리적 내용 | 창고(倉庫), 요역(徭役), 환곡(還穀)〔사환(社還)〕, 조적(糶糴), 봉름(俸廩), ·역원(驛院), 봉수(烽燧), 발참(撥站)〔파발(擺撥)〕, 도로(道路), 교량(橋梁), 진도(津渡) *진공(進貢)〔진상(進上)〕, 읍사례(邑事例) | 洑), 제방(堤防), 제축(堤築)〕, 화목(花木), 약재(藥材), 연초(煙草) *무역(貿易), 사방(砂防), 등로(等路), 향교재산(鄕校財産), 학교재산(學校財産) |
|---|---|---|
| 정치 · 행정 · 군사 · 지리적 내용 | ·관직(官職)〔관원(官員), 직역(職役)〕, 방리(坊里), 성곽(城郭), 진관(鎭管), 진보(鎭堡), 군액(軍額)〔군총(軍摠)〕, 군기(軍器), 관애(關阨)〔관방(關防)〕, 목장(牧場), ·역원(驛院), 봉수(烽燧), 도로(道路), 발참(撥站), 교량(橋梁), 진도(津渡), 영현(嶺峴), 건치연혁(建置沿革), 군명(郡名), 강계(疆界), 공해(公廨)조도 관련 *천안(賤案), 사관(士官), 병선(兵船) | 위치(位置), 구역(區域), 지적(地籍)〔지적(地積)〕, 도(道)〔면(面)〕리(里), 이정(里程)〔표(表)〕, 군(郡)〔면(面), 읍(邑)〕세(勢), 각종기관(各種機關), 관공서(官公署), 관공리(官公吏), 관(官)〔군(郡)〕청(廳), 청사(廳舍), 행정(行政), 직제(職制), 관제(官制), 세제(稅制), 병제(兵制), 군제(軍制), 관원(官員)〔직원(職員)〕, 진장(陣場), 성보(城堡), 산성(山城), 둔(屯) *정치(政治), 군사(軍士), 군부(軍簿), 군대(軍隊), 부제(府制), 면제(面制), 면동제(面洞制), 전제(田制), 묘제(墓制), 신제(新制) |

자료: 양보경 · 김경란, 「일제 식민지 강점기 읍지의 편찬과 그 특징」, 『응용지리』, 22호(2001), 97~98쪽 참조.

위의 〈표 3〉에서 볼 수 있듯이, 일제강점기의 읍지 항목 · 내용을 분석해 보면 크게 두 가지의 특색을 살필 수 있다.

첫째, 일제가 조선의 자원 · 자본 · 인력을 수탈하고 식민통치를 조직적으로 하기 위해 기초자료를 확보하는 목적으로 시 · 군지, 읍지를 편찬한다. 자연지리적인 분야에서는 "지세(地勢), 기상(氣象), 기후(氣候)" 등의 항목이 필수적으로 등장한다. 이는 조선시대 지리지에는 보이지 않는 용어일 뿐만 아니라, 이 항목들은 한반도의 자연지리적 상황 · 현황을 파악하고 기초 자료를 수집하여 일제의 수탈과 통치에 이용하려는 식민통치의 의도를 읽을 수 있다. 경제지리적인 분야에서는 "경찰(警察), 경제(經濟), 재정(財政), 금융(金融), 통신(通信), 체신(遞信), 교통(交通), 회사(會社), 시가(市街)"등 현대의 경제학적 용어들이 처음 등장한다. 그리고 "산업(産業), 농업(農業), 잠업(蠶業), 수산업(水産業), 축산(畜産), 임업(林業), 공업(工業), 상업(商業), 광업(鑛業), 어염업(魚鹽業), 공장(工場), 장점(匠店), 토지(土地)〔면적(面積)〕, 경지(耕地)〔면적(面積)〕, 화목(花木), 약재(藥材), 연초(煙草)"등의 항목을 보면, 이 시기의 읍지가 자원수탈을 목적으로 각 지방의 기초 자원을 파악하는 자료 수집의 일환임을 알 수 있다. 행정적인 측면에서는 "지적(地籍)〔지적(地積)〕, 청사(廳舍), 행정(行政), 직제(職制), 부제(府制), 면제(面制), 면동제(面洞制)"등의 항목이 새로이 등장한다. "지적(地籍)"항목은 일제의 토지 수탈에 기초가 되는 자료이다. 또한 각종 행정제도에 관한 항목을 체계화하여 식민지 통치의 기초 자료 수집에 읍지 편찬을 이용하고 있다.·

둘째, 조선시대의 읍지와 일제강점기의 읍지에 수록된 항목을 비교해 보면 일제강점기부터 근대화되어가는 사회변동의 모습을 볼 수 있다. 이는 사회지리적 분야에서 일제강점기의 상황을 반영하는 항목으로 살필 수 있다. 종교 분야에서 "종교(宗敎), 신사(神社)"등의 항목이 처음 등장한다. 특히 "신사"는 일본의 재래종교의 대상으로서 일제강점기의 한반도 일대에 설립된 일본 종교의 흔적을 알 수 있다. 종교의 세부 항목으로 기독교, 교회, 성공회, 미감리회(美監理會), 불교가 있다. 이는 서구 종교의 공식적인 파악이 체계적으로 이루어지는 것이다. 또한 일본 재래의 종교 형식인 신사(神社)에 관한 항목도 일제강점기 사회변동의 모습을 보이는 특이한 면이다. 이는 신사참배의 형식으로 한민족의 정신을 오염시키고 일제식민지 황국신민으로 변모시키려는 의도의 산문이다. 의약학 분야에서 "의료(醫療), 위생(衛生)"등의 항목이 새로이 설정된다. 이는 전통 한의학과는 달리 서구의 의료체계가 도입되는 근대 사회의 변모양상을 반영한 것이다. 세부항목으로는 의료, 의료기관, 의가(醫

家), 병원, 의(醫), 의원(醫院)이 있다. 경제·산업 분야에서는 "수리(水利), 관개(灌漑), 보축(洑築), 제보(堤洑), 제방(堤防)" 등의 항목이 등장하여, 조선시대의 제언(堤堰)과 달리 근대적으로 정비되고 발달된 수리시설이 잘 파악되어 있다. 이는 식민통치의 일환으로 농업 수탈의 목적 하에 조사된 것으로 보인다. 교통·통신 분야에서는 "통신(通信), 체신(遞信), 역체(驛遞)〔우(郵)〕, 교통(交通)" 등의 항목이 신설된다. 이는 과거와 달리 근대화된 교통·통신체계와 시설의 상황을 보여준다.

그 밖에 전통시대와는 달리 새로이 변모하는 사회 변동의 모습을 볼 수 있는 항목으로는 "잠업(蠶業), 수산업(水産業), 축산(畜産), 임업(林業), 공업(工業), 상업(商業), 광업(鑛業), 어염업(魚鹽業), 공장(工場), 무역(貿易)" 등의 근대경제 항목들이 있다. 그리고 "사회사업(社會事業), 공공사업(公共事業), 단체사업(團體事業), 사법(司法), 법무(法務)" 등의 근대 법제적 용어들과 "언론, 신문지국, 극장" 등의 사회·문화적 항목들이 새롭게 보인다.

## (2) 일제강점기 시·군지 편찬의 의미

일제강점기에 한반도를 대상으로 작성된 향토지들은 한반도에 대한 일본 제국주의 정권을 지원하는 성격을 지니고 있었다.[22] 근대화 과정에서 일제의 식민지가 된 우리나라는 근대적인 지방사 연구 및 편찬 분야에서도 일제의 식민지 통치를 위한 자료 제공이라는 목적에 의해서 시·군지 편찬이 이루어진다.[23] 일제의 식민 통치를 위한 기초조사사업은 그 기관별로 볼 때 중추원과 총독부 각 기관의 조사, 경성제국대학 연구팀과 그 밖의 지방행정 구역 단위 및 개인적 조사로 구분된다. 일제는 우리나라의 전통적인 각종 제도와 관습에

22) 이형주, 「일제시대 지방지 편찬 현황: 전남 지역을 중심으로」, 『지방지 편찬의 새로운 방향 모색』, 역사문화학회 워크샵요지문, 역사문화학회(2001).
23) 이수건, 「한국에 있어서 지방사 연구의 회고와 전망」, 『대구사학』, 20·21집(1982), 99쪽.

관한 문화조사에 나서는 한편 현실 생활에 관한 조사에도 착수하였다. 즉 지역별 산업실태, 촌락구조, 각종 결사, 소작관습과 기타 민속에 관한 것이었다.

일제강점기에는 이전의 읍지와는 체제가 다른 근대적인 도사(道史), 부사(府史)가 편찬되었다. 이러한 시・군지 편찬은 일면 그 지방의 지역사로서 지역문화의 변화・발전 모습을 정리하면서, 다른 한편에서는 일제 통치의 참고 자료로서의 활용을 목적으로 수행된다. 일제강점기에 수행되었던 지역적인 전통문화 조사사업이나, 도사・부사・군사의 편찬 의도는 어디까지나 식민통치에 필요한 자료 조사에 있었던 것이며, 우리민족이 지역문화를 정리하겠다는 주체적이고 자발적인 의지에서 나온 것은 아니었다. 그러나 그러한 조사사업에서 지방사를 연구하는 데 기본 자료가 되는 고고학・미술사에 관한 연구와 문헌자료가 많이 발굴・정리되었다.

일제시대 과거 양반사회의 잔영에 향수를 느끼는 일부 지방의 유림과 문중에서 종전과 다름없는 지지(地誌)와 족보(族譜)를 속간하기도 하였던 사실이다. 일제강점기에 편찬된 도사나 부사는 조선시대 읍지보다는 그 내용이나 체재의 측면에서 한결음 진전된 것이기는 하나 지역문화 연구의 본래 지향과는 상당한 거리가 있다.[24) 내용에 있어서도 편찬 당시의 지역 사정과 관련된 항목이 오히려 더 많은 분량을 차지하고 있다. 예컨대 1935년에 편찬된 『군산부사』를 보면, 모두 39장으로 나누어 서술된 내용 가운데 1장 「위치, 지세, 기후」, 제2장 「연혁」을 제외하고는 개항 후 그것도 1930년대 이후 당시의 행정・교육・종교・언론・금융・경제・의료시설 등의 항목이 대부분을 차지하고 있다. 이는 일제시대의 지역사 편찬이 식민지 지배를 원활히 수행하기 위한 목적을 달성함과 동시에 식민통치의 결과로 지역사회가 발전했음을 부각시킬 의도에서 나온 것임을 시사하고 있다. 근대적 의미에서 한국인에 의한 본격적인 지역사연구는 해방 후 상당한 시일이 지난 1960년대 이후에 이르러서야

---

24) 김광철, 「지역사 연구의 경향과 과제」, 『石堂論叢』, 35(2005), 259쪽.

비로소 이루어지게 된다.


## 3) 현대 시·군지의 편찬과 내용

### (1) 현대 시·군지의 발간현황

일제강점기를 포함하여 해방 전후까지 전근대 조선시기 지리지·읍지 또는 시·군지 서술의 전통이 자연스럽게 계승되지 못하였다. 해방 후의 극심한 사상 논쟁, 한국전쟁 등 일련의 급격한 시련 속에서 아직 일국의 역사도 제대로 틀을 잡지 못했으니 향토사에 미쳐 관심을 갖지 못했던 것이다.

해방 후 지역문화 및 지역사 서술이 본격적으로 이루어지기 시작한 것은 1960년대 이후의 일로 3·4·5공화국 정권이 출범하는 시기에 집중적으로 나타나고 있으며, 그것도 지역의 필요성과 자발적인 노력에서가 아니라 관 주도로 기획되고 여기에 학계가 동원되어 추진되었다. 지역사의 서술이 집중된 시기를 고려할 때 이는 쿠데타 등 불법적으로 권력을 획득한 통치세력이 지방 통제와 문화정권의 일환으로 기획된 것으로 보인다.[25] 이는 5공화국 시절 문화공보부 주도 하에 전국의 도와 군청으로 하여금 '전통가꾸기'식의 지역사를 서술하게 한데서 단적으로 드러나고 있다. 거기에다가 새로 부임한 지방행정의 책임자가 자신의 공적으로 삼기위해 추진된 면도 없지 않다. 같은 지방관청 주관으로 편찬된 향토사가 몇 년 사이에 분량만 조정되어 여러 차례 바뀐 것은 이를 말하는 것이라 하겠다.

이 시기 지역사 서술의 체제는 전근대 읍지(邑誌) 종류의 체제와 일제시대 시·군지 서술체재를 혼용하고 있는 듯하다. 그것은 서술항목이 자연환경·연혁 또는 역사개관·유적·유물·행정·교육·종교·산업·인물 등으로 구성되고 있는 데서 엿볼 수 있다. 이는 시대사와 분류사를 결합시킨 서술방식이

---

25) 김광철, 위의 논문, 259쪽

라고도 볼 수 있겠지만, 그 내용으로 보면 시대사의 내용과 분류사의 내용이 겹쳐진 것이 있으며, 분류사는 시기별로 체계화되지 않고 시정(市政)과 통계 자료로 채우고 있는 실정이다. 뿐만 아니라 인물항목도 지역의 유력자(有力者)층을 중심으로 서술되고 있어서 전근대 읍지의 항목과 크게 다르지 않다.

해방 후 지역사 서술이 이와 같은 체계와 경향을 보이게 된 것은 근본적으로는 지역사에 대한 과학적 인식과 연구방법의 결여에 기인하는 것이겠지만, 그동안 어느 정도 성과를 거두어온 지역관련 전문적인 연구를 지역사 서술에서 제대로 반영해내지 못한 것도 그 요인의 하나일 것이다. 특히 지방관청 주도로 시·군지 편찬이 추진되는 과정에서 서술체계에 대한 충분한 검토나 집필자 간의 인식공유가 이루어지지 않고, 지역과 관련한 역사적 사실들을 견강부회하여 나열하는 방식으로 서술한 결과이기도 하다.

각 지방 시·군지의 편찬은 70년대 중반부터 90년대 중반에 이르기까지 약 20년간이 그 절정기라고 말할 수 있을 정도로 매우 활발했음을 알 수 있다. 그 중에서도 각 시·군지는 80년대와 90년대 중반시기까지 집중적으로 편찬·간행되었음을 알 수 있는데, 대부분 책의 앞부분이나 뒷부분에 편찬위원과 집필위원을 명기해놓았다. 특히 편찬위원회는 그 구성상 해당 시·군의 기관장이 편집위원장이 되는 것이 상례이며, 그 지역과 연고가 있는 향토사가와 전공학자들이 편찬위원과 집필위원으로 각각 참여하고 있다.

1980년대에 발간된 향토지의 경향을 보면 그것은 대체적으로 전반기와 후반기로 나누어 볼 수 있을 것 같다.26) 80년대 전반에는 대개 '내 고장의 전통'이라고 하는 제목으로 향토지가 만들어지면서 그 서술목차도 각 지역이 동일한 형태를 취하고 있다.27) 쪽수는 200쪽에서 550쪽까지 다양하긴 하지만 비교적 적은 편이다. 그러나 80년대 후반기에 오면 향토지가 군사(郡史) 또는

---

26) 김준형, 「새로운 지역사 연구 및 향토교육을 위하여」, 『경남문화연구』, 12(1989).
27) 80년대에도 '군지'·'시지'라는 이름으로 나오면서 옛 자료를 번역한 '구편(舊篇)'과 '신편(新篇)'이 합본된 형태를 취하는 경우도 있다.

시지(市誌)라는 이름으로 발간되면서 면수가 대폭 늘어나는 경향을 보인다.[28]

표 4 전국 시·군지 편찬 현황[29]

| 광역단위 | 시·군 명 | 시·군지명(발행연도, 권수 쪽수) |
|---|---|---|
| 강원도 | 강릉 | 강릉시사(1996,2권) |
| | 고성 | 고성군지(1986,1권1,172), 고성군지(1995,1권1,610) |
| | 동해 | 동해시사(2000,1권1,215) |
| | 삼척 | 삼척군지(1985,1권853), 삼척시지(1997,1권1,491) |
| | 속초 | 속초시지(1991,1권1,344), 속초시사(2006,2권) |
| | 양구 | 양구군지(1984,1권394) |
| | 양양 | 양양군지(1998,1권1,197) |
| | 영월 | 영월군지(1992,1권1,013) |
| | 원주 | 원주시사(2000,3권) |
| | 인제 | 인제군지(1980,1권776), 인제군사(1996,1권1,295) |
| | 정선 | 정선군지(1978,1권620), 정선군지(2003,2권) |
| | 철원 | 철원군지(1992,2권) |
| | 춘천 | 춘천군지(1973,1권386), 춘천지(1984,1권1,445), 춘천백년사(1996,2권) |
| | 태백 | 태백시지(1998,1권1,269) |
| | 평창 | 평창군지(1979,1권820), 평창군지(2003,2권) |
| | 홍천 | 홍천군지(1989,1권859) |
| | 화천 | 화천군지(1988,1권788) |
| | 횡성 | 횡성군지(1968,1권222), 횡성군지(1986,1권1,039), 횡성군지(2002,2권) |

28) 예컨대, 마산은 209쪽에서 967쪽으로, 창원은 147쪽에서 1292쪽으로, 충무는 389쪽에
서 1549쪽으로, 양산은 256쪽에서 1893쪽으로 , 통영은 178쪽에서 1503쪽으로 분량이
확대된다.
29) 전국의 시·군지 편찬 상황을 조사하여 작성함.

| | | |
|---|---|---|
| 경기도 | 가평 | 가평군지(1991,1권1,469), 가평군지(2006,6권) |
| | 고양 | 고양군지(1987,1권), 고양시사(2005,6권) |
| | 과천 | 과천향토사(1993,2권), 과천시지(2006,7권) |
| | 광명 | 광명시지(1993,1권1,491), 광명시지(2006,4권) |
| | 광주 | 광주군지(1990,1권), 광주시지(2007추진 중, 2009년 완료 예정) |
| | 구리 | 구리시지(1996,2권) |
| | 군포 | 군포시사(1999,1권) |
| | 김포 | 김포군지(1977,1권782), 김포군지(1993,2권) |
| | 남양주 | 남양주시지(2000,6권) |
| | 동두천 | 동두천시사(1998,2권) |
| | 부천 | 부천시사(1988,1권), 부천시사(2002,5권) |
| | 성남 | 성남시사(1993,1권), 성남시사(2004,5권) |
| | 수원 | 수원시사(1986,1권), 수원시사(1996,3권) |
| | 시흥 | 시흥군지(1988,2권), 시흥시사(2007,10권) |
| | 안산 | 안산시사(1999,3권) |
| | | 안성군지(1990,1권), 안성시지(2007현재 추진 중) |
| | 안양 | 안양시지(1992,1권), 안양시지(2007현재 추진 중) |
| | 양주 | 양주군지(1978,1권), 양주군지(1992,2권) |
| | 양평 | 양평군지(1991,1권), 양평군지(2005,3권) |
| | 여주 | 여주군지(1989,1권), 여주군사(2005,7권) |
| | 연천 | 연천군지(1988,1권), 연천군지(2000,2권) |
| | 오산 | 오산시사(1998,2권) |
| | 용인 | 용인군지(1990,1권), 용인시사(2006,8권) |
| | 의왕 | 의왕시사(2007,8권) |
| | 의정부 | 시정40년사(2004,8권) |

| | | |
|---|---|---|
| 경기도 | 이천 | 이천군지(1984,1권), 이천시지(2001,7권) |
| | 파주 | (중흥)파주군사(1970,1권), 파주군사(1984,1권), 파주군지(1995,3권) |
| | 평택 | 평택군지(1984,1권), 평택시사(2001,2권) |
| | 포천 | 포천군지(1984,1권), 포천군지(1997,2권) |
| | 하남 | 하남시사(2001,2권) |
| | 화성 | 화성군사(1990,1권), 화성시사(2005,5권) |
| 경상<br>남도 | 거제 | 거제군지(1964,1권479), 거제시사(2002,2권) |
| | 거창 | 거창군지(1964,1권134), 거창군지(1979,1권464), 거창군사(1997,1권 1,910) |
| | 고성 | 고성군지(1986,1권1,172), 고성군지(1995,1권1,610) |
| | 남해 | 남해군지(1958,1권170), 남해군지(19941,1권1,263) |
| | 마산 | 마산시사(1964,1권), 마산시사(1985,1권967), 마산시사(1997,1권 1,495) |
| | 밀양 | 밀양군지(1963,1권271), 밀양지(1987,1권) |
| | 사천 | 사천군지(1990,1권1,263), 사천시사(2003,3권) |
| | 산청 | 산청군지(1958,1권), 산청군지(2006,2권) |
| | 양산 | 양산군지(1959,2권2권), 양산군지(1986,1권 1,894), 양산군지(1989,1권 1,989) |
| | 의령 | 의령군지(1983,1권760), 의령군지(2003,2권) |
| | 진주 | 진주시사(1994,3권) |
| | 진해 | 진해시사(1987,1권654), 진해시사(1991,1권1,318), 진해시사(20061권, 1,772) |
| | 창녕 | 창녕군지(1984,1권903), 창녕군지(2003,3권) |
| | 창원 | 창원군지(1962,1권208), 창원시사(1988,1권1,292), 창원군지(1994,1권 1,792), 창원시사(1997,2권) |
| | 통영 | 통영군사(1986,1권1,503), 통영시지(1999,2권) |
| | 하동 | 하동군지(1972,1권298), 하동군사(1978, 1권 478), 하동군지(1996,2권) |
| | 함안 | 함안군지(1990,1권430), 함안군지(1997,1권 1,078) |

| 경상남도 | 함양 | 함양군지(1956,112장), 함양군지(1981,1권 844), 함양군지(1992,1권 866) |
|---|---|---|
| | 합천 | 합천군지(1981,1권893), 합천군사(1995,1권1,671) |
| 경상북도 | 경산 | 경산군지(1971,1권444), 경산시지(1997,1권1,493) |
| | 경주 | 경주시지(1971,1권1,039), 경주군사(1989,1권1298), 경주시사(2006,3권) |
| | 고령 | 고령군지(1996,1권1,406) |
| | 구미 | 구미시지(2000,2권) |
| | 김천 | 김천군지(1980,1권299), 김천시지(1989,1권 1,332), 김천시사(1995,1권 1,815), 김천시사(2000,2권) |
| | 문경 | 문경군지(1965,1권268), 문경군지(1982,1권 804), 문경시지(1997,1권 1,619) |
| | 봉화 | 봉화군지(1978,1권655), 봉화군지(1988,1권 1,108), 봉화군지(2002,1권 1,206) |
| | 성주 | 성주군지(1996,1권 1,317) |
| | 안동 | 안동시사(1999,5권) |
| | 영덕 | 영덕군지(1981,1권 815), 영덕군지(2002,2권) |
| | 영양 | 영양군지(1970,1권 444), 영양군지(1998,1권 1,197) |
| | 영주 | 영주지(1968,1권 383), 영주영풍향토지(1987,2권), 영주시사(2007~2010년 예정) |
| | 예천 | 예천군지(1988,1권 1,249), 예천군지(2005,3권) |
| | 울릉 | 울릉군지(1989, 1권 492), 울릉군지(2007,1권 1,390) |
| | 울진 | 울진군지(1971,1권 472), 울진군지(1984,1권 581), 울진군지(2001,3권) |
| | 의성 | 의성군지(1971,1권 1,278), 의성군지(1987,1권 1,278), 의성군지(1998,1권 2,913) |
| | 청도 | 청도군지(1966,1권 505),청도군지(1991,1권 1,258) |
| | 청송 | 청송군사(1962,1권 233), 청송군지(1990,1권 802) |
| | 칠곡 | 칠곡군지(1994,1권 1,268) |
| | 포항 | 포항시사(1987,1권 903), 포항시사(1999,2권) |
| | 영천 | 영천시10년사(1992,1권 983) |
| 전라남도 | 강진 | 강진군지(1967,2권) |
| | 고흥 | 고흥군사(1961,1권 372), 고흥군지(1966,4권), 고흥군사(2000,2권) |

| | | |
|---|---|---|
| | 곡성 | 곡성군지(1956,1권), 곡성군지(1994,1권 375), 곡성군지(2001,1권 350) |
| | 광양 | 광양군지(1983,1권 982), 광양시지(2005,4권) |
| | 구례 | 구례군사(1987,1권 1,157), 구례군지(2005,3권) |
| | 나주 | 나주군지(1955,3권), 나주군지(1980,1권 972) |
| | 담양 | 담양군지(1980,1권 1,004), 담양군지(1994,1권 1,184), 담양군지(2002,2권) |
| | 목포 | 목포시사(1987,1권 942), 목포시사(1990,1권 977), 목포시사(1997,1권) |
| | 무안 | 무안군지(1991,1권 1,447), 무안군사(1994,1권 1,679) |
| | 보성 | 보성군사(1995,1권 1,169) |
| | 순천 | 순천군지(1993,1권 1,118), 순천시사(1997,3권) |
| | 신안 | 신안군지(2000,1권 1,049) |
| | 영광 | 영광군지(1994,1권 1534), 영광군지(1998,2권) |
| | 영암 | 영암군지(1961,1권), 영암군지(1998,2권) |
| 전라 남도 | 완도 | 완도군지(1977,1권 722), 완도군지(1992,1권 1,140) |
| | 장성 | 장성군사(1982,1권 993), 장성군사(2001,1권 1,306) |
| | 장흥 | 장흥군지(1993,1권 1,333) |
| | 진도 | 진도군지(1976,1권 862), 진도군지(2007 완료 예정) |
| | 함평 | 함평군지(1969,1권 417), 함평군사(1984, 1권 1,367), 함평군사(1999,6권) |
| | 해남 | 해남군지(1963,2권), 해남군사(1980,1권 786), 해남군사(1995,1권 1,642) |
| | 화순 | 화순군지(1980,1권 1,042), 화순군사(1993,1권 1,785) |
| | 고창 | 고창군지(1992,1권 1,538) |
| | 군산 | 군산시사(1975,1권 731), 군산시사(1980,1권), 군산시사(1991,1권 1,738), 군산시사(2000,2권) |
| | 김제 | 김제군지(1956,1권), 김제군지(1969,1권), 김제군사(1978,1권 905), 김제시사(1995, 1권) |
| | 남원 | 남원지(1949,1권 353), 남원지(1975,1권 1,252), 남원지(1992,1권 2,131) |
| | 무주 | 무주군지(1958,1권), 무주군사(1968,1권 321), 무주군지(1990,1권 1,271) |

| | | |
|---|---|---|
| 전라남도 | 부안 | 부안군지(1957,3권), 부안군지(1991,1권 1,147) |
| | 순창 | 순창군지(1957,3권), 순창군지(1968,1권 440), 순창군지(1982, 1권 1,299) |
| | 완주 | 완주군사(1987,1권 1,381), 완주군지(1996,1권 1,714) |
| | 익산 | 익산군지(1981,1권), 익산시사(2001,3권) |
| | 임실 | 임실군지(1960,4권), 임실군사(1977,1권 961), 임실군지(1990,1권 1,675), 임실군지(1997,1권 1,673) |
| | 장수 | 장수군지(1990,1권 1,071), 장수군지(1997,1권 1,458) |
| | 전주 | 전주시사(1964,1권), 전주시사(1974,1권), 전주시사(1986,1권), 전주시사(1997,1권) |
| | 정읍 | 신편 정읍군지(1957,1권), 정읍군지(1974,1권), 정읍군지(1988,1권 389), 정읍시사(2003,2권) |
| | 진안 | 진안군지(1959,4권), 진안군지(1991,1권 736) |
| 제주도 | 서귀포 | 남제주군지(1978, 1권 222), 남제주군지(1986,1권 846), 서귀포시지(1988,1권 932), 서귀포시지(2001,2권), 남제주군지(2006,3권) |
| | 제주시 | 북제주군지(1987,1권 9975), 제주시사(1995,1권 904), 북제주군지(2000,2권), 북제주군지(2006,2권) |
| 충청남도 | 공주 | 공주군지(1957,1권), 공주군지(1979,1권 821), 공주군지(1988,1권 858), 공주시지(2002,2권) |
| | 금산 | 금산군지(1969,1권 607), 금산군지(1987,1권 1,190) |
| | 논산 | 논산군지(1976,1권 944), 논산군지(1994,1권 1,642), 논산시지(2005,4권) |
| | 당진 | 당진군지(1983,1권 915), 당진군지(1997,3권) |
| | 보령 | 보령군지(1971,1권 431), 보령군지(1991,1권 1,063) |
| | 부여 | 부여군지(1964,1권 775), 부여군지(1987,1권 1,377), 부여군지(2003,8권) |
| | 서산 | 서산시지(1998,8권) |
| | 서천 | 서천군지(1929,2권), 서천군지(1988,1권 1,200) |
| | 아산 | 아산군지(1983,2권) |
| | 예산 | 예산군지(1987,1권 1,280), 예산군지(2001,2권) |
| | 천안 | 천안시지(1987,1권 1,771), 천안시지(1997,2권), 천안시지(2007 편찬 중) |

| 충청남도 | 청양 | 청양군지(1965,1권 2,509), 청양군지(1995,1권 1,482), 청양군지(2005,2권) |
| | 태안 | 태안군지(1995,1권 891) |
| | 홍성 | 홍성군지(1980,1권 1,007), 홍성군지(1993,1권 1,565) |
| 충청북도 | 괴산 | 괴산군지(1969,1권 615), 괴산군지(1990,1권 1,220) |
| | 단양 | 단양군지(1977,1권), 단양군지(1990,1권 1,035), 단양군지(2005,2권) |
| | 보은 | 보은군지(1970,1권 178), 보은군지(1994,2권) |
| | 영동 | 영동군지(1968,1권 736), 영동군지(2004,2권) |
| | 옥천 | 옥천군지(1978,1권 744), 옥천군지(1994,1권 1,945) |
| | 음성 | 음성군지(1963,1권), 음성군지(1979,1권 1,029), 음성군지(1996,1권 1,866) |
| | 제천 | 제천군지(1969,1권 610), 제천시지(2004,3권) |
| | 증평 | 증평군지(2005,2권) |
| | 진천 | 진천군지(1974,1권 573), 진천군지(1994,1권 1,588) |
| | 청원 | 청원군지(1990,1권 1,489), 청원군지(2006,3권) |
| | 청주 | 청주시지(1976,1권 1,528), 청주시지(1997,2권) |
| | 충주 | 충주시지(2001,3권) |

주: 특별시, 광역시, 도는 제외

## (2) 현대 시·군지의 내용 구성

### 가. 1960년대 시·군지

해방 이후 시·군지의 모습은 시사(市史), 도사(道史), 군사(郡史), 시지(市誌), 도지(道誌), 군지(郡誌) 등의 형태로 나타난다. 발간 주체는 주로 시·도·군이며 각 해당 지역의 편찬위원회를 구성하여 편찬한다. 간혹 향토문화연구단체나 각 시·군의 문화원 및 전문연구자 단체·개인이 편찬한 경우도 있다. 향토지의 구성과 내용은 시기 별로 차이가 있으며, 점차 발전적인 모습을 보인다.

1960년대에는 간행되는 지역문화 연구지로서의 시·군지는 대개 1권으로 이루어 졌으며, 구성체계와 내용에 있어 아직 과거 해방 전의 모습을 벗어나지 못한 듯하다. 예컨대, 1965년에 간행된『청양군지』의 내용이 당시로는 가장 방대하지만, 1960년대에는 아직 역사와 지리중심의 서술로 현대부분의 정치, 경제, 산업 등의 내용은 보이지 않는다.

표 5  1960년대의 시·군지[30]

| 시·군지명 | 발행연도 | 형태, 쪽수 | 내 용 |
|---|---|---|---|
| 거창군지 | 1964 | 1권, 134 | 표지, 표제지, 정오표, 도면, 범례, 목록, 군지, 임원록 |
| 부여군지 | 1964 | 1권, 775 | Ⅰ.역사, Ⅱ.성씨, 인물, Ⅲ. 인문지리, Ⅴ. 명승고적, Ⅵ. 제영, Ⅶ. 민속문화, Ⅷ. 전설 |
| 전주시사 | 1964 | 1권, 659 | 제1편 역사적 고찰, 제2편 자연환경과 주민, 제3편 시세, 제4편 교육, 제5편 문화, 제6편 향토 |
| 청양군지 | 1965 | 1권, 2,509 | 제1편 자연지리, 제2편 인문지리, 제3편 역사, 제4편 인물, 제5편 명승고적, 제6편 풍속, 제7편 기문 |
| 무주군사 | 1968 | 1권, 321 | 개설, 분립기, 종합기, 후기, 현대기, 고적, 부록 |
| 영동군지 | 1968 | 1권, 736 | 제1편 천연지, 제2편 사회지, 제3편 인물지 |

나. 1970년대 시·군지

1970년대의 향토지는 1960년대에 비하여 분량이 방대해졌으며, 행정, 사법, 선거, 산업, 문화, 체육, 종교 등 내용이 풍부해지고, 현대사회부분의 비중이 많아진 것을 볼 수 있다.

---

30) 1960년대 시 · 군지 편찬 상황을 조사하여 작성함.

표 6 1970년대의 시·군지[31)

| 시·군지명 | 발행연도 | 형태, 쪽수 | 내용 |
|---|---|---|---|
| (중흥)<br>파주군사 | 1970 | 1권, 419 | 군건치연혁, 위치 및 면적, 지형, 지질, 기후 및 인구, 군기구표, 명승고적, 명수약천, 이조시와 일제시의 군행정 비교, 군내성씨… |
| 청주시지 | 1976 | 1권, 1528 | 제1편 역사, 제2편 지리, 제3편 행정, 제4편 사법, 검찰, 제5편 선거, 제6편 산업경제, 제7편 교육, 제8편 문화, 제9편 종교, 제10편 민속, 제11편 명승, 제12편 인물 |
| 단양군지 | 1977 | 1권 | 제1편 역사, 제2편 지리, 제3편 행정, 제4편 면행정, 제5편 산업, 제6편 사법, 검찰, 경찰, 제7편 선거, 제8편 문화 및 체육, 제9편 교육, 제10편 종교, 제11편 민속, 제12편 명승, 고적, 제13편 인물, 제14편 주요기관 |
| 남제주군지 | 1978 | 1권, 222 | 1. 개설, 2. 각설 - 연혁, 관원, 성씨, 창고… |
| 양주군지 | 1978 | 1권, ,242 | 총설, 역사, 정치, 행정, 선업경제, 사회 및 문화, 종교, 문화재, 유적 및 유물, 명승지, 관례와 풍속, 설화와 전설, 인물 |

## 다. 1980년대 시·군지

1980년대에 간행되는 시·군지는 권수로는 대체로 1권의 분량이지만, 내용은 1,000쪽이 넘고 『시흥군지』가 처음으로 2권의 형태로 출간되었다. 1970년대에 비하여 내용구성상 총설, 자연환경, 인구, 연혁, 지리, 지명유래, 정치, 행정, 경제, 산업, 새마을운동, 교육, 문화예술, 종교, 민속, 유물 및 유적, 인물 등 분야에 걸쳐 과거와 현재의 시·군의 변천 상황을 종합적으로 기술하고 있어 그 분량이 매우 방대한 거질의 제체를 갖추고 있는 것이 특색이다.

또한 건설·교통·운수·통신·관광 등 현대생활에서 큰 비중을 차지하는 내용들이 점차 추가되기 시작하였다. 『예산군지』에서는 〈우리 고장의 장래〉, 〈자랑스런 내 고장〉 등 주민의 자긍심을 고취시키는 내용과 외부에 지역을 홍보하는 내용들이 포함되었다.

---

31) 1970년대 시·군지 편찬 상황을 조사하여 작성함.

표 7  1980년대의 시·군지[32]

| 시·군지명 | 발행<br>연도 | 형태, 쪽수 | 내 용 |
|---|---|---|---|
| 홍성군지 | 1980 | 1권, 1,007 | 제1편 지리, 제2편 역사, 제3편 행정, 제4편 문화, 제5편 산업, 경제, 제6편 성씨, 인물, 제7편 문화재와 사적지, 제8편 민속 |
| 영덕군지 | 1981 | 1권, 815 | 제1장 연혁, 제2장 자연환경, 제3장 인구 및 행정구역, 제4장 정치행정, 제5장 산업경제, 제6장 교육, 제7장 종교, 제8장 사회보건, 제9장 건설, 교통, 통신, 제10장 문화예술, 제11장 명승고적 전설, 제12장 민속세시, 제13장 민중운동, 제14장 고대항현, 제15장 부록 |
| 익산군지 | 1981 | 1권, 1,120 | 자연과 인문편, 역사적 변천편, 행정 및 정치·사회편, 보건·의료편, 산업경제편, 교육편, 종교편, 학술문화편, 인물편 |
| 함양군지 | 1981 | 1권, 844 | 제1장 총론, 제2장 정치, 행정, 제3장 독립운동과 전란사, 제4장 사회, 보건, 제5장 산업, 경제, 제6장 교육, 제7장 문화, 제8장 종교, 제9장 교통, 통신, 제10장 전설 및 지명, 제11장 민속, 민요, 제12장 문화재, 제13장 성씨, 인물 |
| 합천군지 | 1981 | 1권, 893 | 건치연혁, 군명, 관직, 유림… |
| 울진군지 | 1984 | 1권, 581 | 제1편 연혁 지세 기상, 제2편 인구, 제3편 정치, 제4편 행정, 제5편 경제, 제6편 산업, 제7편 국방 및 의료, 제8편 문화, 제9편 풍속, 제10편 항만, 제11편 명승고적, 제12편 향교, 제13편 종교, 제14편 유물… 제29편 총담 |
| 이천군지 | 1984 | 1권, 965 | 총설, 역사, 정치, 행정, 사회 및 문화, 종교, 문화재, 유물유적, 명승지, 세시풍속 과 민속, 설화 및 전설, 인물 |
| 파주군사 | 1984 | 1권, 548 | 총설, 현감기, 목사기, 군수기, 문화, 풍속, 전설, 인물, 문화재와 유적 |
| 평택군지 | 1984 | 1권, 1,228 | 지리, 역사, 정치, 행정, 산업경제, 사회, 문화종교, 교육, 고적·민속·전설, 성씨·인물 |
| 포천군지 | 1984 | 1권, 1,346 | 제1편 총론, 제2편 역사, 제3편 정치, 제4편 행정 및 산업경제, 제5편 교육, 제6편 문화, 제7편 종교와 사회, 제8편 명승지, 제9편 문화재와 유적유물, 제10편 지명유래, 제11편 인물 |
| 고성군지 | 1986 | 1권, 1,172 | 제1편 통사, 제2편 정치, 행정, 제3편 자연환경, 제4편 인문환경, 제5편 경제, 산업, 제6편 교통, 통신, 제7편 보건, 사회, 제8편 교육, 체육, 종교, 제9편 문화, 예술, 관광, 제10편 성씨, 인물 |

---

32) 1980년대 시·군지 편찬 상황을 조사하여 작성함.

| | | | |
|---|---|---|---|
| 수원시사 | 1986 | 1권, 1,754 | 총설편, 수원의 역사편, 수원성편, 정치편, 행정편, 사법치안편, 산업 경제편, 문화편, 부록 |
| 통영군사 | 1986 | 1권, 1,503 | 제1편 자연환경과 인문환경, 제2편 역사, 제3편 정치와 행정, 제4편 산업, 제5편 교육, 사회, 제6편 종교, 제7편 문화, 예술, 제8편 민속, 제9편 문화재, 제10편 부락 및 지명유래 |
| 고양군지 | 1987 | 1권, 1,697 | 총설, 역사, 정치, 행정, 산업경제, 사회생활 및 사회단체, 교육문화종 교, 설화민요, 인물, 부록 |
| 구례군사 | 1987 | 1권, 1,157 | 제1편 총론, 제2편 역사, 제3편 정치, 제4편 경제, 제5편 교육, 제6 편 문화, 제7편 종교, 제8편 사회 보건 체육, 제9편 인물, 제10편 관 서기관 및 정당 사회단체 |
| 목포시사 | 1987 | 1권, 942 | 인물편 |
| 부여군지 | 1987 | 1권, 1,377 | 제1편 지리, 제2편 생물, 제3편 역사, 제4편 행정, 제5편 교육, 제6 편 문화, 제7편 정당과 사회단체, 제8편 산업경제, 제9편 성씨, 인물, 제10편 문화재와 사적지, 제11편 민속, 제12편 마을유래 |
| 예산군지 | 1987 | 1권, 1,280 | 제1편 지리, 제2편 역사, 제3편 행정, 제4편 교육, 제5편 문화, 제6 편 성씨, 인물 제7편 산업경제, 재8편 문화재 및 사적, 제9편 민속, 제10편 전설, 제11편 생활, 제12편 우리 고장의 장래, 제13편 자랑 스런 내고장 |
| 북제주군지 | 1987 | 1권, 975 | 제1편 지리, 제2편 향토사, 제3편 군행정, 제4편 선거, 제5편 산업경 제, 제6편 사회, 교육, 문화, 제7편 주요관서 및 단체 |
| 진해시사 | 1987 | 1권, 654 | 제1편 역사, 제2편 지리, 제3편 선거, 제4편 산업경제, 제5편 교육, 제6편 고적, 명승, 제7편 예술, 체육, 제8편 민요, 설화, 제9편 종교, 제10편 인물 |
| 천안시지 | 1987 | 1권, 1,771 | 제1편 지리, 제2편 천안시사, 제3편 행정, 제4편 문화, 제5편 산업 및 광공업경제, 제6편 성씨, 인물, 제7편 문화재 및 사적지, 제8편 민속과 전설 |
| 밀양지 | 1987 | 1권, 795 | 제1장 자연환경, 제2장 역사의 전개, 제3장 행정, 사법, 제4장 사회, 보 건, 제5장 산업경제, 제6장 교통, 운수, 통신, 제7장 종교, 교육, 문화, 제8장 민속, 제9장 민요, 설화, 방언, 제10장 문화재, 사적, 제11장 명 승과 관광명소, 제12장 성씨와 동족집단, 제13장 인물, 제14장 문헌 |
| 연천군지 | 1987 | 1권, 1,070 | 총설, 역사, 정치, 행정 및 산업경제, 교육, 문화 |
| 부천시사 | 1988 | 1권, 1,285 | 총설, 역사, 행정, 정치사회, 산업경제, 교육문화종교, 부록 |

| 시흥군지 | 1988 | 2권 | (상권)총설, 역사, (하권)정치, 사법치안, 행정, 산업, 문화, 시흥의 지명, 생물, 명승관광 |
|---|---|---|---|
| 여주군지 | 1989 | 1권, 1,926 | 총설, 향토사, 정치사법, 행정, 산업경제, 사회·성씨·인물, 문화, 문화재금석문, 민속, 전설 |

### 라. 1980년대 시·군지

1990년대에 간행되는 시·군지는 1권에서 2권~8권까지의 분량이 많아진 것을 볼 수 있다. 『서산시지』에서 처음으로 8권이 보이며, 『서산시지』와 『안동시사』에서 권별로 '서산의', '안동의'라는 자기고장의 지명을 부각시켜 고장 홍보를 꾀하고 있음을 볼 수 있다. 또한 내용도 풍부해지고, 점차 구성체계가 생기는 것을 볼 수 있는데, 대개 역사, 지리, 정치행정, 산업경제, 문화, 교육, 종교, 민속, 성씨인물, 지명의 순으로 내용이 전개됨을 알 수 있다.

목차에 있어서 '지리편', '역사편'(또는 이 두 편을 묶어서 '총론편'), '정치·행정편', '산업·경제편', '교통·통신편', '교육편', '종교편', '문화·체육편', '문화재·기념물편', '민속·민요·전설편', '인물편' 등으로 구성된 것을 볼 수 있는데, 1990년대 시·군지의 특징으로 1980년대에 취급되고 있지 않던 부분들, 즉 역사 이외의 지역문화 지식·정보가 대폭 늘어나고 있는 것을 볼 수 있다. 또 하나의 특징은 역사의 내용이 많이 늘어나지는 않았지만, 그 내용에서 종전과는 달리 지역의 행정제도적 변천의 서술에 머무르거나 일부 인물중심의 대사건 나열에 머무르지 않고, 각 시대마다 그때의 지역사회의 상황을 사회·경제적 측면에서 설명해보려는 시도가 엿보이고 있다는 점이다. 그것은 시·군지 제작에 대학의 전문 역사학자가 적극적으로 참여했기 때문에 나타난 현상이다.

표 8  1990년대의 시·군지[33]

| 시·군지명 | 발행연도 | 형태, 쪽수 | 내 용 |
|---|---|---|---|
| 광주군지 | 1990 | 1권, 1,448 | 제1편 역사, 제2편 지리, 제3편 문화, 제4편 정치행정, 제5편 명승고적, 제6편 성씨와 인물, 부록 |
| 단양군지 | 1990 | 1권, 1,035 | 제1편 역사, 제2편 지리, 제3편 행정, 제4편 읍면행정, 제5편 산업, 제6편 사업, 검찰, 경찰, 제7편 선거, 제8편 문화, 체육, 제9편 교육, 제10편 종교, 제11편 민속, 제12편 명승, 고적, 제13편 인물, 제14편 주요기관단체 |
| 목포시사 | 1990 | 1권, 977 | 사회산업편 |
| 안성군지 | 1990 | 1권, 1,690 | 총론, 역사, 안성의 인맥, 전통문화, 유기, 정치, 행정, 사회문화, 교육, 산업경제, 지명 |
| 용인군지 | 1990 | 1권, 1,707 | 총설, 역사, 정치, 산업경제, 사회, 교육과 문화, 문화재, 민속, 성씨와 인물 |
| 화성군사 | 1990 | 1권, 1,628 | 제1편 총설, 제2편 역사, 제3편 정치, 제4편 행정, 제5편 사법치안소방, 제6편 산업경제, 제7편 보건사회복지, 제8편 교육종교 |
| 가평군지 | 1991 | 1권, 1,469 | 제1편 총론, 제2편 역사, 제3편 정치, 행정, 제4편 산업, 경제, 제5편 사회, 제6편 종교, 문화, 제7편 교육, 체육, 제8편 관광 |
| 양평군지 | 1991 | 1권, 1,402 | 총설, 역사, 정치선거행정, 산업, 사회보건, 교육체육, 종교와 문화 양평의 의병활동 및 만세운동, 설화, 문화재, 인물, 양평군의 지명유래 |
| 안양시지 | 1992 | 1권, 1,813 | 총설, 향토사, 전통문화, 인맥, 민속과 전설, 지명유래, 자연, 정치, 산업, 교육문화, 명승관광, 부록 |
| 양주군지 | 1992 | 2권 | (상권)총설, 역사, 정치, 행정, 산업, 사회, 문화, 민속 , (하권)지정문화재, 일반문화재, 양주별산대놀이, 성씨와 인물 |
| 영월군지 | 1992 | 1권, 1,013 | 제1편 영월의 자연, 제2편 영월의 역사, 제3편 정치, 행정, 제4편 치안, 사법, 군사, 제5편 산업경제, 제6편 사회, 보건, 제7편 교육, 문화, 제8편 고적, 명소, 관광, 제9편 민속, 제10편 성씨, 인물 |
| 과천 향토사 | 1993 | 2권 | (상권)총설, 역사, 성씨와 과거급제자, 인물, 금석문, 부록, (하권)문화와 유적, 민속, 문학, 지명유래와 설화, 명승과 관광, 부록 |

33) 1990년대 시·군지 편찬 상황을 조사하여 작성함.

| | | | |
|---|---|---|---|
| 광명시지 | 1993 | 1권, 1,491 | 제1편 총설, 제2편 역사, 제3편 성씨와 인물, 제4편 유적과 유물, 제5편 민속과 마을공동체, 제6편 정치, 제7편 행정, 제8편 사법, 치안, 소방, 민방위, 병무, 수해, 제9편 산업경제, 제10편 보건사회복지, 제11편 교육종교, 제12편 문화예술 |
| 김포군지 | 1993 | 2권 | (1권)제1편 총설, 제2편 역사, 제3편 행정, 제4편 정치, 제5편 산업경제, 제6편 사회생활 및 사회단체, (2권)문화재, 교육종교문화, 김포의 성씨와 인물, 지명 |
| 성남시사 | 1993 | 1권, 1,971 | 총설, 역사, 성남의 탄생과 발전, 정치, 행정, 사법치안, 교육체육, 산업 및 경제, 사회보건, 문화예술종교언론, 문화유적 인물 지명과 세거성씨, 민속 |
| 논산군지 | 1994 | 1권, 1,642 | 제1편 역사, 제2편 지리, 제3편 행정, 제4편 교육, 제5편 문화, 체육, 제6편 종교, 제7편 정당, 사회단체, 제8편 산업경제, 제9편 성씨인물, 제10편 민속, 제11편 지명, 제12편 문화재, 유적, 금석문 |
| 진주시사 | 1994 | 3권 | (상)제1편 총론, 제2편 역사, 제3편 성씨, 인물, (중)제4편 정치, 제5편 행정, 제6편 치안, 소방, 제7편 산업, 경제, 제8편 건설, 제9편 진주도시계획, 제10편 사회, 사회복지, 제11편 문화, 예술, 관광, (하)제12편 문화재, 제13편 교육, 종교, 제14편 보건, 체육, 제15편 교통, 우편, 통신, 제16편 민속, 구비문학, 진주의 언어, 지명유래, 정치편 (추보쪽, 부록) |
| 파주군지 | 1995 | 3권 | (상)역사 와 인물, (중)문화재와 민속, (하)현대사회 |
| 합천군사 | 1995 | 1권, 1,671 | 제1편 지리, 제2편 역사, 제3편 정치, 행정, 사회, 제4편 교육, 체육, 제5편 종교와 문화예술, 제6편 산업, 경제, 제7편 교통, 통신, 관광, 제8편 인물과 성씨, 제9편 문화재, 제10편 민속문화 |
| 강릉시사 | 1996 | 2권 | (상)제1편 역사, 제2편 지리, 제3편 사상종교, 제4편 문화예술, 제5편 풍속, 제6편 언어 및 구비문학, 제7편 여성사, 제8편 향토인물, 제9편 문화재, (하)제10편 행정, 제11편 사법, 제12편 정치, 치안, 군사, 제13편 보건행정, 제14편 환경, 제15편 지역개발, 제16편 교육, 제17편 언론 출판, 제18편 체육, 제19편 산업, 제20편 경제, 제21편 사회간접자본, 제22편 관광위락 |
| 구리시지 | 1996 | 2권 | (상)역사 와 문화유산, (하)현대사회 |
| 수원시사 | 1996 | 3권 | (상)역사속의 수원, (중)문화의 보고 수원, (하)활기찬 수원 |
| 당진군지 | 1997 | 3권 | (상)지리, 역사, 행정, 정치, (중)교육, 문화와 종교, 산업경제, 지명, (하)문화유적, 민속, 성씨인물 |

| 마산시사 | 1997 | 1권, 1,495 | 1. 지리편, 2. 역사편, 3. 행정편, 4. 정치편, 5. 산업경제편, 6. 항만, 교통, 체신편, 7. 교육편, 8. 종교편, 9. 문화체육편, 10. 문화재, 기념물편, 11. 민속, 민요, 설화편, 12. 방언, 옛지명편, 13. 인물편 |
|---|---|---|---|
| 목포시사 | 1997 | 1권, 1,313 | 1980~1984 Ⅲ |
| 천안시지 | 1997 | 2권 | 제1편 지리, 제2편 역사, 제3편 행정, 제4편 문화, 제5편 산업 경제, 제6편 성씨, 인물, 제7편 문화재 및 사적지, 제8편 민속과 전설 |
| 청주시지 | 1997 | 2권 | (상)제1편 자연환경, 제2편 인문환경, 제3편 역사, 제4편 문화유적, 제5편 풍속, 제6편 교육, 제7편 종교, 제8편 문화, (하)제9편 산업경제, 제10편 행정, 제11편 사법, 제12편 정치, 제13편 사회, 제14편 인물 |
| 포천군지 | 1997 | 2권 | (상)문화재 와 인물, (하)현대사회 |
| 함안군지 | 1997 | 1권, 1,078 | 목적, 조사연혁, 조사분석개요, 작목별 노동투하시간 총괄표, 작목별 작업단계별 노동투하시간, 지역조사작목 |
| 동두천시사 | 1998 | 2권 | (상)총설, 역사, 정치, 행정, 산업, (하)사회, 문화, 민속, 문화재, 성씨와 인물, 부록 |
| 서산시지 | 1998 | 8권 | (1권)서산의 지리, (2권)서산의 역사, (3권)서산의 정치와 행정, (4권)서산의 산업과 경제, (5권)서산의 민속문화, (6권)서산의 현대문화, (7권)서산의 문화유적, (8권)서산의 자랑 |
| 오산시사 | 1998 | 2권 | (상)총설, 역사, 정치, 행정, 사법치안소방, 산업경제 , (하)교육종교, 보건·위생·사회·복지, 문화예술, 문화재와 유물유적, 성씨 와 인물, 민속과 구비문학 |
| 군포시사 | 1999 | 1권, 1,048 | 제1편 총설, 제2편 역사, 제3편 정치, 제4편 행정, 제5편 사법치안, 제6편 보건복지, 제7편 산업, 제8편 교육문화, 제9편 민속, 제10편 문화재 인물, 부록 |
| 안동시사 | 1999 | 5권 | (1권)안동의 역사, (2권)안동의 학문과 사상, (3권)안동의 민속과 문화, (4권)안동의 현황, (5권)안동의 인물 |
| 안산시사 | 1999 | 3권 | (상)총설, (중)자연환경, (하)역사와 전통문화 |
| 포항시사 | 1999 | 2권 | (상권)제1편 고대사회, 제2편 고려, 조선전기사회, 제3편 조선후기와 근대사회, 제4편 현대정치, 경제, (하권)제5편 현대 사회, 문화 제6편 자연환경과 인물 |

마. 2000년대의 시·군지

2000년대에 간행되는 시·군지는 5~10권으로 분권되는 추세이며, 집필자의 수도 점차 세분화되는 경향이다. 또한 향토지 편찬의 예산이 이전의 10여 배의 차이가 나는 소요예산(5억 원~10억 원)을 마련하고 있다. 그리고 시·군(市·郡) 단위의 향토지 편찬이 활발하게 이루어진다. 지(誌) 혹은 사(史)의 명칭 형식으로 지방자치단체별로 편찬 주체를 선정하여, 상임위원 2~3명을 두고 하는 편찬하는 경우도 있으며, 외부 학술용역으로 향토지 편찬 사업을 수행하는 사례도 있다. 이와 같이 2000년대의 시·군지 편찬은 시·군 단위의 지자체별로 지방의 지역문화 지식·정보를 집대성하여 다양하게 활용하려는 편찬기획과 목적을 갖고 사업이 수행되고 있다.

표 9  2000년대의 시·군지[34]

| 시·군지명 | 발행 연도 | 형태 | 내용 |
|---|---|---|---|
| 고흥군사 | 2000 | 2권 | (상권)제1편 총론, 제2편 선사시대, 제3편 마한시대, 제4편 백제시대, 제5편 통일신라시대 및 후삼국시대, 제6편 고려시대, 제7편 조선시대, 제8편 조선시대후기, 제9편 근대, 제10편 일제 민족저항시대, 제11편 현대: 정치사회, (하권)제11편 현대: 산업경제~생활 |
| 구미시지 | 2000 | 2권 | 제1편 총론, 제2편 인물, 제3편 정치, 행정, 제4편 산업, 경제, 제5편 사회,보건, 제6편 교육, 체육, 제7편 문화, 종교, 제8편 유적유물, 제9편 세시풍속, 전설, 제10편 민속신앙, 민속놀이, 민요 |
| 남양주시지 | 2000 | 6권 | (1권)역사, (2권)문화재와 인물, (3권)민속, (4권)현대사회(상권), (5권)현대사회(하권), (6권)자료집 |
| 동해시사 | 2000 | 1권, 1,215 | 제1편 동해시의 역사, 제2편 동해시의 인문, 자연환경, 제3편 동해시의 문화, 예술, 제4편 동해시의 민속, 제5편 동해시의 종교, 제6편 동해시의 교육, 제7편 동해시의 체육, 제8편 동해시의 행정, 치안, 제9편 동해시의 정치, 제10편 동해시의 산업, 경제 |
| 신안군지 | 2000 | 1권, 1,049 | 제1편 총론, 제2편 신안 도서지역의 역사, 제3편 사회경제, 제4편 문화, 제5편 지역발전 정권과 지역개발의 실제, 제6편 보론 |
| 연천군지 | 2000 | 2권 | (상권)총설, 역사, 문화재, 민속, 인물, (하권)정치, 지방행정, 경제와 산업, 사회, 문화와 예술, 지명유래 |

34) 2000대 시·군지 편찬 상황을 조사하여 작성함.

| 원주시사 | 2000 | 3권 | (1권)역사편, (2권)현대편, (3권)민속, 문화재편 |
|---|---|---|---|
| 서귀포시지 | 2001 | 2권 | (1권)제1편 지리, 제2편 역사, 제3편 행정, 의회, 선거 , (2권)제4편 산업과 경제, 제5편 사회, 제6편 교육, 체육, 제7편 문화예술, 제8편 민속, 구비전승, 문화재 |
| 예산군지 | 2001 | 2권 | (상권)1편 총설, 2편 지리, 3편 역사, 4편 정치, 5편 행정, 6편 산업 경제, (하권)7편 교육, 문화, 종교, 8편 사회생활과 사회단체, 9편 성씨인물, 10편 문화재 및 사적, 11편 구비문학, 12편 우리 고장의 장래 |
| 울진군지 | 2001 | 3권 | (상권) 제1편 자연 및 인문지리적 기초, 제2편 역사, 제3편 민중운동, 제4편 문화민속종교, 제5편 마을사, (중권)제1편 정치, 제2편 행정, 제3편 교육, 제4편 산업, 제5편 경제, 제6편 사회간접자본, 제7편 환경보건의료, 제8편 문학, 예술, 체육, 언론, 출판, 제9편 관광, 레저산업, (하권)제1편 군민의식조사, 제2편 인물, 입향, 관안, 제3편 금석문, 시, 기, 제4편 총담, 제5편 역대의원, 기관장, 단체장 명단, 제6편 부록 |
| 이천시지 | 2001 | 7권 | (1권)자연과 역사, (2권)인물과 문화유산, (3권)민속과 구비전승, (4권)정치와 경제, (5권)사회와 문화, (6권)개인생활과 마을, (7권)이천시지자료집 |
| 충주시지 | 2001 | 3권 | (상권) 1편 지리, 2편 역사, 3편 문화재, 4편 향토인물 , (중권)5편 민속, 6편 정치, 7편 사법, 8편 교육, 9편 문화, 종교, (하권) 10편 행정, 11편 산업, 경제, 12편 환경, 13편 관광, 위락 |
| 평택시사 | 2001 | 2권 | (상권)연혁과 자연환경, 역사, 문화재, 성씨와 인물, 민속, 지명유래, (하권)정치, 행정, 시의회사법국방안보, 산업교통통신해운항만, 사회 및 환경교육문화, 자료 |
| 하남시사 | 2001 | 2권 | (1권)역사도시하남, (2권)환경도시하남 |
| 공주시지 | 2002 | 2권 | (상권)제1편 자연 및 인문환경, 제2편 역사, 제3편 행정과 정치, 제4편 산업과 경제 , (하권)제5편 문화, 제6편 민속, 제7편 문화유적 |
| 담양군지 | 2002 | 2권 | (상권)제1편 자연지리, 역사, 제2편 정치행정, 제3편 경제, 제4편 사회보건환경, (하권)제5편 교육문화, 제6편 종교, 신앙, 제7편 인물, 제8편 문화유적, 제9편 관서와 공공기관, 제10편 읍면개황 |
| 봉화군지 | 2002 | 1권, 1,206 | 제1편 통사, 제2편 자연환경, 제3편 인문환경, 제4편 정치행정, 제5편 보건사회, 제6편 산업경제, 제7편 교육, 제8편 종교, 제9편 문화, 명승고적, 제10편 지명유래, 제11편 인물 |
| 부천시사 | 2002 | 5권 | (1권)부천의 역사와 문화유산, (2권)부천의 자치와 경제, (3권)부천의 성장과 발전, (4권)부천시민의 생활, (5권)자료로 보는 부천 |

| | | | |
|---|---|---|---|
| 영덕군지 | 2002 | 2권 | (상권) 제1편 자연과 인문환경, 제2편 역사, 제3편 근대 이전의 군제, 전부, 조적, 공물, 토산, 상업, 관원과 관아, 제4편 정치, 행정, 제5편 산업경제, (하권)제6편 교육과 체육, 사회복지, 제7편 문화와 종교, 문학, 제8편 민속문화, 제9편 마을의 유래 제10편 인물 |
| 횡성군지 | 2002 | 2권 | (1권)제1편 총론, 제2편 정치, 제3편 지방자치, 제4편 산업, 제5편 경제, 건설, 제6편 교육, 체육, 종교, 제7편 자연, 관광, 제8편 사회복지, (2권)제9편 국난극복사, 제10편 문화 예술, 제11편 향토민속, 제12편 구비전승, 제13편 인명, 제14편 읍면편 |
| 부여군지 | 2003 | 8권 | (1권)부여의 지리, (2권)부여읭 역사, (3권)부여의 정치와 행정, (4권)부여의 산업과 경제, (5권)부여의 현대문화, (제6권)부여의 민속문화, (7권)부여의 문화, 유적, (8권)부여의 자랑 |
| 사천시사 | 2003 | 3권 | (上卷) 제1편 총론 ; 제2편 역사 ; 제3편 정치 ; 제4편 행정(1권), (中卷) 제4편 행정(2권) ; 제5편 도시·건설 ; 제6편 사회·복지 ; 제7편 산업경제 ; 제8편 교육 ; 제9편 종교, (下卷) 제10편 문화, 체육, 관광 ; 제11편 문화재 ; 제12편 민속 ; 제13편 성씨, 인물 |
| 의령군지 | 2003 | 2권 | (상권)제1편 개관, 제2편 역사, 제3편 마을사, 제4편 정치, 제5편 행정, 제6편 산업, 경제, 제7편 사회, (하권)제8편 교육, 제9편 문화, 예술, 제10편 민속, 제11편 성씨, 인물 |
| 성남시사 | 2004 | 5권 | (1권)자연과 민속, (2권)역사, (3권)정치와 행정, (4권)경제와 사회, (5권)교육과 문화 |
| 영동군지 | 2004 | 2권 | (상권)제1편 역사, 제2편 지리, 제3편 행정, 제4편 사법, 경찰, 제5편 정치, 제6편 산업, 경제, 제7편 교육, (하권)제8편 문화, 체육, 제9편 종교, 제10편 민속, 제11편 구비전승, 언어, 제12편 명승, 고적, 제13편 인물, 성씨, 제14편 마을유래 |
| 시정40년사 | 2004 | 8권 | (1권)역사와 인문자연환경, (2권)문화유산과 인물, (3권)민속과 구전문화, (4권)정치와 행정, (5권)산업과 도시건설, (6권)사회와 문화, (7권)2003년도의 의정부와 사람들, (8권)자료집 |
| 제천시지 | 2004 | 3권 | (상권)제1편 제천의 지리적 환경과 지명, 제2편 제천의 역사, 제3편 제천의 문화유적, (중권)제4편 제천의 민속문화, 제5편 제천의 성씨와 인물, 제6편 제천의 학문과 문학, 제7편 제천의 정치와 행정, (하권) 제8편 제천의 산업과 경제, 제9편 제천의 사회와 문화, 제10편 제천의 문화관광과 축제 |
| 고양시사 | 2005 | 6권 | (1권)역사, (2권)문화유산과 인물, (3권)마을과 민속, (4권)현대사회(상권)자치행정과 교육, (5권)현대사회(중권)경제와 도시, (6권)현대사회(하권)사회와 문화 |

| 광양시지 | 2005 | 4권 | (1권)총론(환경권), 역사, 한문학, 금석문, (2권)정치, 행정, 교육, 산업, 사회, 복지, (3권)문화, 민속마을, (4권)광양의 마을 |
|---|---|---|---|
| 구례군지 | 2005 | 3권 | (상권)제1편 구례의 자연과 자랑, 제2편 구례의 역사와 문화유적, 제3편 구례의 성씨와 인물, (중권) 구례의 정치행정, 제5편 구례의 산업과 문화, (하권) 마을지(삶의 터, 주민, 마을이야기) |
| 논산시지 | 2005 | 4권 | (1권)제1편 지리, 제2편 마을이야기, (2권)제3편 역사, 제4편 문화유적, (3권)제5편 정치와 행정, 제6편 산업과 경제, (4권)제7편 민속, 제8편 현대문화 |
| 단양군지 | 2005 | 2권 | (상권)1. 역사, 2. 지리, 3. 정치, 행정, 4. 산업, 경제,(하권) 5. 사회, 교육, 6. 문화, 예술, 7. 인물, 8. 읍면지 |
| 양평군지 | 2005 | 3권 | (상권)양평의 지리와 환경, 양평의 역사, 양평의 행정과 정치, 양평의 산업과 경제, 양평의 사회와 문화, (중권)양평의 문화유적, 양평의 생활문화, 양평의 문화관광자원, 양평의 지명유래, (하권)읍지류, 인물자료, 관찬사료, 금석문, 고문서, 문집자료 |
| 여주군사 | 2005 | 7권 | (1권)자연과역사, (2권)성씨와 인물, (3권)문화유산, (4권)민속과 전승, (5권)현대의 정치경제, (6권)현대의 사회문화, (7권)자료집 |
| 예천군지 | 2005 | 3권 | (상권)제1편 지리와 환경, 제2편 예천의 역사, 제3편 정치와 행정, 제4편 산업과 경제, 제5편 사회와 문화, (중권)제1편 지명유래, 제2편 민속문화, 제3편 문화관광자원, (하권)제1편 문화재와 문화유적, 제2편 인물, 제3편 자료편 |
| 증평군지 | 2005 | 2권 | (상권)제1편 총론, 제2편 역사, 제3편 지명, 제4편 성씨와 인물, 제5편 정치, 행정, (하권) 제6편 산업, 경제, 제7편 사회복지, 보건, 여성, 제8편 문화, 종교, 제9편 교육, 체육, 제10편 사회단체, (하권) 제6편 산업, 경제, 제7편 사회복지, 보건, 여성, 제8편 문화, 종교, 제9편 교육, 체육, 제10편 사회단체 |
| 화성시사 | 2005 | 4권 | (1권)충·효·예의 고장: 자연·인문환경·역사편, (2권)충·효·예의 고장: 문화재·민속·지명유래, (3권)기분좋은 청정도시: 정치·경제·사회·문화편, (4권)기분좋은 청정도시: 관광·레저편 |
| 가평군지 | 2006 | 6권 | (1권)터전과 사랑, (2권)내력과 자취, (3권)사람들, (4권)방식, (5권)틀, (6권)모습 |
| 경주시사 | 2006 | 3권 | (1권)제1편 총론, 제2편 역사, 제3편 정치·행정, 제4편 산업·경제, 제5편 사회·보건·체육·환경, (2권), 제6편 문화·예술, 제7편 교육 및 언론·출판, 제8편 종교·민속, 제9편 인물, (3권)제10편 문화유산 |

| | | | |
|---|---|---|---|
| 과천시지 | 2006 | 7권 | (1권)관악산과 청계산이 펼쳐놓은 터전, (2권)문화유산과 민속, (3권)신도시개발과 지방자치제, (4권)시민들의 현대생활, (5권)과천, 우리 삶 우리 이야기, (6권)자료집, (7권)사진집 |
| 광명시지 | 2006 | 4권 | (1권)환경과 역사, (2권)경제와 사회, (3권)정치와 행정, (4권)교육과 문화 |
| 남제주군지 | 2006 | 3권 | (1권)제1편 자연, 인문환경, 제2편 역사, (2권)제3편 정치, 행정, 사법, 제4편 산업, 제5편 경제, (3권)제6편 사회, 여성, 제7편 교육, 체육, 제8편 문화예술, 종교, 언론출판, 제9편 문화유산 |
| 용인시사 | 2006 | 8권 | (1권)역사와 문화유산 I (2권)역사와 문화유산 II (3권)사람과 마을 I (4권)사람과 마을 II (5권)현대사회 I (6권)현대사회 II (7권)용인 현대사 연표 I (8권)용인 현대사 연표 II |
| 북제주군지 | 2006 | 2권 | (1권)제1편 지리, 제2편 역사, 제3편 정치, 행정, 제4편 사회, 교육, (2권)제5편 산업경제, 제6편 문화, 체육, 제7편 민속, 문화재 |
| 진해시사 | 2006 | 1권, 1,772 | 제1편 지리, 제2편 역사, 제3편 행정, 제4편 정치, 제5편 산업경제, 제6편 항만, 교통, 체신, 제7편 교육, 제8편 종교, 제9편 문화체육, 제10편 문화재와 명승지, 제11편 민속 및 방언과 지명, 제12편 인물 |
| 청원군지 | 2006 | 3권 | (상권)제1편 환경, 제2편 역사, 제3편 교육, 제4편 종교, 제5편 문화와 예술, 제6편 체육, (중권) 제7편 정치와 선거, 제8편 산업경제, 제9편 행정, 제10편 치안, 제11편 지명, (하권)제12편 문화유적, 제13편 민속, 제14편 구비전승, 제15편 성씨와 인물 |
| 시흥시사 | 2007 | 10권 | (1권)시흥의 환경과 문화유산, (2권)시흥의 전통시대, (3권)시흥의 근현대, (4권)시흥시의 출범과 성장, (5권)시흥 농촌사람들의 생활과 문화, (6권)시흥 바닷가 사람들의 일과 삶, (7권)시화공단과 노동자들, (8권)시흥의 도시공간, 도시민의 체험과 기억, (9권)시흥사람들의 구술 생애사, (10권)시흥이 남긴 기록, 기록에 담긴 시흥 |
| 의왕시사 | 2007 | 7권 | (1권)의왕의 삼터와 발자취, (2권)의왕의 사람과 삶의 흔적, (3권)의왕의 삶의 틀과 살림살이, (4권)의왕시민 삶의 얼개와 누림, (5권)마을이야기, (6권)사진으로 보는 의왕의 근현대사 100년, (7권)자료집 |

## (3) 현대 시·군지의 서술체계: 사례분석

현대 시·군지의 편찬 상황은 앞서 보았듯이 점진적으로 권수와 분량 면에서 상당한 발전을 보인다. 이 중에 몇 가지 향토지를 임의로 선별하여 서술체계를 살펴보면 아래와 같다. 서술체계 분석의 대상 향토지는 『밀양지』

(1987), 『진주시사』(1994), 『순천시사』(1997), 『이천시지』(2001), 『성남시사』(2004)이다.

　가. 『밀양지』의 서술 체계

　『밀양지』[35]는 795쪽 분량으로 실질적인 편찬은 이우성 교수를 중심으로 전문 연구자들에 의하여 이루어졌다.

　밀양의 통사로서 제2장 「역사의 전개」에 서술된 부분은 밀양역사의 체계화로 보기에는 문제점이 많다. 우선 왕조 중심으로 서술되어 있을 뿐 아니라 각 시대와 주제별 밀양 지방사 연구 성과의 축적이 거의 없는 상태에서 서술되어 있다. 그러므로 밀양의 역사를 체계화하는 데 있어 무엇보다 상당한 한계를 보인다. 그리고 조선 후기 지방지로서의 읍지류 자료들을 중점적으로 활용함으로써 서술내용상의 편향과 특정 인물 중심의 서술 등도 한계로 지적된다. 조선시기 이후의 시대사 서술은 아예 이루어지지 않고 있다. 제7장과 8장의 내용에서는 밀양에서만이 강조될 수 있는 역사 서술은 비교적 많이 언급되어 있다.

　제10장 「문화재·사적」의 내용은 『밀양지』 전체 가운데 약 1/3가량 되는 250여 쪽 분량을 차지한다. 특히 제5절 「이씨조선 시대의 유적과 유물」의 경우 전체 서술의 분량이 매우 많으며, 동시에 여기에 소개된 것은 일정한 주제를 갖고 서술되었으며, 서술의 분량이 단순한 소개수준을 넘어설 정도로 많다. 예를 들어 「13. 수산제와 국농소」의 경우는 약 80매 정도의 분량으로 단순한 향토지 내용의 차원을 넘는 연구논문 수준으로 서술되어 있다.

　『밀양지』는 백과사전적 서술을 지향함으로써 밀양의 역사 사실에 보다 쉽게 접근할 수 있도록 한 점이 장점으로 생각된다. 일제시기 이후의 역사 서술이

─────────────

35) 장동표, 「중학교 국사 교과서와 경남의 지역사 서술에 관한 연구: 조선시대사 서술을 중심으로」, 한국교육의 지역화에 관한 연구 제4차 세미나 발표 논문(2003).

거의 생략된 것은『밀양지』의 가장 큰 한계의 하나이나, 최근에 간행되면서 비교적 완성도가 높은 지방지와 비교하더라도 서술체계의 기본구성원리가 비슷한 점으로 보아『밀양지』는 당시로서 새로운 지방사 서술체계를 지향하였다는 점에서 획기적 측면이 있다.

  나.『진주시사』의 서술체계

『진주시사』[36]는 역사편 서술 비중이 720쪽으로 총 분량의 50% 이상을 차지한다. 선사・삼한・삼국, 통일신라, 고려, 조선, 일제의 6시대로 하였고, 서술별 서술 분량은 조선시대(411쪽)가 가장 많고 전체적으로 통사적 서술체계를 유지하고 있으며, 부분적으로 제3장 제2절의 강주 지리산에 얽힌 고대문물의 경우처럼 분야사를 도입하였다.

  진주의 문화재에 대해서는 하권 제12편에서 별도의 항목으로 77쪽 분량으로 다루어 전체적으로 문화사 분야와 겹치지 않도록 배려한 것으로 보인다.

  진주 지역에서의 활동이 두드러지는 역사적 사건의 경우 비중을 많이 두어 서술하였다. 이런 서술방식은 진주 지역의 특성을 드러낸다는 점에서는 향토사 서술의 관점에서 보면 효과적인 측면이 있으나, 동시에 통사적 서술체제의 틀 속에 들어가 서술되는 경우 서술 전체 흐름의 맥을 일관되게 연결하지 못하게 한다는 점에서는 한계로 작용할 수 있는 소지도 있다. 앞으로 향토사 서술에 있어서 지역의 특성을 잘 드러내면서 동시에 통사적 서술의 정점을 살려내는 방법론의 모색이 필요하다. 고려시기의 경우 전공자가 집필위원으로 참여하지 않아 적절한 서술이 되었다고 보기 어렵다.『진주시사』의 경우 차후에는 분야별 전문연구자의 집필진 확보가 보완되어야 한다.

---

36) 장동표, 위의 논문, 조영제・박성식・김정완・정현재・김준형・김중섭(사회학) 등의 역사 전공 연구자들에 의하여 집필됨.

다. 『순천시사』의 서술체계

『순천시사』(1997)의 사례는 매우 주목된다.[37] 『순천시사』는 모두 3권으로 분권되었는데, 제1권은 정치·사회편(840쪽), 제2권은 문화·예술편(1,011쪽), 그리고 제3권은 자료편(605쪽)이다. 『순천시사』는 기초 자료의 정리 노력 이외에도 주제별 접근방식에 의한 향토사의 체계적 정리를 시도한 점에서 매우 진보적인 시도를 하고 있다. 즉 3권의 총 집필자 수가 84명에 이르고, 주제별로 필진의 구성도 전국의 전문연구자와 향토연구자를 동원하여 객관성과 신뢰도를 증대시켰다. 이는 편찬의 과정에서 편찬실무진과 순천시의 새로운 편찬기획에 덧붙여, 책임 있는 시사 편찬의 기본적 교감이 전제되지 않고는 불가능한 일이었을 것이다.

특히 자료편의 경우 크게 사진으로 보는 순천, 순천지방사 사료, 논저목록과 연표로 3구분하고 있다. 이 중 지방사 사료편의 경우는 각종의 지리지와 삼국사기·고려사·조선왕조실록·승정원일기 등의 관찬사서, 각사등록·비변사등록 같은 등록류 자료, 관련인물의 문집자료, 동아일보·조선일보·매일신보 등의 신문기사 등을 망라하여 내용별로 재구성한 실로 방대한 작업이었다. 사진의 수집도 매우 힘든 작업이었을 것이나 각 시기별로 생동감이 넘치는 자료들을 자료집으로 완성하였고, 논저목록과 발전연표도 편찬자들이 누구를 위하여, 그리고 무엇을 겨냥하여 이 책자를 만들었는가를 명확하게 보여주고 있다.

『순천시사』의 이 같은 기초자료에 대한 충실한 수집, 정리 작업은 앞으로 간행될 다른 향토지들이 모범으로 삼아야 할 부분이라고 생각된다.


라. 『이천시지』의 서술체계

『이천시지』는 과거 시·군지의 제작방식에서 편찬단계부터 많은 부분 종래

37) 이해준, 「시·군지 편찬의 과제와 전망」, 『鄕土史硏究』(1999), 32쪽.

의 방식에서 탈피하려고 노력하였다.38) 먼저 분야별 7권으로 분권하여 시지의 열람, 이용과 보관의 편리함을 취하면서 『이천시지』의 특성을 중점적으로 부각시켰다. 그리고 "마을지"를 독립분야로 편찬하였으며, 내용상 개인생활사와 가족사, 마을지를 수록하여 현재 이천시민의 생활모습을 담았다. 공식적인 역사서술에서 벗어나 최근의 생활사, 미시사 범주의 서술로 구체적이고 생생한 현재의 모습을 표현하려 하였다.

제1권 역사편의 서술 시한은 1980년대 말까지 포함하여 기술하였는데, 전부 관련된 자료에 근거한 서술과 분석 방식을 취하였다. 각종 문헌자료, 근·현대 관내 사진 자료를 발굴, 구술 자료를 적극 활용하고 있다. 한편 새로운 형태, 참신한 방식의 편찬을 위해 자료 나열 방식에서 벗어나 분석적인 내용으로 집필하였으며, 충분한 사진자료와 도표 활용을 통하여 읽는 시지에서 보는 시지로 바꾸려하였다. 고지도와 가문 소장의 고문서, 시사 연표와 편찬사 등 다양한 내용의 자료집을 별도로 정리하여 활용에 대비한다고 하였다. 『이천시지』는 전체적으로 통사의 체계에 따랐지만 최대한 이천시의 구체적 역사적 사실을 장절과 항목의 제목으로 달아 체계화 한 것들이 주목된다.

『이천시지』에 대한 서평은 선영란에 의해 이루어졌다.39) 즉, 『이천시지』가 이천시의 정치·경제·문화 전반에 대한 현황을 쉽게 파악하도록 해준 반면에 지역적 특성이 드러나지 않는다는 사실과 「개인생활과 마을」이라는 부제를 가진 6권의 서술내용과 서술방식에 있어서, 구체성·객관성이 부족하며, 몇 개 마을의 사례만을 정리해 놓은 것은 이천의 역사와 문화를 설명하기 어렵다는 것이다. 또한 『이천시지』 편찬을 위해서 참여집필자 99명 중 외부연구자가 75명, 이천시 내부 관계자가 24명이 참여했다는 사실은 이천시 역사서술에

---

38) 허흥범, 「이천시지 편찬의 중간평가와 과제」, 『지방지 편찬의 새로운 방향 모색』, 역사문화학회 워크숍 요지문(2001).
39) 선영란, 「서평: "새로운 역사학"과 새로 쓰는 지방지(『이천시지』, 이천시지편찬위원회, 2001」, 『지방사와 지방문화』, 5(2002).

객관성은 유지할 수 있겠으나, 이 시대 이천 지역 주민들의 역사 만들기를 위한 노력에는 분명 한계가 보인다. 집필자가 대부분 전문연구자이나, 외부집필자는 지역에 대한 총체적인 인식이 부족하다는 점이 지적되었고, 『이천시지』는 내용이 상당히 전문적인 책으로 일반인이 이천 지역의 역사와 문화를 좀 더 쉽게 이해할 수 있는 별도의 1권이 요구된다. 전7권이 장·절의 목차만 드러나 있을 뿐 구체적인 세부목차가 없으며, 어떤 내용을 찾고자 할 때 불편함을 이야기한다. 전근대 인물도 생몰년 순으로 배열하고 있어 찾아보기에 어려움이 있다.

### 마. 『성남시사』의 서술체계

성남시에서는 『성남시지』(1982)와 『성남시사』(1993·2004)를 편찬하였다. 『성남시지』는 1권으로 총설, 지리, 역사, 특수한 도시생성, 행정, 선거·정당, 산업, 경제·사회, 교육·문화·종교, 지명유래·고적·명승 등 9편으로 구성되었다. 『성남시사』(1993)는 3권으로 총설, 역사, 성남의 탄생과 발전, 정치, 행정, 사법, 치안, 교육·체육, 산업 및 경제, 사회·보건, 문화·예술·종교·언론, 문화유적·인물·지명과 세거성씨, 민속 등 12편으로 구성되었다. 『성남시사』(2004)는 5권으로 각 권마다 자연과 민속, 역사, 정치와 행정, 경제와 사회, 교육과 문화로 구분되었다.

『성남시지』에 비해 『성남시사』(1993)에서는 민속 등 새로운 항목이 추가로 설정되고 내용도 보완되었다.[40] 하지만 『성남시지』와 『성남시사』는 신생도시 성남의 형성과정과 정치·행정상황에 초점을 맞추었으므로 문화재 및 유적 등 신도시 형성 이전 성남에 대한 내용이 소략하고, 『성남시사』의 민속부분은 성남 지역에 대한 자료가 빈약하다는 지적이 있다.[41] 반면 성남시와 한국토지

---

40) 김진호·서태원, 「성남 지방사 연구의 현황과 과제」, 『실학사상연구』, 23(2002), 119쪽.
41) 이해준, 「성남의 전통마을」, 『성남시의 역사와 문화유적』(한국토지공사 토지박물관·성남시, 2001), 108쪽.

공사 토지박물관이 함께 간행한 『성남시의 역사와 문화유적』은 성남시의 역사지리·역사·민속·전통마을·문화유적·유적분포지도 및 부록으로 구성되었으며, 문화유적 통계표와 유적목록 등을 수록하고 있는데, 민속은 물론이고 성남시 문화유적을 거의 총망라해서 정리했다는 점에서 성남시의 문화유적을 총체적으로 파악하는 데에 많은 도움을 준다.

## (4) 지자체 및 시·군지 웹사이트

### 가. 지자체 및 시·군지 웹사이트의 특징

시·군지 편찬방향과 디지털정보서비스 영역은 오랫동안 전혀 다른 세계에 있다가 1990년대 후반 이후 시·군지 발간과 함께 웹서비스 혹은 시디롬을 함께 제작하는 추세이며, 최근에는 시·군청과 문화원 홈페이지를 중심으로 지역문화와 관련된 다양한 정보가 구축되고 있다.

1999년 '인터넷 향토지' 편찬의 필요성이 제기되었다.[42] 인터넷 향토지란 온라인상에 구축된 지역문화 정보 일체를 의미하나, 좁게는 시·군지 편찬과 함께 혹은 별도로 기획하여 구축하는 웹서비스 혹은 시디롬(CD-ROM)을 의미하기도 한다.

인터넷이 정보교환의 주요한 통로가 되면서 향토지 편찬 형태에도 변화가 요구된 것이다. 이전 시·군지는 출판물 형태로만 간행되었으나, 그것을 웹페이지에 실어 인터넷으로 서비스할 필요성이 제기된 것이다.[43] 웹페이지에 탑재되어 인터넷을 통해 서비스되는 시·군지를 '인터넷 향토지'로 이름을 붙이는 한편, '인터넷 향토지'는 기존 출판물 형태의 시·군지와는 달리 음성과 동

---

42) "인터넷 향토지"라는 개념은 아직 학계에서 그 의미와 범위가 명시적으로 정의된 개념이 아니다. 여기서는 몇몇 연구자를 중심으로 일반적으로 언급되는 범위 내에서 잠정적으로 "인터넷 향토지"라는 개념을 사용한다.
43) 강진갑, 「21세기 정보화시대 '인터넷 鄕土誌' 편찬에 대하여」, 『향토사연구』, 제12집 (2000), 73~77쪽.

영상이 들어갈 수 있기 때문에 이미지의 중요성이 크게 증대될 것이고, 향토지의 목차도 이전 출판물 형태와는 달라질 것으로 예상하였다. 인터넷은 정보를 디지털하여 저장하기에, 인터넷 향토지는 책으로만 출판된 시·군지와 비교할 때 다음과 같은 이점을 지니고 있다.

첫째, 인터넷 향토지는 많은 사람들이 쉽게 이용할 수 있다. 기존의 시·군지는 예산 문제로 인해 1,000~2,000부 한정 부수로 간행되어, 일부 도서관이나 행정기관에만 배포되었다. 그래서 일반인은 물론이고 학자조차도 향토지를 이용하는 데 불편이 많았다. 그러나 인터넷 향토지는 인터넷에 접속할 수 있는 사람은 누구나 이용할 수 있기에 이용이 훨씬 용이해 진 것이다. 나아가 인터넷 향토지가 관련 분야 홈페이지와 연결되어 활용될 때 그 활용도는 매우 높아질 것이다. 둘째, 인터넷 향토지는 기존 시·군지와는 달리 문자 이외에도 오디오, 비디오를 함께 수록할 수 있고, 지면의 제한을 받지 않아 사진도 무한정 수록할 수 있다. 시·군지에서는 과거의 민요만을 만나게 되지만, 인터넷 향토지에서는 살아있는 현장의 민요를 만날 수 있는 것이다. 셋째, 인터넷 향토지는 수록내용의 분량에 제한을 받지 않는다. 넷째, 인터넷 향토지는 내용의 첨삭과 수정이 가능하다. 따라서 새로 발굴된 자료의 연구 성과를 곧바로 반영할 수 있다. 오류를 확인하고 제보한 이가 주민이라면, 인터넷 향토지야말로 주민과 함께 만들어 가는 향토지 또는 시·군지가 될 것이다. 다섯째, 인터넷 향토지는 재편집을 통해 다양하게 활용할 수 있다. 예를 들어 지방자치단체에서 문화재 안내 권자를 제작할 때 인터넷 향토지에 수록된 내용 중 필요부분만 발췌해서 재편집·출판하면 자료 조사 및 사진 촬영, 원고 입력 그리고 편집비용을 절감할 수 있다.

나. 지자체 및 시·군지 웹사이트의 지역문화 내용

인터넷상의 지자체 홈페이지는 최근 2000년 전후에 집중 개설되었다. 지자체가 인터넷을 통해 시정활동을 홍보하고 지역 정보 소개를 통해 주민들과 교류하기 시작한 것이 오래되지 않았으나, 그 파급 효과와 영향력은 상당한 것이어서 이제 인터넷은 지자체 시정활동의 중요한 수단이 되고 있다. 지역 주민들은 인터넷 홈페이지 또는 지자체 웹사이트를 통해 자기 지역 지자체 업무와 활동을 파악할 수 있게 되었으며, 어지간한 민원접수와 처리도 이를 통해 이루어지고 있는 실정이다.

이렇게 시·군 홈페이지를 통해 지역민들이 정보를 찾을 수 있음에도 불구하고, 지역정보를 충분히 제공하고, 이를 지역민들이 공유할 수 있는 장치가 미약하다는 것이 아쉬운 실정이다. 시·군 문화원이나 지역의 연구단체 및 개인들이 지역문화 관련 자료들이 많이 출간하고는 있다. 그러나 이 분야에 관심을 갖고 있는 전문가나 연구자가 아닌 이상, 이런 지역 정보를 인터넷이나 시·군 홈페이지에서 충분히 접하기는 쉽지 않다.

지자체 홈페이지의 지역문화정보가 소략하고, 편중되어 있다.[44) 대개 연혁과 문화유적에 편중되어 있으며, 지역의 연혁은 물론 역사일반, 지명의 유래, 지역민의 생활과 삶을 표현한 민속 및 축제, 고장의 역사를 대변하는 문화유적, 특산물 등을 온전히 파악할 때 그 지역의 특성과 정체성이 드러날 수 있다. 그럼에도 많은 지자체에서 다루고 있는 연혁 부분조차 간단하게 취급된 사례가 많고, 지명유래나 민속 등도 일부 언급하고는 있으나 부실한 경우가 대부분이다.

최근 지자체 홈페이지에 시·군지 웹사이트를 링크해 놓은 곳들이 늘어나고 있다. 지자체 홈페이지에서는 간략한 지역문화 내용만 수록하고, 더 구체적인 사항들은 시·군지 웹사이트를 통해서 정보를 제공하고 있는데, 시·군지 웹사이트는 단순히 시군지를 PDF파일로 올려놓은 것이 대부분이다.

---

44) 경기향토사연구소, 「인터넷으로 본 향토사」, 『향토사연구』, 제12집(2000), 37쪽.

표 10  경기도의 지자체 홈페이지 지역문화 내용(2007.11.18 현재)[45]

| 구분 | 메뉴 | 연혁/역사 | 현황, 통계 | 관광, 여행 | 민속, 전설, 지명유래 | 문화재, 문화유적 | 문화행사, 축제 | 특산물 | 멀티미디어 | 커뮤니티 | 인물 | 시·군지 수록 |
|---|---|---|---|---|---|---|---|---|---|---|---|---|
| 가평군 | 군정안내 | 연혁 | 기본현황, 행정구역 | | | | | | | | | |
| | 문화관광 | 가평 소개 | | 관광명소, 테마여행 | 전설/민담, 지명유래 | 문화재, 기념비, 유적 | 축제/행사 | 지역특산 품안내 | 가상여행 (동영상관, 파노라마관, 포토갤러리) | 커뮤니티 (여행후기, 안내도신청) | 인물 | |
| 고양시 | 늘푸른 고양 | 고양 연혁, 고양의 역사 | 고양현황, 행정구역, 통계로 본 고양시 | | | | | | 영상검색 (사진검색) | | | 『고양 시사』 수록 |
| | 문화관광 | | | 관광안내/상담, 테마관광, 고양시지도검색 | | 문화유적/볼거리 | 문화행사/축제 | | | 관광 커뮤니티 | 이달의 인물 | |
| 과천시 | 과천시 소개 | 어제와 오늘 | 위치, 면적, 통계로 보는 시정 | 지도 | | | | | | | | 『과천 시지』 수록 |
| 광명시 | 광명 소개 | 광명시 역사 | 행정구역 | | 광명의설화 /전설, 전통문화 | 문화유적 | | | | | 광명의 위인 | |
| | 생활 문화 | | | | | | 음악/축제 | | | | | |
| 광주시 | 우리시 안내 | 연혁, 역사 | 일반현황, 행정정보, 인구/면적, 통계정보 | | | | | | | | | |
| | 문화관광 | | | 관광정보 | 민속자료 | 문화재 | 축제/문화제 | 특산물 | 포토뱅크 | 관광홍보물 신청 | | |

45) 경기 지역의 33개 지자체 홈페이지를 통해 서비스되고 있는 지역문화 관련 내용을 분석 정리한 것임.

| | | | | | | | | | | |
|---|---|---|---|---|---|---|---|---|---|---|
| 구리시 | 대한민국구리시 | 역사 속의 구리시 | 일반현황 | 자연환경 | 전설, 지명유래 | 전통문화 | | | | |
| | 문화/관광 | | | 관광명소/축제, 관광정보 | 아름다운문화유산 | 구리생활문화 | | | | |
| 군포시 | 군포시소개 | 군포발자취 | | | 군포둘러보기 | | | | 관광안내책자신청 | |
| 김포시 | 자치행정 | 역사 | 현황 | | | | | | | |
| | 문화관광 | | | 여행정보, 테마기행 | 김포의전설 | 문화유적 | 문화예술 | 김포특산물 | | |
| 남양주시 | 남양주는 | 시소개, 남양주역사 | 통계로본남양주 | | | | | 포토갤러리 | | |
| | 문화관광 | | | 관광정보, 여행이야기 | 문화체험 | 문화행사 | | 사이버홍보관 | 다산정약용 | |
| 동두천시 | 동두천시소개 | | 일반현황 | | | | | | | |
| | 문화관광 | 역사와인물 | | 자연관광, 관광지도, 소요산관광 | 문화/유적 | 문화행사/축제 | 지역정보 | | 관광홍보물신청 | 문화인물 |
| 부천시 | 열린시정 | 우리시소개 | | | | | | | | |
| | 문화관광 | | | 테마여행 | 문화재탐방 | 축제 | | | | |
| 성남시 | 성남소개 | 성남시연혁 | 기본현황 | 지리정보 | | | | | | 『디지털성남문화대전』수록 |
| | 문화관광 | 성남통계연보 | | | 성남의얼 | 문화재, 문화유적 | 문화행사 | | | |
| 수원시 | 시정정보 | 수원시소개 | | | | | | | | |
| | 문화관광 | | | 여행정보, 테마여행, 화성, 수원문화명소 | | | 문화예술 | 관광상품 | 참여마당 | |

| 구분 | | | | | | | | | | | |
|---|---|---|---|---|---|---|---|---|---|---|---|
| 시흥시 | 우리시소개 | 유래및연혁 | 시흥통계 | | | | | | | | 시흥인물 |
| | 문화관광 | | | 테마별여행, 관광안내도, 시흥9경, 아주특별한시흥 | | 문화유적 | | 특산물안내 | | | |
| 안산시 | 시정정보 | 유래, 연혁 | 행정구역, 통계정보 | | 동별유래 | | | | | | |
| | 문화관광 | | | 가볼만한 곳, 여행을 풍요롭게, 단원김홍도 | | 문화재/유적 | 축제 | 특산물 | | | |
| 안성시 | 안성소개 | 안성개요, 연혁/역사 | 일반현황, 행정구역, 통계연보 | 위치/자연환경 | | | | | | | |
| | 문화관광 | | | 관광명소, 관광정보, 여행도우미 | 전래민속 | 문화재현황 | 문화행사/축제 | 지역특산물 | 사이버체험관 | 열린광장 | 안성인물 |
| 안양시 | 우리안양 | 안양시소개 | 일반현황 | | | | | | | | |
| 양주시 | 양주시소개 | | 일반현황 | | | | | | | | |
| | 문화관광 | 역사와문화책자 | | 문화관광, 양주별산대놀이, 양주소놀이굿, 상여와회다지기소리, 연희단베틀소리 | | | | | | | |
| 양평군 | 양평군소개 | | 일반현황 | | | | | | | | |
| | 문화관광 | | | 양평명소, 테마여행, 여행정보 | | 양평문화예술 | 행사/축제 | | 멀티미디어 | 참여마당 | |
| 여주군 | 열린여주 | 연혁 | 행정구역 | 관광명소, 테마관광, 디지털관광지도 | | 문화유산정보 | 문화예술행사 | 농특산물안내 | 멀티미디어자료실 | | 『여주군사』수록 |
| | 문화관광 | | | | | | | | | | |

| | | | | | | | | | | | |
|---|---|---|---|---|---|---|---|---|---|---|---|
| 연천군 | 우리연천 | 연천군 소개, 역사/연혁 | 일반현황, 위치 | | | | | | | | |
| | 문화관광 | | | 테마관광 | | 문화재, 향토유적 | 문화행사/축제 | 내고장 특산물 | 포토갤러리 | | 역사와 인물 |
| 오산시 | 열린시정 | 오산시 소개 | | | | 오산문화 | | | | | |
| 용인시 | 선진용인 | 용인시 소개, 역사와 연혁 | 지역현황 | | | | | | | | |
| | 문화관광 | | | 용인8경 관광안내, 테마관광 | 용인시의 유래 | 문화재 | 문화행사/축제 | | | 커뮤니티 | |
| 의왕시 | 시정정보 | 우리시 소개 | | | | | | | | | |
| | 문화관광 | | | 가볼만한 곳, 관광지도 | 전설과 고유지명 유래 | 문화재/유적 | | | | | |
| 의정부시 | 시정정보 | 의정부 소개 | | 전체관광안내도 | | 문화유적 | 문화예술행사 | | 의정부 옛 모습 | | 이달의 문화인물 |
| | 문화/관광 | | | | | | | | | | |
| 이천시 | 이천소개 | 연혁/유래 | 기본현황, 행정구역 | | | | | | | | |
| | 문화관광 | | | 관광명소, 여행정보, 테마여행 | | 전통문화 | 축제행사 | 특산물 마을 | | 커뮤니티 | |
| 파주시 | 파주소개 | | 행정구역 | | | | | | | | |
| | 문화관광 | 역사문화 | | 관광 | 전설모음 | 문화유산 | 축제 | | 포토갤러리 | 커뮤니티 | 역사인물 |
| 평택시 | 평택시 소개 | | 시정현황 | | | | | | | | 『평택시지』 수록 |
| | 문화관광 | | | 가볼만한 곳, 평택의관광지 | 평택의 얼 | 문화재 | | | | | |

| 포천시 | 포천시소개 | 연혁및유래 | 행정구역 포천통계 | 관광명소, 여행정보, 테마관광 | 포천의 설화, 지명유래 | 문화유산 | 축제와 행사 | 특산물 안내 | | 커뮤니티 | 우리시를 빛낸 인물 | 『포천시지』 수록 |
|---|---|---|---|---|---|---|---|---|---|---|---|---|
| | 문화관광 | | | | | | | | | | | |
| 하남시 — 우리하남 | 우리하남 | 위치/면적/행정 | 하남시기본현황 | | | | | | | | | 『하남시사』수록 |
| 하남시 — 문화관광 | 문화관광 | 하남역사 | | 하남수목원, 검단산, 하남머거리, 관광안내도 | | 문화재 | 문화행사 | | | | | |
| 화성시 — 열린화성 | 열린화성 | 연혁, 역사 | 일반현황 | | 민속, 주요지명 | 문화재 | | | | | | |
| 화성시 — 문화관광 | 문화관광 | | | 테마관광, 관광명소 | 전통문화, 지명유래 | 문화예술 | 화성의 축제 | 지역대표 농수산물 | | | 인물 | |
| 강화군 — 강화군소개 | 강화군소개 | 연혁 | 일반현황 | | | | | | | | | |
| 강화군 — 문화관광 | 문화관광 | 역사순례 | | 강화팔경, 테마여행, 지역별관광안내 | | 유형별 문화유산 | 문화행사 | 강화 특산품 | | | | |
| 옹진군 — 옹진군소개 | 옹진군소개 | | 일반현황 | | | | | | | | | |
| 옹진군 — 관광문화 | 관광문화 | | | 관광정보, 테마여행, 여행도우미 | | | | 지역 특산물 | 동영상 | 열린광장 | | |

　　전국 232개 기초자치단체 대부분은 시·군지를 발간하고 일부 자치단체는 웹페이지를 통해 그 내용을 서비스하고 있다.

　　최초의 인터넷 향토지는 『고양군지』이다. 1987년 발간된 『고양군지』는 1999년 고양시청 홈페이지[46]를 통해 서비스되기 시작하였고, 이는 출판물 형태로 발간된 『고양군지』를 단순히 재수록한 것이지만, 시민들로부터 수록

---

46) 강진갑, 「韓國文化遺産의 디지털 콘텐츠化 硏究: '京畿道 歷史文化體驗 假想現實 시스템'을 중심으로」, 한양대학교 박사학위논문(2007), 73쪽.

내용의 오류를 인터넷상으로 신고 받아 수정하는 시스템을 갖추는 등 인터넷 향토지가 지닌 장점을 살렸다. 2006년『고양시사』를 발간한 후 2007년 현재 고양시청 홈페이지를 통해 서비스하고 있다.

　『남양주시사』(2000)는 현재 남양주시청 홈페이지에서는 볼 수 없고, 남양 주사료관47)사이트에서 볼 수 있다. 이 웹사이트는 목차, 본문 단어 검색과 색인 기능이 있고, 텍스트와 2D이미지를 제공하였으며, 이미지는 확대해서 볼 수 있다. 이는 디지털 형태의 시·군지가 지니는 장점을 일부 반영한 진보 적 모습이라고 할 수 있다.『평택시사』(2003)는 2004년부터 출판된 내용 그 대로 웹사이트를 통해 서비스하고 있다.48) 사이트에 검색의 창을 마련한 것 이 주목된다.『포천시지』는 포천시청 웹사이트49)에 올려져있는데, 1997년에 간행된『포천군지』를 '포천시지'로 제목을 바꾸고 내용도 〈총설〉, 〈역사〉, 〈정 치〉, 〈행정〉, 〈사회〉, 〈교육문화〉, 〈민속〉, 〈문화재〉, 〈성씨와 인물〉을 텍스트 중심으로 간략하게 올려놓았다.『하남시사』(2001)도 하남시청 홈페이지50)를 통해서 볼 수 있으나, 사이트가 원활히 작동하지 않아, 목차 외에는 볼 수 없 었으며,『하남시사』를 인터넷에 올려놓았으나 관리가 제대로 안 되는 것을 볼 수 있다. 웹사이트의 생명은 신선한 자료의 갱신과 증보에 있다. 이런 점에서 관리가 소홀한 웹사이트의 효율성은 낮을 수밖에 없다.『여주군사』(2005)는 여주군청 홈페이지51)에서 서비스되고 있다.『여주군사』의 내용 전체를 서비 스하고 있으며, 〈지도로 보는 여주군사〉에서는 지도를 클릭하면 유물·유적으 로 들어가게 되어 동영상도 볼 수 있도록 구현하였다. 책으로 된 향토지를 단 순히 인터넷에 올려놓은 것에서 진일보하여 동영상도 체험할 수 있도록 하였 다. 텍스트 중심으로 서비스되는 다른 사례에 비해 발전된 형태이다.

---

47) http://www.nyj.go.kr/doc/nmcg/index.html(2007.11.18)
48) http://210.104.212.9:8080(2007.11.18)
49) http://www.pcs21.net/culture/cultural_inheritance/cultural07.jsp(2007.11.18)
50) http://www.ihanam.net/sisa/default.htm(2007.11.18)
51) http://210.170.84.164(2007.11.18)

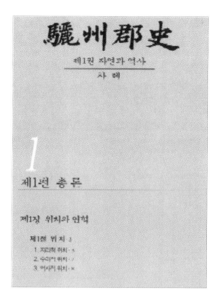

▌그림 1▌ 종이책 형태의 『여주군사』목차의 모습

▌그림 2▌ 『여주군사』인터넷으로 서비스하고 있는 모습

**▌그림 3▐  인터넷 『여주군사』의 목차 모습**

『광양시지』(2005)는 광양시청 홈페이지[52]를 통해 서비스되고 있다. 역시 『광양시지』 4책의 내용을 그대로 PDF파일로 올려놓은 것이다. 관리가 제대로 되고 있지 않아 사이트를 열 수 없었다. 『증평군지』(2005)도 증평군청 홈페이지[53]를 통해서 PDF파일로 제공되고 있다. 『과천시지』(2006)도 과천시청 홈페이지[54]를 통하여 서비스 중이며, 『과천시지』를 그대로 옮겨놓았고, 사진 슬라이드 쇼를 구현하였다. 『경주시사』(2006)도 경주시청 홈페이지[55]를 통하여 서비스 중이고, 『경주시지』의 내용을 PDF파일로 그대로 옮겨놓았다.

그 외 『의왕시사』(2007)·『시흥시사』(2007)가 웹서비스를 준비 중이며,

---

52) http://210.97.59.34/site/Home/introduce/story/siji/(2007.11.18)
53) http://www.jp.go.kr/pub/intro/newsletter/intr06080102.html(2007.11.18)
54) http://www.gcbook.or.kr/media/main.html(2007.11.18)
55) http://210.90.144.14:8000(경주시청 홈페이지(http://www.gyeongju.go.kr)를 통해서만 접근할 수 있음)(2007.11.18)

지금까지는 단순히 시·군지를 웹사이트의 한 메뉴로 마련하고 PDF파일 정도만 올려놓고 검색할 수 있었던 반면, 앞으로의 웹서비스 되는 시·군지는 이용자도 의견을 올릴 수 있는 쌍방향의 서비스를 제공할 것으로 보인다. 그러나 시·군지는 10년 이상의 주기를 가지고 출판되고 있으므로, 이용자가 오류수정이나 의견을 개진하더라도 그 내용은 시·군지가 다시 출판되는 10년 이후에나 반영이 될 것이므로, 이는 단순히 향토지를 인터넷에 올려놓은 것일 뿐, 일방적인 보여주기에 그치고 있는 실정이다.

## 4) 근·현대 시·군지의 활용방안

### (1) 시대변화에 따른 지리지 및 시·군지 내용의 변천양상: 진주(진양)의 사례

전통시대의 지리지 편찬에서 근·현대의 시·군지 그리고 현대의 『디지털진주문화대전』에 이르기까지 지역문화 연구자료로서의 지리지 및 시·군지 내용과 형식의 변천을 살펴보면 점진적으로 확대·발전되는 모습을 볼 수 있다. 〈표 10〉과 〈표 11〉에 근거하여 보면 기본 항목과 내용이 시대별로 조금씩 상이하며, 후대에 이를수록 지역문화의 지식·정보가 다양하고 풍부하게 수록되고 있음을 알 수 있다.

표 11 『진양지』, 『진주목읍지』, 『진양속지』, 『진양군사』, 『디지털진주문화대전』 내용비교56)

| 구분 | 기본항목 및 내용 | 편찬자 | 편찬 연도 |
|------|------------------|--------|-----------|
| 진양지 | 경사상거(京師相距), 사린강계(四隣疆界), 건치연혁, 속현, 진관(鎭管), 관원, 주명(州名), 형승, 풍속, 각리(各里), 호구전결, 산천, 임수(林藪), 토산, 관우(館宇), 성곽, 단묘(壇廟), 학교, 서원, 서재, 정대(亭臺), 역원, 군기(軍器), 관방, 봉수, 제언, 관개, 교량, 불우(佛宇), 임관(任官), 성씨, 인물, 효행, 열녀, 문과, 무과, 사마, 남행, 유배, 총묘, 고적, 총담(叢談), | 성여신 | 1632 |

56) 진주의 전통시대 및 근·현대, 『디지털진주문화대전』 향토지 분석을 근거로 작성.

| | | | |
|---|---|---|---|
| 진주목읍지 | 속현, 고을의 명칭, 관직, 성씨, 산천, 풍속, 방리(坊里), 호구, 전부(田賦), 요역(要驛), 군액(軍額), 성지(城池), 임수(林藪), 창고, 군기(軍器), 관애(關隘), 진보(鎭堡), 봉수, 학교, 단묘(壇廟), 능묘, 불우(佛宇), 궁실, 누정, 도로, 교량, 도서(島嶼), 제언, 장시, 역원(驛院), 목장, 형승, 고적, 토산, 진공(進貢), 봉름(俸廩), 환적(宦蹟) 및 인물, 제영, 비판(碑版), 책판, 목장지(牧場誌), 진주목읍사례(晉州牧邑事例) | 진주목 | 1832 |
| 진양속지 | 면리분합(부, 호구전답), 원사(부, 영당), 부조묘(不祧廟), 정대(亭臺), 묘각(墓閣), 비(碑), 역명(驛名), 시장, 불우, 임관(任官), 성씨, 인물, 유행(儒行), 충의, 효행, 열행, 문과, 무과, 사마, 총묘, 고적, 총담, 市郡分合(진주시, 진양군, 각 호구전결), 관원, 행정구역, 관우(館宇), 학교, 원사(院祠), 부조묘, 정대(亭臺), 묘각, 비, 역명(기차노선, 자동차노선), 제언, 관개, 교량, 시장, 불우(佛宇), 任官(시장, 군수, 경찰서장), 인물, 유행, 효행, 열행, 고적(古蹟), 총담 | 연계재(蓮桂齋) 중심의 유림 | 1932 |
| 진양군사 | 진양군 개관, 제1편: 선사시대(서설, 석기시대, 청동기시대, 원삼국·가야시대), 제2편: 삼한·삼국시대(삼한시대, 가야시대, 삼국시대), 제3편: 통일신라시대(거열주·청주·강주통사), 강주지리산의 문화), 제4편: 고려시대(진주·진주목통사, 고려왕조의 발전과정, 고려왕조의 제도, 무인정권과 진주민중의 봉기, 왜구의 침입과 진양, 진양의 성씨, 고려조 인물), 제5편: 조선시대(진양대도호부·진주목·진주통사, 조선조 성립의 개관, 조선 전기의 산업경제, 조선 전기의 문화, 조선 전기의 진양산천, 임진왜란, 지방교육, 향약, 조선 후기의 산업경제, 철종조 진양의 농민항쟁, 진주동학군 대일군전투, 진주의 의병운동, 지방지의 효시 경남일보, 조선조 인물), 제6편: 일제강점시대(일정기 진주군·진양군통사, 무단통치와 토지조사, 3·1독립운동, 학생항일운동, 경남도청 부산이전, 형평사운동, 일제하의 산업경제, 농공업의 발달, 面協議會員·의원제도, 군명개칭과 진주부 승격), 제7편: 원사누정재(院祠樓亭齋; 觀宇, 학교, 서원, 서재, 院祠, 亭臺, 묘각), 제8편: 총론(자연환경, 인문환경), 제9편: 정치(정치변동사 개관, 국민투표, 지방자치제도와 선거, 국회의원 선거, 대통령 선거, 통일주체국민회의대의원 선거, 대통령선거인 선거), 제10편: 행정·치안(행정·치안), 제11편: 산업·경제(산업, 경제, 상공업), 제12편: 건설(건설, 도로 및 교량, 새마을운동), 제13편: 사회·보건(사회, 사회복지, 보건), 제14편: 교육(교육제도의 변천, 진양군의 교육), 제15편: 문화(유교, 예술, 언론, 문화재), 제16편: 면읍지(내동면, 정촌면, 금곡면, 문화면, 진성면, 일반성면, 이반성면, 사봉면, 지수면, 대곡면, 금산면, 집현면, 미천면, 명석면, 대평면, 수곡면 *면읍지의 내용: 연혁, 행정구역, 면적, 가구·인구추이, 도로·교량, 제방·貯·小留池·양수장·배수장, 취락개선 및 주택개량사업, 경지정리사업, 미맥·잡곡생산추이, 가실류 생산추이, 축산사육추이, 電化사업, 농어협동조합운영, 지명유래), 제17편: 종교·민속(종교, 민속), 부록: 진양지 원문 | 진양군사 편찬위원회 | 1994 |

| 디지털<br>진주문화<br>대전 | 자연지리(기후, 지형·지질), 인문지리(행정구역, 마을·지명, 교통, 관광·위락시설), 동식물(동물, 식물), 전통시대(선사시대, 고대, 고려시대, 조선시대), 근현대(일제강점기, 현대), 유형유산(유물, 유적), 무형유산(공예, 예술·연희·무예), 기록유산(고문서, 금석문·기문류), 성씨세거지, 전통시대인물(귀족·호족, 문무관인, 선비·문인·학자, 의병, 효자·열녀), 근현대인물(독립운동가, 문화·교육인, 종교인·사회운동가, 친일파), 정치·행정(지방자치, 지역관리행정, 지역개발사업), 경제·산업(산업개황, 기업·산업지원기관, 산업시설, 시장, 특산물), 사회·복지(사회시설·단체, 시민활동, 보건의료), 과학기술(전통과학기술, 연구소·지원기관), 불교(사찰·불교단체), 유교(향교·서원·유교단체), 기독교(교회, 성당, 기독교단체), 신종교, 문화(문화예술개황, 문화예술단체, 문화시설·기념물, 지역축제·행사, 예술작품·공연·전시), 체육(사회체육·체육시설, 체육단체), 교육(근대교육기관, 대학교, 고등학교, 중학교, 초등학교, 유아·특수·평생교육기관, 도서관·박물관·정보센터, 연구소·학술단체, 지원기관·장학재단), 언론·출판(신문, 방송, 출판), 생활(의생활, 식생활, 주생활), 민속(세시풍속, 평생의례, 민간신앙, 민속놀이, 생업도구·생활용품), 구비전승(설화, 민요), 언어, 문학(문학개황, 문학작품, 문학단체) | 한국학<br>중앙연구원 | 2006 |

표 12 『디지털진주문화대전』 콘텐츠 목차 구성[57]

| 대분류 | 중분류 | 소분류 |
|---|---|---|
| 1. 삶의 터전<br>(자연과 지리) | 자연지리 | 〔개관〕 |
| | | 기후 |
| | | 지형, 지질 |
| | 인문지리 | 〔개관〕 |
| | | 행정구역 |
| | | 마을, 지명 |
| | | 교통 |
| | | 관광, 위락시설 |
| | 동식물 | 동물 |
| | | 식물 |

57) 한국학중앙연구원에서 2007년 제작 완료하여 서비스하고 있는 『디지털진주문화대전』 웹사이트의 콘텐츠 목차를 기초로 작성.

| | | |
|---|---|---|
| 2. 삶의 내력<br>(역사) | 전통시대 | 〔개관〕 |
| | | 선사시대 |
| | | 고대 |
| | | 고려시대 |
| | | 조선시대 |
| | 근현대 | 일제강점기 |
| | | 현대 |
| 3. 삶의 자취<br>(문화유산) | 유형유산 | 유물 |
| | | 유적 |
| | 무형유산 | 공예 |
| | | 예술, 연희, 무예 |
| | 기록유산 | 고문서 |
| | | 금석문, 기문류 |
| 4. 삶의 주체<br>(성씨와 인물) | 성씨·세거지 | (비어 있음) |
| | 전통시대인물 | 귀족, 호족 |
| | | 문무관인 |
| | | 선비, 문인, 학자 |
| | | 의병 |
| | | 효자, 열녀 |
| | 근현대인물 | 독립운동가 |
| | | 문화·교육인 |
| | | 종교인, 사회운동가 |
| | | 친일파 |
| 5. 삶의 틀<br>(정치·경제·사회) | 정치·행정 | 〔개관〕 |
| | | 지방자치 |
| | | 지역관리행정 |
| | | 지역개발사업 |
| | 경제·산업 | 산업개황 |
| | | 기업, 산업지원기관 |
| | | 산업시설 |

| | | |
|---|---|---|
| 5. 삶의 틀<br>(정치·경제·사회) | 경제·산업 | 시장 |
| | | 특산물 |
| | 사회·복지 | 〔개관〕 |
| | | 사회시설·단체 |
| | | 시민활동 |
| | | 보건의료 |
| | 과학기술 | 〔개관〕 |
| | | 전통과학기술 |
| | | 연구소, 지원기관 |
| 6. 삶의 내용 1<br>(종교) | 불교 | 〔개관〕 |
| | | 사찰, 불교단체 |
| | 유교 | 〔개관〕 |
| | | 향교, 서원, 유교단체 |
| | 기독교 | 〔개관〕 |
| | | 교회, 성당, 기독교단체 |
| | 신종교 | 〔개관〕 |
| 7. 삶의 내용 2<br>(문화와 교육) | 문화 | 문화예술개황 |
| | | 문화예술단체 |
| | | 문화시설, 기념물 |
| | | 지역축제, 행사 |
| | | 예술작품, 공연, 전시 |
| | 체육 | 〔개관〕 |
| | | 사회체육, 체육시설 |
| | | 체육단체 |
| | 교육 | 〔개관〕 |
| | | 근대교육기관 |
| | | 대학교 |
| | | 고등학교 |
| | | 중학교 |
| | | 초등학교 |

| | | |
|---|---|---|
| 7. 삶의 내용 2<br>(문화와 교육) | 교육 | 유아, 특수, 평생교육기관 |
| | | 도서관, 박물관, 정보센터 |
| | | 연구소, 학술단체 |
| | | 지원기관, 장학재단 |
| | 언론·출판 | 〔개관〕 |
| | | 신문 |
| | | 방송 |
| | | 출판 |
| 8. 삶의 방식<br>(생활과 민속) | 생활 | 의생활 |
| | | 식생활 |
| | | 주생활 |
| | 민속 | 〔개관〕 |
| | | 세시풍속 |
| 8. 삶의 방식<br>(생활과 민속) | 민속 | 〔개관〕 |
| | | 세시풍속 |
| | | 평생의례 |
| | | 민간신앙 |
| | | 민속놀이 |
| | | 생업도구, 생활용품 |
| 9. 삶의 이야기<br>(언어와 문학) | 구비전승 | 설화 |
| | | 민요 |
| | 언어 | 〔개관〕 |
| | 문학 | 문학개황 |
| | | 문학작품 |
| | | 문학단체 |

(2) 현행 디지털 시·군지의 문제점

현재 지방자치단체 웹사이트의 지역문화정보는 너무 소략하고, 대개 연혁과 문화유적에 편중되어 있다. 지자체에 따라 〈문화관광〉사이트를 따로 만들어 제공하기도 하는 데, 지역문화정보를 구체적으로 빠짐없이 담고 있다고 보기 어렵다. 또한 지자체 홈페이지에 시·군지 웹사이트를 링크해 놓은 곳이 늘어 나고 있다. 지자체 홈페이지에서는 연혁, 문화유적 등 간략한 정보만 수록하 고, 더 구체적인 사항들은 시·군지 웹사이트를 통해서 정보를 제공하고 있는 데, 시·군지 웹사이트는 단순히 시·군지를 PDF파일로 올려놓은 것으로 정 보이용이 편리하지 않다. 또한 이것들은 시·군청 홈페이지를 통해서만 접속 이 가능하고(특히 『경주시사』의 경우), 네이버 등 포털사이트에 콘텐츠 이용 등록이 되어있지 않아 찾아들어가기가 쉽지 않다.

그리고 지자체의 웹사이트 관리가 제대로 되고 있지 않아, 자주 오류가 뜨 고 정보이용이 쉽지 않다. 새로운 정보를 통해서 지속적으로 증보·개편되지 않는 웹사이트는 그 생명력을 쉽게 잃는다. 또한 지자체 웹사이트의 개설은 시·군지 편찬의 시기에 맞춰 새로 제작되므로, 통계나 새로운 연구 성과 등 신규 데이터를 찾아보기 어렵다. 비록 초보적인 수준에서 시·군지가 웹사이 트의 형태로 서비스되고 있지만, 아직까지 디지털시대에 부응하는 디지털지역 문화콘텐츠 편찬의 단계에 이르지 못하고 있다. 내용과 형식에 비추어보면 기 본적으로 종이책 시·군지 편찬의 연장선상에서 인터넷 향토지가 편찬되고 있 다. 이해준[58]은 수 많은 기존의 시·군지들은 대부분 다음과 같은 공통적인 편찬의 문제점을 지니고 있다고 하였다.

① 거의 유사한 종합사의 체제로 한국사의 축소판인 경우가 대부분이다. 이 런 상태에서는 지역문화사의 종합구도가 올바르게 정립되지 못한다.
② 기초 자료의 정리과정이 미진한 상태에서 서둘러 집필과 출간이 이루어 진다.

---

58) 이해준, 「시·군지 편찬의 과제와 전망」, 『鄕土史研究』(1999), 29쪽.

③ 분류사 체제(『○○시·군지』)와 통사 체제(『○○시·군사』)가 뒤섞여 있으며, 부분적으로는 연구서, 부분적으로는 해설서 그리고 자료집 성격이 혼합되어 있다.

④ 분량이 크고, 과거의 고답적 편찬체제를 답습하여 젊은 세대들이 일고 싶은 책, 정이가는 책이 못된다.

⑤ 내용을 보면 몇 차례에 걸친 수정·증보임에도 동일한 내용이 많고, 분량은 증대되지만, 정작 새로운 기초 자료의 양은 증가되지 않고 있다.


아울러 위의 문제점에 대한 바람직한 시·군지의 편찬방향을 아래와 같이 제시하였다.


① 편찬의식의 문제: 향토지 편찬의 목적이 순수 연구보다는 "문화를 알리고 가꾸는 작업"에 그 우선 목적이 있다. 그러므로 지역문화지들은 향토 이해 교양서이면서, 문화를 일구어 낼 새로운 세대, 다음세대를 겨냥한 편찬이어야 한다. 향토지의 내용을 이해서, 연구서, 자료집 중에 어느 것으로 할 것인가를 선정하고, 독자층도 분명히 선정할 필요가 있다.

② 기초 자료의 정리 문제: 기초 자료의 축적이 없는 상태에서 이루어지는 단기간의 편찬기간, 그리고 자료 정리에 대한 몰이해와 투자 부족은 이미 그 향토지의 수준과 내용을 부 실하게 만드는 원인이 된다. 지역문화의 특성을 올바르게, 그리고 정확하게 이해하기 위해서는 먼저 지역에 남아 전해오는 전승 자료들을 충분히 정리하고 연구해야 한다.

③ 편찬위원회와 집필위원회 구성문제: 향토지는 지역민들이 공유하는 삶의 지혜와 정이 듬뿍 배어있어야 함으로 전문연구자와 향토사가들의 연합적인 편찬, 집필위원회를 실질적으로 가동하여 효율을 기해야 한다. 즉 실질적인 참여인력인 행정책임자, 향토연구자, 전문연구자 등 10인 내외로 편찬위원회를 구성하되, 지역인사의 비중을 절대 다수로 함으로써 지역

민의 정서가 크게 반영되도록 하는 것이 좋을 것이다. 편찬위원회는 편찬의 기본방향과 예산운용, 편책·목차의 감수에만 자문하도록 임무를 고정하고, 실질적인 편찬과정에서는 집필위원회가 모든 기능을 다하도록 해야 한다. 1인의 원고 집필량이 200~300매를 넘지 않도록 하는 것이 좋다.

④ 내용 편차의 문제: 통사류는 선사시대, 삼국시대 등 각 시대별로 나누어 정치, 경제, 인물 등을 배열하는 것이고, 통지(統誌)류는 역사, 정치 등 분야별로 나누고 그 안에서 역사적으로 변천된 내용을 기록하는 방식이다. 현재의 시·군지는 제목이 무엇이라 붙여져 있든지(史, 誌 등) 내용은 통지(統誌)의 성격을 지니고 있다. 향토지는 지역의 주체적 입장에서 지역문화적 특수성을 부각하는데 목차, 내용구성이 필요하다. 백화점식 자료의 나열보다는 목차를 해당 지역의 역사·문화적 특성이 부각되는 소주제로 구체화하여 기존 시·군 향토지가 가진 한국통사적인 서술체계를 지양(止揚)하여야 한다.

⑤ 시·군 향토지의 새로운 경향들: 최근 향토지가 일반인이 읽기 쉽고 이해하기 쉬운 향토 문화지로 편간되고 있다. 내용이 지역특성을 감안한 특정주제를 중심으로 지역성을 부각 하는 경향이 많아지고, 향토사 교육의 교과서로 문화적 특성을 부각시킨 교재들도 상당히 선을 보인다. 시·군 향토지의 향유층은 예전의 학문적·전문적인 것에서 일반시민이 공감할 수 있는 교양적·대중적으로 바뀌어가고 있는 것이다.


시·군지 또는 여러 형태의 향토지를 만드는 목적은 다양할 수 있다. 그러나 시·군지는 기본적으로 국가 또는 민족의 역사와 문화에 대한 종합 정리의 성격을 가진다. 국가의 역사는 지방의 역사와 다르고 거시적 민족문화는 특수한 지역문화와 변별적으로 다르다는 점이 시·군지를 만드는 기본 전제이다. 국가와 민족의 관점에서 서술된 역사와 문화는 지방을 중앙의 일부로만 인식

하며, 지방의 역사와 문화는 중앙에 통합되어야 하는 대상으로 인식하게 된다. 국가 또는 민족 중심의 인식은 이제 변화하고 있다.

이러한 맥락에서 시·군지 또는 향토지는 지방의 관점에서 서술되어야 한다. 즉 시·군지는 그 항목이 어떻게 구성되어야 하는가의 문제보다 관점이 더 우선적으로 고려되어야 한다. 지금까지의 시·군지들은 주로 과거에 초점을 맞추고 있다. 방대한 분량으로 구성된 시·군지에서는 현재 상황에 대한 자료들도 상당수 담고 있기는 하지만, 주 내용은 역시 과거의 것이다. 또한 역사서술지로서의 시·군지는 그 의의와 중요성에도 불구하고 시·군지가 쓰인 시점의 사회상에 대한 파편적 정보만 제공할 뿐 체계적인 지식을 제공하지 못한다는 한계를 가지고 있다.

시·군지에는 단편적인 사실들은 무수히 담겨있지만, 그러한 사실들이 어떻게 연관되어 있으며, 그래서 그 사회가 어떤 사회였는지를 이해하게 하는 데 한계가 있다. 보편적 주제들에 대한 논의의 부족으로 역사서술지로서의 시·군지는 시간이 지나면 다시 서술해야 하는 구조를 가진다.[59]

시·군지를 편찬하여 필요한 사람들에게 이용이 가능하도록 제공하는 것도 중요하다. 시·군지 편찬의 목적은 지역의 역사와 문화를 정리하는 데만 있는 것이 아니라, 어린이, 청소년, 시민들에게 배포하여 지역사를 배우고 익혀 지역의 정체성을 확립하는 것에 있다고 할 수 있다. 대부분의 시·군지들은 지방의 도서관이나 관공서에 배포되며 지역 내에서도 전문연구자들이나 일부 인사들에게만 배포되어 한 번도 보지 않은 채 서가에 꽂히고, 정작 성과물들을 공유하고 나누어야 할 시민들은 이용하고 싶어도 쉽게 접근하기 어려운 실정이다. 이와 같은 문제를 극복하기 위해서는 공공도서관 외에도 학교, 동사무소 또는 시민들이 쉽게 접근하기 쉬운 장소에 비치해야 할 것이다.

역사의 대중화가 요구되는 것처럼 대중과 함께하는 시·군지일 때 이를 통

---

59) 김창민, 「민족지로서의 지방지」, 『지방사와 지방문화』, 8(2005), 242쪽.

해 지역문제를 해결해나갈 수 있다. 시·군지가 학문연구 차원에서만 관심의 대상이 되거나, 전시·보관을 목적으로 서술하는 일은 없어야 할 것이다. 그러기 위해서는 지역의 연구 성과를 지역주민에게 쉽게 전달할 수 있는 방법들을 찾아나가야 한다. 제도 교육과정에 향토사가 포함될 수 있도록 하고, 지역주민을 위한 향토사 강좌를 마련하는 일도 그 방법의 하나일 것이다.

### (3) 디지털 시·군지의 모델 구상

지금까지 전통시대 지리지와 일제강점기 시·군지에서 현대 시·군지에 이르는 변화·발전 과정과 시·군지 편찬의 문제점을 살펴보았다. 이제는 바람직한 디지털 향토지 또는 시·군지의 모델을 모색하고자 한다. 우리는 디지털 시·군지를 "최초의 편찬 계획 단계에서 지역문화 콘텐츠를 전자적 형태로 출판할 목적으로 하이퍼텍스트 기능·멀티미디어 자료 구축·다양한 접근경로 확보 등이 갖추어진 형태로 편찬되는 전자문서"라고 정의한다.

디지털 시·군지는 지역문화를 이해하는 교양서이면서 다음 세대를 겨냥한 편찬이어야 한다. 과거 시·군지가 전문가용, 기록보존용 또는 특정 목적을 위해 편찬되었다면, 현재는 일반인이 읽기 쉽고 이해하기 쉬운 시·군지로 발간되어야 한다.

한국사를 축소하여 지역을 서술하는 것이 아니라, 거꾸로 지역 중심에서 한국이 서술되어야 하며, 과거의 초점이 아닌 현재의 초점에서 과거를 기록해야 한다. 그리고 지역에 전승되어오는 자료들을 충분히 정리해서 디지털화해야 한다. 첫 사업에서 지역의 모든 내용, 멀티미디어자료들을 다 수록하기는 어렵다. 디지털 시·군지는 시간·공간에 구애됨이 없이 수정·증보, 신규 내용 수록 등이 가능하므로 점진적으로 자료를 보완하고 늘려가는 방향으로 추진해야 할 것이다. 그리고 디지털 시·군지의 편찬에는 체계적인 편찬체계와 서술체계가 필요하다. 편찬위원회는 시·군관계자·전문연구자·향토사학자·사업관계자 등으로 구성하여 사업을 원활히 추진할 수 있도록 협력기반을 조성하는 한편 시·군지 편찬의 기본방향에 관한 전체 사업 자문을 맡고, 집필위원회는 항목 조정 및 검토, 원고 집필 등 실질적인 편찬과정에 관여한다. 1인 원고 집필량은 지역문화연구의 전문가들을 광범위하게 참여하는 맥락에서 과도하게 집중하지 않고, 200매를 넘지 않는 것이 바람직하다.

차세대 디지털 시·군지는 통일된 분류체계를 가져야 하며, 아울러 지역적 특성이 부각되도록 해야 한다. 전국을 대상으로 시·군지를 편찬하므로 보편적이고 통일된 분류체계가 요구되나, 지역에서 특화해야 할 특징들을 부각시켜야 한다. 예를 들어 진주의 남강, 양산의 제영, 성남의 신도시 건설, 청주의 직지, 강릉의 단오제, 진도의 진돗개 등 지역에서 특별히 다루어져야 하는 항목들은 특별메뉴를 신설하여 메인페이지에 부각시켜야 한다. 또한 아카이브 구축사업은 반드시 필요한 사업으로 지속적으로 이루어져야하고, 자료목록 및 데이터 소장처는 일반인들이 활용할 수 있어야 하며, 향후 아카이브 목록과 더불어 자료데이터뱅크도 운영할 필요가 있다. 디지털 시·군지는 용량의 제한이 없으므로, 사진·동영상·도면·도표·음향 등 과거의 기록 자료에서부터 현재의 모습까지 차츰 빠짐없이 담아나가야 할 것이다. 이러한 자료들은 아카이브용으로도 축적되어 향후 출판 및 다른 매체를 통한 활용이 가능해야 한다.

디지털 시·군지는 네이버(NAVER)나 다음(DAUM) 등의 포털사이트에서 쉽게 검색되어 자료가 활용되어야 한다. 또한 개별 항목과 멀티미디어자료들이 쉽게 검색되어 이용되어야 하며, 관련분야 홈페이지와도 지식연계가 이루어져야 한다. 예컨대 디지털 시·군지의 범형을 구현해가고 있는 『한국향토문화전자대전』의 경우 역사통합정보시스템, 『한국민족문화대백과사전』, 관련 웹사이트 등과 연계되어 관련항목 정보 활용이 가능하다. 그리고 각 지역의 디지털 시·군지는 관리와 수정증보, 그리고 이용자의 편의 등을 위해서 하나로 통합된 사이트를 구축하여 운영할 필요가 있다.

디지털 시·군지는 시·군지 편찬과 같은 10년 이상 주기의 편찬이 아니라, 언제든 지속적으로 수정·증보·보완이 가능하며, 지역민·향토사가·전문가 등이 모두 집필에 참여하고 동시에 검색이 가능한 쌍방향적 시스템을 가져야 한다. 그리고 충분한 전승 자료의 확보 및 현재의 모습을 담아야 한다. 예컨대, 『한국향토문화전자대전』에서는 〈마을지 콘텐츠 제작〉을 통해 인터뷰를 통한 원고, 멀티미디어자료, 마을갤러리 등을 수록하여, 마을의 살아있는 현재의 모습을 담고 있다.

각급 학교의 교육현장에서 지역문화를 교육하고자 하지만 현재 지역문화관련 자료가 부족한 실정이다. 그리고 최근에는 각 지역별 문화수준의 향상에 따른 향토사 시민교육 강좌가 늘어나고 있다. 한국학중앙연구원에서는 2007년부터 〈향토문화아카데미〉를 시행하여 향토문화 콘텐츠 연구·개발 인력의 저변 확대를 꾀하고 있다.

이와 같이 디지털 시·군지의 편찬은 이제 처음의 기획과 편찬계획의 수립 단계에서부터 실제의 원고 집필, 멀티미디어자료 수집 및 제작, 웹서비스 시스템 개발 등에 이르기까지 체계적인 편찬의 전 과정이 디지털 콘텐츠 생성과 IT기술의 기반위에서 이루어져야 한다. 그리고 지역문화 지식·정보에 대한 풍부한 자료성·정보성·기록성을 구비하여 디지털 지역문화 콘텐츠가 구축됨으로써 디지털 향토지의 범형(範型)을 수립해나가야 할 것이다.

### (4) 현대적 시·군지의 한 모델 : 『한국향토문화전자대전』

가. 사업 개요

지역문화 지식·정보에 대한 풍부한 자료성·정보성·기록성을 구비하면서 디지털 향토지의 범형(範型)을 수립해나가고 있는 것이 한국학중앙연구원에서 구축하고 있는 『한국향토문화전자대전』이다. 『한국향토문화전자대전』은 전국 232개 시·군·구 지역의 다양한 지역문화 자료를 발굴·수집·연구하여 체계적으로 집대성하고, 이를 디지털화하여 인터넷으로 서비스하는 지식정보시스템이다. 『한국향토문화전자대전』의 편찬 목적은 지역문화 관련 인적자원을 교육하고 조직하여, 전국의 지역문화 자료를 총체적으로 발굴·분석하여 디지털 콘텐츠로 제작하는 것이다. 그리고 시·군·구별 『디지털향토문화대전』을 통합·구축하여 지역문화에 대한 총체적인 정보를 제공함으로써, 지식기반 사회의 토대를 마련하고, 정부의 지역 균형발전과 지역경제 활성화에 기여하는 것이다.

한국학중앙연구원(구 한국정신문화연구원)은 1991년 전 27권의 『한국민족문화대백과사전』이라는 국책사업을 추진했고, 이 사업의 성과를 바탕으로 급속히 소멸되어 가던 지역문화자료의 보존·계승을 위해 지방적 시각의 체계적이고 종합적인 지방문화 정리 사업을 시작하였다. 사전 작업으로 1995~1996년에 가칭 『민국여지승람』편찬을 위한 기초 작업으로서 분류체계를 만들었고[60], 『경기지역의 향토문화』, 『경상남도의 향토문화』, 『전라남도의 향토문화』, 『향토문화란 무엇인가』 등 다양한 지역의 향토문화 책자를 발간하며, 『한국향토문화전자대전』편찬사업을 준비하였다. 2000~2001년에는 『한국향토문화전자대전』편찬을 위한 기초 조사를 진행하여 지역문화 자료 정리체계를 최종 9개 영역으로 종합하였다.[61]

2003년 7월 국책사업으로 선정되면서 『디지털성남문화대전』을 시범사업으로 시작하였다. 10년에 걸쳐 1,164억 원 규모의 국가예산과 지방자치단체의

---

[60] 이계학 외, 『가칭 「민국여지승람」 편찬을 위한 연구(Ⅰ,Ⅱ)』(한국정신문화연구원, 1995 ~1996). 여기서는 ① 삶의 터전(자연과 지리), ② 삶의 내력과 자취(역사와 문화유적), ③ 삶의 주체(인물과 성씨), ④삶의 틀(정치·행정), ⑤ 삶의 내용(산업·경제·교통·통신/ 교육·문화·언론·체육), ⑥ 삶의 방식과 이야기(신앙과 종교/언어 민속과 의식주 일상) 등으로 체계를 거론한 바 있음.

[61] 전택수 외, 『한국향토문화전자대전 편찬기초조사연구』(한국정신문화연구원·전국문화원연합회, 2001). 여기서는 ① 삶의 터전: 자연과 지리, ② 삶의 내력: 지방의 역사, ③ 삶의 자취: 문화유산, ④ 삶의 주체: 성씨와 인물, ⑤ 삶의 틀(1): 정치와 행정, ⑥ 삶의 틀(2): 경제와 산업, ⑦ 삶의 내용: 종교와 문화, ⑧ 삶의 방식: 생활과 민속, ⑨ 삶의 이야기: 구비전승과 어문학 등으로 체계를 거론한 바 있음.

예산이 공동으로 투입되는 형식으로 진행된다.62)

## 나. 사업 내용

사업 내용은 크게 다섯 가지로 나눌 수 있다. 첫째, 지역문화 지식자원 아카이브(ARCHIVE)구축, 둘째 지역문화 연구자 연찬, 셋째 후보지역 선행조사연구, 넷째 지역별 문화대전 콘텐츠 제작, 다섯째 시스템 개발 및 운영이다.

지역문화 지식자원 아카이브란 지역문화와 관련된 각종 지식자원을 조사·수집하여 이를 데이터베이스로 구축하는 것이다. 이를 통해 지역문화의 전반적인 성격을 파악하여 『한국향토문화전자대전』의 편찬 방향을 설정하는 동시에 수집된 각종 자료를 편찬의 참고 자원으로 활용한다.

지역문화 연구자 연찬은 지방소재 문화단체, 향토사 연 전문가, 지방자치단체 문화담당관 등 본 사업 관계자들의 전문적인 지식과 의견을 수렴하여 사업계획의 합리성을 제고한다. 지역문화 전문가들의 사업에 대한 이해도 및 참여의지를 높여 중앙 및 지방의 문화 연구 역량이 결집된 사업 추진체를 구성할 수 있게 한다. 2003년부터 지역문화 연구자 연찬을 실시하였고, 2007년에는 지역문화 콘텐츠 연구·개발 인력의 저변을 확대하기 위하여 실무연찬인 제1기 〈향토문화 아카데미〉를 개설하였다.

후보 지역 선행조사연구는 『한국향토문화전자대전』 편찬 후보 지역에 대해 본 사업 수행을 위한 기초 자원 조사 및 정보화 전략 연구를 수행하는 것이다. 2004년부터 2007년 현재까지 총 21개 지역(강릉시, 구미시, 밀양군, 종로구, 진도군, 전주시, 부산 해운대구, 춘천시, 부천시, 제주시, 안동시, 안산시, 양산시, 용인시, 여수시, 음성군, 논산시, 순천시, 창원시, 남해군, 파주시)의 선행조사연구가 시행되었다.

---

62) 『한국향토문화전자대전』의 편찬에 관한 종합적 정보는 http://www.grandculture.net 에서 확인할 수 있다.

지역별 문화대전 콘텐츠 제작은 시·군·구 단위 지역별로 지역문화 콘텐츠의 조사·발굴 및 연구 분석 작업을 수행하고, 지역 특성에 적합한 콘텐츠 내용 체계를 구성한다. 그리고 〈표 13〉에서 보는 바와 같이 지역문화의 지식·정보를 9개 영역의 분야로 나누어 항목을 선정·발굴하고, 연구·집필하며, 관련 멀티미디어 자료를 수집하고 제작한다.

　　시스템 개발 및 운영은 구축된 자료를 토대로 지역문화 포털 사이트를 개설하여 운영한다. 다양한 디렉토리 서비스 및 검색 서비스를 제공하고, 개괄적·안내 정보적 성격의 주제에서부터 수준 높은 심층 지식 정보 데이터까지 단계적으로 접근해 갈 수 있게 함으로써 일반인에서부터 학술 연구자에 이르는 광범위한 이용자의 정보수요를 만족시킨다. 특히 개방형 콘텐츠 관리를 통해 이용자가 각 지역 '문화대전'의 기본 콘텐츠 관련 정보를 추가하여 해당 지역 문화대전의 완성도를 점진적으로 높여가는 체제를 구축·운영한다.

표 13 『한국향토문화대전』 분야, 유형, 시대 분류표(2007년 9월 28일 수정)

| 분 야 | | 유형 | 세부유형 | 시 대 | | |
|---|---|---|---|---|---|---|
| 대 분 류 | 중 분 류 | | | 대분류 | 중분류 | 내 용 |
| A. 자연·지리<br>(삶의 터전) | A1 자연지리 | 개념<br>용어 | 개념용어<br>(일반) | 선 사 | 석 기 | |
| | A2 인문지리 | | 개념용어<br>(기획) | | 청동기 | |
| | A3 동식물 | | 개념용어<br>(개관) | | 철 기 | |
| B. 역사<br>(삶의 내력) | B1 전통시대 | 기관<br>단체 | 기관단체<br>(일반) | 고 대 | 초기국가<br>시대 | 고조선<br>부 여<br>옥 저<br>동 예<br>삼 한 |
| | B2 근현대 | | 학교 | | | |
| | | | 사찰 | | | |
| C. 문화유산<br>(삶의 자취) | 〔C1 유형유산〕* | 놀이 | 놀이 | | | |
| | 〔C2 무형유산〕* | 동물 | 동물 | | | |
| | 〔C3 기록유산〕* | 문헌 | 단행본 | | | |

| 대분류 | 중분류 | | | 시대 | | |
|---|---|---|---|---|---|---|
| D. 성씨·인물 (삶의 주체) | D1 성씨·세거지 | | 연속간행물 | 삼국시대 | | 가 야<br>고구려<br>백 제<br>신 라 |
| | 〔D2 전통시대인물〕* | | 문서 | | | |
| | 〔D3 근현대인물〕* | 물품도구 | 물품도구 | | | |
| E. 정치·경제·사회 (삶의 틀) | E1 정치·행정 | | 특산물 | | | |
| | E2 경제·산업 | 사건 | 사건사고와 사회운동 | 남북국시대 | | 통일신라<br>발 해<br>태 봉<br>후백제 |
| | E3 사회·복지 | | 조약과 회담 | | | |
| | E4 과학기술 | 성씨 | 성씨 | | | |
| F. 종교 (삶의 내용1) | F1 불교 | 식물 | 보호수 | | | |
| | F2 유교 | | 식물(일반) | | | |
| | F3 기독교 | 유물 | 기명류 | 고 려 | 고려전기 | 918(태조)~1170(의종) |
| | F4 신종교 | | 불상 | | 고려후기 | 1171(명종)~1392(공양왕) |
| G. 문화·교육 (삶의 내용2) | G1 예술 | | 서화류 | 조 선 | 조선전기 | 1392(태조)~1494(성종) |
| | G2 체육 | | 유물(일반) | | 조선중기 | 1495(연산군)~1674(현종) |
| | G3 교육 | | 건물 | | 조선후기 | 1675(숙종)~1875(고종) |
| | G4 언론·출판 | | 능묘 | | 조선말기 | 1876(개항)~1910(순종) |
| H. 생활·민속 (삶의 방식) | H1 생활 | | 터 | 일제강점기 | 일제강점기 | 1910.8.22~1945.8.14 |
| | H2 민속 | | 유물산포지 | 현 대 | 현 대 | 1945.8.15 이후 |
| I. 구비전승·어 문학 (삶의 이야기) | I1 구비전승 | 유적 | 비 | | | |
| | I2 언어 | | 탑과 부도 | | | |
| | I3 문학 | | 고분 | | | |
| | | | 유적(일반) | | | |
| | | | 민간신앙유적 | | | |
| | | 음식물 | 음식물 | | | |
| * 표시 분야는 대표 분야가 될 수 없고 중복 분류 | | 의례 | 평생의례와 세시풍속 | | | |
| | | | 제 | | | |
| | | 의복 | 의복 | | | |
| | | 인물 | 전통인물 | | | |
| | | | 현대인물 | | | |
| | | | 가공인물 | | | |

| | | |
|---|---|---|
| 작품 | 음악, 공연작품 및 영상물 | |
| | 민요와 무가 | |
| | 무용과 민속극 | |
| | 문학작품 | |
| | 미술과 공예 | |
| | 설화 | |
| 제도 | 법조항과 제도 | |
| | 상훈 | |
| | 관직 | |
| | 관청(전통시대) | |
| 지명 | 행정지명과 마을 | |
| | 고지명 | |
| | 시설 | |
| | 도로와 교량 | |
| | 자연지명 | |
| | 군락, 서식지 및 철새도래지 | |
| 행사 | 행사 | |

## 다. 사업 현황 및 의의

『한국향토문화전자대전』은 현재 2004~2005년에 『디지털성남문화대전』(http://seongnam.grandculture.net)과 『디지털청주문화대전』(http://cheongju.grandculture.net)을 편찬·완료하였고, 2006~2007년에는 『디지털강릉문화대전』(http://gangneung.grandculture.net), 『디지털진도문화대전』(http://jindo.grandculture.net), 『디지털진주문화대전』(http://jinju.grandculture.net), 2007~2008년에는 『디지털제주시문화대전』(http://jeju. grandculture.net), 『디지털남원문화대전』(http://namwon.grandcult

ure.net)의 7개 지역문화대전 편찬 사업을 완료하였다. 2007년 현재 남원시, 제주시, 울릉군, 구미시, 음성군, 용인시, 북제주군, 공주시, 울진군, 여수시, 충주시, 양산시, 창원시, 평안북도 향산군, 부천시, 논산시, 칠곡군 등 17개 지역의 편찬 사업이 진행 중에 있으며(총 22개), 구체적인 사업 내용은 『한국향토문화전자대전』 홍보용 홈페이지(http://www.grandculture.net)에서 확인 할 수 있다. 2005년부터는 완료된 지역의 지속적인 수정·증보 및 업데이트 사업이 매년 진행 중이다. 2007년 현재 성남과 청주에서 진행되고 있으며, 2008년도부터 영어, 중국어, 일본어 등 다국어 번역 사업이 추진될 예정이다.

『한국향토문화전자대전』은 기획에서부터 추진·구축·서비스 단계에 이르는 전 과정이 전자적 편찬체계 위에서 진행되고 완성되는 향토문화지식정보 편찬시스템으로서 디지털 시·군지 편찬의 표준 프레임워크를 제시하고 있다. 이런 전자적 형태의 디지털 지역문화 편찬은 다음과 같은 중요한 의의를 갖는다.

첫째, 지역문화자료의 체계적 발굴을 통해 한국 문화 연구력 수준을 제고하고, 디지털 시·군지 편찬의 연구기반을 확충한다. 둘째, 21세기 시·군지의 표준 프레임웍(Framework)을 제시함으로써 종래 시·군지 편찬 사업의 중복성, 비효율성 해소를 통해 공공예산을 절감할 수 있다. 셋째, 지역의 문화적 특수성에 관련된 고급 지식 정보를 적시에 제공함으로써 지역 특화 산업 발달에 기여한다. 넷째, 문화콘텐츠상품 개발의 중간재 및 관광산업 등 타 산업의 지적 소재로 활용할 수 있는 기본 콘텐츠를 제공하면서, 정보기술(IT) 및 문화기술(CT) 관련 산업의 발달을 촉진한다. 다섯째, 인문 지식과 정보 기술을 아우르는 학제적 연구·편찬 전문 인력을 배양함으로써 학문의 경계를 허물고 통합적 지식 능력을 고루 갖춘 인재를 배출하는 효과도 낳는다. 이는 인문계 고급 지식 인력에 대한 새로운 직업 창출 기회를 부여한다.

일종의 디지털 시·군지인 『한국향토문화전자대전』은 내용과 형식상 지역

향토문화백과사전의 체제를 갖는다. 여기에는 다양한 멀티미디어 자료의 구축과 신속하고 빈번하게 수정증보가 용이하다는 장점과 이용자의 자발적인 수정·증보 참여도 가능하다는 특징이 있다. 그리고 지(誌)나 사(史)의 형태로 편찬되는 재래의 시·군지가 일관된 목차에 따른 수직적 내용체계를 갖는 것과 달리『한국향토문화전자대전』은 독립된 항목을 중심으로 수평적 체계를 갖는다. 그러나『한국향토문화전자대전』은 각 지역문화 지식정보를 체계적으로 정리할 수 있는 개관항목과 기획항목 그리고 마을항목 등을 개발하여 지역문화 지식정보를 지역의 특성에 맞게 망라(網羅)적으로 구축하는 장점이 있다. 물론 지역문화대전별로 모든 항목을 대상으로 수직적인 콘텐츠목차를 제공함으로써 일목요연한 지식정보의 체계를 확인할 수 있는 배려도 하고 있다. 이와 같이 재래의 향토지가 지닌 수직적 지역문화 지식정보 정리의 장점을 계승하고, 백과사전이 지닌 기본 항목의 개발과 지식정보의 망라라는 장점을 동시에 지니면서, 최첨단 매체의 기술을 이용하여 다양한 멀티미디어 자료를 동시에 구축한다는 점에서『한국향토문화전자대전』은 새로운 시대의 디지털 지역문화 콘텐츠 편찬의 내용모델을 정리해 나가고 있다고 할 수 있다.

표 14 『한국향토문화전자대전』과 각종 시·군지의 특성 비교표[63]

| 구 분 | 『한국향토문화전자대전』 | 시·군지 | 시군 홈페이지 | 시군지 웹사이트 |
|---|---|---|---|---|
| 1.<br>내 용 | ●표준 지역문화 분류체계에 근거한 지역문화 전반 수록(분야별, 유형별, 시대별, 지역별)<br>- 지역문화분류체계 : 삶의 터전, 삶의 내력, 삶의 자취, 삶의 주체, 삶의 틀, 삶의 내용(1), 삶의 내용(2), 삶의 방식, 삶의 이야기<br>- 분야별 분류 : 자연지리, 역사, 문 | ●시·군지(誌) : 유형별 분류, 공간 축<br>●시·군사(史) : 시대별 분류, 시간 축 | ●지역정보 소개가 소략하고, 연혁과 문화유적에 편중됨 (대표적으로 알려진 문화유적 중심) | ●시·군지와 같음<br>●텍스트중심의 시·군지를 PDF로 올려놓았음 |

---

63)『한국향토문화전자대전』, 각종 지자체의 웹사이트와 시·군지 기초 자료 등을 조사하여 작성.

| | | | | |
|---|---|---|---|---|
| 1.<br>내 용 | 화, 성씨인물, 정치경제사회, 종교, 문화교육, 생활민속, 구비전승·어문학<br>- 유형별 분류 : 개념용어, 기관단체, 놀이, 동물, 문헌, 물품도구, 사건, 성씨, 식물, 유물, 유적, 음식물, 의례, 의복, 인물, 작품, 제도, 지명, 행사<br>- 시대별 분류 : 선사, 고대, 고려, 조선, 일제강점기, 현대<br>- 지역별 분류 : 읍, 면, 동<br>● 사진, 동영상, 검색기능 추가로 다양한 내용구성 가능 | | | |
| 2.<br>서술 방식 | ● 지역 중심<br>● 3,000여 개 소항목 중심으로 검색 및 관련항목으로의 연결이 용이<br>● 향토사 성과 반영 | ● 중앙 중심의 지역부분 서술<br>● 분야 및 유형별 중대항목 중심 | ● 연혁과 문화유적 등 일부 시·군지 내용을 옮겨 놓아 지역의 향토 전반내용을 구체적으로 알 수 없음<br>● 향토사 성과가 반영되지 않음 | ● 중앙 중심의 지역부분 서술<br>● 분야 및 유형별 중대항목 중심 |
| 3.<br>편찬형태<br>및<br>규모 | ● 232개 지역별 웹사이트 편찬<br>● 항목, 원고, 사진, 동영상, 음향, 도면도표, VR 등 다양하게 수록<br>- 원고: 12,000~18,000매<br>- 멀티미디어 자료: 3,000종 | ● 지역별 책 발간<br>● 원고+사진<br>- 1, 3-5, 10권<br>내외/<br>500부),<br>1,000부),<br>1,500부)내외 | ● 시·군청 홈페이지 중 문화관광코너에서 볼 수 있음<br>● 지역의 연혁 및 문화관광에 편중된 소량의 항목, 원고, 사진, 동영상 수록 | ● 시·군청 홈페이지 내에 구축되어있음<br>● 시·군지와 같고, 최근 사진슬라이드쇼 및 동영상을 수록하기도 함 |
| 4.<br>편찬기간 | ● 지역별로 만2년 | ● 시·군마다<br>3~5년 | ● 6개월 ~ 1년 | ● 시·군지 제작 후 1년~2년 |
| 5.<br>편찬주기 | ● 수시로, 지속적인 수정·보완, 업그레이드 | ● 시·군마다<br>10 ~ 15년 | ● 주기설정 곤란/홈페이지 리뉴얼시 예산상황에 따라 제작됨으로 최근현황이 업그레이드 되지 못하고 있음 | ● 시·군지 제작 시기와 같음 |

| 6.<br>편찬주체 | • 한국학중앙연구원 한국학정보센 터의 편찬인력과 지역의 연구팀, 사업체 인력 및 역량 총 결집 : 약 500명 | • 상임위원 2~3 인, 대학연구소, 학술기관, 박 물관 등에 학 술용역<br>- 집필자 10명~ 60명 내외 | • 기존 시·군지 및 자료를 활용 하여 홈페이지 개발업체에서 제작 | • 시·군지 편찬위 원회에서 웹사이 트 전문업체에 외 부용역 |
|---|---|---|---|---|
| 7.<br>소요예산 | • 지역별로 5~6억<br>(국비 50%, 지방비 50%) | • 시·군마다<br>5~8억 | • 1억 내외 | • 8천~1억 |
| 8.<br>자료이용<br>방법 | • 세계적으로 활용가능. 모든 인터 넷 사용자는 시간장소에 구애됨 이 없이 이용가능<br>• 수요자 모두에게 웹서비스<br>• 클릭과 검색어 입력을 통한 정보 활용 가능 | • 국내에서 문화 원, 공공도서관, 시군 향토사료 실 등에서 한정 적으로 이용<br>• 펼쳐서 해당페 이지로 | • 인터넷 이용자 가능<br>• 문화관광메뉴 에서 정보를 볼 수 있으나, 소 략한 정보량으 로 검색어를 사 용한 이용은 제 한되어있음 | • 시·군청 홈페이 지를 통해 접속<br>• PDF파일 또는 TEXT자료 보기 |
| 9.<br>서비스<br>및<br>대중<br>활용도 | • 공급자와 수요자의 쌍방향적<br>• 향토전문가 집필 및 일반인 참여 가능<br>• 수요자의 기호에 따라 다양한 자 료원으로 활용<br>• 『민족문화대백과사전』, 디지털한 국학, 역사정보통합시스템 등 지 식연계 서비스<br>• 메이저포탈사이트(네이버, 다음, 엠파스 등)와 콘텐츠 제휴. 일반 이용자들의 적극적인 활용 및 UCC활용 | • 공급자 일방향적<br>• 향토전문가 집필 | • 공급자와 수요 자의 쌍방향적 이기는 하나 일 반인의 참여는 대개 민원 제출 및 지역 답사 여행에 도움이 되는 관광지도, 관광안내 책자 요구가 대다수 임 | • 공급자 일방향적<br>• 향토전문가 집필 |

(5) 정리

　　조선시대부터 본격적인 지리지 편찬이 이루어진 이래로 이를 계승하며 일제 강점기와 근·현대에 이르도록 시·군지 편찬은 점진적으로 발전적 과정을 거 쳐 왔다. 지역문화의 지식과 정보를 총체적으로 정리하는 지리지와 시·군지 또는 시사를 편찬하는 것은 전통시대부터 이어져 온 중요한 지방의 역사 기록 방식이다. 중앙의 일관된 기획과 조사에 기초하여 편찬된 전국지리지와는 달리, 지방의 시·군지는 각 지역의 정보와 지식을 나름의 시각에서 현장감 있게 담아냈다는 장점이 있다. 그러나 근래의 시·군지 편찬을 보면, 획일적인 틀을 벗어나지 못하거나, 과거 읍지의 체제와 내용을 답습하는 등의 단점을 보이는 것도 사실이다.

그동안 시·군지의 편찬방식과 내용에 대한 연구는 충분히 이루어지지 못하였다. 1980년부터 일부 역사학자들을 중심으로 향토사는 지방향토민의 자발성에 기초하여 지방향토민이 사랑하는 역사, 지역민과 더불어 공유하는 역사가 되어야 한다는 주장이 제기되었다. 이러한 시각이 확산되면서 시·군지 편찬을 비롯한 지역향토사 연구는 중앙정치사나 일반역사의 한 부분이 아니라 그 자체가 하나의 독자적인 역사문화 연구 영역임을 인정받게 되었다. 이에 따라 여러 연구자들에 의해 시·군지 편찬과 지역향토사 연구의 방향, 시·군지 서술의 방식 등에 대한 연구들이 진행되었으나, 이러한 연구의 대상은 모두 전통적인 편찬방식에 기초한 종이책 형태의 시·군지였다.

그러나 지금은 전자매체의 급속한 발전에 따른 새로운 형태와 편찬방식의 시·군지 제작을 고민해야 할 시점이다. 이러한 상황에서 본고는 전통시대부터 해방 이후 최근에 이르기까지 전국에서 발간된 지리지와 시·군지를 종합적으로 분석·검토하여, 새로운 시·군지의 편찬 방향을 모색하였다. 종이책 형태의 출판물로서의 시·군지도 필요하지만, 디지털 형태의 매체로서의 시·군지 편찬도 시대의 흐름에 맞는 필연적인 과업이라 할 수 있다.

현대의 시·군지 편찬의 특징을 일별하자면, 초기 시군지는 1950~60년대에 편찬된 것으로서, 중앙적 시각에 입각한 편찬 모습을 보여 준다. 이는 아직까지 전통시대 향토지의 체재와 일제강점기의 체재를 혼효한 내용과 모습을 보인다. 현대의 중기 시·군지는 1980~90년대에 편찬된 것으로서, 지역문화의 지식·정보가 주축을 이루지 못하고 보편사 서술 부분이 많은 비중을 차지하고 있으며, 실제 지역의 사실 내용이 소략한 모습을 보인다. 그러나 사진과 도면, 도표 자료의 분량이 증가함으로서 비교적 이전의 향토지보다 내용과 형식적인 면에서 발전된 형태를 지닌다.

최근의 시·군지는 2000년대~현재 시기에 편찬되는 것으로서, 지역민의 입장에서 편찬이 시도되고 있으며, 실제 지역사의 생생한 모습을 담고자 노력하고 있다. 그리고 매체의 발전에 따른 사진과 도면, 도표 등의 자료 증가뿐만 아니라 천연색의 인쇄로 시각적 세련미를 갖추고 있으면서, 일부는 지자체 시·군·구 웹사이트에 소개되는 추세이다. 매체변화에 따른 시·군지 발전은 이제 디지털 시·군지 출현이라는 시대적 요구에 부응하면서, 내용과 형식의 모든 면에서 변화의 모습을 보이고 있다. 그 중에 『한국향토문화전자대전』이 하나의 디지털 시·군지 편찬 범형(範型)을 제시하고 있다.

■ 논저 ■

고석규, 「총론: 지방사 연구의 새로운 모색」, 『지방사와 지방문화』 1, 역사문화학회, 1999.

권영옥・김백희, 「향토문화 분류체계와 전자대전 항목구성체계의 접합방안」, 『인문콘텐츠』 9, 인문콘텐츠학회, 2007.

김위현 편, 『한국지방사료목록』, 1988.

김전배, 「조선왕조의 읍지 연구」, 『문화재』 9호, 1975.

노명식, 「지방사 연구의 역사와 개황: 프랑스를 중심으로」, 『대구사학』 30집, 대구사학회, 1986.

박현주, 「디지털 시대 문화취향과 문화변동 인식에 관한 연구」, 『정보통신정책』 18, 정보 통신정책연구원, 2006.

성우경, 「도사・지방사 편찬의 개선방향에 관한 연구」, 서울시립대학교 석사학위논문, 1993.

양보경, 「조선시대 읍지의 성격과 지리적 인식에 관한 연구」, 서울대학교 박사학위논문, 1987.

양보경, 「조선시대 읍지의 체재와 성격」, 『인문과학논집』 4, 강남대학교 인문학연구소, 1997.

양보경・김경란, 「일제식민지 강점기 읍지의 편찬과 그 특징」, 『응용지리』 22, 성신여자대학교 한국지리연구소, 2001.

오주환, 「지방사 연구: 그 이론과 실제 -영국을 중심으로-」, 『대구사학』 30집, 대구사학회, 1986.

이성무, 「한국의 관찬지리지」, 『규장각』 6호, 서울대학교 규장각, 1982.

이수건, 「한국에 있어서 지방사 연구의 회고와 현황」, 『대구사학』 20・21합, 대구사학회, 1982.

이태진, 「동국여지승람 편찬의 역사적 성격」, 『진단학보』 46・47합, 진단학회, 1979.

이해준, 「향토사 연구의 현안과 과제」, 『한국학논집』 12, 한양대학교 한국학연구소, 1987.

정광중, 「지역지리적 측면에서 본 지방지의 문제점과 개선방향」, 『초등교육연구』 9, 제주교육대학교 초등교육연구원, 2004.

정두희, 「조선초기 지리지의 편찬 1, 2」, 『역사학보』 70・71합, 역사학회, 1976.

정부기록보존소, 『한국사료해제총록』, 총무처, 1988.

주혁, 「시·군지(사)와 인터넷 향토지의 연관성」, 『과천문화』 12호, 과천문화원, 2006.

최영준, 「조선후기 지리학 발달의 배경과 연구전통」, 『문화역사지리』 4, 한국문화역사 지리 학회, 1992.

한국문헌연구소 편, 『한국지리지총서』, 1983.

한국인문과학원 편, 『한국근대도지/읍지』, 1991.

허홍범, 「지역사 연구와 지방지 편찬: 경기지역을 중심으로」, 『역사와 현실』 48, 한국 역사연 구회, 2003.


▌Website▌

경기도 사이버중앙도서관(http://www.golibrary.go.kr/)

인터넷 과천시지(http://www.gcbook.or.kr/)

인터넷 여주군사(http://210.179.84.164/)

한국향토문화전자대전(http://www.grandculture.net)

## 1) 지방 공공기관 발행 자료의 의미

현재 향토문화, 즉 지역문화라는 개념은 학자나 시각에 따라 다양하게 정의되고 있다. 경제학적 시각에서는 지역문화보다는 향토자원이라는 개념을 선호하고 있으며, 일부 학자는 지역문화를 전통문화나 민속 등과 같은 개념들과 동일시하고 있다. 2002년에 한국정신문화연구원(현 한국학중앙연구원)이 주축이 되어 발간한 『향토문화란 무엇인가』라는 연구자료집에서도 향촌사(鄕村史), 건축사, 성씨와 인물, 조선시대 지방행정사, 향토종교, 의식주 민속지 그리고 구비문학 등 다양한 관점에서 지역문화에 접근하고 있다. 주목할 점은 이처럼 지역문화라는 개념에 어떻게 접근하는가에 따라 또는 이 개념이 어디서 어떻게 사용되는가에 따라 지역문화의 기초 자료라고 할 수 있는 문헌자료의 유형과 활용범위가 정해지는 모습을 보이고 있다는 것이다.[64] 따라서 지역문화 문헌자료를 보다 종합적이고 의미 있게 활용하기 위해서는 지역문화에 대한 이해의 폭을 넓힐 필요가 있다.

우리는 지난 세기와는 전혀 다른 환경을 목격하고 있다. 컴퓨터산업의 발달로 인터넷망이 전 세계적으로 확산되면서 정보가 중심이 되는 사회, 즉 디지털이라는 새로운 정보표현기술의 보편적 활용을 그 특징으로 하는 지식정보사회가 도래하고 있다. 지식정보사회의 등장으로 디지털 기술을 기반으로 한 콘텐츠인 '디지털 콘텐츠'가 새로운 의미로 다가오고 있다. 국내에서도 국가발전전략의 하나로 문화산업에 대한 중요성을 인식하고, 그 핵심으로써 '문화콘텐츠'가 경쟁력을 가져야 한다는 논의가 본격화되면서 문화콘텐츠가 문화산업의

---

64) 한국정신문화연구원 한국향토문화전자대전추진위원회, 『향토문화란 무엇인가』(성남: 한국정신문화연구원, 2002) 참조.

핵심 분야로 각광을 받고 있다. 그 중에서도 '고유성'이라는 측면에서 지역문화를 경쟁력이 있는 콘텐츠의 원천으로 인식하면서 지역문화를 디지털 콘텐츠화하고자 노력하고 있으며, 그 중심에 디지털 향토지가 자리하고 있다.

이러한 지금의 시대적 흐름 속에서 지역문화의 개념도 지역의 전통문화라는 종전의 시각에서 한 걸음 더 나아가 "지역주민들이 공유하고 있는 생활문화"65)로서, 또는 "현대의 모습을 아우르는 문화"66)로서 지역문화를 정의하는 등 그 개념의 폭을 넓혀가고 있다. 과거 지역문화의 범주에서 간과되어 왔던 지역문화의 한 부분인 동시에 "지역문화의 뿌리이기도 한 경제생활"67) 등이 지역문화를 구성하는 중요 요소로 부각되고 있으며, 사회복지, 과학기술, 법·행정 등 시간적으로 현대를 아우르는 분야들이 지역문화의 중요한 구성요소로서 주목을 받고 있다. 이러한 흐름 속에서 그동안 가볍게 치부되어 오거나 간과되어져 왔던 현대 지역의 모습을 담은 문헌자료들이 디지털 향토지의 중요한 기초 자료로서 새로운 의미를 부여받고 있다. 특히 활용 측면에서 지역문화의 현대적인 모습을 가장 폭넓게 체계적으로 담아내고 있는 지방자치단체 등 공신력이 있는 기관들이 발행하고 있는 각종 문헌자료들의 중요성이 점차 커지고 있다.

그러나 현재 우리 문화의 기저를 이루는 지역문화에 대한 재평가와 함께 문헌자료에 대한 가치 인식이 제고되고 있는 지금의 현실에 비춰, 이에 대한 학술적 차원의 논의와 탐구는 부족하다. 생산된 콘텐츠에 대한 구체적인 분석이나 연구 역시 미비하다. 지금까지 일반적인 문헌자료의 교육적 활용 등을 담은 저서나 연구 등은 있으나, 디지털 향토지라고 하는 주제와 관련된 지역문화 문헌자료의 활용을 다룬 연구나 저서는 거의 없다. 현실적으로도 광범위하고 종합적인 성격을 지닌 지역문화를 디지털 향토지로 제작하기 위해서는 무

---

65) 박기주, 「경제적 삶의 틀에 대한 이해: 향토 경제생활사 연구를 중심으로」, 위의 책.
66) 전택수, 「향토문화의 산업적 의의: 물질적 풍요의 제공」, 위의 책, 7~17쪽.
67) 박기주, 앞의 논문(2002), 107쪽.

엇보다 다양하고•폭넓은 문헌자료의 수집과 검토가 필수적임에도 수집과정에서의 적절한 문헌자료 발굴의 어려움, 검토과정에서의 수집 자료의 활용가능성에 대한 이해 부족 등으로 문헌자료의 활용에 한계를 보이고 있다. 이로 인해 지역의 디지털 향토지 편찬에 다양하게 활용될 수 있는 문헌자료가 아무런 의미를 갖지 못한 채 사장되고 있는 것이 지금의 현실이다.

"재미있는 역사 이야기를 만들기 위해서는 중심 줄거리뿐만 아니라 그 뼈대에 살을 붙이기 위한 정성과 노력이 뒤따라야만 한다." 즉 지역문화를 어떻게 디지털 향토지화할 것이며, 그 질을 어떻게 높일 것인가에 대한 고민과 노력이 없다면 지역문화의 디지털 향토지화는 계속해서 가능성으로 밖에는 남을 수 없는 것이다. 따라서 가능성을 현실로 바꿀 수 있는 핵심은 지역문화의 디지털 향토지화의 기초이자 그 질을 담보할 수 있는 지역문화 문헌자료의 적극적 활용으로부터 시작되는 것이다.

이 장에서는 지방의 공공기관 발행 자료를 중심 사례로 하여 디지털 향토지 편찬을 위해 기존의 지역문화 문헌자료를 어떻게 효과적으로 활용할 수 있는가를 살펴보았다. 이를 위해 먼저 디지털 향토지의 기초 자료이자 지역문화의 기본 자료원이라 할 수 있는 시·군지를 각 시기별로 2개 정도 사례를 들어 지방의 공공기관 발행 자료들 중 어떤 유형의 자료들이 사용되었으며, 그 활용빈도는 어느 정도였는가를 검토해 보았다. 다음으로 우리나라에서 최초로 국책사업으로 착수·진행되고 있는 디지털 향토지 편찬 사업인『한국향토문화전자대전』사업의 일환으로 완성되어 서비스되고 있는 지역향토문화전자대전에서 지방 공공기관 발행 자료가 어떻게 효과적으로 활용되고 있는가를 살펴보았다. 이를 통해 현 시점에서의 디지털 향토지 편찬을 위한 지방 공공기관 문헌자료의 활용 방안을 모색해 보았다.

## 2) 지방 공공기관 발행 자료의 유형과 활용현황

### (1) 자료의 유형

일반적으로 공공기관이란 특정인을 대상으로 하기보다는 일반 국민을 대상으로 서비스를 제공하는 공공적 성격이 강한 기관이나 단체를 의미한다. 따라서 각 지역의 지방자치단체를 위시하여 지역에 소재하는 국가기관, 공사, 공익기관, 공익단체, 상공회의소 등이 공공기관 범주에 포함된다. 각 지역에 소재하고 있는 상공회의소의 경우 성격상 민간단체이나 그 활동영역에 있어 지역 상·공인의 이익이나 입장을 대변하는 경제적 차원의 공익성이 강한 경제단체라는 점에서 공공기관적 성격을 갖고 있다고 볼 수 있다.

공공기관은 지역을 대표하는 각기 나름의 활동영역을 갖고 있기 때문에 민간영역의 기관이나 단체보다도 해당부문에 대한 폭넓은 자료 수집과 공신력이 있는 자료 발행에 많은 힘을 기울이고 있다. 따라서 각 지역문화의 구체적인 모습을 객관적으로 파악할 수 있는 자료가 바로 공공기관에서 발행하는 문헌자료이다. 현재 각 지역에서 공공기관이 발행하는 문헌자료는 다양하나 큰 범주에서 볼 때, 〈표 1〉과 같은 문헌자료가 발행되고 있다. 〈표 1〉은 각 지역의 공공기관에서 발행하고 있는 문헌자료들 중 지역문화의 현대적인 모습을 구체적으로 담아낼 수 있는 유형의 문헌자료들을 제시한 것이다.

〈표 1〉에서 보는 바와 같이, 도 단위 또는 시·군청 수준에서 지역문화를 디지털 향토지화하는 데 유용하게 활용될 수 있는 문헌자료들이 발행되고 있다. 상공회의소 등의 공공기관에서 발행하는 문헌자료들도 많이 있다. 특히 각 지역문화를 디지털 향토지로 편찬하는 데 있어 해당 지역의 현대적인 모습을 가장 쉽게 그리고 객관적으로 그려 낼 수 있는 통계자료의 경우 〈그림 1〉에서와 같이 다양한 유형의 자료들이 발행되고 있다는 점에 주목할 필요가 있다.

표 1  지방 공공기관 발행 문헌자료의 유형

| 발행 기관 | 자료 유형(자료명) |
|---|---|
| ● 광역자치단체(도) | ●도 단위 통계연보│도정 자료│홍보용 자료│행 정 자료 등 |
| ● 지방자치단체(시청, 군청, 구청) | ●지역 통계연보│시정(군정, 구정)백서│홍보용 자료│행정 자료 등 |
| ● 국가기관│공익기관 · 단체<br>〈예〉 ▶상공회의소<br>　　　 ▶교육청 | ●지역 해당분야 현황 자료 등<br>▶지역 경제산업부문 현황 자료<br>▶교육통계연보 |

▌그림 1▐  통계자료 유형

(2) 자료의 활용 현황

　여기서는 크게 3단계로 나누어 향토지인 시 · 군지에서 어떤 유형의 지방 공공기관 문헌자료가 활용되었는가를 살펴보았다. 1단계를 1960~1970년대까지로, 2단계를 1980~1990년대까지로, 그리고 3단계를 현재를 포함한 1990년대 이후부터로 각각 그 시기를 설정하였다.

　1단계를 1960년대로 설정한 이유는 1960년대에 들어오면서부터 시 · 군별로 시 · 군지가 작성 · 발간되었으며, 이 시기를 전후로『통계연보』나 시 · 군정 백서가 발행되기 시작했기 때문이다. 물론 당시 발간된 시 · 군지의 경우 "발간동기가 한 개인의 관심에서 비롯되었다는 점과 그 체제가 과거 읍지체제를 답습한 바탕 위에 시·군의 사정을 추가하였다는 점"68)에서 큰 의미를 부여 받고 있지는 못하지만 당시 발행된 공공기관 문헌자료의 유형과 이들 문헌자료의 활용모습을 한 눈에 볼 수 있다는 점에서 나름대로의 의미를 갖고 있기 때문이다.

1980년대는 공공기관 문헌자료가 본격적으로 나오기 시작한 시기이므로 1970년대에 비해 공공기관 문헌자료의 활용 폭이 얼마나 넓어졌는가를 확인할 수 있는 시기 구분상의 장점이 있다. 1990년대 이후부터는 각 시·군이 그 지역의 지역문화를 가장 체계적으로 담아낼 수 있는 자료가 시·군지라는 인식 하에 각종 시·군지가 각 시·군청을 중심으로 대폭 발간되기 시작하여, 현재 『한국향토문화전자대전』에서도 이들 시·군지가 각 지역문화의 가장 중요한 문헌자료로서의 위치를 차지하고 있다. 따라서 이들 향토지에서 활용되고 있는 공공기관 문헌자료의 유형과 『한국향토문화전자대전』에서 활용되고 있는 공공기관 문헌자료의 유형을 자연스럽게 비교할 수 있는 시점이 1990년대 이후인 것이다.

### 가. 1960~1970년대 공공기관 문헌자료

일제강점기 때인 1920년대 이후부터 시·군지의 기초가 되는 읍지(邑誌)가 편찬되었다. 당시 읍지는 개수·증보의 형식으로 식민지시대 이후의 변화과정을 보충하는 정도의 수준이었으나, 산업시설·금융·행정 등과 관련된 항목이 새로이 추가되기 시작하였다. 그러나 읍지 편찬 횟수나 편찬 지역을 볼 때, 경상남도·경상북도 66회 37개 지역, 전라남도·전라북도 56회 34개 지역으로 읍지 편찬의 편중성을 보이고 있어,69) 향토지 편찬이 그리 일반화되지는

---

68) 양보경·정승모, 「기존 향토지의 체제 및 내용 분석」, 『〈한국향토문화전자대전〉 편찬 기초조사 연구』(한국정신문화연구원·전국문화원연합회, 2001), 58쪽.
69) 양보경·정승모, 위의 논문, 41쪽.

못했다.

그러나 이들 읍지에 기초하여, 또는 읍지 편찬에 영향을 받아 1960년대에 들어오면서부터 각 시·군별로 시·군지가 발간되기 시작한다. 이 시기에 나온 시·군지로는 1962년에 여수시가 발간한 『여수향토사(麗水鄕土史)』를 비롯하여 『향토명감(鄕土名鑑)』(진주시, 1963), 『청양군지(靑陽郡誌)』(청양군, 1965), 『문경군지(聞慶郡誌)』(문경군, 1965), 『무주군사(茂朱郡史)』(무주군, 1968), 『영동군지(永同郡誌)』(영동군, 1968), 『함평군지(咸平郡誌)』(함평군, 1969), 『괴산군지(槐山郡誌)』(괴산군, 1969), 『제천군지(堤川郡誌)』(제천군, 1969) 등이 있으며, 1970년대에는 경산시가 발간한 1971년의 『경산군지』외에 『홍원군지』(홍원군, 1973), 『정읍군지(井邑郡誌)』(정읍군, 1974), 『군산시사(群山市史)』(군산시, 1975), 『옥천군지(沃川郡誌)』(옥천군, 1978), 그리고 1979년에 음성군이 발간한 『음성군지(陰城郡誌)』등이 있다. 이러한 시·군지 발간 경향은 각 시·군 단위의 문화원을 중심으로 각종 향토지가 발간되는 1980년대 초반까지 지속된다.

그러나 이 당시 발간된 시·군지의 경우 목차구성 면에 있어서는 최근 발간된 시·군지 수준의 목차구성을 보여주고 있으나, 문헌자료에는 큰 관심을 기울이지 않은 것 같다. 예를 들면, 1968년에 발간된 『무주군사』의 경우 내용 서술을 위해 참고한 문헌자료가 거의 실려 있지 않다. 1970년대에 나온 『홍원군지』도 상황은 마찬가지이다. 따라서 당시 어떤 유형의 공공기관 문헌자료가 활용되었는지를 알 수는 없다. 그러나 『홍원군지』의 편집자였던 서항석이 편집 후기에서 "구군지, 여러 문헌에 나타난 것, 그리고 새로 수집 내지 채집한 것 등"에 의거하여[70] 군지의 내용을 서술했다는 관계자의 말에 비춰 볼 때, 주로 고서나 고문서 혹은 단행본 등의 문헌자료가 활용되었을 것으로 추측할 수 있다. 간혹 '신문기사' 등이 참고문헌으로 수록되어 있는 것으로 보아,

---

70) 홍원군지편찬위원회, 『홍원군지』(홍원군민회, 1973), 496쪽.

당시 지역의 사회 현실을 반영한 일부 문헌자료가 시·군지에 사용되었을 것으로도 간접적으로 추측할 수 있다.

1960~1970년대까지 지역문화에 대한 관심이 크지 않았던 관계로 지역문화와 관련된 문헌자료의 발간량이 적었던 상황을 고려하면, 문헌자료의 활용이 극히 제약되어 있었다고 할 수 있다. 같은 맥락에서 공공기관 문헌자료의 경우 이제 막 발행되기 시작했던 상황을 고려 할 때, 공공기관 문헌자료를 활용하는 데 있어 접근상의 제약이 따랐던 것으로 사료된다.

## 나. 1980~1990년대 공공기관 문헌자료

1980년대 들어서면서부터는 체제 및 내용에 있어 종전보다 다양한 형태의 시·군지가 발간된다. 그 양 또한 많아진다.[71] 시·군지 발간의 증가 추세와 함께 지역문화 문헌자료가 본격적으로 나오기 시작한 시기도 1980년대 이후부터이다. 기존 문헌자료들이 각 지역의 고유한 문화를 일정정도 담아내기는 하였으나, 대체적으로 중앙중심적 서술방식으로 인해 각 지역문화를 구체적으

---

71) 당시 발간된 시·군지를 연도별로 살펴보면, 『인제군지(麟蹄郡誌)』(인제군, 1980), 『나주군지(羅州郡誌)』(나주군, 1980), 『영덕군지(盈德郡誌)』(영덕군, 1981), 『문경군지(聞慶郡誌)』(문경군, 1982), 『장성군사(長城郡史)』(장성군, 1982), 『양구군지(楊口郡誌)』(양구군, 1984), 『울진군지(蔚珍郡誌)』(울진군, 1984), 『마산시사(馬山市史)』(마산시, 1985), 『고성군지(高城郡誌)』(고성군, 1986), 『수원시사(水原市史)』(수원시, 1986), 『통영군사(統營郡史)』(통영군, 1986), 『전주시사(全州市史)』(전주시, 1986), 『남제주군지(南濟州郡誌)』(남제주군, 1986), 『북제주군지(北濟州郡誌)』(북제주군, 1987), 『밀양지(密陽誌)』(밀양군, 1987), 『진해시사(鎭海市史)』(진해시, 1987), 『안동지(安東誌)』(안동시, 1987), 『의성군지(義城郡誌)』(의성군, 1987), 『구례군사(求禮郡史)』(구례군, 1987), 『목포시사(木浦市史)』(목포시, 1987), 『완주군사(完州郡史)』(완주군, 1987), 『예산군지(禮山郡誌)』(예산군, 1987), 『서귀포시지(西歸浦市誌)』(서귀포시, 1988), 『봉화군지(奉花郡誌)』(봉화군, 1988), 『홍천군지(洪川郡誌)』(홍천군, 1989), 『시흥군지(始興郡誌)』(시흥군, 1988), 『연기군지(燕岐郡誌)』(연기군, 1988), 『시흥군지』(시흥군, 1988), 『여주군지(驪州郡誌)』(여주군, 1989), 『양산군지(梁山郡誌)』(양산군, 1989), 『김천시지(金泉市誌)』(김천시, 1989), 『상주지(尙州誌)』(상주시, 1989), 『옹진군지(甕津郡誌)』(옹진군, 1989), 『광주군지(廣州郡誌)』(광주군, 1990), 『안성군지(安城郡誌)』(안성군, 1990), 『화성군사(華城郡史)』(화성군, 1990), 『괴산군지(槐山郡誌)』(괴산군, 1990) 등이 있다. 이외에도 서울특별시의 각 시·구청을 중심으로 많은 향토지가 발간된다.

로 담아내는 데는 한계를 지니고 있다는 인식 하에,[72] 1980년대 이후부터 지방사 연구가 활성화되면서 문헌자료에 대한 관심 또한 높아지게 되었다.

지역문화와 관련된 도시홍보용 책자, 인명록, 일기, 서간, 회고록 등이 나오기 시작하며, 각 지역을 사례로 한 연구학회나 개인 연구자가 발표한 논문 및 학위논문, 그리고 지역 관련 서적 등도 이 시기부터 나오기 시작한다. 이와 같이 지역문화 문헌자료는 1980년대 이후부터 각 지역별로 일정 수준 체계화되어 발간되기 시작했다. 체계적인 발간이 가능했던 배경은 이 무렵 각 대학에 지역 단위의 연구기관이 설립되어 지역 관련 연구 잡지가 많이 등장하였기 때문이다. 국가적인 차원에서 1980년대부터 각 지역의 고유한 전통을 살린다는 취지하에 시·군 단위로『내 고장 전통 가꾸기』라는 책자를 발간하도록 지원한 것도 중요 계기가 되었다.[73] 또한 시·군 수준에서 지역 각 부문의 현황을 보다 체계적으로 파악하여 지역개발에 참고자료로 활용하기 위한 많은 관련 자료들이 대폭 발행된 시기도 이 시기이다. 따라서 1980년대 후반에 발간된 시·군지의 경우 종전보다 공공기관 문헌자료의 활용 폭이 넓어졌기 때문에 이들 문헌자료의 활용도도 높아졌을 것으로 가정해 볼 수 있다.

이 점을 전제로, 1988년에 발간되었으며, 경기도의 시·군지 편찬에서 한 획을 그을 만큼 충실한 내용을 담은 것으로 평가받고 있는[74]『시흥군지』와 나름대로 문헌자료의 활용도가 높다고 생각되는 1989년에 발간된『옹진군지』를 사용된 문헌자료의 유형을 중심으로 분석해 본 결과,〈표 2〉와 같은 유형의 문헌자료가 대부분을 차지하고 있었다.

〈표 2〉에서 보는 바와 같이,『시흥군지』의 경우 상, 하 2권의 방대한 분량에도 불구하고, 기존과 같이 문헌자료가 고서, 고문서, 단행본 등의 대략 9개

---

72) 김현영,「방법으로서의 지방사: 조선시기 '사족지배체제론'을 중심으로」, 한국사연구회(편),『한국지방사 연구의 현황과 과제』(서울: 경인문화사, 2000), 327~360쪽.
73) 양보경·정승모, 앞의 논문(2001), 61쪽.
74) 강진갑,「향토지 편찬의 문제점과 개선방향」,『인문과학논집』, 제4권 1호(1997), 228쪽.

유형으로 한정·활용되고 있었다. 『옹진군지』의 경우에도 문헌자료의 폭이 넓어졌음에도 불구하고 1522쪽에 달하는 내용 분량에 비해 『시흥군지』와 마찬가지로 문헌자료가 극히 제한되어 활용되고 있는 모습을 보였다. 특히 9개의 문헌자료 유형 중에서도 통계자료의 경우 『옹진통계연보』, 『시흥통계연보』와 같이 특정 통계자료에만 의존하는 경향을 보이고 있음에도 불구하고 이 같은 통계자료가 주로 활용된 현대부분의 경우 대략 20~30여 개 정도의 기사 서술에만 활용되고 있어 실제 활용도마저 저조한 모습을 보였다. 시·군정백서나 공공기관 문헌자료 역시 활용 면에 있어 극히 제한적이었다. 이 같은 공공기관 문헌자료의 제한적 활용으로 인해 기존 시·군지와는 달리 방대한 분량을 갖추고 있음에도 불구하고, 실제 현대부분 내용의 경우 일반론적 내용이 적지 않은 부분을 차지하고 있어 향토지로서의 성격을 갖기에는 부족한 측면이 있다.

표 2 『시흥군지』와 『옹진군지』에 활용된 문헌자료 유형

| 유형 | 문헌자료 예(서명) |
|---|---|
| 각종 보고서 | 「청청암 및 해상동굴 발굴보고」 등 |
| 연구논문 | 「신석기시대: 지역적 비교」 등 |
| 단행본 | 『한국고고학개설(韓國考古學槪說)』 등 |
| 전국지리지·지도 | 『고려사지리지(高麗史地理志)』 등 |
| 고서·고문서 | 『고려사(高麗史)』, 『문종실록(文宗實錄)』 등 |
| 연속간행물 | 『신동아(新東亞)』 등 |
| 통계자료 | 『옹진통계연보』, 『시흥통계연보』 등 |
| 향토지 | 『경기읍지(京畿邑誌)』 등 |
| 기관요람 및 역사자료 | 『정동교회구십년사』 등 |

자료: 시흥군지편찬위원회, 『시흥군지(始興郡誌)』(시흥군지편찬위원회, 1988); 옹진군지편찬위원회, 『옹진군지(甕津郡誌)』(경기출판사, 1989).

다. 1990년대 이후 공공기관 문헌자료

1990년대 이후부터는 전국 각 시·군의 향토사 연구자, 지역문화연구단체 그리고 각 지역 문화원 등이 자기 지역의 역사와 문화에 대한 중요성을 보다 깊이 인식하기 시작하면서 지역문화에 대한 관심 또한 높아졌다. 동시에 각 시청과 군청에서도 시·군지를 통해 지역문화를 충실히 담아낼 수 있을 것이라는 인식이 확산되면서 일일이 열거할 수 없을 정도의 각종 시·군지가 발간되기 시작한다. 1996년에 발간된『강릉시사(江陵市史)』, 같은 해 발간된『수원시사(水原市史)』, 1997년에 발간된 『속초시지(束草市誌)』등을 비롯하여, 2000년 이후에 나온『제주시오십년사(濟州市五十年史)』등 최근까지도 지속적으로 시·군지가 발간되고 있다. 이들 시·군지 중 지역적 내용을 충실히 반영했다고 평가되는『강릉시사』와 문헌자료의 활용 범위가 시간상으로 보다 넓어졌다고 생각되는 2005년에 발간된『제주시오십년사』를 앞서와 같이, 사용된 문헌자료의 유형을 중심으로 분석한 결과,〈표 3〉과 같은 문헌자료가 활용되었다.

〈표 3〉에서 보는 바와 같이,『강릉시사』와『제주시오십년사』의 경우도 기존과 별다름 없이 대략 9개 유형의 문헌자료가 내용 서술에 활용되었다. 내용의 질적인 면에 있어서는 종전 시·군지와는 달리 지역의 내용을 보다 체계적으로 반영하고 있다. 이처럼 거의 비슷한 문헌자료 유형의 활용을 통해서도 내용의 질이 이전보다 나아진 이유는 인터뷰나 현장조사를 통해 문헌자료의 한계를 일정정도 극복하고 있기 때문이며, 문헌자료의 유형은 대략 9개로 동일하지만 같은 유형의 문헌자료가 지속적으로 발간·축적되어 9개의 유형 속에서도 문헌자료의 폭이 넓어졌기 때문이다. 실제로 두 지역 시사의 경우 이전 시·군지보다 동일한 유형의 문헌자료가 다양하게 등장하고 있음을 알 수 있다.

표 3 『강릉시사』와 『제주시오십년사』에 활용된 문헌자료 유형

| 유형 | 문헌자료 예(서명) |
|---|---|
| 각종 보고서 | 『병산동 고분군: 강릉~안목간 도로개설공사지역내 유적』, 『제주도 천연동굴내 문화재분포조사 보고서』 등 |
| 연구논문 | 「영동·영서지방의 계절분포」, 「제주시 도시화의 공간적 특성: 인구와 지가를 중심으로」 등 |
| 단행본 | 『강원도의 선사문화(江原道의 先史文化)』, 『제주도(濟州道)』 등 |
| 전국지리지·지도 | 『고려사지리지(高麗史地理志)』, 『탐라지도(耽羅地圖)』 등 |
| 고서·고문서 | 『만기요람(萬機要覽)』, 『승정원일기(承政院日記)』 등 |
| 연속간행물 | 『강릉일보』, 『제주일보』 등 |
| 통계자료 | 『강릉통계연보』, 『강원통계연보』, 『제주시통계연보』, 『제주통계연보』 등 |
| 향토지 | 『증수임영지(增修臨瀛誌)』, 『제주도지(濟州道誌)』 등 |
| 기관요람 및 역사자료 | 『한국성결교회사』, 『제주도체육회50년사』 등 |

자료: 강릉시사편찬위원회, 『강릉시사』(강릉문화원, 1996); 제주시50년사편찬위원회, 『제주시오십년사(濟州市五十年史)』(제주시, 2005).

그러나 현대부분의 경우 내용의 질적인 측면에서 볼 때, 종전 시·군지와의 큰 차이점을 발견하기 어려웠다. 그 이유는 인터뷰 등의 방법이 주로 생활·민속 등에 한정되어 있고, 동일한 유형의 문헌자료의 발간·축적도 특정 부문에 한정되어 있는 반면 현대부분의 경우에는 기존 시·군지와 동일하게 단행본이나 특정 『통계연보』 등에만 의존하는 경향이 강하게 나타나고 있기 때문이다. 현대부분에서 자주 인용되는 『통계연보』의 경우 교육통계, 지역 환경백서 등 다양한 통계자료가 있음에도 불구하고 특정 통계자료에만 의존하여 내용을 기술함으로써 보다 구체적인 내용 서술에 어려움을 겪고 있는 실정이다. 각 지역의 시·군정 현황과 경제산업의 모습을 일목요연하게 수록하고 있는 시·군정 백서, 행정 자료, 상공회의소 자료 등도 두 시사에서 매우 낮은 활용빈도를 보였다. 더욱이 1995년 지방자치제가 실시된 이후 각 지방자치단체

가 지역홍보를 위해 의욕적으로 발행한 팜플렛 등의 홍보 자료는 두 시사에서 찾아보기 어려웠다.

그렇다면 지금의 현실에 안주해야만 하는 것인가? 문헌자료의 수집·발굴이 어렵다고 하여 현 상태에 머문다고 하는 것은 문제가 있다. 문헌자료를 지속적으로 찾아내어 활용할 수 있는 방법의 모색과 병행하여 제한된 문헌자료를 적극적으로 다양하게 활용하는 것, 즉 재구성 작업이 문헌자료 활용의 한계를 극복할 수 있는 현실적인 대안이다. 따라서 이하에서는『한국향토문화전자대전』사례를 들어 디지털 향토지 편찬에서의 지방 공공기관 발행 자료의 활용방안을 제시하였다.

## 3) 지방 공공기관 발행 자료의 활용방안

### (1) 활용 사례

급속히 소멸되어 가는 지역문화 자료의 보존·계승을 위해 지방적 시각의 체계적이고 종합적인 지역문화 정리 사업의 필요성과 지역문화 자료의 발굴·수집·연구 분석을 통한 문화콘텐츠산업의 기반 마련이라는 취지하에 현재『한국향토문화전자대전』사업에서는 지역문화 자료를 디지털 향토지화하고 있다. 앞서 취지에서 밝히고 있는 바와 같이, 이 사업이 강조하고 있는 것이 바로 전국의 지역문화 자료를 발굴·분석하여 디지털 향토지화하는 것이다. 따라서『한국향토문화전자대전』사업에 있어 지역문화 문헌자료는 사업 성공의 핵심적 요소라고 할 수 있다. 실제로『한국향토문화전자대전』사업의 일환으로 2003년에『디지털성남문화대전』을 시범사업으로 하여『디지털청주문화대전』, 『디지털강릉문화대전』, 『디지털진주문화대전』, 『디지털진도문화대전』, 『디지털제주시문화대전』그리고『디지털남원문화대전』을 완성하기까지 각 지역의 지역문화 문헌자료가 중요했음을 부인하기는 어렵다.

그럼에도 불구하고『한국향토문화전자대전』에서도 앞서 시·군지가 안고 있는 동일한 문제점들이 노출되고 있는 상황이다. 이런 점에서『한국향토문화전자대전』사례가 현실적인 방안으로 보다 설득력이 있을 것으로 사료된다. 또한 현재까지『한국향토문화전자대전』사업이 전국적 단위에서 각 지역문화를 디지털 향토지화하고 있는 최초의 국책사업이라고 할 수 있기 때문에 차후 이와 관련된 사업에 적절한 함의를 줄 수 있을 것으로도 판단된다. 따라서 여기서는 현재 완성되어 서비스되고 있는 7개 지역(성남, 청주, 강릉, 진주, 진도, 제주시, 남원)의 '디지털향토문화대전' 가운데 가장 광범위하게 문헌자료를 수집한 것으로 평가받고 있는『디지털강릉문화대전』을 중심 사례로 하여 분석해 보았다.

### 가. 항목선정에서의 활용

강릉 지역의 디지털향토문화대전인『디지털강릉문화대전』의 경우 총 1,184개의 문헌자료가 수집·활용되었다. 기존『강릉시사』에서 활용된 문헌자료의 수가 대략 500개 정도 임을 감안 할 때, 두 배 이상의 자료 수집이 이루어진 것이다.[75] 중앙과 타 지역에서 수집된 문헌자료를 포함한『디지털강릉문화대전』의 전체 참고문헌 목록 현황을 개략적으로 살펴보면 〈표 4〉와 같다. 이 같은 분량의 문헌자료가 수집·활용될 수 있었던 데에는 다음 두 가지 요인이 작용했음을 부인하기는 어렵다. 첫째, 타 지역에 비해 강릉과 같은 특정 지역에 대한 연구활동이 두드러짐으로써 연구 성과물이 많이 축적된 것에 기인할 수 있다. 둘째,『한국향토문화전자대전』은 특성상 어떤 특정 주제에 대한 기술이 아니라 '디지털 백과사전' 형식에 따른 특정 항목에 대한 기술을 요구하기 때문에 보다 구체적이고 상세한 내용을 담고 있는 문헌자료가 없이는 내용

---

75) 이미 완성·서비스되고 있는『디지털성남문화대전』,『디지털청주문화대전』,『디지털진주문화대전』,『디지털진도문화대전』등의 경우에도 이들 지역의 시·군지에 활용된 문헌자료의 수가 대략 300~400개 정도인데 반해 이들 디지털문화대전에서는 대략 800~1000개의 문헌자료가 활용되었다. 한국학중앙연구원 한국학정보센터,『내부자료』.

서술이 어려운 점도 문헌자료의 양을 증가시킨 요인이 되었다는 점을 배제할 수는 없다.

표 4 『디지털강릉문화대전』 전체 참고문헌 목록 현황

| 저자 | 서명 | 출판사항 |
|---|---|---|
| 함승시 | 『산나물 항암 & 건강법』 | Human & Books, 2005 |
| 김종수 | 「17세기 군역제의 추이와 개혁론」 | 국사편찬위원회, 1990 |
| 정은경 | 「1894년 강릉부에서의 향회운영과 참여세력의 동향」 | 동덕여자대학교, 1995 |
| 박준성 | 「1894년 강원도 농민군의 활동과 반농민군의 대응」 | 새길, 1995 |
| 김점숙 | 「1920~1930년대 영동지역 사회운동」 | 한국역사연구회, 1993 |
| 서병패 | 「19세기 강릉지방 토지 소유에 대하여: 선교장을 중심으로」 | 백산학회, 1996 |
| 김홍술 | 「20세기 강릉의 행정구역 변천(20世紀 江陵의 行政區域 變遷)」 | 강원대학교 사학회, 2004 |
| 김영운 | 「가집 협률대성의 편찬의식」 | 이혜구학술상 운영위원회, 1998 |
| 김기설 | 「강동면 지명유래」 | 강원민속학회, 1990 |
| 지현병 | 「강릉 강문동 저습지」 | 한국역사학회, 2000 |
| | 「강릉 강문동 주거지」 | 강릉대학교 박물관, 1997 |
| | 「강릉 객사문 발굴조사 약보고서」 | 강원문화재연구소, 2003 |
| | 「강릉 과학일반지방산업단지 문화유적 발굴조사 지도위원회 자료」 | 강원문화재연구소, 2004 |

자료: 한국학중앙연구원 한국학정보센터, 『내부자료』.

그러나 이 같은 많은 문헌자료가 있음에도 불구하고 한 개인이나 연구자 홀로 이들 문헌자료에 접근하기에는 상당한 한계가 있다. 따라서 이들 문헌자료에 대한 접근을 가능하게 할 수 있는 소위 '중간매개체'가 필요하다. 『한국향토문화전자대전』에서는 이를 인식하고, 사업 초기단계에서부터 편찬과정을 6단계로 나누어 선행조사연구사업 시 해당 지역의 공공기관 발행 자료를 포함하여 각 지역의 문헌자료를 적극적으로 수집하고 있다.[76] 이를 통해 지역문

---

76) 『한국향토문화전자대전』사업은 크게 선행조사연구사업(6개월), 실행계획수립 및 사업수

화를 대표하는 항목 선정에서부터 문헌자료를 〈그림 2〉에서와 같은 가칭 '지역(향토)자료 아카이브 관리시스템'을 통해 '근거자료'로 목록화하여 항목 선정에 참조하도록 하고 있다. 〈그림 3〉에서 보는 바와 같이, 자료명, 저자, 간행처, 간행년도, 쪽수 등 문헌자료에 대한 상세정보를 사전에 미리 체계적으로 목록화해 둠으로써 문헌자료에 대한 접근성을 일정 수준 보장해 주고 있는 것이다. 수집된 문헌자료를 각 항목의 집필자들에게 제공해줌으로써 항목 집필에도 참조하도록 하고 있다. 더욱이 선행조사 과정에서 수집된 문헌자료를 소위 '아카이브'로 제작하여 향후 관련 연구자들이 지역문화 연구 자료로도 활용할 수 있도록 하고 있다.

## 나. 원고 집필에서의 활용

상기한 방식을 통해 거의 두 배 이상의 문헌자료의 수집·활용이라는 긍정적인 측면을 가져왔음에도 불구하고 『디지털강릉문화대전』에서 활용된 문헌자료의 유형을 앞서와 동일하게 사용된 문헌자료의 유형을 중심으로 살펴본 결과, 〈표 5〉에서와 같이 종전과 마찬가지로 9개의 문헌자료 유형만이 활용, 문헌자료의 편중성이라는 문제점을 드러냈다.

---

행계약 체결(3개월), 마을지 조사 및 마을 항목 콘텐츠 제작(6개월), 텍스트 데이터 제작 및 멀티미디어 자료 수집(9개월), 디지털 콘텐츠 및 GIS(지리정보시스템) 제작(6개월), 서비스 시스템 개발(6개월) 등으로 편찬과정을 세분화하여 진행하고 있다. 특히 편찬대상 지역인 후보지역 선행조사연구사업을 통해 지역의 기초 자원을 조사하고 있다.

**그림 2** 지역(향토)자료 아카이브 관리시스템

| 근거자료 | | | |
|---|---|---|---|
| 자료명 | 저자 | 간행처 | 간행년 |
| 한국지리 2 : 강원·충북·충남 | 건설부 국립지리원 | 건설부 국립지리원 | 1984 |
| 우리 고장 충남 : 환경과 역사편 | 충천남도교육위원회 | 충천남도교육위원회 | 1988 |
| 논산군지 | 논산군지편찬위원회 | 논산군지편찬위원회 | 1994 |
| 한국지리 : 각 지방의 자연과 생활 | 권혁재 | 법문사 | 1995 |
| 논산시지 1 : 지리와 마을 이야기 | 논산군지편찬위원회 | 논산군지편찬위원회 | 2005 |
| 논산시지 2 : 역사와 문화유적 | 논산군지편찬위원회 | 논산군지편찬위원회 | 2005 |
| 논산시지 3 : 정치행정과 산업경제 | 논산군지편찬위원회 | 논산군지편찬위원회 | 2005 |
| 논산시지 4 : 민속과 현대문화 | 논산군지편찬위원회 | 논산군지편찬위원회 | 2005 |
| 제45회 논산통계연보 | 논산시 | 논산시 | 2005 |
| 함께하는 시민 번영하는 논산 : 2006 시정현황 | 논산시 | 논산시 | 2006 |
| 1 : 5,000 지형도(논산도폭) | 국토지리정보원 | 국토지리정보원 | 2004 |
| 1 : 18,000 시가도(논산, 연무, 강경 도폭) | 논산시 | 논산시 | 2004 |
| 1 : 25,000 지형도(논산, 연산, 화평, 연무 도록) | 국토지리정보원 | 국토지리정보원 | 2004 |
| 1 : 50,000 지형도(논산도폭) | 국토지리정보원 | 국토지리정보원 | 2004 |
| 1 : 68,000 논산시 행정지도 | 논산시 | 논산시 | 2004 |

**그림 3** 근거자료 목록

## 표 5 문헌자료 유형

| 〈유형 1〉 고서·고문서 | 〈유형 2〉 전국지리지·지도 | 〈유형 3〉 연속간행물 |
|---|---|---|
| 서 명 | 서 명 | 서 명 |
| 『경종실록(景宗實錄)』 | 『고려사지리지(高麗史地理誌)』 | 『강릉일보』 |
| 『계당집(溪堂集)』 | 『대동여지도(大東輿地圖)』 | 『국방일보』 |
| 『고려사(高麗史)』 | 『대동지지(大東地志)』 | 『동방신문』 |
| 『고려사절요(高麗史節要)』 | 『동국여지승람(東國輿地勝覽)』 | 『매일신보(每日申報)』 |
| 『국조문과방목(國朝文科榜目)』 | 『삼국사기지리지(三國史記地理誌)』 | 『서울신문』 |
| 『고종실록(高宗實錄)』 | 『여지도서(輿地圖書)』 | 『황성신문(皇城新聞)』 |
| 『국조방목(國朝榜目)』 | 『정밀 토양도』 | 『동아일보』 |
| 『단종실록(端宗實錄)』 | 『한국근대도지(韓國近代道誌)』 | |
| 『근재집(謹齋集)』 | | |
| 『금란세첩(金蘭世帖)』 | | |
| 『금석록(金石綠)』 | | |
| 『난설헌집』 | | |
| 『동국명현록(東國名賢錄)』 | | |

### 〈유형 4〉 각종 보고서

| 서 명 |
|---|
| 『한국민속종합조사보고서』 |
| 『한국민속종합조사』 |
| 『조선보물고적조사자료(朝鮮寶物古蹟調査資料)』 |
| 『전국향토특산물실태조사』 |
| 『영동고속도로(강릉~새말) 문화유적 지표조사보고서』 |
| 『병산동 고분군 -강릉~안목간 도로개설공사지역내 유적-』 |
| 『발굴유적유물도록』 |

『문화유적총람(文化遺蹟總覽)』

『문화유적분포지도 -강릉시-』

『동해고속도로 확장공사구간내 유적 발굴조사 보고서』

『굴산사지발굴조사약보고서』

『굴산사지 부도 학술조사 보고서』

『경포호 수질오염방지대책 기본계획 및 실시계획보고서』

『강원도 한국여성수련원 건립부지 문화재 시굴조사 약보고서』

『동해고속도로(동해~주문진간)건설사업 문화유적 발굴조사 보고서』

| 〈유형 5〉 향토지 | 〈유형 6〉 단행본 | 〈유형 7〉 각종 통계자료 |
|---|---|---|
| 서 명 | 서 명 | 서 명 |
| 『강릉부읍지(江陵府邑誌)』 | 『가을회신』 | 『시정백서』 |
| 『강릉부지(江陵府誌)』 | 『강 건너 마을에서』 | 『강원교육통계』 |
| 『강릉시사』 | 『가슴 채우는 노래가 되어』 | 『강원교육현황』 |
| 『운정동지』 | 『강릉, 그 아득한 시간』 | 『강원통계연감』 |
| 『임영(강릉·명주)지』 | 『강릉(江陵)의 뿌리』 | 『강원통계연보』 |
| 『증수임영지(增修臨瀛誌)』 | 『강릉단오축제와 그 응용과 개발』 | 『강릉통계연보』 |
| 『관동읍지(關東邑誌)』 | 『강릉명주의 근대풍물』 | |
| | 『강릉의 역사와 문화유적』 | |
| | 『강릉지방 3·1독립만세운동사』 | |
| | 『강릉지역 지명유래』 | |
| | 『강릉지역의 전통문화 연구』 | |
| | 『강원의 전통민속예술』 | |

〈유형 8〉 기관요람 및 역사자료

| 서 명 |
|---|
| 『욕계중학교요람』 |
| 『옥천동 성당 20년사』 |
| 『율곡초등학교요람』 |
| 『임곡초등학교요람』 |
| 『주문진본당 75년사』 |
| 『주문초등학교요람』 |
| 『중앙초등학교요람』 |
| 『한국성결교회사』 |
| 『천주교 임당교회약사』 |
| 『강릉교회40년사』 |
| 『강릉제일고등학교 현황』 |

〈유형 9〉 연구논문

| 서 명 |
|---|
| 「17세기 군역제의 추이와 개혁론」 |
| 「1894년 강릉부에서의 향회운영과 참여세력의 동향」 |
| 「1894년 강원도 농민군의 활동과 반농민군의 대응」 |
| 「1920~1930년대 영동지역 사회운동」 |
| 「19세기 강릉지방 토지소유에 대하여: 선교장을 중심으로」 |
| 「강릉 모전리 정복태실비와 성종의 女子에 대하여」 |
| 「강릉 학산리 굴산사지 유적지의 복구방향에 대한 고찰」 |
| 「강릉 연안지방에서의 해풍의 연변화 및 일변화 특성에 관하여」 |
| 「강릉읍성의 공간 구성에 관한 연구」 |
| 「강릉지방 3·1독립만세운동에 관한 연구」 |

| |
|---|
| 「강릉지방의 민속음악연구」 |
| 「강릉지역 일부 가정의 추석 차례상 진설법과 제례음식에 관한 연구」 |
| 「강릉지역 전통 떡에 관한 연구」 |
| 「강릉지역의 성곽연구」 |
| 「강릉추월전의 이본에 대한 연구」 |

자료: 한국학중앙연구원 한국학정보센터, 『내부자료』.

구체적으로 참고문헌으로 사용된 문헌자료가 대략 9개 유형으로 한정되어 있었으며, 유형이 제한되어 있음에도 불구하고 대략 총 3,000항목에서 문헌자료는 고서·고문서·연구논문·각종 보고서 그리고 각종 서적 유형에 편중되어 있었다. 특히 각종 통계자료(약 6개)의 경우 기존 시·군지와는 달리 『시정백서』 등 참고자료 유형의 활용 폭이 넓어지기는 하였으나, 98개의 항목 기사에만 활용되고 있어, 수집된 문헌자료의 활용도는 저조한 모습을 보였다. 이로 인해 각 지역문화를 특징짓는 항목들이 추출되고 있음에도 불구하고, 현대부분과 관련된 기사 내용의 구체성을 담보하고 있지 못한 상황이 발생하고 있다. 기존 공공기관 문헌자료를 다양한 각도에서 활용하고 있지 못한 것이 문제의 본질인 것이다.

따라서 『한국향토문화전자대전』에서는 예를 들면, 지역문화에서 최근 중요시되고 있는 경제산업분야의 경우 기존에 나와 있는 『통계연보』, 시·군정백서, 상공회의소 자료 등을 다양하게 활용함으로써 각 지역 경제산업분야의 역사와 현황을 내실 있게 기사화하고 있다. 실례로 〈표 6〉은 수정을 거치지 않은 실제 원고를 제시한 것인데, 지역과 관련된 참고자료로서 시사와 통계자료를 활용하고 있음을 알 수 있다. 그러나 해당 지역 상업의 변화를 통시적으로 다룸으로써 그 지역 상업의 변화양상과 현황을 한 눈에 볼 수 있도록 기사화해야 함에도 불구하고 해당 지역에 대한 내용의 포괄성과 구체성을 드러내지 못하고 있다. 이는 기존의 공공기관 문헌자료를 적극적으로 활용하지 못했기 때문이다.

표 6 실제 집필 원고

---

[정의]
　재화 및 서비스의 교환 또는 매개에 의해 생산자와 소비자 간에 존재하는 인적·장소적·시간적 격리(隔離)의 연결을 목적으로 하는 영업 및 활동.

[상업의 개념]
　18세기 중엽까지는 농촌과 도시의 재화유통이 주로 당사자간의 직접교환에 의하여 이루어졌으므로 이러한 교환의 형태를 상업이라고 칭하는 '화물교환설(貨物交換說)'이 나타났고, 18세기 후반에서 19세기 초까지는 상인의 업무가 전문화하려는 단계였으므로 '재판매구입설(再販賣購入說)'이 대두되었다.
　19세기 후반 산업혁명 이래 모든 산업은 이윤추구를 목표로 하였으므로 '영리매매업설(營利賣買業說)'이 출현하였으며, 20세기가 시작되는 무렵부터 독점자본주의단계에 돌입하면서 자본주의의 제반 모순이 격화되고, 종래의 영리주의에 대한 반성이 요청되면서 '자본주의 수정론'과 아울러 '국민 경제적 기능설'이 등장하게 되었다.
　제1차 세계대전 이래 1929년의 세계경제공황을 계기로 유통과정의 합리화가 고조되면서, 상품의 사회적 유통, 또는 상품을 사회적으로 유통시키는 노동을 상업이라고 하는 '배급조직체설'이 나타났다.
이러한 다양한 주장 모두가 '교환' 내지 상품유통과의 관련에서 상업을 규정하려 한다는 점에서는 공통적이다. 따라서 상업은 '교환 또는 상품유통의 특정형태'를 의미하는 것으로 이해할 수 있다.

[상업의 종류와 특징]
　상업의 개념을 정의하는 일과 마찬가지로 그 종류를 나누는 일도 기준에 따라 다양하게 나타난다. 상업은 재화와 서비스의 사회적 배급기능을 담당한다는 측면에서 유통의 '대상' 및 '형태'에 따라 분류되는 것이 일반적이다. 재화와 서비스를 소비자 혹은 중간 매매업자에게 제공하는 상업의 형태를 '직접상업'이라고 하고, 이러한 활동을 지원하고 조성하는 상업활동은 '간접상업'이라고 부른다.

1) 직접상업
　직접상업은 소매상과 도매상으로 대별되는데, 소매상은 배급경로의 말단에 위치하여 최종 소비자에게 상품을 제공하는 기능을 담당하고 있다. 최종 소비자에 해당하는 일반인은 주로 이들 소매상과 접촉하여 재화와 서비스를 제공받는 것이다. 소매상은 '소비자가 필요로 하는 물자를 소비자가 원하는 시간과 장소에 공급'하며, '큰 덩어리의 재화를 작은 소비 단위로 분할'하고, '외상판매·배달·품질보장 등 각종 서비스를 제공'하는 기능을 담당한다. 이들 소매상의 종류로는, 잡화상·단위상점·전문점·백화점·연쇄점·소비조합·쇼핑센터·슈퍼마켓·노점상·행상 등이 있다.
한편 소매상업 이외의 직접상업을 도매상업이라 총칭한다. 도매상의 분화는 배급되는 상품의 종류에 따라 구분하는 경우가 많다. 일반적으로 수집도매상·중계도매상·분산도매상으로 분류되지만, 분산도매상만을 가리켜 도매업이라 부르기도 한다.

2) 간접상업
　간접상업은 상품판매활동의 원활화를 위한 기관상업과 상품매매업 그리고 기관상업을 조성하는 상업조성기관으로 나누어진다. 기관상업과 상품매매업에는 금융업·보관업·운송업·창고업·통신업 등이 있으며, 상업조성기관으로는 업자단체·상공회의소·상품진열관·상품검사소·대한무역투자진흥공사(KOTRA) 등이 있다.

[경상남도 진주 지역의 상업]
　　현재 경상남도 진주 지역에는 7,281개의 도·소매업체, 5,798개의 숙박·음식점, 2,212개의 운수업체, 74개의 통신업체, 342개의 금융·보험업체가 영업하고 있다.
이러한 상업 활동 중에서 일반인들이 흔히 접하게 되는 진주지역의 시장은 크게 공설시장과 사설시장으로 나뉜다. 공설시장의 대부분은 1950~1960년대부터 자리 잡은 곳으로 금곡·문산·일반성·지수·미천·대곡시장 등 6개가 있다. 이들 공설시장은 전통적인 5일장의 형태를 중심으로 운영된다. 이 외에 사설시장이 14개로, 총 20개의 시장에 전체 점포수는 3,000여 개 이상에 달한다.
　　한편, 경상남도 진주시 대안동과 동성동 일대에는 점포 270여개소가 들어선 지하상가가 1988년에 준공되어 도심 중심지의 상권을 형성하고 있다. 진주시 대안동의 중앙지하상가와 중앙시장, 이현동의 이현종합시장, 강남동의 진주동성상가가 비교적 규모가 크고 사람들의 왕래가 잦은 지역이다.

[참고문헌]
브리태니커백과사전(http://www.britannica.co.kr)
다음백과사전(http://enc.daum.net)
강만길, 『한국자본주의의 역사』(역사와 비평, 2003)
김정환, 『근대로 가는 길』(푸른숲, 2002)
『진주시사 중권』(진주시사편찬위원회, 1995)
『진주통계연보』(진주시, 1995)

　　위에서와 같은 기사를 각 지역 시청이나 군청에서 발간하고 있는 『통계연보』, 시·군정백서 그리고 각 지역 상공회의소에서 발행하고 있는 상공회의소 자료만을 활용해서도 〈표 7〉과 같은 내실 있는 기사가 가능할 수 있다는 점이다.

표 7  수정 원고

[정의]
　　이익을 취할 목적으로 생산자로부터 재화를 구입하여 '최종 소비자 또는 최종 소비자에게 판매할 자'에게 재화를 판매하는 사업.

[개설]
　　경제상의 여러 현상에 대해서 상업이라는 말이 사용되지만 그 개념이 고정되어 있는 것은 아니다. 다시 말해 상업은 경제발전단계에 조응하여 변화·발전하여 온 사회적·역사적 산물이라고 할 수 있다. 따라서 오늘에 이르기까지 그 개념에 대한 완전한 정립은 명확하지 않다.

[변천]
　　진주에 도시 상업을 대표하는 상업기관인 시전(市廛)이 공식적으로 등장한 시기는 1884년 1월이었다. 진주에 설치된 시전은 네 가지였다. 베 종류를 취급하던 포전(布廛), 어물(魚物)과 과일을 취급하던 어과

전(魚果廛), 각종 비단을 취급하던 금전(錦廛) 그리고 각종 종이류를 취급하던 지전(紙廛)이 그것이다. 1895년 이후에는 진주군수가 분사무장을 맡았던 진주상무사(晉州商務社)가 설립되어 도내에서 활동하던 보부상과 상인단체를 보호·관리하였다.

개항 이후 일제의 한국에 대한 식민지화 과정에서 민간 상업자본은 일본의 상업자본 진출로 크게 위축되었으나 시장을 중심으로 한 상품 유통은 더욱 발전하였다. 당시 진주지역에는 7개의 시장이 있었다. 군내 시장으로 진주시장을 비롯하여 금동어(金冬於: 금곡)시장, 수곡시장, 반성시장, 설매곡(雪梅谷: 대곡)시장, 문산시장, 안간(安磵: 미천)시장 등이 있었으며, 이들 시장이 진주지방 상업의 중심적 기능과 역할을 담당하였다. 군내 시장 가운데 진주시장은 당시로서는 경상남도 제일의 시장으로 인근에 있었던 사천·하동·곤양·의령·고성·삼가·합천·산청·함양·안의·거창 등 13개 군의 물화가 집산되던 큰 시장이었다.

이후 한일합방을 전후하여 부산을 발판삼아 진출한 일본자본과 일본인이 크게 늘어나면서 경상남도 지역의 상업이 많은 발전을 보게 되었다. 이 무렵 진주에는 지수면 청담리에 지수시장이 개설되어 7개이던 시장이 8개로 늘어났다. 1924년을 기준으로 이들 시장의 상품별 거래액을 보면, 전체 거래액 375,576원 가운데 축산물이 126,157원으로 가장 많았고, 다음으로 농산물 115,698원, 수산물 63,525원, 잡화류 38,724원, 직물류 31,472원 순으로 농·축산물의 거래가 대종을 이루었다. 이후 〈표 1〉에서 보는 바와 같이, 진주에 있었던 경상남도청이 부산으로 이전한 1925년부터 진주읍이 진주부로 승격된 1939년까지의 상품별 전체 거래량에 있어서도 역시 농·축산물의 매매고가 가장 높게 나타나 농촌 경제의 전형을 보여주고 있다.

### 〈표 1〉 연도별 상품별 거래동향

(단위: 원)

| 연도 | 시장수 | 개시일수 | 1년간 매매고 | | | | | | 1회 평균 | 1인당 평균 |
|---|---|---|---|---|---|---|---|---|---|---|
| | | | 농산물 | 수산물 | 직물 | 축산물 | 잡화 | 계 | | |
| 1925년 | 8 | 818 | 116,087 | 67,661 | 33,505 | 124,884 | 39,788 | 381,885 | 467 | 3.06 |
| 1929년 | 8 | 818 | 115,613 | 76,686 | 42,308 | 230,965 | 40,747 | 506,319 | 643 | 4.12 |
| 1931년 | 8 | 529 | 117,921 | 74,961 | 38,844 | 136,662 | 39,256 | 407,644 | 771 | 3.29 |
| 1932년 | 8 | 529 | 144,984 | 94,131 | 36,714 | 147,063 | 58,816 | 481,708 | 911 | 4.00 |
| 1935년 | 8 | 515 | 1,224,106 | 745,755 | 157,810 | 1,023,180 | 386,450 | 3,537,355 | 6,869 | 26.00 |
| 1936년 | 8 | 526 | 1,175,075 | 676,645 | 163,660 | 897,865 | 580,881 | 3,494,126 | 6,680 | 26.13 |
| 1939년 | 8 | 798 | 767,250 | 811,630 | 110,135 | 765,130 | 801,690 | 3,255,835 | 4,331 | 73.12 |
| 계 | | 4,499 | 3,661,090 | 2,547,469 | 582,976 | 3,325,709 | 1,947,628 | 12,064,872 | 2,682 | 19.96 |

1939년에는 진주읍이 진주부로 승격되면서 진양군으로 분리·독립되었다. 이 당시 진주부와 진양군의 시장 거래액을 비교해 보면, 진주부내 3개 시장의 연간 거래액이 345만 5835원인데 반해 진양군내 7개 시장에서 거래된 유통액은 28만 3160원으로 8.1%선에 머물렀다.

한편 일제강점기를 통해 일본인의 진출도 크게 늘어나 상업 등 서비스분야에 종사하는 사람이 증가하였다. 일본인의 진주 진출은 1903년에 1가구 2명을 시작으로 한일합방 직전인 1909년에는 250가구 935명, 한일합방 직후인 1910년에는 278가구 1,025명으로 불어났고, 1914년에는 627가구 2,328명으로 증가하였다. 이후 경상남도청의 부산 이전으로 증가세는 주춤하였으나 1938년 조사에서는 763가구 2,746명으로 나타났다. 1939년에는 상업에 종사하는 일본인이 138가구 589명이었던 반면 한국인으로 상업에 종사하는 가구는 1,390호에 6,770명으로 집계되었다.

해방 이후부터 1960년까지 진주지역의 경제 중심은 농업과 경공업이었다. 이 중에서도 제일 비중을 많이 차지한 산업은 농업으로 평균 30% 이상을 차지하였다. 상업의 경우, 1957년부터 1959년까지 관련 종사자수는 각각 1,854명(남자) 1,197명(여자), 2,382명(남자) 1,227명(여자), 2,283명(남자) 1,295

명(여자) 정도였다. 1950년을 전후로 진주지역에는 중앙시장, 천전시장, 서부시장, 가축시장 등 5개의 공설시장이 있었다. 중앙시장만 755개의 점포로 규모가 컸지만 천전시장과 서부시장은 소규모였다. 1971년에는 도동시장을 선두로 동아상사, 자유시장, 제일쇼핑 등 4개 시장이 새로 개설되었다.

도·소매업 상점의 경우 1962년에는 1,337개에 불과했으나, 1970년에 138%가 증가하여 3,184개로 늘어났다. 1981년도에는 1962년에 비해 212%가 증가한 4,181개로 늘어났다. 그러나 다른 분야에 비해 도·소매업 상점의 증가율은 비교적 낮은 편이었다. 그 이유는 진주지역의 인구가 크게 증가하지 않아 소비가 많지 않았기 때문이다. 1968년부터 1981년까지의 도·소매업 상점을 총괄하면 (표 2)와 같다.

(표 2) 1968~1981년까지의 도·소매업 상점 총괄

| 연도 | 상점총수 | | | | | | 도매상점 | | | | | | 소매상점 | | | | | |
|---|---|---|---|---|---|---|---|---|---|---|---|---|---|---|---|---|---|---|
| | 상점수 | | | 종업원수 | | | 상점수 | | | 종업원수 | | | 상점수 | | | 종업원수 | | |
| | 계 | 법인 | 개인 | 계 | 법인 | 개인 | 계 | 법인 | 개인 | 계 | 법인 | 개인 | 계 | 법인 | 개인 | 계 | 법인 | 개인 |
| 1968 | 2,356 | 4 | 2,352 | 4,084 | 43 | 4,041 | 162 | 4 | 158 | 714 | 43 | 671 | 2,194 | - | 2,194 | 3,370 | - | 3,370 |
| 1969 | 2,440 | 4 | 2,436 | 4,115 | 43 | 4,072 | 162 | 4 | 158 | 729 | 43 | 686 | 2,275 | - | 2,278 | 3,386 | - | 3,386 |
| 1970 | 3,184 | 2 | 3,182 | 5,469 | 10 | 5,459 | 164 | 2 | 162 | 525 | 10 | 515 | 3,020 | - | 3,020 | 4,944 | - | 4,944 |
| 1971 | 3,002 | - | 3,002 | 5,107 | - | 5,107 | 137 | - | 137 | 478 | - | 478 | 2,865 | - | 2,865 | 4,629 | - | 4,629 |
| 1972 | 2,479 | 2 | 2,477 | 3,449 | 16 | 3,929 | 122 | 2 | 120 | 541 | 16 | 525 | 2,366 | - | 2,666 | 2,408 | - | 2,408 |
| 1973 | 2,769 | 15 | 2,754 | 5,339 | 293 | 5,106 | 99 | 15 | 84 | 691 | 293 | 398 | 2,670 | - | 2,670 | 4,708 | - | 4,708 |
| 1974 | 2,595 | 9 | 2,586 | 4,994 | 42 | 4,952 | 64 | 9 | 55 | 294 | 42 | 252 | 2,631 | - | 2,631 | 4,700 | - | 4,700 |
| 1975 | 3,022 | 86 | 2,936 | 5,008 | 122 | 4,886 | 151 | 9 | 142 | 532 | 45 | 487 | 2,871 | 7 | 2,794 | 4,480 | 77 | 4,403 |
| 1976 | 3,171 | 11 | 3,160 | 4,714 | 88 | 4,626 | 142 | 11 | 131 | 462 | 88 | 374 | 3,029 | - | 3,029 | 4,252 | - | 4,252 |
| 1977 | 3,113 | 12 | 3,101 | 5,552 | 111 | 5,441 | 83 | 12 | 71 | 417 | 111 | 306 | 3,030 | - | 3,030 | 5,135 | - | 5,135 |
| 1978 | 3,780 | 12 | 3,763 | 6,326 | 190 | 6,136 | 145 | 12 | 133 | 599 | 175 | 424 | 3,635 | - | 3,635 | 5,727 | - | 5,727 |
| 1979 | 4,339 | 14 | 4,325 | 6,776 | 168 | 6,608 | 162 | 14 | 148 | 619 | 168 | 451 | 4,177 | - | 4,117 | 6,157 | - | 6,157 |
| 1980 | 5,355 | 20 | 5,335 | 9,296 | 225 | 9,071 | 172 | 20 | 152 | 739 | 225 | 514 | 5,191 | - | 5,191 | 8,556 | - | 8,556 |
| 1981 | 4,181 | 20 | 4,161 | 9,128 | 238 | 8,890 | 131 | 17 | 114 | 721 | 224 | 497 | 4,050 | 3 | 4,047 | 8,407 | 14 | 8,393 |

1980년 이후 지방 시장은 거대자본을 앞세운 인터넷 쇼핑 채널을 통한 홈쇼핑, 대형유통점, 할인점, 백화점 등의 지방 침투로 지역의 재래시장이 큰 타격을 입는 유통산업의 대 소용돌이 현상을 초래하여 구멍가게 등 소자본 영세 점포의 붕괴현상을 보이고 있다. 이런 와중에서도 1990년 이후 진주지역의 기존 시장에 큰 변화를 준 것은 진주시 초전동 260번지에 개설한 진주시 농산물도매시장이다. 진주시 농산물도매시장에서는 2002년 현재 연간 882억700만원의 농산물이 거래되고 있다.

[현황]
2005년 현재 진주지역의 시장분포현황을 살펴보면, 정기시장 6개, 사설시장 14개, 대형점 1개로 집계되고 있다. 정기시장의 경우, 문산읍·금곡면·일반성면·지수면·대곡면·미천면에 각각 1개씩 분포해 있으며, 대형점은 진주시 성지동에 1개가 있다. 2005년을 기준으로 진주지역의 시장분포현황을 살펴보면, (표 3)과 같다.

(표 3) 시장분포현황

(단위: 개소)

| 정기시장<br>(공설) | 계 | 문산읍 | | 금곡면 | | 일반성면 | | 지수면 | | 대곡면 | | 미천면 |
|---|---|---|---|---|---|---|---|---|---|---|---|---|
| | 6 | 1 | | 1 | | 1 | | 1 | | 1 | | 1 |
| 시장(사설) | 계 | 망경동 | 강남동 | 칠암동 | 중앙동 | 봉안동 | 상봉서동 | 상대1동 | 상대2동 | 하대1동 | 평거동 | 이현동 |
| | 14 | 1 | 1 | 1 | 2 | 1 | 1 | 1 | 2 | 1 | 2 | 1 |
| 대형점 | 계 | 성지동 | | | | | | | | | | |
| | 1 | 1 | | | | | | | | | | |

(표 3) 시장분포현황

(단위: 개소)

| 정기시장<br>(공설) | 계 | 문산읍 | | 금곡면 | | 일반성면 | | 지수면 | | 대곡면 | | 미천면 |
|---|---|---|---|---|---|---|---|---|---|---|---|---|
| | 6 | 1 | | 1 | | 1 | | 1 | | 1 | | 1 |
| 시장(사설) | 계 | 망경동 | 강남동 | 칠암동 | 중앙동 | 봉안동 | 상봉서동 | 상대1동 | 상대2동 | 하대1동 | 평거동 | 이현동 |
| | 14 | 1 | 1 | 1 | 2 | 1 | 1 | 1 | 2 | 1 | 2 | 1 |
| 대형점 | 계 | 성지동 | | | | | | | | | | |
| | 1 | 1 | | | | | | | | | | |

다음으로 상업의 주체라 할 수 있는 도·소매업 현황을 사업체와 종사자수로 구분하여 살펴보면 (표 4)와 같다.

(표 4) 진주지역의 도·소매업 현황

(단위: 개, 명)

| 연별 | 도·소매업 | |
|---|---|---|
| | 사업체 | 종사자 |
| 2001년 | 7,226 | 17,310 |
| 2002년 | 7,408 | 18,480 |
| 2003년 | 7,281 | 17,920 |
| 2004년 | 7,076 | 17,416 |

이 같은 기사 집필이 가능한 이유는 이들 문헌자료에 각 지역 경제 산업과 관련된 연도별 통계수치, 읍·면·동별 현황 통계, 그리고 경제 산업의 각 부문별 변천 내용 등이 자세히 수록되어 있기 때문이다. 예를 들어 설명하면, 각 시청이나 군청에서 매년 발간하는 『통계연보』의 경우 〈그림 4〉에서와 같

이, 지역 경제 산업부문의 연도별 현황이 수록되어 있어, 지역과 관련된 변천 과정을 구체적으로 기술할 수 있으며, 읍·면·동 현황과 이들 지역에 분포해 있는 산업체 현황도 수록되어 있어, 현 시점에서의 부문별 현황도 자세히 기사화할 수 있다. 시·군정백서의 경우에는 〈그림 5〉에서와 같이 통계수치만으로는 담아낼 수 없는 주요 기업 및 관련 사회단체 명칭까지도 수록하고 있어 지역의 경제 산업 현황에 대한 보다 구체적인 내용 기술이 가능하다. 더불어 각 지역을 대표하는 기업 및 사회단체 등의 명칭이 구체적으로 수록되어 있기 때문에 지역문화 항목을 선정하는 데에도 도움이 될 수 있다. 상공회의소 자료 역시 〈그림 6〉과 같이, 지역의 연도별 경제 산업 현황이 자세히 수록되어 있을 뿐만 아니라 특정 경제 산업부문에 대한 구체적인 내용 기술까지 담고 있어, 보다 상세한 내용까지도 기사화할 수 있다.

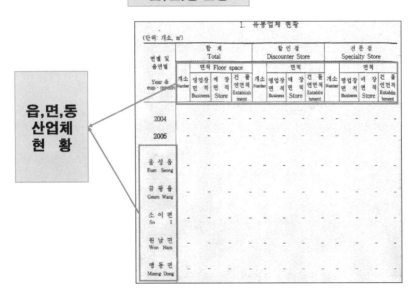

**┃그림 4┃** 『통계연보』수록 내용
자료: 『2006 통계연보』(음성군, 2006)

주요 기업 및
사회 단체
명칭
(항목 선정시
참조)

○ 주요사업체

| 업 체 명 | 대 표 자 | 직원수 | 비 고 |
|---|---|---|---|
| 농협중앙회강릉시지부 | 최판영 | 46 | |
| 제일은행 강릉지점 | 정의경 | 21 | |
| 금융결제원 강릉점 | 박성희 | 3 | |
| 대한화재(주)강릉영업소 | 이영동 | 20 | |
| 강릉축산업협동조합성남동지점 | 박동근 | 8 | |
| 하나로마트성남점 | 박광현 | 15 | |
| 서부시장 번영회 | 조이현 | 5 | |
| KT(주) 강릉지사 | 박명선 | 44 | |
| 데이콤(주) 강릉지점 | 정동식 | 8 | |
| 강릉신협 임당지소 | 이상호 | 21 | |
| 대한투자신탁 강릉중앙지점 | 이종섭 | 15 | |
| 자산관리공사 강릉지사 | 이장균 | 18 | |
| 한국감정원 | 박기학 | 14 | |
| 중부새마을금고 | 정호범 | 9 | |
| 강릉농협 임당지소 | 박광현 | 11 | |
| 우리은행 강릉지점 | 최창걸 | 15 | |
| 국민은행 강릉중앙지점 | 김영만 | 22 | |
| 국민은행 강릉지점 | 함경식 | 23 | |
| 조흥은행 강릉지점 | 강명기 | 21 | |
| 강릉수산업협동조합강릉지점 | 강성만 | 6 | |
| 영돈양돈축협 | 조천규 | 9 | |

주요 기업 및
사회 단체
명칭
(항목 선정시
참조)

『그림 5』 『시정백서』수록 내용

자료: 『시정백서(2002~2003)』(강릉시, 2003)

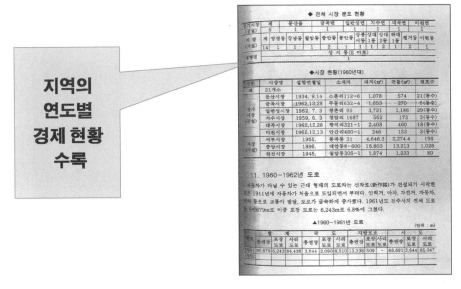

지역의
연도별
경제 현황
수록

**∥그림 6∥** 상공회의소 자료 수록 내용

자료: 『백이십년사(百二十年史)』(진주상공회의소, 2006).

한 걸음 더 나아가 기존 통계자료를 〈그림 7〉에서와 같이 적극적으로 응용·활용함으로써 각 지역의 경제 산업 현황을 보다 입체적으로 기사화할 수도 있다.

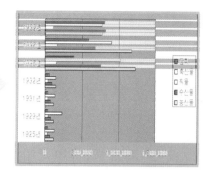

| 연도 | 시설수 | 게시 편수 | 1년간 해택고 | | | | | | 1회 평균 | 1년간 평균 |
|---|---|---|---|---|---|---|---|---|---|---|
| | | | 농산물 | 수산물 | 식물 | 축산물 | 잡화 | 계 | | |
| 1928.1 | 8 | 818 | 116,087 | 67,661 | 33,505 | 124,884 | 39,788 | 381,885 | 467 | 3.06 |
| 1929.1 | 8 | 818 | 115,613 | 76,686 | 42,308 | 230,969 | 40,747 | 506,319 | 643 | 4.17 |
| 1930.3 | 8 | 525 | 112,921 | 74,961 | 38,844 | 136,662 | 39,256 | 407,644 | 771 | 3.29 |
| 1932.1 | 8 | 529 | 144,984 | 94,131 | 36,714 | 147,063 | 58,816 | 481,708 | 911 | 4.08 |
| 1935.1 | 8 | 515 | 1,224,108 | 785,725 | 157,810 | 1,025,180 | 396,460 | 3,537,365 | 6,869 | 26.00 |
| 1938.1 | 8 | 526 | 1,125,575 | 676,645 | 183,660 | 897,865 | 580,881 | 3,494,126 | 6,680 | 26.15 |
| 1939.1 | 8 | 768 | 767,258 | 811,530 | 110,135 | 785,130 | 801,690 | 3,265,026 | 4,331 | 21.12 |
| 계 | | 4,499 | 7,661,090 | 2,547,169 | 582,976 | 3,325,709 | 1,947,628 | 12,064,872 | 7,692 | 19.96 |

██그림 7██ 통계자료의 응용

　이외에 기존 문헌자료를 통해 기사화할 수 없는 현대적 의미의 행사나 공연 등의 내용도 우리가 쉽게 지나쳐버리는 〈그림 8〉과 같은 팜플렛을 활용하여 내실 있게 기사화할 수 있다. 팜플렛의 경우 특정 행사나 공연의 유래와 함께 구체적인 행사내용과 공연내용이 수록되어 있어 기사 집필에 많은 도움이 될 수 있다. 팜플렛 뒷면에는 행사나 공연장소가 지도로 소개되어 있는 경우도 있어 관련 기사를 보다 충실히 담아낼 수도 있다. 행정 자료의 경우에도 각 지역문화를 대표하는 특정 기사에 대한 자세한 내용을 수록하고 있어 기사 내용의 질을 높이는 데 좋은 문헌자료가 될 수 있다. 예를 들면, 〈그림 8〉에서와 같이, 행정 자료에는 '용담다목적댐'과 같이 지역을 대표하는 항목 기사와 관련된 시설현황(본 댐, 발전시설 등) 등을 자세히 싣고 있다. 이외에도 이들 자료를 통해 잘 알려져 있지 않은 지역문화 항목을 선정·개발하는 데에도 좋은 참고자료가 될 수 있다.

　이상의 공공기관 문헌자료들은 각 지역 시·군청의 홈페이지(『통계연보』)나 담당부서(『시정백서』) 그리고 각 지역에 설립·운영되고 있는 상공회의소 (상공회의소 자료)(〈그림 9〉 참조)에서 쉽게 수집할 수 있다. 팜플렛이나 행정 자료의 경우에도 각 시청이나 군청 홍보실 또는 담당부서에서 얻을 수 있다. 이 중에서 가장 활용도가 높은 『통계연보』의 경우 〈그림 10〉에서와 같이 각 시·군청 홈페이지에 일반인들이 다운받아 사용할 수 있도록 『통계연보』를 올려놓았기 때문에 접근성은 한결 수월하다.

또한 통계청 홈페이지(http://gis.nso.go.kr)에도 각 지역의 경제 산업을 일목요연하게 확인할 수 있는 통계자료들이 세부 자료에 대한 정보와 함께 서비스되고 있다(〈그림 11〉 참조). 구체적으로 제조업, 건설업, 운수업 등 지역의 경제 산업을 구성하는 중요 산업들에 대한 전국적 비교 수치, 지역 통계 등을 자세히 싣고 있기 때문에 이들 자료를 적극적으로 활용할 필요도 있다. 또한 각 지역의 사회 현황을 기사화하는 데 필요한 인구, 가구, 주거환경 등의 전국적 비교 통계 등도 나와 있어 이들 자료에 대한 활용도 요구되고 있는 상황이다.

**기사의 내용 참조**

| 진주유등의 전래 |
Origin of Flowing Lanterns

| 개제식(초혼점등) |
Inviting One's Soul by Lighting a Lantern

**지도의 활용**

| 오시는 길 |

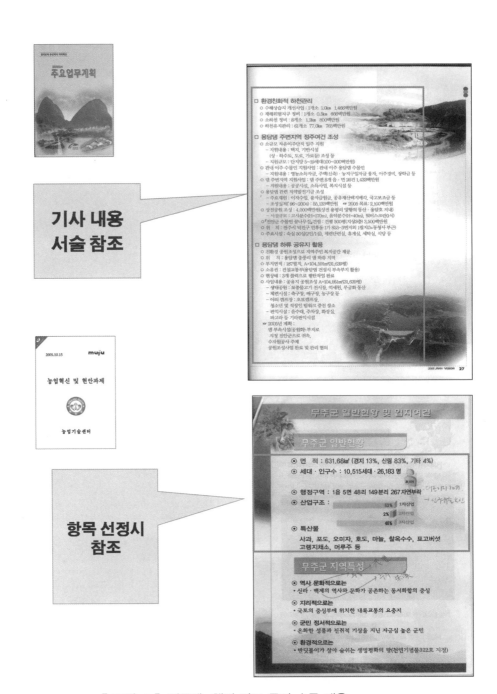

**▌그림 8▌** 팜플렛, 행정 자료 등의 수록 내용

■ 전국상공회의소

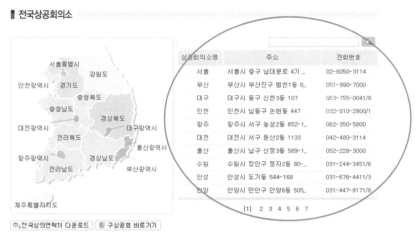

대한상공회의소(http://www.korcham.net)

▌그림 9 ▌ 상공회의소 자료

▌그림 10 ▌ 각 시·군청 홈페이지

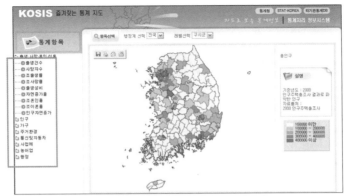

통계청(http://gis.nso.go.kr)

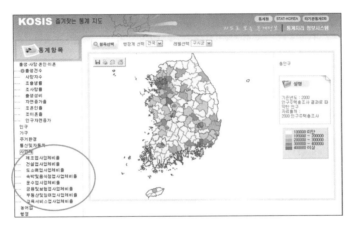

█그림 11█ 통계청 홈페이지

다. 디지털 콘텐츠에서의 활용

앞에서와 같이 지역문화의 현대적인 모습을 디지털 형식의 향토지로 구축하기 위해서는 그 핵심이 되는 기사 집필을 위한 다양한 각도에서의 기존 공공기관 문헌자료의 활용과 함께 현대적인 모습의 각 지역문화를 보다 종합적이고 입체적인 디지털 콘텐츠로 가공하는 데 이들 공공기관 문헌자료를 활용할 필요가 있다. 현재『한국향토문화전자대전』에서는 다음 3가지 측면, 즉 유기적 연계 고리로서의 활용, 문헌자료 목록으로서의 활용, 그리고 다양한 멀티미디어 기초자료로서의 활용이라는 측면에서 제한된 문헌자료를 적극적으로 활용하고 있다.

첫째, 유기적 연계 고리로서의 활용이란 각각의 기사마다〔참고문헌〕이라는 소표제를 설정하여 각 기사에 참고자료가 된 공공기관 문헌자료를 하이퍼텍스트(hyper text)[77]화하여 서비스해 주는 것이다. 물론『한국향토문화전자대전』이 백과사전의 형태를 취하고 있기 때문에〔참고문헌〕은 가장 기본적이면서도 당연히 갖추어야 할 메뉴라고도 볼 수 있다. 하지만 이 같은〔참고문헌〕을 통해 일반사용자나 연구자들이 각각의 기사와 관련된 보다 심도 있는 내용을 파악하고자 할 때 관련 공공기관 문헌자료에 대한 일차적 접근성을 보장해 줄 수 있다. 한 걸음 더 나아가 〈그림 12〉에서처럼,〔참고문헌〕에 수록된 각각의 공공기관 문헌자료를 하이퍼텍스트화하여 해당 공공기관 문헌자료가 활용된 기사들을 관련 항목화시킴으로써 이들 공공기관 문헌자료가 어떻게 기사에 이용되고 있는가를 확인할 수 있다.

둘째, 문헌자료 목록으로서의 활용이란 〈그림 13〉에서와 같이 공공기관 문헌자료를 각 기사와 상호 연계시켜 이를 목록화한 소위 '디지털 아카이브'형식

---

77) 하이퍼텍스트란 문서 내의 중요한 키워드마다 다른 문서 또는 유관한 시청각 자료로 연결되는 통로를 만들어 여러 개의 문서가 하나의 문서인 것처럼 보여 주는 문서형식을 의미한다. 김현,「향토문화 하이퍼텍스트 구현을 위한 XML 요소 처리 방안」,『인문콘텐츠』, 제9권(2007), 91쪽.

으로 구성하는 것이다. 현재 『한국향토문화전자대전』사업의 일환으로 완성·서비스되고 7개 지역 디지털문화대전은 크게 콘텐츠 목차, 디렉토리분류, 콘텐츠색인, 전자지도, 전자연표, 시청각자료 등의 메뉴로 구성되어 있다. 이 중에서 디렉토리분류 부분에 각 지역의 디지털문화대전을 완성하는 데 참여한 집필자 명단과 함께 디지털 콘텐츠화된 〔참고문헌〕 부분을 구축·서비스하고 있다. 이를 통해 해당 지역문화와 관련된 기사의 참고자료로 이용된 공공기관 문헌자료의 수와 이들 문헌자료를 참고자료로 활용한 기사의 내용을 상호 유기적으로 확인할 수 있으며, 해당 지역의 공공기관 문헌자료의 현황도 파악이 가능하다. 특히 일반사용자나 연구자들이 각 지역문화와 관련된 공공기관 문헌자료를 한 눈에 파악할 수 있는 기능적 장점이 있다.

셋째, 다양한 멀티미디어 기초자료로서의 활용이란 말 그대로 지역문화를 입체적이고 종합적으로 보여줄 수 있는 다양한 멀티미디어의 기초자료로서 문헌자료를 활용하는 것이다. 즉 지역문화의 현대적인 모습을 입체적이고 종합적으로 보여줄 수 있는 멀티미디어의 기초자료로서 공공기관 문헌자료를 활용할 필요가 있다는 점이다. 현재 『한국향토문화전자대전』에서는 〈그림 14〉에서와 같이, 지역에서 수집된 공공기관 문헌자료에 나와 있는 통계수치, 각종 기관이나 단체 및 기업 등의 설립연도, 주소 등의 단편적인 내용들을 다양한 각도에서 활용함으로써 지역문화의 현대적인 모습을 보다 입체적이고 종합적으로 보여주고 있다.

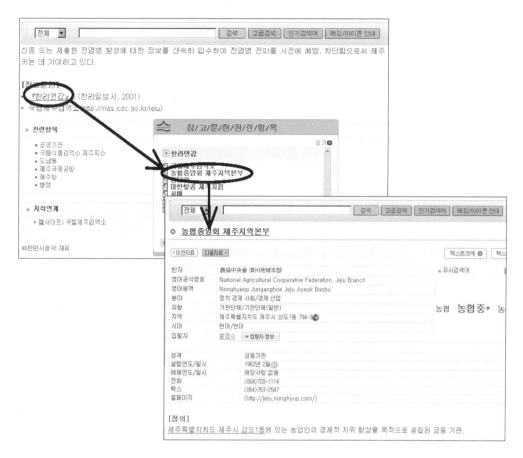

**▌그림 12 ▌ 관련 기사와의 유기적 연계고리로서의 활용 예**

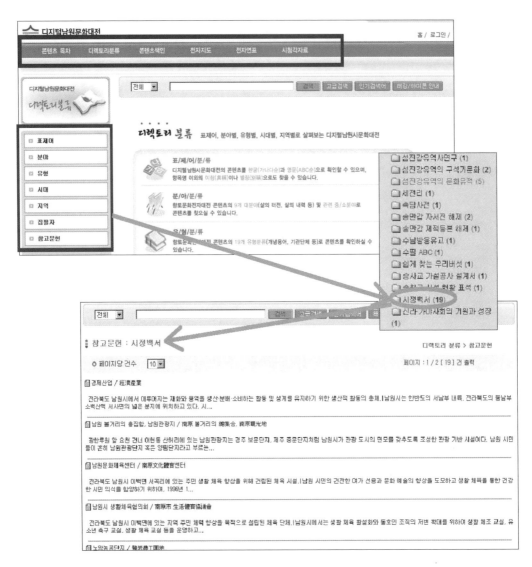

**│그림 13│ 문헌자료 목록으로서의 활용 예**

- 활용 예(1)

- 활용 예(2)

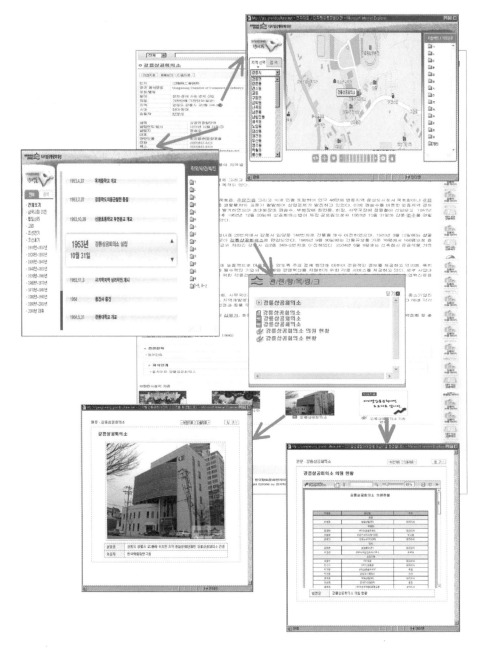

**▌그림 14▌** 멀티미디어 활용 예

## (2) 활용 방안

현재 디지털이라는 새로운 정보표현기술의 보편적 활용을 그 특징으로 하는 지식정보사회의 등장으로 디지털 기술을 기반으로 한 콘텐츠인 디지털 콘텐츠가 새로운 의미로 다가오고 있다. 국내에서도 문화산업의 중요성을 인식, 그 핵심으로서 문화콘텐츠가 각광을 받고 있다. 이 같은 흐름 속에서 지역문화를 경쟁력이 있는 콘텐츠의 원천으로 인식하면서 지역문화를 디지털 콘텐츠화하고자 노력하고 있으며, 그 중심에 디지털 향토지가 자리하고 있다.

이러한 지금의 시대적 흐름 속에서 지역문화의 개념도 지역전통문화를 포함한 지역주민들이 공유하고 있는 생활문화로서, 또는 현대의 모습을 아우르는 문화로서 새롭게 재해석되고 있다. 이에 따라 그동안 가볍게 치부되어 오거나 간과되어져 왔던 문헌자료들이 디지털 향토지의 중요한 기초 자료로서 새로운 의미를 부여받고 있다. 특히 지역문화에 대한 개념의 폭이 확장됨에 따라 지역문화의 현대적인 모습을 담지하고 있는 지방 공공기관 문헌자료의 중요성이 커지고 있다. 그러나 현실은 디지털 향토지 편찬에 다양하게 활용될 수 있는 공공기관 문헌자료들이 큰 의미를 부여받지 못하고 있는 문헌자료 활용의 한계성을 드러내고 있다. 더욱이 디지털 향토지 편찬에 가장 중요한 자료라고 할 수 있는 과거부터 현재까지의 시·군의 변화를 방대한 분량을 들여 종합적으로 기술하고 있는 시·군지의 경우 대략 40년 이상의 발간 경험을 축적했음에도 불구하고 여전히 지역문화를 충실히 담아낼 수 있는 공공기관 문헌자료를 적극적으로 활용하지 못하고 있으며, 이는 시·군지를 각 지역 디지털문화대전의 가장 중요한 기초 자료로 사용하고 있는 『한국향토문화전자대전』 사업에도 그대로 반영되어 동일한 문제가 발생하고 있다.

그렇다면 이 같은 문제를 해결할 수 있는 현실적인 대안은 무엇인가? 그에 대한 답은 문헌자료의 수집 방법을 통해 단계적으로 문헌자료의 수집량을 늘리는 동시에 제한된 문헌자료를 적극적으로 다양하게 활용하는 데에 있다. 그 구체적인 방안으로 여기서는 『한국향토문화전자대전』 사례를 들어 크게 다음 3가지 측면에서 현실적인 대안을 찾아보았다.

첫째, 본 사업 이전에 소위 '선행조사연구사업'을 편찬과정의 한 단계로 설정하여 본 사업 시 필요한 각 지역의 공공기관 문헌자료를 사전에 적극적으로 수집하는 것이다. 이렇게 수집된 공공기관 문헌자료를 가칭 '지역(향토)자료 아카이브 관리시스템'과 같은 문헌자료 관리 방법을 통해 근거자료로 목록화하여 각 지역문화를 대표하는 항목 선정에 참조하도록 해야 하며, 수집된 공공기관 문헌자료를 각 항목의 집필자들에게도 제공하여 항목 집필에 참조하도록 해야 한다. 더 나아가 기존에 축적된 공공기관 문헌자료가 있음에도 불구하고 집필자나 연구자들이 개인적으로 접근하기에는 한계가 있기 때문에 각종 공공기관 문헌자료를 쉽게 활용할 수 있도록 수집된 공공기관 문헌자료를 소위 '아카이브' 형식으로 데이터베이스화하여야 한다.

둘째, 활용된 공공기관 문헌자료 유형의 편중성과 수집된 문헌자료의 활용도 미비로 인한 기사 내용의 질적 저하를 막기 위해서는 기존의 공공기관 문헌자료를 다양한 각도에서 활용해야 한다. 기존 공공기관 문헌자료를 적극적으로 응용·활용하여 각 지역문화를 보다 내실 있게 기사화할 필요도 있다. 또한 우리가 쉽게 지나쳐버리는 사소한 문헌자료(팜플렛, 행정 자료 등)를 보다 유용하게 기사 집필에 활용할 필요도 있다.

셋째, 공공기관 문헌자료를 디지털 콘텐츠로 적극 활용해야 한다. 각각의 기사 하단에 [참고문헌] 부분을 설정, 이를 하이퍼텍스화함으로써 일반사용자나 연구자들이 각각의 기사와 관련된 보다 심도 있는 내용을 파악하고자 할 때 관련 공공기관 문헌자료에 대한 일차적 접근성을 보장해 주는 방향으로 기존 공공기관 문헌자료를 활용해야 한다. 수집·활용된 공공기관 문헌자료를 소위 '디지털 아카이브' 형식의 문헌자료목록으로 구축해 놓음으로써 일반사용자나 연구자들이 해당 지역의 공공기관 문헌자료 현황도 파악 할 수 있도록 이들 문헌자료를 활용해야 한다. 또한 기존 공공기관 문헌자료를 다양한 멀티미디어의 기초자료로 활용함으로써 지역문화의 현대적인 모습을 보다 입체적으로 보여 줄 수도 있도록 활용해야 한다.

　그러나 위에서 제시한 방안들은 어디까지나 제한된 공공기관 문헌자료라는 현실을 전제로 한 현 시점에서의 방안이다. 전택수가 강조하고 있는 것처럼, 인터넷을 통해 서비스되는 디지털 향토지와 같은 디지털 콘텐츠는 사람에 의해 손으로 만들어진 것이지, 기계가 자동적으로 만들어낸 것이 아니라는 점이다. 이는 결국 기본이 충실해야 함을 의미하는 것이다.[78] 따라서 보다 종합적이고 체계적으로 지역문화를 디지털 향토지화하기 위해서는 일차적으로 기본 자료라 할 수 있는 문헌자료에 대한 충실한 접근이 필요하며, 문헌자료에 대한 기존 인식의 전환이 선행되어야 한다.

---

78) 전택수, 앞의 논문(2002), 11쪽.

▌논저▐

강진갑, 「향토지 편찬의 문제점과 개선방향」, 『인문과학논집』 제4권 1호, 1997, 227~
    238쪽.

강릉시사편찬위원회, 『강릉시사(江陵市史)』, 강릉문화원, 1996.

강릉시, 『시정백서(2002~2003)』, 2003.

김현, 「향토문화 하이퍼텍스트 구현을 위한 XML 요소 처리 방안」, 『인문콘텐츠』 제9
    권, 2007, 91~123쪽.

김현영, 「방법으로서의 지방사: 조선시기 '사족지배체제론'을 중심으로」, 한국사연구회
    (편), 『한국지방사 연구의 현황과 과제』, 서울: 경인문화사, 2000, 327~360쪽.

박기주, 「경제적 삶의 틀에 대한 이해: 향토 경제생활사 연구를 중심으로」, 『향토문화란
    무엇인가』, 한국정신문화연구원 한국향토문화전자대전추진위원회, 2002,
    107~120쪽.

양보경·정승모, 「기존 향토지의 체제 및 내용 분석」, 『〈한국향토문화전자대전〉 편찬
    기초조사 연구』, 한국정신문화연구원·전국문화원연합회, 2001, 29~89쪽.

음성군, 『2006 통계연보』, 2006.

옹진군지편찬위원회, 『옹진군지(甕津郡誌)』, 경기출판사, 1989.

시흥군지편찬위원회, 『시흥군지(始興郡誌)』, 시흥군지편찬위원회, 1988.

전택수, 「향토문화의 산업적 의의: 물질적 풍요의 제공」, 『향토문화란 무엇인가』, 한국
    정신문화연구원 한국향토문화전자대전추진위원회, 2002, 7~17쪽.

진주상공회의소, 『백이십년사(百二十年史)』, 2006.

제주시50년사편찬위원회, 『제주시오십년사(濟州市五十年史)』, 제주시, 2005.

최낙철, 『무주군사(茂朱郡史)』, 어문각, 1968.

한국정신문화연구원 한국향토문화전자대전추진위원회, 『향토문화란 무엇인가』, 성남:
    한국정신문화연구원, 2002.

한국학중앙연구원 한국학정보센터, 『내부자료』.

홍원군지편찬위원회, 『홍원군지』, 홍원군민회, 1973.

대한상공회의소(http://www.korcham.net)

진주시청(http://www.jinju.go.kr)

통계청(http://www.nso.go.kr)

### 1) 지도의 정의와 분류

#### (1) 지도의 정의와 역사

지도는 지구상에 존재하는 일부 또는 전체적인 지리정보를 사용목적에 따라 일정한 비율로 줄이고 각종 기호를 이용하여 평면상에 기록해 놓은 것이다.[79] 세계에서 가장 오래된 지도로는 터키 중서부 지방에서 만들어졌다는 기원전 6,000년경의 신석기시대에 만들어진 지도가 꼽히는데, 당시 사람들이 화산, 길, 집 등 주변 환경을 그린 것이다. 현존하는 가장 오래된 지도는 기원전 2500년경 바빌로니아에서 제작된 것으로, 점토판에 산과 강, 촌락 등을 묘사하였다.[80] 그 밖에 고대 이집트에서는 매년 나일강의 홍수로 인해 변화하는 농토를 분할하기 위해 파피루스로 만든 종이에 지도를 제작했다고 전해진다. 중국을 비롯한 동양에서도 오래전부터 지도를 만들어 이용해 왔다. 중국에서는 기원전 2000년경 최초의 지도가 제작되었다고 하며, 고대에는 서양에 비해 더 발달된 지도제작기술을 보유하고 있었다. 이와 같이 지도의 역사는 인간의 역사와 그 발달과 변천을 같이 해왔다. 우리나라에서도 일찍부터 지도가 제작되었는데, 『삼국사기』에는 고구려 영류왕 11년(628) 때 당나라에 고구려 지도를 보냈다는 기록이 있으며, 백제와 신라시대에도 지도가 제작되었다는 기록이 있다. 고려시대에 들어서면, 의종(1148) 때 이심 등이 송나라 사람들과 공동으로 고려지도를 제작하였다는 기록이 『고려사』에 수록되어 있으며, 우리나라 지도뿐 아니라 불교적 세계관을 반영한 『오천축국도(五天竺國圖)』

---

79) 권동희, 『지형도 읽기』(한울아카데미, 1998), 9쪽.
80) 이희연, 『지도학』(법문사, 1995), 32쪽.

등 세계지도도 만들었다는 기록이 있으나, 현존하는 지도는 없다.[81] 현재 남아 있는 고지도는 모두 조선시대 이후에 제작된 것들이다.

사실 공간정보를 얻고 전달하는 방법으로 지도보다 더 효율적인 것은 없다. 우리는 지도를 통해 많은 지리적 지식을 얻을 수 있으며, 한편으로 지표 위에 존재하는 다양한 현상들의 공간적 분포와 배열을 가장 효과적으로 표현하고 전달할 수 있다. 이러한 지도의 유용성은 현대에 제작된 지도 뿐 아니라 고지도도 마찬가지이다. 특히 고지도는 이미지로 표현된 역사지리서이다. 고지도는 제작 당시의 지역에 대한 상세한 정보를 제공하여 과거의 지역 상황을 복원하고 이해하는 데 가장 기초가 되는 자료이다. '읽혀진' 고지도는 제작 당시의 지리 정보, 지도 제작 수준뿐만 아니라 강역 인식, 장소간의 관계성을 보여주기 때문에 인문학 및 사회·정치적인 담론의 대상이 되기도 하며, 제작 당시의 사회·경제적 상황과 문화·예술 수준을 가늠할 수 있는 자료이기도 하다.[82]

## (2) 지도의 분류

지도는 몇 가지 기준에 의해 분류할 수 있다. 먼저 지도는 그 목적과 기능에 따라 매우 다양한 형태로 제작되므로, 그 기능에 따라 분류가 가능하다. 지도는 기능에 따른 크게 일반도·주제도·특수목적용 지도로 구분된다. 일반도는 여러 사람이 다목적으로 이용할 수 있도록 지표의 상태를 가능한 한 정확하고 정밀하게 표시해 놓은 것으로,[83] 지형도나 이를 모은 지도첩이 여기에 해당한다. 지형도에는 기본적인 자연 및 인문현상이 실제 있는 그대로 나타난다. 이와 같이 일반도가 여러 현상들의 공간적 속성을 나타내는 데 비해, 주제도는

---

81) 이희연, 위의 책, 88~89쪽.
82) 김기혁, 「우리나라 고지도의 연구 동향과 과제」, 『한국지역지리학회지』, 13권 3호(2007), 302쪽.
83) 권동희, 앞의 책(1998), 10쪽.

한 현상의 공간적 속성과 다른 현상들과의 상관관계를 보여주기 위해 만들어진 지도이다.[84] 토양도・지질도・기후도・인구분포도・도시계획도・토지이용도・교통도 등 주제도의 종류는 매우 다양하다. 한편 특수목적용 지도에는 항공도・항해도・여행지도 등이 있는데, 항해도는 배의 운항에 필요한 지도로 수심・해안선・등대・부표 등이 표기되어 있으며, 항공도는 비행기의 운행에 필요한 항로상의 고도・통신소를 비롯한 각종 정보가 수록되어 있다.

지도는 축척에 따라 분류할 수도 있다. 축척은 실제 세계를 지도상에 어느 정도로 축소시켰는가를 그 비율로 나타낸 것으로, 이에 의해 지도를 대축척・중축척・소축척지도로 구분한다. 소축척지도는 넓은 면적의 지표면을 보여주며, 대축척지도일수록 매우 좁은 면적의 지표면을 담아내는데, 일반적으로 1:50,000 이하일 경우 대축척지도로 분류하며, 1:50,000에서 1:500,000까지를 중축척지도, 1:500,000 이상을 소축척지도로 분류한다.[85]

한편 지도가 제작된 시기에 따라서 고지도・근대지도・현대지도 등으로 구분할 수 있는데, 그 기준이 되는 시기구분의 문제는 학자에 따라 이견이 있다. 여기서는 전통적인 방법에 의해 만들어진 조선시대까지의 지도를 고지도, 일본인의 근대적 측량에 의해 제작된 구한말과 일제강점기의 지도를 근대지도, 해방이후 우리나라에서 만들어진 지도를 현대지도로 분류한다.


## 2) 고지도의 내용과 수집방법

위에서 언급했듯이, 고지도는 조선시대까지 전통적인 방법으로 제작된 지도를 말한다. 고지도는 지도의 크기, 형식, 연대, 방식, 기법 등에 따라 그 유형을 분류할 수 있는데, 지리학에서는 지도에 묘사된 지역을 기준으로 분류하는 것이 일반적이다.[86] 지도가 담고 있는 지역을 기준으로 고지도를 구분하면,

---

84) 한균형, 『지도학원론』(민음사, 2000), 26쪽.
85) 한균형, 위의 책, 24쪽.

세계지도·조선전도·도별도·군현도·주제도 등으로 분류할 수 있다.

### (1) 세계지도와 조선전도

세계지도는 세계 전체를 담고 있는 지도와 중국·일본을 포함해 동아시아를 담고 있는 지도가 있다. 대표적인 세계지도로는 1402년(태종 2)에 권근·이회 등이 만든 『혼일강리역대국도지도(混一疆理歷代國都地圖)』를 꼽을 수 있는데, 동쪽으로 조선과 일본, 서쪽으로 유럽과 아프리카까지 그린 이 지도는 당시 만들어진 세계지도 중 세계에서 가장 뛰어난 지도 가운데 하나로 평가받고 있다(〈그림 1〉참조). 이 지도는 현재 일본 교토의 류코쿠대학(龍谷大學)에 소장되어 있으며, 조선 초기 사람들의 세계지리 지식, 문화교류 정도 등을 파악할 수 있는 중요한 자료이다.

조선 후기에는 '「천하도(天下圖)」'라는 우리나라에만 나타나는 독특한 형식의 세계지도가 많이 제작되었는데, 전통적인 세계관을 반영한 상상적 세계를 그린 지도였다(〈그림 2〉참조). 이 지도의 내용을 보면, 천하의 중앙에 중국을 중심으로 하는 대륙과 그것을 둘러싼 바다가 있으며, 다시 이를 둘러싼 대륙과 그 바깥의 바다로 세계가 구성되어 있는데, 각 대륙과 바다에 약 150여개의 지명이 기재되어 있다.[87] 이 지도를 통해 당시 사람들의 세계관과 우주관을 엿볼 수 있다. 한편 중국을 통해 들어온 마테오리치의 『곤여만국전도(坤輿萬國全圖)』의 영향으로 17세기 이후에는 『지구전후도(地球前後圖)』와 같은 서양식 세계지도가 제작되었는데, 이러한 지도들은 다루고 있는 지역범위와 그 윤곽이 오늘날의 세계지도와 크게 다르지 않다.

---

86) 김기혁, 「우리나라 도서관·박물관 소장 고지도의 유형 및 관리실태 연구」, 『대한지리학회지』, 41권 6호(2006), 719쪽.
87) 김기혁, 「우리나라 고지도의 연구 동향과 과제」, 『한국지역지리학회지』, 13권 3호(2007), 310쪽.

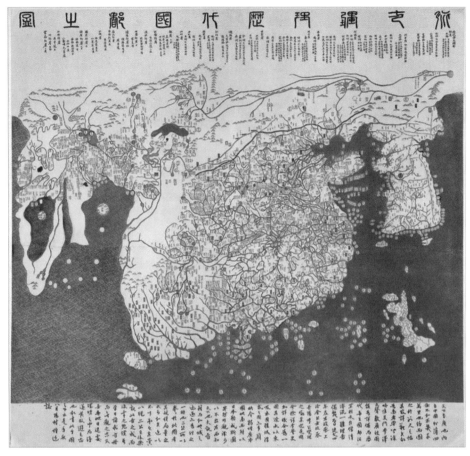

**▌그림 1▐** 『혼일강리역대국도지도』(일본 龍谷大學 소장)

동아시아지도는 동아시아 전체를 그린 지도와 중국 또는 일본을 그린 지도로 구분할 수 있는데, 이 가운데 동아시아 전체를 그린 지도는 중국, 조선, 일본을 함께 그린 지도와 중국 중심의 지도가 있다. 중국지도에는 중국전도·역사지도·지방지도 등이 있으며, 일본지도에도 전도와 지방지도가 있다. 이러한 세계지도는 서울대학교 규장각한국학연구원, 국립중앙박물관, 서울역사박물관, 고려대학교 도서관, 성신여자대학교 박물관 등에 소장되어 있으며, 일부는 도록으로 간행되어 있어 이를 활용할 수 있다.

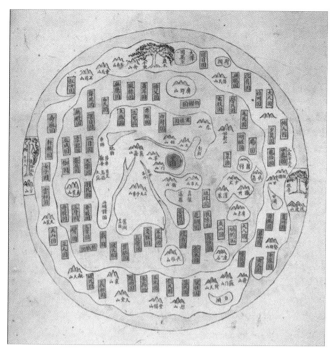

**▋그림 2▋** 「천하도」(18세기)

　조선전도는 우리나라 전체를 그린 지도로, 『팔도총도(八道總圖)』(〈그림 3〉) 등 소축척전도와 『대동여지도(大東輿地圖)』(〈그림 4〉) 등 대축척전도가 있다. 소축척전도의 경우 대부분 낱장으로 되어 있는데, 정척·양성지형 지도, 김수홍 제작지도, 정상기형 「동국지도」, 「해좌전도」, 「대동전도」 및 한말 근대식 전도가 에에 속한다. 대축척전도에는 『청구도(靑邱圖)』및 『대동여지도』의 목판본 및 필사본 지도와 『동여도』 등이 있다.

　조선전도 제작의 시대적 흐름을 살펴보면, 조선 전기에는 정척·양성지의 『동국지도(東國地圖)』, 『신증동국여지승람』에 실린 『팔도총도(八道總圖)』와 같이 소축척지도가 제작되었으나, 조선 후기가 되면, 정상기의 『동국지도(東國地圖)』(1750년대), 김정호의 『청구도』(1834년), 『대동여지도』(1861년)와 같은 대축척지도가 제작되었다. 정상기의 『동국지도』는 18세기 중엽 이후 제작된 조선전도의 모델이 된 지도로, '백리척'이라는 축척을 사용하였다는 특징이 있다. 김정호의 『대동여지도』는 모두 22층으로 구성되어 있어 이를 모두 연결하면 전국지도가 되는데 그 크기가 약 6.4m×2.73m에 달한다. 이 지도는 조선시대의 어떤 지도도 따를 수 없는 장점들이 많았는데, 우선 정확성이 뛰어났으며, 행정구역·산맥·하계망·도로·성곽·역참·봉수 등이 상세하게 수록되어 있으며, 도로 상에는 매 10리마다 점을 찍어 지점간의 거리를 쉽게 측정할 수 있게 하였다.[88] 이 때문에 『대동여지도』는 19세기 후반 우리 국토의 전반적인 상황, 즉 주요 지리적 사상의 공간적인 배치와 위치 관계를 확인하는 데 중요한 자료로 활용될 수 있다. 특히 당시의 군현경계를 복원하는 데 기본 자료로 이용되며, 고지명의 비정과 성곽·역참·창고 등의 위치, 그리고 도로의 노선과 구간 거리 등을 복원하는 기초 자료가 된다.

이와 같이 지역문화 연구에 빼놓을 수 없는 자료인 『대동여지도』는 1936년과 1985년 등 몇 차례에 걸쳐 영인되어 보급되었다. 또한 디지털화한 『대동여지도』를 서울대학교 규장각한국학연구원 홈페이지에서 서비스해 줌으로, 누구나 쉽게 그 내용을 확인하고 이용할 수 있다.

---

88) 최영준, 「조선후기 지리학 발달의 배경과 연구전통」, 『문화역사지리』, 4호(1992), 58~59쪽.

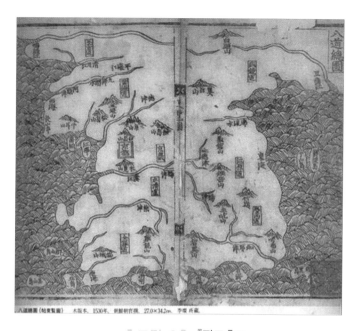

▌그림 3▐ 『팔도총도』

자료: 국립지리원·대한지리학회, 『한국의 지도』(2000), 31쪽

▌그림 4▐ 『대동여지도』, 경기도 서해안 부분

군현지도는 조선시대 지방행정단위인 각 군현을 그린 지도로, 대부분 지도 책으로 되어 있으며 일부 지도는 낱장으로 그려져 있다. 군현지도는 회화식 군현지도, 1리 방안식 지도, 20리 방안지도, 지방에서 그린 군현지도로 분류 된다.[89] 회화식 군현지도는 홍문관에서 주도하여 편찬한 지도로, 〈그림 5〉, 〈그림 6〉과 같은 형태로 그려졌으며, 서울대학교 규장각에 소장되어 있는 『해 동지도(海東地圖)』가 대표적이다. 1리 방안식 지도는 비변사에서 주도하여 편 찬된 지도들이 많은데, 지도에 1리의 방안이 그려져 있으며, 비변사인이 찍힌 도별 지도책 등이 이에 해당한다. 20리 방안식 지도는 지도 위에 20리 방안 을 그려 동일한 축척으로 그려진 지도로, 전국 지도의 제작을 염두에 두고 만 들어, 다른 지도와 달리 규칙적인 범례를 사용하고 있다. 지방 군현지도는 각 고을에서 지방 화원들이 그린 지도로, 다양한 형태가 있으며 실경으로 표현된 것이 특징이다.[90] 지방 군현지도는 낱장으로 그려진 지도가 많은데, 1872년 제작된 지방 군·현지도가 대표적이다. 〈그림 5〉는 그 가운데 하나인 『광주지 도(光州地圖)』이다.

---

89) 김기혁·윤용출·배미애·정암, 「조선후기 군현지도의 유형연구: 동래부를 사례로」, 『대 한지리학회지』, 40권 1호(2005), 23~24쪽.
90) 김기혁, 「지역문화 연구 자료로서 고지도 및 지리지: 조선후기 군현지도를 중심으로」, 『정 신문화연구』, 108(2007), 130~131쪽.

광주지도(규장각 소장): 1872년에
만든 회화식 군·현지도로, 산봉우
리를 꽃송이처럼 묘사하였다.
자료: 국립지리원·대한지리학회,
『한국의 지도』(2000), 79쪽

　　군현지도들은 도서관이나 박물관 등에 주로 소장되어 있는데, 서울대학교
규장각·국립중앙도서관 등의 국·공립도서관과 동아대학교 박물관 등 대학
박물관, 김해박물관 등 국·공립박물관, 교회사연구소 등이 주요 소장기관이
다. 이들 군현지도의 일부는 도록으로 간행되어 있어 이용이 가능한데, 최근
에는 일부 지방자치단체에서 자기 지방의 고지도를 수집·정리하여 도록으로
발간하고 있다.[91] 이외에 서울대학교 규장각과 국립중앙도서관, 고려대학교
도서관 등은 소장하고 있는 고지도 가운데 일부를 사진으로 촬영한 뒤, 이를
디지털화하여 웹으로 서비스하고 있다. 이를 표로 정리하면 다음과 같다.

---

91) 다음과 같은 도록이 있다. 강화군, 강화의 옛지도(2003); 경기도, 경기도의 옛지도
　　(2005); 수원시, 수원의 옛지도(2002); 당진군, 당진의 옛지도(1997); 서울학연구소,
　　서울의 옛지도(1995).

표 1  주요 고지도 웹 서비스

| 분류 | 소장 기관 | URL | 해제 | 이미지 |
|---|---|---|---|---|
| 국·공립 도서관 | 서울대학교 규장각 | http://e-kyujanggak.snu.ac.kr | ○ | 19책 |
| | 국립중앙도서관 | http://www.nl.go.kr | ○ | 수종 |
| | 장서각 | http://yoksa.aks.ac.kr | ○ | 3 |
| 대학 | 고려대학교 도서관 | http://library.korea.ac.kr | ○ | 31 |
| 국·공립, 개인 박물관 | 국립중앙박물관 | http://www.museum.go.kr | × | 1 |
| | 국립전주박물관 | http://jeonju.museum.go.kr | ○ | 2 |
| | 국립민속박물관 | http://www.nfm.go.kr | ○ | 19 |
| | 서울역사박물관 | http://www.museum.seoul.kr | ○ | 79 |
| | 부산시립박물관 | http://museum.busan.kr | × | 4 |
| | 경기도 박물관 | http://www.musenet.or.kr | × | 15 |
| | 온양민속박물관 | http://www.onyangmuseum.or.kr | × | 10 |
| | 호암미술관 | http://www.hoammuseum.org | ○ | 3 |
| 대학 부설 박물관 | 서울대학교 박물관 | http://museum.snu.ac.kr | ○ | 4 |
| | 고려대학교 박물관 | http://museum.korea.ac.kr | ○ | 46 |
| | 성신여자대학교 박물관 | http://museum.sungshin.ac.kr | ○ | 62 |
| | 숭실대학교 박물관 | http://www3.ssu.ac.kr/museum | ○ | 52 |
| | 동아대학교 박물관 | http://museum.donga.ac.kr | ○ | 17 |
| | 육군 박물관 | http://museum.kma.ac.kr | ○ | 50 |
| | 성균관대학교 박물관 | http://museum.skku.ac.kr | ○ | 4 |
| | 혜정박물관 | http://oldmaps.khu.ac.kr | × | 53 |

자료: 김기혁, 「우리나라 도서관·박물관 소장 고지도의 유형 및 관리실태 연구」, 『대한지리학회지』, 41권 6호 (2006), 735쪽.

이 가운데 가장 대표적인 기관은 서울대학교 규장각으로, 『광여도』, 『해동지도』, 『1872년 지방지도』, 『여지도』, 『비변사인방안지도』, 『팔도군현지도』 등 19종의 군현지도책을 비롯하여 다양한 고지도를 웹을 통해 공개하고 있다. 이 서비스는 지도 원본 이미지뿐 아니라 지도에 대한 해제와 지도에 수록되어 있는 지명 등을 같이 제공하므로 활용성이 높다. 국립중앙도서관도 문화관광부의 예산을 지원받아 고지도 정보화 사업을 수행하였다. 그 결과로서, 2004년 촬영된 원판 필름의 일부를 디지털화하여 수록 지명, 해제 정보와 함께 제공하고 있다.

군현지도는 지역문화 콘텐츠 개발의 가장 중요한 자료원이 될 수 있다. 군현지도에는 지금은 사라지고 없는 당시 군현의 주요 시설의 위치와 형태, 규모 등이 상세하게 묘사되어 있고, 크게 변화한 도로망이나 하계망 등도 당시의 모습 그대로 그려져 있기 때문이다. 또한 군현지도를 통해 당시의 면과 리 등의 행정구역 명칭과 위치 등도 확인이 가능하다. 예를 들어, 〈그림 6〉은 18세기 후반에 만들어진 전주지도인데, 전주부의 읍성과 관아건물 등이 상세하게 묘사되어 있어, 이 지도를 이용해 지금은 일부만 남아 있는 전주성과 성내의 건물들을 복원하는 것이 가능하다. 또한 이를 바탕으로 당시 전주의 생생한 모습을 디지털콘텐츠로 제작하여, 교육 및 관광자료로도 활용할 수 있을 것이다.

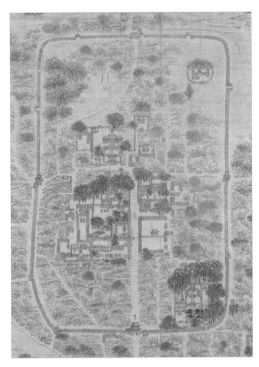

**▐ 그림 6 ▐**  전주지도(18세기 후반, 규장각 소장)

자료: 국립지리원·대한지리학회, 『한국의 지도』(2000), 72쪽.

주제도는 특정한 목적에 의해 그린 지도로 관방도·도성도·궁궐도 및 주제
도 등을 말한다. 관방지도는 북방 국경 관방도와 해안 및 도서 관방도로 구분
된다. 도성도는 한양도가 대부분이며 궁궐도로는 『동궐도』가 대표적이다. 주
제도로는 봉수망도, 목장지도, 풍수도, 산도, 능도 등이 있다.[92] 주제도 역시
소장처는 다른 고지도와 유사하며, 각종 도록과 〈표 1〉에 언급한 웹사이트를
통해 열람과 이용이 가능하다.

이러한 주제도도 지역문화 콘텐츠 개발의 중요한 자료이다. 〈그림 7〉은
1881년 제작된 『강화부궁전도(江華府宮殿圖)』 중 제 1폭인 「행궁도(行宮圖)」

---

92) 김기혁, 앞의 논문(2006), 721쪽.

인데. 1866년 병인양요로 소실된 행궁 등을 복원하기 위해 그려진 지도이다. 이 지도를 기초로 지금은 터만 남은 행궁의 모습을 상세하게 복원하여 콘텐츠를 만들 수 있으며, 실제 건물을 재건할 수도 있다. 실제로 제 2폭 「외규장각도(外奎章閣圖)」는 외규장각 건물 재건의 기초자료로 사용되었다. 〈그림 8〉은 『창녕조씨강화산도(昌寧曹氏江華山圖)』 가운데 「박씨촌도(朴氏村圖)」이다. 산도는 묏자리를 표시한 지도이지만, 이 「박씨촌도」는 강화도 동북부의 바다·갯벌·하천·마을·도로·돈대·다리 등을 상세하게 묘사하고 있기 때문에 당시 마을의 규모와 경관을 이해하는 데 중요한 자료이다.[93]

【그림 7】 『강화부궁전도』 「행궁도」 (1881년)
자료: 강화군, 『강화 옛 지도』(2003), 92~93쪽.

---

93) 현재의 강화군 송해면 일대가 묘사되어 있다. 박씨촌은 현재 박촌말로 불리고 있다.

**▌그림 8▐** 『창녕조씨강화산도』「박씨촌도(朴氏村圖)」
자료: 강화군, 『강화 옛 지도』(2003), 104~105쪽.

## 3) 근대 및 현대지도의 내용과 수집방법

### (1) 근대 지형도

우리 국토를 대상으로 근대적 측량기법을 이용한 최초의 근대지도 제작은 일본인에 의해 이루어졌다. 1894년부터 1906년까지 13년에 걸쳐 1:50,000 축척으로 제작된 이른바 『구한말한반도지형도』가 그것이다. 이 지도는 일본에서 『약도(略圖)』 또는 『군용비도(軍用秘圖)』라 불리는데, 일본 육군참모본부 육지측량부에서 파견한 간첩대가 은밀하고 신속하게 목측으로 제작하였기 때문이다. 현재 일본 국회도서관과 미국 클라크대학교 등에 소장되어 있으며, 우리나라 전국의 4/7에 해당하는 지역에 걸쳐 484매가 제작된 것으로 알려져 있으나, 현재는 445도엽이 남아 있다.[94] 1997년 일본 국회도서관 소장본을

---

94) 남영우(편), 『(구)한말한반도지형도』(성지문화사, 1996), 1~5쪽.

저본으로 영인본이 발간된 이 지도는 조선 말기 우리 국토의 상황을 가장 상세하고 정확하게 담고 있다는 점에서 커다란 의미를 지닌다. 특히 조선시대의 읍치와 시장, 역원 등의 위치가 정확하게 표시되어 있으며, 각종 지명이 1914년 전면적인 행정구역 개편 이전의 우리 고유의 것으로 표기되어 있다는 점이 중요하다. 즉 〈그림 9〉와 같이 한자로 표기할 수 없는 한글 지명들이 가타가나로 표기되어 있어 지역문화의 보고인 지명 연구의 기초 자료가 된다.

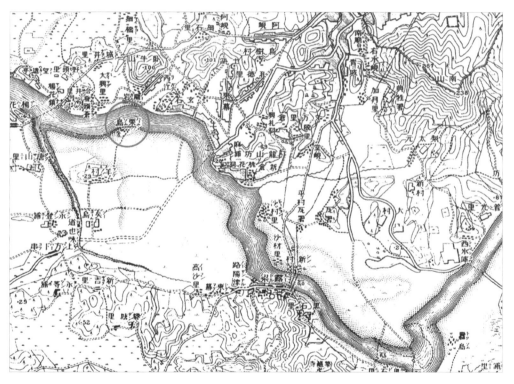

▌그림 9▐ 『구한말한반도지형도』, 한성(漢城) 도엽의 일부 : 율도(栗島)의 한자 표기 옆에 가타가나로 한글지명 밤섬(バームソム)을 표기함.

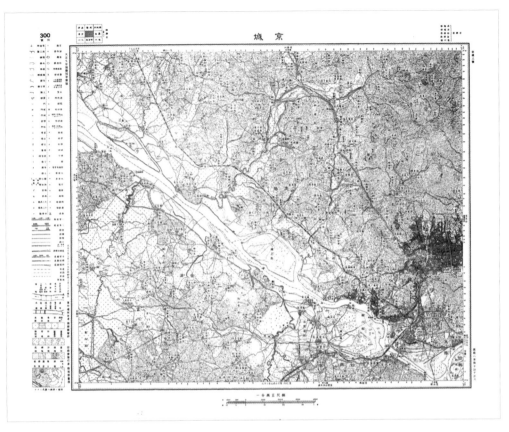

■그림 10 ■ 일제시대 1:50,000지형도, 경성 도엽

　　1910년 일제는 조선을 합병하자마자 조선총독부에 조선임시토지조사국을 설치하고, 1915년까지 전국에 걸친 측량작업을 수행하였다. 이를 통해 삼각점 설치를 비롯한 지도 제작에 필요한 준비를 마친 일제는 1914년부터 1918년까지 전국에 걸쳐 총 722매의 1:50,000지형도를 제작하였다. 이 지도는 오늘날의 지형도와 다를 바 없이, 관공서·교육시설·종교시설·창고·항구 등의 점기호 62종, 도로·철도·행정경계 등의 선기호 22종, 하천·교량·진도(津渡) 등의 수부(水部)기호 12종, 논·밭·수림(樹林) 등의 지류(地類)기호 15종, 우열(雨裂) 등의 지형기호 6종 등 모두 117종의 기호들이 표시되어

있다.95) 따라서 이 지도는 지난 100여 년간 우리 국토의 변화과정을 시계열
적으로 추적하는 출발점이라 할 수 있다. 이 지도는 1985년과 1998년『근세
한국오만분지일지형도』라는 제목으로 영인되어 있다(〈그림 10〉참조). 이 밖
에도 일제강점기 동안 1:25,000지형도, 1:10,000지형도 등이 일제에 의해
제작되었는데, 이들은 주요 도시를 대상으로 하였다. 따라서 도시의 경관을
복원하는 데는 이들 지형도가 커다란 도움이 된다(〈그림 11〉참조).

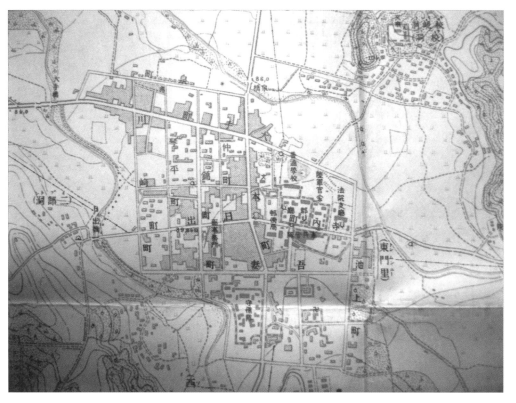

▮그림 11▮ 일제시대 1:10,000 지형도, 충주 도엽의 일부: 일제강점기 충주시내
의 가로망, 주요건물, 지명 등이 표기되어 있음.

95) 김종혁, 「한국의 근현대 지도 제작 약사」, 『경기도의 근현대지도』(경기도, 2005),
    269~270쪽.

## (2) 현대지형도

해방 이후, 미군정청은 일본 육지측량부로부터 1:50,000지형도의 원판을 인수하였고, 이를 1948년 한국정부로 이관하였다. 한국정부는 육군에 측지부라는 부대를 편성하여, 일본의 지도원판을 기초로 지도의 수정 및 인쇄를 전담하게 하였다. 한국전쟁을 거치며, 미군은 한국 전역에 대한 항공사진 촬영을 통하여 1:50,000지형도를 완성하였다. 이렇게 군사상의 목적으로 제작되던 지형도가 민수용으로 만들어지기 시작한 것은 1961년 건설부 산하에 국립건설연구소가 설립된 이후이다. 그 결과 1963년에는 남한 전역을 포괄하는 350매의 1:50,000지형도가, 1974년에는 1:25,000지형도가 완성되었으며, 1975년부터 국가기본도로서 1:5,000지형도를 제작하기 시작하여 오늘에 이르고 있다. 또한 최근에는 종이지도뿐 아니라 종이지도를 디지털화한 수치지도가 제작되어 보급되고 있다. 수치지도는 지형도와 같은 내용을 담고 있으나, 각종 정보를 계량적으로 분석하고 필요한 정보들을 단시간 내에 통합 또는 분리하여 사용할 수 있다는 장점을 지니고 있다.[96]

지형도가 담고 있는 내용은 축척에 따라 조금씩 다르지만, 모두 지형의 고저와 기복을 등고선을 통해 표시하고 있으며, 하천, 호소, 해안선, 습지, 폭포 등 각종 지형의 모습을 표현하고 있다. 그리고 식생이나 토지이용현황, 취락, 도로, 철도, 주요 건물, 행정경계선도 표시되어 있다. 따라서 한 지역의 지리적 상황을 쉽고 종합적으로 이해하기 위해서는 지형도를 읽는 것이 가장 좋은 방법이다. 이 때문에 지형도는 지역에 대한 현지조사에 앞서 지역의 전반적인 현황을 파악하는 도구로서, 현지조사의 보조도구로서, 조사한 지역문화를 정리하고 일목요연하게 표현하는 도구로서 고루 이용되고 있다.

---

96) 권동희, 앞의 책(1998), 15~19쪽.

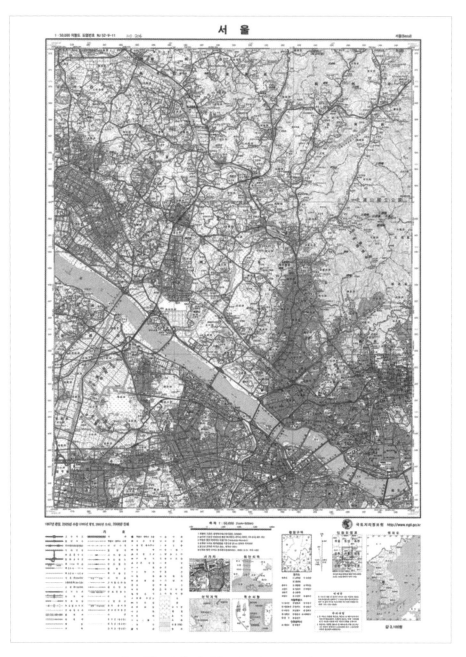

**그림 12** 1:50,000지형도, 서울 도엽

지형도는 현재 건설교통부 산하 국토지리정보원에서 대개 5~10년 주기로 그 내용을 수정하고 있으므로, 발행시기가 다른 같은 지역의 지도를 통해 한 지역의 시기별 변화상을 면밀하게 추적할 수 있다. 지형도와 수치지도는 국토지리정보원과 그 대행기관을 통하여 누구나 구입하여 이용할 수 있다.

### (3) 각종 주제도

이러한 지형도 외에도 지역문화 콘텐츠 개발에 이용할 수 있는 지도는 다양하다. 1:50,000과 1:250,000축척으로 제작된 지질도,[97] 1:25,000축척으로 만들어진 토양도,[98] 그리고 도시계획도, 관광지도 등이 그것이다. 지질도와 토양도는 지역문화 형성의 자연적 배경을 이해하는 데 보탬이 되며, 토지이용상황 등과 연결하여 콘텐츠화할 수 있다. 관광지도 등도 지역의 개괄적인 상황을 한 눈에 살펴보는 데 도움이 된다.

## 4) 지도의 활용방안

### (1) 토지이용의 변화과정 분석

지역문화는 주민들이 그 지역의 자연환경에 적응하면서 자신들의 생활공간을 확대해나가는 과정에서 형성된다. 그런데 이러한 생활공간의 확대과정은 인구규모와 인구밀도의 증대과정, 정주가옥의 창설과정, 인간에 의한 토지의 개발과정 등 3개의 기본요소로 구성된다.[99] 따라서 한 지역의 지역문화를 이해하려면 이러한 과정에 대한 규명이 필수적이며, 나아가 이러한 과정을 규명하여 콘텐츠로 개발할 수 있다면, 그 지역의 지역문화를 모든 사람들에게 쉽

---

97) 종이지도 외에 한국지질자원연구원 홈페이지(http://geoinfo.kigam.re.kr)에서도 확인할 수 있다.
98) 농업과학기술원에서 운영하는 한국농업토양정보시스템(http://asis.rda.go.kr)에서 열람할 수 있다.
99) Lewis, G. J.(著), 石原潤 外(譯), 『農村社會地理學』(大明堂, 1986), 91쪽.

게 설명할 수 있는 중요한 도구가 마련되는 것이다. 그래서 이 장에서는 지도를 활용하여 '토지의 개발과정', 즉 토지이용의 변화과정을 분석하는 방법을 살펴보고자 하며, 사례 지역으로는 강화(江華)를 선정하였다.

강화는 한강과 임진강 그리고 예성강의 하구에 있는 도서 지역으로, 우리나라에서 네 번째로 큰 섬인 강화도를 비롯하여, 교동도·석모도·주문도·불음도 등 10여 개의 섬으로 이루어져 있다. 이 지역은 고려시대부터 개성, 서울 등 수도와 근거리에 위치했고, 조운선의 통행로였기 때문에 나라의 목구멍에 해당한다고 하여 인후지지(咽喉之地)라 불렸다. 특히 대륙민족의 침입을 받을 때 마다 조정이 대피하여 항쟁하였으므로 전략적 요충으로 중요시되었다.[100]

그런데 강화에서 외침에 대항해 장기전을 펼치며 항쟁하기 위해서는 무엇보다 식량의 확보가 필수적이었다. 외부로부터 식량을 조달할 수도 있으나, 전시에는 이것이 용이하지 않았으므로 강화 내부에서 식량을 확보하는 것이 중요하였고 이를 위해서는 농토의 개간이 이루어져야 했다. 그러나 〈그림 13〉에서 확인할 수 있듯이 강화는 대부분의 지역이 해발 10m이하의 낮은 땅이어서 조수의 영향을 받는 곳이 많았기 때문에 농토의 확보는 간척을 통해 이루어져야 했다.

강화는 본래 해안선의 굴곡이 심하고 갯벌이 발달하여 간척을 하기에 매우 좋은 지형조건을 갖추고 있다. 여기에 1232년 몽고군의 침략에 의한 강화 천도라는 역사적 배경이 결합되어 간척사업이 시작되었다. 강화로의 천도와 간척의 기반이 된 축성작업에 대한 기록은 『고려사』지리지 등을 통해 확인할 수 있다.[101] 고려 고종~공민왕 연간에 걸쳐 활발하게 진행되던 간척사업은 조선시대 들어 평화가 계속되면서 중단되었다가, 임진왜란 이후 강화의 전략적 가치가 재검토되면서 17~18세기에 걸쳐 다시 활발해졌으며, 그 후 일제강점

---

100) 최영준, 『국토와 민족생활사 -한국역사지리학 논고-』(한길사, 1997), 175쪽.
101) 고려 고종 연간에 강화 내외성이 축조되었는데, 이 중 외성은 방조제 역할을 겸하여 간척에 큰 보탬이 되었다.

기, 현대를 거치면서도 계속되었다.

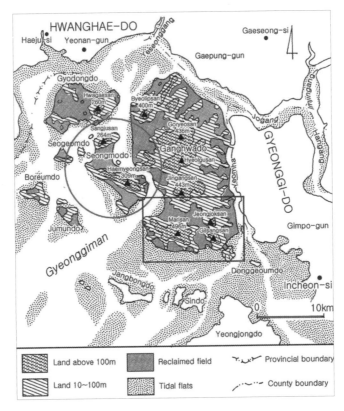

■ 그림 13 ■ 강화도의 지형
자료: 최영준, 앞의 책(1997), 180쪽.

　이러한 전반적인 간척의 전개과정은 사실 『고려사』나 『조선왕조실록』 등 일
반 사서(史書)를 통해서도 확인이 가능하다. 그러나 간척사업의 자세한 정황
이나 간척지의 시기별 확대과정 등은 지리지와 지도를 통해 가장 정확하게 추
적할 수 있다.
　〈그림 14〉는 17세기 말 강화도의 남부 지역을 그린 고지도이다. 지도의 서
쪽에 있는 가릉포(嘉陵浦)에는 길게 육지 쪽으로 물길이 나 있고, 지도 중앙

의 분오리돈(分五里墩)과 길상산(吉祥山) 사이에는 커다란 만이 있다. 그런데 같은 지역을 그린 19세기 후반의 고지도에 나타난 상황은 상당히 다르다(〈그림 15〉 참조). 가릉포 쪽에는 남북으로 길게 가릉포언(嘉陵浦堰)이라는 제방이 쌓여 있고, 중앙부의 만에도 중간 부분에 동서로 선두언(船頭堰)이라는 제방이 축조되었다. 가릉포언에는 1개 소의 수문이, 선두언에는 동서로 2개의 수문이 설치되어 있는 것도 고지도를 통해 알 수 있다.

가릉언은 『신증동국여지승람』 강화도호부 산천조에 "가릉포는 부의 서쪽 32리에 있는데, 근원이 마니산에서 나와 서쪽으로 흘러 바다로 들어간다. 큰 제방이 있는데, 길이가 20척이다."는 기록이 있어 조선 전기부터 있었던 제방임을 알 수 있다. 그러나 자주 붕괴되어 영조대에 이르러 견고한 제방을 증축하였다고 한다.102) 『여지도서』 강화부 제언조에는 가릉포언에 대해 "가릉포 방축은 상도면과 하도면 두 면에 걸쳐있다. 길이는 9백 40척이다. 가장 넓은 곳의 너비는 55척, 중간쯤 되는 곳의 너비는 27척, 가장 좁은 곳의 너비는 14척이다."라고 기록하고 있다. 한편 선두언은 『여지도서』에 다음과 같이 기록되어 있다.

"관아의 남쪽 30리에 있다. 병술년(1706, 숙종 32)에 유수 민진원(閔鎭遠)이 쌓았다. 길이는 3백 5파(把), 깊이는 5파이다. 넓고 전망이 트여 있으며 둘레는 30여 리이다. 모집한 일꾼 및 오영(五營) 군사들이 훈련대신 하루씩 공사에 참가했는데 연인원이 11만 명이었다. 들어간 물자는 쌀 2천 석, 병조의 무명[木] 50동(同), 시우쇠[正鐵] 7천 근이었다. 선두포언은 처음에는 사복시 소속이었는데 임술년(1742, 영조 18)에 유수 김시혁(金始爀)이 임금에게 보고하여 강화부에 소속하게 하고 수성소(修城所)에서 세를 받았다."

---

102) 최영준, 앞의 책(1997), 191쪽.

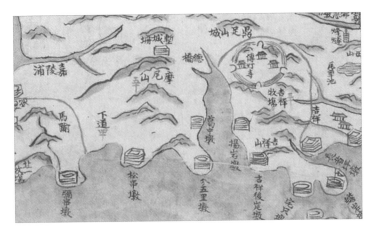

**▌그림 14 ▌** 17세기 말의 강화도 남부(『강도전도』(1684))

자료: 강화군, 『강화 옛 지도』(2003), 13쪽.

**▌그림 15 ▌** 19세기 후반의 강화도 남부(『강도부지도』)

자료: 강화군, 『강화 옛 지도』(2003), 47쪽.

조선 말기 이후의 상황은 구한말 한반도지형도와 일제시대 1:50,000지형도 등을 통해 복원할 수 있다. 〈그림 16〉은 1895년, 〈그림 17〉은 1916년에 각각 측도된 지도이다. 이를 통해 구한말에서 일제 초기에 이르는 변화상을 살피면, 〈그림 15〉에서 물이 차있던 가릉언과 선두포언 안쪽 부분이 〈그림 16〉에서는 상당부분 논으로 개간되었으며, 〈그림 17〉에서는 대부분 논으로 바뀌었음을 확인할 수 있다. 가릉언 안쪽의 간척지를 가릉평, 선두포언 안쪽의 간척지를 선두평이라 부르는데, 〈그림 17〉에서는 이들 평야를 가로질러 농경지를 오갈 수 있는 많은 소로가 개설된 것이 보인다. 그리고 가릉평 가운데 곶창산(串昌山)[103]이라는 마을이 새로 형성되었음을 확인할 수 있다. 〈그림 16〉과 〈그림 17〉을 비교해 보면, 강화도의 남서단에 해당하는 장화리 일대에도 넓지는 않지만, 새롭게 간척지가 조성되었다는 것을 알 수 있다.

▌그림 16▐ 1895년경의 강화도 남부(구한말 한반도 지형도)

---

103) 현재는 곶창뫼라 부른다.

**┃그림 17┃** 1916년경 강화도 남부(일제시대 1:50,000지형도)

〈그림 18〉과 〈그림 19〉는 각각 1974년과 1986년에 조사·편집된 1:50,000지형도이다. 먼저 1974년의 지형도를 보면, 1916년에 비해 바다 쪽의 방조제가 훨씬 튼튼하게 직선형으로 개축되었고, 가릉평과 선두평을 동서남북으로 가로지르는 도로들이 개설된 것을 볼 수 있다. 또한 들판 안에 위치한 마을들의 규모가 증가하였으며, 소하천의 범람을 막기 위해 곳곳에 제방을 쌓았다는 사실도 확인할 수 있다. 선두평에는 관개를 위한 소류지도 2~3군데 축조되었다. 그리고 화도면 흥왕리와 여차리, 길상면의 선두리 쪽의 갯벌에 동서로 방조제가 새롭게 건설되었다.

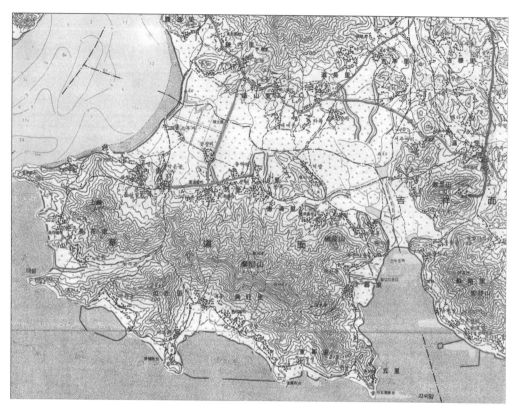

**▌그림 18▐** 1974년경의 강화도 남부(1:50,000지형도)

　〈그림 18〉과 〈그림 19〉의 시간적 차이는 12년 정도에 불과하지만, 기존의 농경지 이용과 새로운 간척사업에 있어 커다란 변화가 있었다. 가릉평 쪽에서는 일부 농경지에 대한 경지정리사업이 이루어졌고, 바다 쪽으로 남북으로 길게 새로운 방조제가 건설되었다. 더 큰 변화는 선두평 쪽에서 일어났는데, 선두포언104) 바깥으로 대규모의 간척사업이 이루어져 농경지가 남쪽으로 사기리를 지나 분오리까지 확장되었다. 이 간척지는 경지정리도 잘 되어 있어 간척사업에 많은 노력과 경비가 소요되었을 것으로 생각된다. 간척사업은 흥왕

---

104) 지도에는 선두포뚝이라 표기되어 있다.

리·여차리 쪽에서도 활발하게 진행되었다. 1974년 지도에서 확인하였던 방조제를 경계로, 그 안쪽의 갯벌이 모두 간척되었다. 그 가운데 흥왕리 쪽은 간척지를 전부 논으로 이용하고 있고, 여차리 쪽은 대부분 습지로 남아 있다. 한편 여기에서 제시하지 않았으나, 2005년에 수정된 1:50,000지형도를 살펴보면, 1986년부터 2005년 사이에는 토지이용에 큰 변화가 없는 것으로 나타났다. 따라서 강화도에서 간척사업이 꾸준히 진행되어 논 면적이 최성기에 달한 것은 1980년대로 추정할 수 있다.

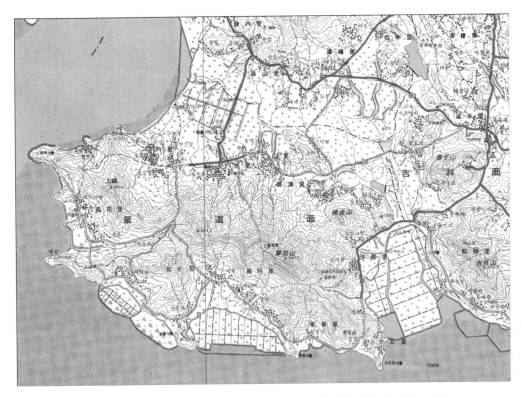

┃그림 19┃ 1986년경의 강화도 남부(1:50,000지형도)

이상과 같이 조선시대 지리지와 고지도 그리고 근대 및 현대지도를 통해 강화도 남부의 간척이 어느 시기에 어떤 규모로 이루어졌는지를 확인할 수 있었으며, 구체적인 토지이용의 변화상도 추적할 수 있었다. 이러한 내용은 지리정보시스템(GIS), 가상현실기술 등 각종 정보기술을 활용하여 디지털콘텐츠로도 쉽게 재구성할 수 있을 것이다.

## (2) 경관과 문화현상의 분포 복원

지도는 사라진 과거의 경관을 복원하는 데도 기초자료로 활용된다. 앞에서 살펴본 〈그림 6〉의 전주지도, 〈그림 7〉의 행궁도 등은 조선 후기 전주의 경관을 복원하거나 강화행궁을 재건하는 데 기초 자료가 된다. 고지도를 이용하여 당시의 경관을 복원하는 예는 기존의 지리학 연구에서도 많이 찾아 볼 수 있다. 〈그림 20〉은 조선시대 도성 내의 주요 교량들을 복원한 것인데, 이 작업의 기초 자료로 사용된 것은 〈그림 21〉의 『도성삼군문분계지도』라는 고지도이다.[105]

---

105) 이현군, 「조선시대 한성부 도시구조」, 서울대학교 박사학위논문(2004), 78쪽.

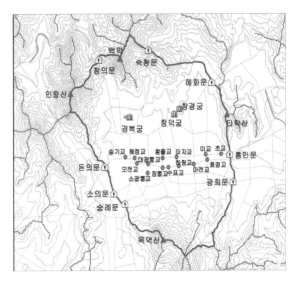

┃그림 20┃  서울 도성안의 주요 교량

자료: 이현군, 「조선시대 한성부 도시구조」, 서울대학교 박사학위논문(2004), 78쪽.

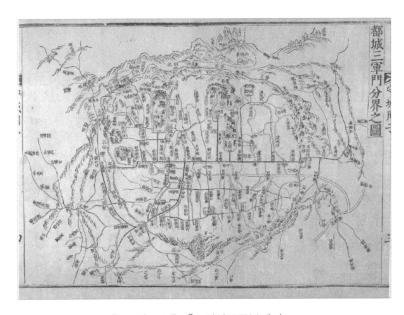

┃그림 21┃  『도성삼군문분계지도』

자료: 이찬·양보경, 『서울의 옛지도』(서울학연구소, 1995), 17쪽

앞에서 언급한 바와 같이, 김정호의 『대동여지도』는 조선시대 교통로를 상세하게 기록하고 있는데, 이를 이용하여 당시 경기 지방의 교통로를 복원한 것이 〈그림 22〉이다. 주요 교통로들이 서울을 중심으로 수렴되고 있으며, 간선교통로에서 지선교통로들이 분기하여 각 지방을 이어주고 있음을 알 수 있다.

여기에 김정호가 편찬한 지리지인 『대동지지』에 기록되어 있는 당시 정기시장인 장시(場市)의 분포를 겹쳐 표시하니, 〈그림 23〉과 같은 지도를 얻을 수 있었다. 이 지도를 통해, 장시의 분포가 육상 및 수상교통로와 밀접한 관계가 있음을 한 눈에 확인할 수 있다. 이와 같이 지도를 적절히 활용하면, 글로 설명하기 쉽지 않은 시장과 교통로와 관계를 독자들에게 쉽게 이해시킬 수 있다.

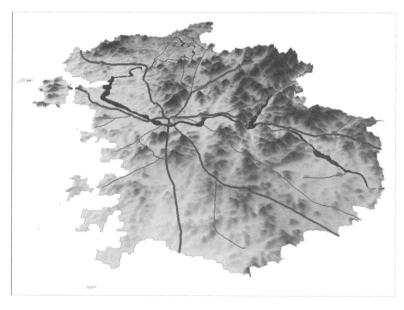

┃그림 22┃ 『대동지지』, 『대동여지도』를 이용한 조선시대 경기도의 교통로 복원

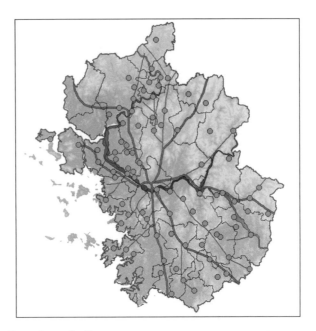

**▌그림 23 ▌** 『대동지지』에 기재된 경기도 장시와 교통로

### (3) 고지도 디지털아카이브의 구축

지금까지 살펴 본 바와 같이 지도는 지역문화 연구의 기초자료이자 콘텐츠 개발의 중요한 소재이다. 이러한 지도의 활용성을 높이기 위해서는 지도에 대한 보다 체계적이고 종합적인 수집·정리와 이의 디지털화 작업이 필요하다. 특히 고지도의 경우에는 각 기관에 산재되어 있는 고지도를 유형별로 분류하여 디지털아카이브로 구축해야 한다. 전국지도는 전국지도끼리, 군현지도는 군현지도끼리 모두 한 곳에 모음으로써 시계열적인 비교연구가 가능해질 것이며, 도별도, 군현지도 등과 같이 동일한 지역을 그린 지도를 모두 수집하여 시기별·유형별로 정리함으로써 특정 지역의 변화상을 추적하는 가장 중요한 자료로 활용할 수 있다.

또한 고지도 디지털아카이브는 그 자체로도 중요한 지역문화 콘텐츠이다. 학술적인 측면뿐 아니라 교육자료로서, 문화산업의 중간재로서 널리 활용될 수 있으며, 하나의 작은 박물관으로 기능할 수도 있다. 이 때문에 미국 등에서는 고지도 디지털아카이브를 구축하려는 노력이 지속적으로 이루어져 왔는데, 그 대표적인 예로 미국의 지도학자 David Rumsey가 수집한 13,000장의 고지도를 웹으로 보여주는 'David Rumsey Historical Map Collection', 스탠포드대학교에서 구축한 'Maps of Africa', 'Geological survey', U. C. 버클리대학교의 동아시아도서관(East Asian Library)에서 구축·운영하는 'Japanese Historical Maps' 등을 들 수 있다. 이 가운데 'David Rumsey Historical Map Collection', 'Maps of Africa' 등은 스캔한 고지도의 이미지를 지역별, 시기별로 정리하여 서비스하는 것으로, 〈표 1〉의 우리나라 주요 기관에서 이루어지고 있는 고지도 웹서비스와 비교하면, 많은 양의 지도를 보다 체계적으로 정리하여 서비스한다는 장점은 있으나, 내용면에서는 크게 다를 바가 없다.

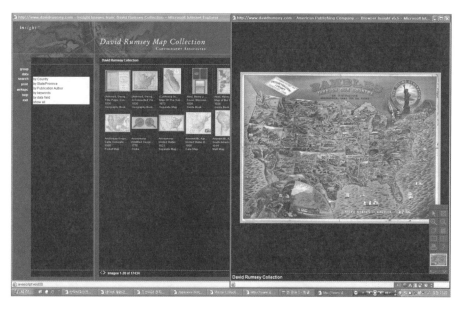

▌그림 24▐ 'David Rumsey Historical Map Collection': 국가, 지역, 제작자
등을 통해 고지도의 검색이 가능함.

그러나 'Japanese Historical Maps'는 좀 더 차별화된 서비스를 제공한다.106) 이 디지털아카이브는 〈그림 25〉의 위의 사진과 같이 디지털화된 고지도들을 포함하고 있는 일본 대도시의 위성영상을 제공하며, 위성영상에서 특정 지역을 지정하면, 아래 그림과 같이 그 지역을 그린 고지도들을 볼 수 있도록 설계되어 있다. 고지도에 좌표정보를 부여하여, 이용자가 동일한 지역을 표현한 여러 장의 발행시기가 다른 지도를 겹쳐 볼 수 있도록 하는 기능을 구현한 것이다. 우리나라에서도 지역별로 수집된 고지도를 지리정보시스템(GIS)의 기법들을 활용해 가공하면 이러한 서비스를 충분히 실현할 수 있을 것이다.

일본에서도 고지도를 디지털화하여 서비스하는 시도들이 계속되고 있다. 〈그림 26〉은 우리나라의 국토지리정보원과 같은 역할을 하는 국가기관인 일본 국토지리원에서 운영하는 '고지도 컬렉션'이다. 국토지리원에서 수집, 보관하고 있는 고지도들을 간략한 서지정보와 함께 인터넷으로 열람할 수 있는 서비스이다.107) 이 밖에 도서관이나 박물관에서 소장하고 있는 고지도를 디지털화하여 서비스하는 경우도 있는데, 〈그림 27〉은 기후(岐阜)현 도서관 세계분포도센터에서 운영하고 있는 '고지도의 세계'라는 사이트의 모습이다.108) 이곳에서는 고지도를 일본전도, 현지도 등으로 분류하여, 그 사진을 서지사항, 해설과 함께 제공하고 있다.

---

106) http://www.davidrumsey.com/japan/
107) http://www.gsi.go.jp/MAP/KOTIZU/kotizu-0
108) http://www.library.pref.gifu.jp/map/kochizu

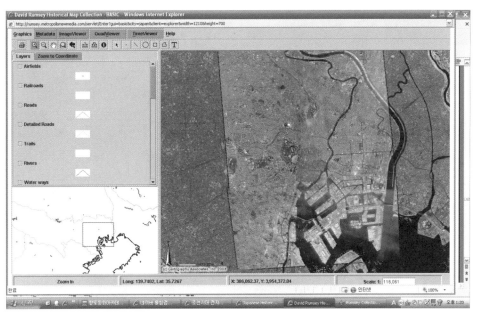

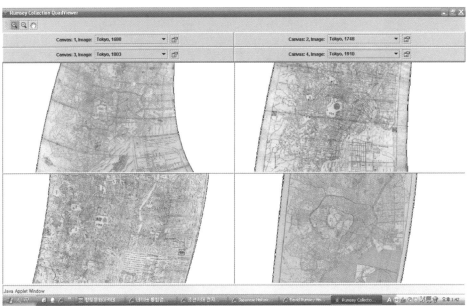

**그림 25** 'Japanese Historical Maps'의 검색화면(위)과 시기별 고지도
구현 화면(아래): 위의 위성영상에 표시된 지역을 그린 네 시기의
고지도를 한 화면에서 비교할 수 있음.

■그림 26■ 일본 국토지리원의 '고지도 컬렉션' 초기화면

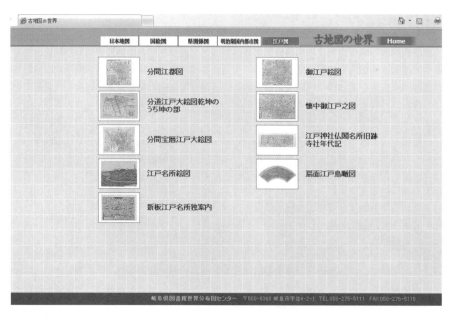

■그림 27■ 기후현 도서관에서 운영하는 '고지도의 세계' 사이트

일본의 경우에는 고지도에 관심을 가진 개인이 제작한 고지도 관련 디지털 콘텐츠도 적지 않다. 그 일례로, 〈그림 25〉는 각 시기별 지형도를 수집하여 시간 흐름에 따른 한 지역의 변화상을 쉽게 이해할 수 있도록 만든 사이트이다.[109] 화면 우측에 있는 각각의 연도 아이콘을 클릭하면 좌측의 지도화면이 그 시기에 제작된 지형도로 바뀌어 시기별 변화상을 확인할 수 있도록 구현하였다. 〈그림 28〉에 나타난 지바(千葉)현 우라야스(浦安)시는 바다를 매립하여 도쿄디즈니랜드를 비롯하여 각종 시설물을 지은 곳이다. 1917년, 1966년, 1970년, 1985년, 1998년 등 다섯 시기에 제작된 지형도를 비교하여 이 지역의 토지이용 변화를 한 눈에 살펴볼 수 있게 구성되어 있다.

지금까지 살펴본 미국, 일본의 고지도를 활용한 디지털 아카이브 또는 디지털콘텐츠는 풍부한 고지도를 보유하고 있는 우리나라에서도 얼마든지 제작이 가능하다. 고지도를 활용한 다양한 디지털콘텐츠의 제작이 기대된다.

---

109) http://www.interq.or.jp/mars/omr/

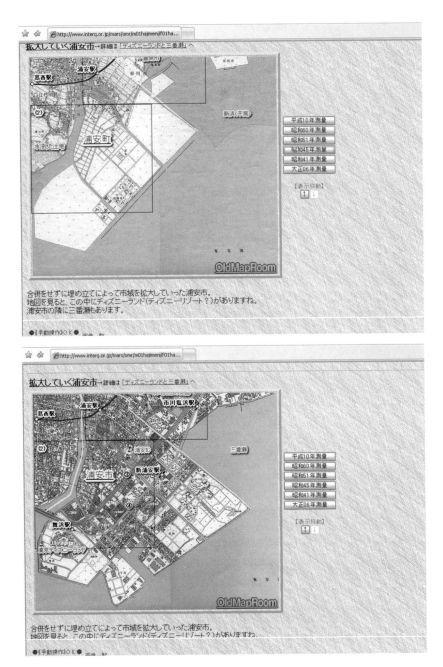

**▌그림 28 ▌** 개인이 운영하는 일본의 시기별 지형도 비교 사이트: 하나의 화면에서
다섯 시기의 지형도를 볼 수 있도록 구현하였음.

▌ 지도류 ▌

강화군, 『강화의 옛지도』, 2003.

건설부 국토지리원, 『한국고지도목록』, 1979.

경기도, 『경기도의 옛지도』, 2005.

_____, 『경기도의 근현대 지도』, 2005.

국립중앙도서관, 『해동여지도』, 2006.

국립중앙박물관, 『동여』, 2006.

국사편찬위원회, 『한국고지도목록 DB』, 1995.

규장각, 『규장각 고지도 목록』, 1993.

_____, 『규장각 고지도해제(Ⅰ)』, 1993.

_____, 『고지도와 고서로 본 서울』, 1994.

_____, 『해동지도』, 1995.

_____, 『조선후기 지방지도』, 1996~2002.

_____, 『동여도』, 2003.

_____, 『조선전도』, 2004.

_____, 『조선지도』, 2005.

당진군, 『당진의 옛지도』, 1997.

범우사, 『한국의 고지도』, 1991.

_____, 『정도 600년 서울 지도』, 1994.

부산광역시 · 부산지리연구소(김기혁 저), 『부산의 고지도』, 2008.

부산지리연구소, 『부산 · 경남 시군별 고지도, 1~8』, 2004.

_____, 『대구 · 경북 시군별 고지도, 1~8』, 2005.

삼성출판사, 『서울의 고지도』, 1989.

서울역사박물관, 『서울-하늘 땅 사람』, 2002.

_____, 『도성대지도』, 2004.

_____, 『이찬 기증 우리 옛지도』, 2005.

서울대학교 도서관, 『규장각 도서 한국본 종합목록』, 1981.

성지문화사, 『구한말한반도지형도』, 1997.

수원시, 『수원의 옛지도』, 2002.

영남대학교 박물관, 『한국의 옛지도』, 1998.

서울학연구소, 『서울의 옛 지도』, 1995.

장서각, 『장서각 도서 한국본 해제집-지리류(Ⅰ)』, 한국정신문화연구원, 1993.

_____, 『한국학 자료총서Ⅱ』, 한국정신문화연구원, 1994.

_____, 『장서각 도서해제Ⅰ』, 한국정신문화연구원, 1995.

_____, 『장서각 도서 한국본 해제집-지리류(Ⅱ)』, 한국학중앙연구원, 2005.

_____, 『조선왕실의 행사 그림과 옛지도』, 한국학중앙연구원, 2005.

_____, 『장서각도서 한국본 해제집-지리류(Ⅲ)』, 한국학중앙연구원, 2006.

제주도 민속자연사박물관, 『제주의 옛 지도』, 1996.

한국도서관학연구회, 『한국고지도』, 1977.

향토문화진흥원, 『전남의 옛지도』, 1994.


▌논저▐

권동희, 『지형도 읽기』, 한울, 1998.

김기혁, 「지역연구 자료로서의 부산 지역 고지도 기초 연구」, 『부산지리』 9, 부산대학교, 2000, 23~49쪽.

김기혁, 「마테오 릿치의 곤여만국전도 연구(I)」. 『지리학논총』 45, 서울대학교, 2005, 141~164쪽.

김기혁 외, 「조선후기 군현지도의 유형연구: 동래부를 사례로」, 『대한지리학회지』 40(1), 2005, 1~26 쪽.

김기혁, 「우리나라 도서관, 박물관 소장 고지도의 유형 및 관리 실태 연구」, 『대한지리학회지』 41(6), 2006, 714~739쪽.

_____, 「우리나라 고지도의 연구 동향과 과제」, 『한국지역지리학회지』 13(3), 2007, 301~320쪽.

_____, 「지역문화 연구 자료로서 고지도 및 지리지: 조선후기 군현지도를 중심으로」, 『정신문화연구』 30(3), 2007, 119~142쪽.

김두일, 「대동여지도의 도법에 관한 연구」, 『지리학』 29(1), 1994, 39~45쪽.

남영우, 「일제 참모본부 간첩대에 의한 병요조선지지 및 한국근대지도의 작성과정」, 『문화역사지리』 4, 1992, 77~96쪽.

노정식, 「한국고지도의 지리학적 연구」, 경희대학교 석사학위논문, 1978.

노희방, 「여지도서에 게재된 읍지도에 관한 연구」, 『지리학과 지리교육』 10, 1980, 1~17쪽.

박선영, 「장서각 소장 한국 근대지형도 고찰」, 성신여자대학교 석사학위논문, 2006.

방동인, 『한국의 지도』, 세종대왕기념사업회, 1974.

_____, 『한국지도의 역사』, 신구문화사, 2001.

배우성, 「영조대 군현지도집의 편찬과 활용」, 『한국학보』 81, 일지사, 1995, 154~187쪽.

_____, 「18세기 관찬지도 제작과 지리인식」, 서울대학교 박사학위논문, 1996.

_____, 「대동여지도 연구의 쟁점과 과제」, 『한국과학사학회지』 28(1), 2006, 117~138쪽.

안휘준, 「한국의 고지도와 회화」, 『문화역사지리』 7, 1995, 47~53쪽.

양보경, 「고산자 지지의 현대적 평가」, 『지리학』 44, 1991, 164~181쪽.

_____, 「목판본 〈동국지도〉의 편찬 시기와 의의」, 『규장각』 14, 1991, 1~28쪽.

_____, 「18세기 비변사지도의 고찰: 규장각 소장 도별 군현지도집을 중심으로」, 『규장각』 15, 1992, 93~124쪽.

_____, 「조선후기 군현지도의 발달」, 『문화역사지리』 7, 1995, 55~63쪽.

_____, 「전통지리학 연구와 전망」, 『한국의 학술연구』, 인문사회과학편 제3집, 대한민국학술원, 2002, 17~58쪽.

오상학, 「정상기의 〈동국지도〉에 관한 연구: 제작과정과 사본들의 계보를 중심으로」, 『지리학논총』 24, 1994, 133~155쪽.

_____, 「조선시대의 세계지도와 세계 인식」, 서울대학교 박사학위논문, 2001.

_____, 「조선시대 표현된 울릉도 독도 인식의 변화」, 『문화역사지리』 18(1), 2006, 78~101쪽.

원경렬, 「대동여지도의 연구」, 건국대학교 박사학위논문, 1989.

_____, 「조선후기 지도제작기술 및 형태에 관한 연구」, 『국사관논총』 76, 국사편찬위원회, 1997, 113~148쪽.

이기봉, 「김정호의 〈청구도〉 제작 과정과 지도적 특징에 관한 연구」, 『대한지리학회지』 39(3), 2004, 473~493쪽.

이  찬, 「한국지리학사」, 『한국문화사대계 3』, 고대민족문화연구소, 1970.

_____, 「한국 고지도의 발달」, 『한국고지도』, 한국도서관연구회, 1977.

_____, 「동람도의 특성과 지도발달사에서의 위치」, 『진단학보』 46·47호, 1979, 44~51쪽.

_____, 「조선시대의 지도책」, 『한국의 전통지리사상』, 민음사, 1991, 87~119쪽.

이상태, 「고산자 김정호와 〈동여도〉」, 『대동여지도의 독도』, 광우당, 1990.

_____, 「고지도를 이용한 18~19세기 서울 모습의 재현」, 『서울학연구』 11, 서울학연구소, 1998.

_____, 『한국고지도 발달사』, 혜안, 1999.

이태진, 「동국여지승람 편찬의 역사적 성격」, 『진단학보』 46·47호, 1979, 252~258쪽.

이희연, 『지도학』, 법문사, 1996.

이현군, 「조선시대 한성부 도시구조」, 서울대학교 박사학위논문, 2004.

장상훈, 「조선 후기 대축척 조선지도의 발달과 〈동여〉」, 『〈동여〉해설집』, 국립중앙박물관, 2006, 23~40쪽.

최영준, 「조선후기 지리학 발달의 배경과 연구전통」, 『문화역사지리』 4, 1992, 53~75쪽.

_____, 『국토와 민족생활사』, 한길사, 1997.

한균형, 『지도학원론』, 민음사, 1996.

한영우, 「고지도 제작의 역사적 배경」, 『문화역사지리』 7, 1995, 39~45쪽.

홍시환, 『지도의 역사』, 전파과학사, 1976.

# 2편

# 현장조사의 방법과 실제

1. 디지털 마을지 콘텐츠 제작 방안

2. 디지털 마을지 시청각 자료의 수집과 기록

# 1. 디지털 마을지 콘텐츠 제작 방안

## 1) 한국의 '마을', 동(洞)·리(里)로 들어가기

'마을'을 하나의 조사 단위로 하여 주민들의 문화를 연구하는 방법은 근대 이후 전 세계적으로 매우 보편적인 경향으로 이해되어왔다. 이 점은 인문사회과학 전반에서 마을을 '인류생활의 근거가 되는 취락의 한 유형'으로 이해했기 때문이다. 특히 근대 이후 도시가 본격적으로 형성되면서 마을은 도시에 대응하여 농업·임업·어업·목축업 등 1차 산업에 의해서 생활하는 지역사회를 가리키는 경향도 있다. 그래서 영어로 village, 중국어로 촌(村), 일본어로 무라(村), 한국어로 마을은 모두 도시가 아닌 시골이라는 이미지가 강하다. 이로 인해서 '마을을 조사·연구한다'고 할 때 그 '마을'은 자연마을 – 혹은 자연부락 – 을 전제하는 경우가 많다.

그러나 『한국향토문화전자대전』의 디지털 마을지에서 설정하는 '마을'은 도시와 농·어촌을 통틀어서 주민들이 지역사회를 형성하는 가장 기본적인 공간인 행정동(行政洞)·행정리(行政里)를 대상으로 한다. 주지하듯이, 행정동·행정리는 실제로 동사무소·리사무소가 주민의 인구 수를 근거로 하여 행정업무를 관할하는 기본 단위이다. 아울러 본 작업의 명칭을 디지털 마을지로 정한 이유는 독자와의 만남이 인터넷을 통해서 이루어지기 때문에 콘텐츠의 서술 및 편찬 방식이 기존의 책과는 다르다는 점을 강조하기 위해서다.

사실 행정동·행정리는 일제시대에 행정적인 편의에 근거하여 설정된 제도이다. 그러나 100년 가까운 세월동안 행정동·행정리가 한국의 가장 기본적인 행정 단위로 운영되어 왔기 때문에 문화적으로 그 영향력은 1970년대 이후 변화가 많은 자연마을과는 다르다. 보통 오래된 문화적 '전통'을 파악하기 위해서는 '자연마을'을 연구의 기본 단위로 설정해야 한다는 인식이 강하다.

그러나 사람들이 현재에도 삶을 운영하고 있는 '장소'라는 의미에서의 '마을'로 적합한 자연마을은 현재 급격하게 소멸되어 가는 중이다. 아울러 행정적인 공식 문서에서 사용하는 법정동(法定洞)이란 단위도 있지만, 이 경우 인구의 다수를 구분하기 어렵다. 디지털 마을지는 주민들의 '현재적' 삶을 디지털콘텐츠로 만드는 데 목표를 두고 있다. '일반항목'이 상당히 보편적인 지역문화의 콘텐츠를 담는다면, '마을항목'은 그 보다 생생한 주민들의 개별적인 이야기를 콘텐츠로 담아야 한다. 이 점에 비추어 보아도, 법정동이나 자연마을을 이 작업의 대상 공간으로 삼기는 어렵다.

그렇다면 행정동·행정리를 기본 단위로 하는 디지털 마을지는 어떤 독자를 대상으로 작업이 이루어져야 하는가? 지난 10여 년 사이에 한국에서는 각종의 시·군지·향토지·마을지·민속지 등의 이름으로 마을을 대상으로 한 조사·연구가 행해졌고, 그 결과물이 출판되었다. 그런데 그 각각은 독자와의 상호관계에서 보면 약간씩 다른 경향을 보인다.

먼저 시·군지의 경우를 살펴보자. 시와 군에서 주관하는 시·군지는 행정 단위의 입장에서 일정 기간 시와 군의 변화상을 책자로 정리하고, 주민들과 초·중등학교 학생들에게 자신이 거주하는 시·군의 역사·문화·산업 등에 대해 체계적인 이해를 도모하는 데 목적을 두었다. 이에 비해 향토지는 주로 지역 문화원에서 주관하여 편찬하였는데, 해당 고장에서 자랑하고 싶은 이야기를 정리하고, '관혼상제'와 같은 각종 유교적 덕목을 실천하는 것을 권장하는 데 목적을 두고 편찬되었다.

시·군지와 향토지가 주로 지역 홍보와 교육용으로 만들어졌다면, 마을지 혹은 민속지는 해당 지역에서 삶을 영위하는 주민들의 삶을 '종합적'으로 살피는 데 목적을 두었다. 가령 하나의 마을을 대상으로 마을지를 편찬할 경우, 역사·인구·사회조직·생업경제·의식주·종교신앙·세시풍속·통과의례·전설설화·민속놀이 등으로 소주제를 나누고 각 분야를 한 사람 혹은 분야 전문가 여러 명이 나누어서 조사·연구를 하여 그 결과물을 만들었다. 광역시나도를 대상으로 할 경우에도 각 분야마다 임의로 대상 마을을 선정하여 정보제공자를 통해서 해당 항목의 내용을 조사·연구하였다.

그런데 이와 같은 작업의 결과물을 분석해 보면, 여전히 대상으로 하는 지역을 조사·연구의 단위로 하여 가능한 표준화된 내용을 서술하는 경향이 강하다. 이 점은 근대 이후 국민국가를 형성하면서 중앙정부가 '하나의 국민'이 지닌 '문화적 전통'을 표준화하려고 수행한 '민속종합조사' 혹은 '지역문화 전수(全數) 조사'의 목표와 일치하는 문제점을 드러낸다. 비록 콘텐츠 안에는 주민들의 실제 이름이나 그들이 말하거나 직접 행한 행위가 서술되어 있지만, 정보제공자가 제공한 정보를 주민 전체의 경향인 것처럼 서술하는 경향도 강하다. 그렇지 않으면 아주 특이한 사례를 발견하여 '잔존문화'로 이해하려는 입장도 존재한다.

과연 가장 학술적인 마을지 혹은 민속지를 서술하는 방법은 무엇인지에 대해서는 이 글에서 구체적으로 언급할 것은 아니다. 다만, 앞에서도 밝혔듯이, 디지털 마을지의 경우, '현재'라는 시점을 기준으로 행정동·행정리라는 공간과 장소에서 운영되는 주민들의 삶을 소개하는 데 목적이 있기 때문에 앞에서 소개한 기존의 서술방식과는 달라야 한다는 점을 강조하고 싶다. 하지만 시·군지나 민속지 등에서 나타난 문제점을 극복하고, 주민 개인과 마을 전체를 연계시키는 작업을 하기는 매우 어렵다.

그래서 디지털 마을지에서는 그 내용을 크게 두 가지로 나누었다. 하나는 행정동·행정리 전체의 표준화되고 통계화된 자료를 정리하는 마을 전체 현황에 대해 소개하는 '마을 이야기'부분이다. 다만 기존의 작업과 다른 점은 축적에 의한 지도가 아닌 현장감이 살아있는 그림지도, 다양한 장면을 담아낸 사진 등을 통해서 독자들이 원고를 읽으면서 현장감을 느낄 수 있도록 해 준다거나, 마을에서 실제로 행하고 있는 각종 행사의 내용과 각종 조직의 활동 그리고 임원진의 이름 등을 구체적으로 제시한다는 점이 다르다.

다른 하나는 해당 마을마다 '토박이 이야기'이다. 여기에서 토박이는 적어도 해당 마을에서 어린 시절부터 지금까지 살고 있는 사람을 가리킨다. 토박이 남녀 각 1명씩을 정보제공자로 선정하여 그들이 마을에서 살아온 이야기를 개인사와 연결하여 조사·연구한다. 토박이 이야기 속에는 구체적인 사람이 실제로 행했던 과거의 각종 가정 대소사(大小事)와 직업, 자녀양육 그리고 현재의 생활 전반에 걸친 이야기를 담아낸다. 이를 통해서 '마을 이야기'에서 부족했던 에피소드와 주민 두 사람의 구체적인 삶을 보여줄 수 있다.

또 디지털 마을지가 기존의 시·군지, 향토지, 민속지 등과 다른 점은 원고의 형태가 책에 들어가듯이 하나의 이야기가 길게 혹은 아주 간단하게 묘사되지 않는다는 점이다. 디지털 마을지의 원고는 여러 개의 소주제가 연결된 형태로 이루어진다. 왜냐하면 하나의 소주제에 해당하는 원고가 가능하면 컴퓨터 화면에서 전체를 볼 수 있도록 해 주는 것이 효과적이기 때문이다. 따라서 텍스트는 가능하면 이야기처럼 서술해야 한다. 아울러 소주제의 텍스트를 읽으면서 도움이 될 수 있는 사진 혹은 동영상 혹은 그림 자료 혹은 소리녹음이 들어가 있도록 미리 스토리를 구상하는 것이 좋다. 이를 위해서 작업자는 현지조사에 임하면서 전체 콘텐츠의 '스토리 보드'를 가상으로 설정해야 하며, 현지조사 작업이 진행될 때마다 '스토리 보드'를 수정·보완하여 완성도를 높여야 한다.

결국 디지털 마을지는 작업자가 마을과 토박이 이야기를 가장 잘 이해한 상태에서 스스로 재구성하여 독자들이 인터넷 환경에서 자신의 글과 시각자료를 보고, 한 번 그 마을에 나도 가고 싶다는 욕구를 일으키도록 만들어야 한다. 따라서 현지조사작업에서부터 초고와 시각자료 제작 그리고 완성에 이르기까지 독자들에게 무엇으로 호기심을 불러일으킬 것인지를 계속 고민해야 한다. 왕왕 향토지 혹은 민속지는 '객관적인 사실'을 서술해야 한다고 믿는 연구자들이 많다. 물론 허위 사실을 조사한 내용이라고 쓸 수는 없다. 다만, "어떤 사실도 객관적일 수 없다."는 점에서 연구자가 이해한 내용은 상당히 주관적일 가능성이 많다. 결국 디지털 마을지는 작업자가 충분히 이해한 내용을 중심으로 서술된다는 점이 중요하다.

　다음은 디지털 마을지 제작 과정을 근간으로 하여 작업 방법에 대해서 적은 글이다. 본문 전체는 총 7개의 주제로 구성된다. 7개의 주제는 마을선정에서 부터 시작하여 콘텐츠를 최종 제작·완료하기까지의 작업 단계별로 서술된다. 특히 매 주제 옆에 소요되는 시간을 주별로 적어두었다. 보통 공모에 응모하기 위해서 해당 시·군·구의 디지털 마을지 대상 지역을 예비로 선정한 상태에서 기획서를 작성한다. 하지만 본 작업에서는 다시 마을 선정을 할 필요가 있기 때문에 이 작업부터 시작하는 것으로 하였다.

　실제 작업기간은 계약에 따라 달라지지만, 최소 작업기간으로 필자는 20주를 잡았다. 그러나 20주는 마을 하나를 대상으로 하여 설정한 시간에 지나지 않는다. 만약 조사·연구대상 마을이 2개가 되면 40주를 설정해야 한다. 하지만 각 마을에 각기 다른 작업자가 투입될 경우, 기간은 최소 15주로 잡으면 기본 작업은 이루어질 수 있다. 아울러 1주일에 며칠을 마을에 들어가서 현지 조사작업을 할 것인가에 대한 판단은 작업의 숙련도와 정보 입수의 수월성에 따라 달라지기 마련이다. 비록 이러한 작업 안내도가 있어도 디지털 마을지의 높은 수준은 작업에 임하는 작업자의 능력과 노력에 달려 있음은 부정할 수 없다.

## 2) 마을 이야기 콘텐츠 제작

### (1) 동(洞)·리(里)의 마을 선정과 가상 스토리 구성하기 : 1~2주

　『한국향토문화전자대전』의 해당 시·군·구가 정해지면, 디지털 마을지에 대한 작업에 들어간다. 마을을 몇 개 선정할 것인가에 대한 판단은 당연히 예산과 맞물려 있다. 예산에 따라서 선정할 수 있는 마을의 숫자가 정해질 수밖에 없다. 하지만 예산에 맞추어 최소한 한 시·군·구에 2개 이상의 마을을 선정해야 한다. 왜냐하면 2개 이상이 안 될 경우에는 별도로 디지털 마을지를 구성하기 어렵기 때문이다. 그러나 예산이 충분하다고 해서 11개 이상의 마을을 선정하여 조사에 임하는 것도 위험하다. 가능하면 매뉴얼에 근거하여 자체적으로 디지털 마을지를 구성할 수 있는 능력을 초보단계에서 확보하는 것이 더 좋다. 디지털 마을지는 해당 지역의 『한국향토문화전자대전』이 서비스된 이후에도 계속해서 추가할 수 있다는 장점도 있다.

가. 마을 선정을 위한 예비조사

해당 시·군·구에서 어떤 마을을 선정할 것인가에 대해서 예비조사를 하는 단계이다. 이를 위해서는 다음과 같은 작업을 실시한다.

시·군·구 내의 도회지(읍·면소재지)와 농·어촌을 포함하여 모든 '행정동'을 기준으로 '행정동 마을 목록표'를 아래와 같이 작성한다.

표 1  ○○시·군 행정동 마을 목록표

| 번호 | 행정동명 | 설촌역사 | 인구<br>(남녀/연령) | 마을성격 | 문화유적 | 민속행사 | 학교 | 선정<br>순위 |
|---|---|---|---|---|---|---|---|---|
|  |  |  |  |  |  |  |  |  |

표 2  예시 : 제주시 납읍리의 경우

| 번호 | 행정동명 | 설촌역사 | 인구<br>(남녀/연령) | 마을성격 | 문화유적 | 민속행사 | 학교 | 선정<br>순위 |
|---|---|---|---|---|---|---|---|---|
| 1 | 제주시<br>납읍리 | 1330년경 | 1300여 명<br>5개 성씨 70% | 중산간<br>감귤생산 | 포제단 | 포제 | 납읍초<br>납읍교살<br>리기운동 | 1 |

이 목록표를 작성하기 위해서는 먼저 기왕에 출판된 시·군지, 향토지, 민속지, 통계연보, 행정자료, 보고서, 논문, 인터넷지식포탈, 국가전자도서관 등

의 문헌자료를 찾는 작업이 필요하다. 아울러 해당 시·군·구의 문화적 사정을 잘 알고 있는 지역 전문가, 지역 문화원, 문화담당 공무원 등과의 면담을 통해서 선정 순위를 정하는 데 참고로 삼아야 한다. 대상 마을로 선정되기 위해서는 다음과 같은 최소한 기준을 충족시키는 곳이어야 한다.

㉠ 호수 : 호수가 최소한 30호 이상이 되어야 한다. 이 경우 실제 거주하는 호수를 기준으로 한다. 다만, 시·군·구에 따라 이 조건에 해당되지 않는 특수한 마을이 있을 경우 예외로 한다.

㉡ 집성촌 : 전근대 시기부터 형성된 마을을 우선으로 선정한다. 특히 문중의 제각과 사당 과 같은 시설, 전통적인 살림집이 1채 이상 존재하는 마을을 우선으로 한다.

㉢ 시가지 마을 : 시가지 마을이 형성된 읍·면 소재지의 마을도 선정 대상이 된다. 특히 재래시장·오일장·식당·주거지가 혼합해서 형성된 마을을 우선순위에 둔다.

㉣ 특산물 마을 : 지역 특산물로 유명한 마을은 선정 대상에서 우선순위에 둔다. 특히 마을 사람들이 집중적으로 특산물을 생산하고 있는 경우와 기술을 지닌 장인이 실제 작업을 하고 있는 마을을 우선 선정한다. 단, 공장이 형성되어 특산물을 생산하지만, 마을이 형성되어 있지 않은 곳은 선정에서 제외한다.

㉤ 민속종교 마을 : 당산제·줄다리기·동제와 같은 민속종교가 지금도 행해지는 마을은 선정 대상에서 우선순위에 둔다. 다만, 몇 개 자연마을이 공동으로 민속행사를 시행할 경우 그들 마을을 통합해서 조사 대상 마을로 선정할 수도 있다.

㉥ 현대적 마을 : 1960년대 이후 문화주택·신도시·아파트촌 등으로 새로 개발된 마을도 선정할 수 있다. 다만, 해당 시·군·구의 형성에 지대한 영향을 끼친 경우에만 대상마을로 선정한다.

나. 마을 선정의 우선순위 결정 : 마을 주민들의 적극적인 협조와 이야기꾼
  존재 여부

작업할 대상 마을의 숫자보다 2배 정도의 마을을 위의 목록표 작성을 통해서 선정한 후, 마을에 직접 들어가서 예비조사를 실시한다. 간혹 문헌자료에서는 상당히 의미 있는 마을로 알려져 있지만, 조사 시점에 주민들이 분산되어 있다든지, 주민 내부의 갈등이 심한 경우, 본 조사에 들어가서 매우 어려운 작업이 이루어질 가능성이 많다. 디지털 마을지는 주민들이 스스로 자신의 마을을 자랑스럽게 생각하는 곳을 우선 선정하는 것이 좋다.

아울러 주민들이 이 작업에 대해서 얼마나 적극적으로 협조를 해 줄 수 있는가도 중요한 조건이다. 아무리 역사적 사건이나 민속행사가 풍부한 곳이라고 해도, 마을의 행정 부분 대표나 노인회·청년회·부인회 등의 조직 대표가 이 작업에 대해서 충분히 지지를 보내주지 않을 경우, 그 마을은 선정에서 제외해야 한다. 왜냐하면 주민들이 적극적으로 도와주지 않을 경우, 마을 내부 모습과 살림집 모습 등을 사진에 담기 어렵고, 필요한 자료에 대한 도움도 이루어지지 않기 때문이다. 이 작업은 작업자가 1년 이상 장기간 마을에서 체재하면서 조사·연구를 하는 민속학이나 인류학의 전문적인 현지조사가 아니기 때문에 더욱 그러하다.

마지막으로 마을 선정에서 중요한 조건 중 하나는 주민들 중에서 마을과 자신의 가족사에 대한 이야기를 잘 해 줄 수 있는 정보제공자가 있는가 하는 것이다. 간혹 마을은 매우 적당한데, 선정된 정보제공자가 너무 나이가 많거나 건강이 좋지 않아 이야기를 제대로 나눌 수 없다는 한계에 봉착하는 경우가 있다. 상당한 시간을 투여하여 정보제공자와 친숙해졌는데, 다른 이유로 실제 작업에서 인터뷰나 조사 협조가 안 되면 이 작업의 결과는 목표에 비해서 제대로 성과를 내지 못하게 되기 때문에 사전에 점검하여 선정 마을에서 제외해야 한다.

다. '마을 이야기 가상 스토리' 구성

마을 선정이 확정되면, 작업자는 '마을 이야기 가상 스토리'를 먼저 구성해야 한다. 가상 스토리를 구성하기 위해서는 선정 마을의 행정 대표나 노인 중에서 마을 사정을 잘 아는 사람, 혹은 마을의 초등학교 교사나 간부 중에서 마을 사정을 잘 아는 사람을 섭외하여 마을 전체를 걸어 다니며 이야기를 듣는 기회를 가져야 한다. 물론 이미 조사된 문헌자료도 가상 스토리를 구성하는 데 도움이 된다. 가능한 뽑을 수 있는 소제목을 많이 도출해 두는 것이 본 조사를 수월하게 할 수 있다.

이 '마을 이야기 가상 스토리'는 작업자가 본격적인 현지조사에서 만날 수 있는 여러 가지 변수들을 미리 예견하는 작업이기도 하다. 이미 작업자는 예비조사 단계에서 해당 마을에 대한 문헌자료와 주민들과의 만남을 통한 재미있는 정보를 획득한 상태이다. 이것을 근거로 가상 스토리를 구성한다. 이 가상 스토리는 직접적으로 디지털 마을지의 목차가 될 수 있는 점을 염두에 두면 좋다.

특히 가상 스토리 표를 만들면서 본 조사를 수행할 때 중점을 두어야 할 내용을 별도로 상세하게 표시해 두는 것이 효과적이다. 본 조사가 이루어질 때 더욱 흥미 있으면서 잘 알려지지 않은 내용을 도출해 낼 수 있다. 아울러 이 표를 근간으로 하여 본 조사가 진행되면서 발굴한 새로운 이야기를 추가하는 작업을 하면, 원고 작성과 마무리 단계에서 필요한 내용 구성을 보다 수월하게 완성하게 된다. 따라서 마을 선정이 이루어지면, 제일 먼저 '마을 이야기 가상 스토리 표'를 제작하여 계속 추가해 나가는 작업을 진행해야 한다.

표 3 마을이야기 가상 스토리 표

| 항목 | 소항목 | 간단한 소제목 | 본 조사 때 중점 |
|---|---|---|---|
| 마을<br>이야기 | 마을 역사 | | |
| | 자연경관의 특징 | | |
| | 지명유래 | | |
| | 전설 | | |
| | 인구구성 | | |
| | 주요 경제활동 | | |
| | 마을 내부 조직 | | |
| | 마을 행사 | | |
| | 마을 종교 | | |
| | 마을 명소 | | |
| | 마을 자랑거리 | | |
| | 특산물 | | |
| | 마을 주민 중 이야기꾼 특징 | | |
| | 해당 시·군·구 내에서의<br>이 마을의 문화적 특징 | | |

표 4  예시 : 제주시 납읍리의 경우

| 항목 | 소항목 | 간단한 소제목 | 본 조사 때 중점 |
|---|---|---|---|
| 마을<br>이야기 | 마을 역사 | - 1330년대에 마을 형성 시작<br>- 1801년에 이미 300호가 넘는 마을<br>- 지금의 도로·리사무소·살림집 개조<br>- 납읍 향토지 발간 | 1950년대 이후 이야기를 상세하게 조사 |
| | 자연경관의 특징 | - 중산간 | 다른 중산간과의 차이 조사 |
| | 지명유래 | - 곽남에서 납읍으로 | 다른 이야기도 조사 |
| | 전설 | - 인재가 나올 형국<br>- 인장유발지지<br>- 당릉<br>- 열희을 | 주민들이 알고 있는 내용인가 조사 |
| | 인구구성 | - 5개의 성씨가 70% 이상 | 그 이유를 조사 |
| | 주요 경제활동 | - 감귤농사<br>- 목축<br>- 일반 밭농사 | 일반 농사에서 전문농사로 변한 과정, 수입 변화는? |
| | 마을 내부 조직 | - 노인회, 부인회, 청년회<br>- 고연령자가 많아 노인회가 주도 | 각각의 활동 상세하게 조사 |
| | 마을 행사 | - 포제, 납읍초운동회 | 관련 사진, 최근 행사 내용 조사 |
| | 마을 종교 | - 송씨할망당, 유교식 제사, 개인사찰 | 가정의 유교식 제사 과정 조사 |
| | 마을 명소 | - 포단<br>- 금산공원<br>- 사장물 | 찾아가는 길을 자세하게 묘사 |
| | 마을 자랑거리 | - 금산공원<br>- 납읍출신 경찰공무원이 많음 | 그 이유를 구체적으로 조사 |
| | 특산물 | - 납주, 지금은 사라짐<br>- 흑돼지<br>- 감귤 | 납주는 재현 가능 여부, 구체적인 만드는 과정 조사 |
| | 마을 주민 중 이야기꾼 특징 | - 노인회장 마을 사정과 개인사 풍부<br>- 진사대소리 전문가, 여성의 삶을 구체적으로 묘사 가능 | 일상적인 이야기를 어떻게 재미있게 구성할 것인지 |
| | 해당 시·군·구 내에서 이 마을의 문화적 특징 | - 구북제주군에서 서쪽 중산간에 위치하고 있으며, 유교식 포제와 납읍초 살리기 운동 등을 펼칠 정도로 주민들의 단합이 강함 | 곽지해수욕장과 연계하여 특화시킬 필요성 제기 |

라. 마을 현지조사 작업 계획표 짜기

'마을 이야기 가상 스토리'가 마련되면 현지조사 대상 마을에 대한 어느 정도의 정보를 확보한 상태가 된다. 작업자는 이것을 기초로 하여 향후 일정표를 작성한다. 조사를 들어간 시점에 마을 행사, 개인사정, 기후 등의 원인으로 인해서 현지조사가 진행될 수 없는 기간도 있기 때문에 이것을 염두에 두고, 최종 보고서를 제출하는 시기까지 진행될 작업 내용을 염두에 두고 작업 일정표를 작성하는 것이 좋다. 다만 일정의 변동이 생길 것을 염두에 두고 작업 일정표는 탄력적으로 운영해야 한다.

표 5  디지털 마을지 작업 일정표

| 기간 | 스토리 대항목 | 작업내용 | 진행사항 확인 |
|---|---|---|---|
| 1~2주 | 마을선정/가상스토리 | | |
| 3주 | 그림지도/마을사진 | | |
| 4~5주 | 마을이야기 자료 수집 | | |
| 6~7주 | 마을이야기 콘텐츠 제작 | | |
| 8주 | 남/여 토박이 이야기꾼 선정 | | |
| 9~11주 | 남자 토박이 이야기꾼 인터뷰 | | |
| 12주 | 남자 토박이 이야기꾼 콘텐츠 제작 | | |
| 13~15주 | 여자 토박이 이야기꾼 인터뷰 | | |
| 16주 | 여자 토박이 이야기꾼 콘텐츠 제작 | | |
| 17~18주 | 전체 원고 편집/사진·그림지도·동영상·표 등 하이퍼링크 | | |
| 19주 | 동영상 보충 촬영, 사진/그림지도 보완 | | |
| 20주 | 최종 보고서 작성 | | |

디지털 마을지는 인터넷 웹사이트에서 서비스되는 자료의 특성을 지니고 있다. 웹사이트는 인쇄된 책과 달리 하이퍼링크의 구현, 텍스트와 비주얼(visual) 자료와의 링크 가능, 녹음된 음성이나 동영상을 우선에 두는 웹 편집 등 다양한 기술을 적용하여 제작이 가능하다. 따라서 기존의 현지조사처럼 무조건 많은 정보를 수집하여 원고로 작성하려는 태도를 가지면 안 된다. '마을 이야기 가상 스토리'가 구성된 상태에서 그림지도와 마을사진을 촬영하는 일을 출발로 하여 본격적인 현지조사 작업이 시작된다.

### 가. 현지조사 인원과 준비 도구

1개의 마을에서 현지조사를 할 경우, 가장 효과적인 작업팀 인원은 2명이다. 2명은 각각 마을 이야기와 토박이 이야기의 팀장 역할을 하면서, 나머지 1명이 보조 역할을 하면 좋다. 그래서 인원이 충분하다고 하여 1개 마을에 투입하는 작업자를 3명 이상으로 할 필요는 없다. 인원이 많을수록 작업은 속도를 가지겠지만, 스토리텔링을 구성하는 데는 더 어려운 문제를 야기할 수 있다. 스토리텔링은 가능하면 1~2 사람이 이야기를 끌고 나가야 한다. 그래야 작업 중간에 수정·보완도 가능하다. 3명 이상이 할 경우, 도식적인 작업 결과를 내는 문제점을 도출할 가능성이 많다.

만약 1명의 작업자만 투입해야 할 경우, 전체 연구책임자는 작업일정표에 의해서 완성된 결과물을 그때그때 입수하여 평가를 내리고, 앞으로의 작업과 관련된 스토리 구성을 논의해야 한다. 그렇지 않을 경우 작업자의 개인적인 편차로 인해서 작업이 제대로 수행되지 않을 수도 있다. 이 점은 2명의 작업자가 현지조사를 할 때도 마찬가지이다. 작업자는 매 단계에서 만들어내야 하는 콘텐츠를 완성하여 연구책임자에게 제출하고 협의를 해야 한다.

디지털 마을지 제작을 위해서는 준비 도구가 여러 가지이다. 다음에 필요한 도구와 그 쓰임새에 대해 적는다.

표 6  현지조사에 필요한 도구

| 도구 이름 | 세부 내용 | 쓰임새 | 참고 |
|---|---|---|---|
| 필드노트와 필기구 | 마을이야기, 토박이이야기마다 필드노트를 별도로 준비 필기구는 가능한 여러 가지 색과 종류별로 준비 | 현지조사에서 즉각즉각 메모와 필기를 하는 기능 | 필드노트 펼친 두 면 중에서 한 면은 수집한 정보를 6하원칙에 맞도록 작성하고 다른 한 면에는 자신의 생각과 정리한 내용, 의문점 등을 적음 |
| 해당 마을의 5천분의 1지도 | 그림지도 그리는 데 참조 | 지리를 파악 | 국토지리원에서 발행한 지도 구입 |
| 스케치북 | 아동용 스케치북도 가능 | 그림지도를 그리는 데 활용 | |
| 디지털녹음기 혹은 MP3 | 48000 Hz, 16 bit Stereo | 예비조사 때부터 현지조사 완료 때까지 인터뷰 내용과 각종 소리를 녹음 | 현장의 각종 소리는 마을을 이해하는 데 매우 중요 |
| 디지털카메라 | 1200 dpi 수준의 고해상도로 스캔 또는 600 mega pixel 이상의 해상도로 촬영 | 현지조사 장면 촬영 | 메모리카드 및 전원 용량 확인 |
| 디지털캠코더 | 640×480 이상, DVD-Rom 4.7G | 동영상 촬영 | 동영상 촬영 때만 대여해도 됨 |
| 나침반, 줄자 | 시중 판매 | 방향 및 물건 등 측정 | |
| 노트북 | | 별도의 저장장치로 활용하면서 원고 및 자료 정리 기능 | |

나. 그림지도 제작

선정된 마을에서 작업자는 적어도 3일 정도를 무조건 걸어서 다녀야 한다. 걸어서 다니는 시간대 역시 아침(5시 30분~10시), 점심(10시~3시), 저녁(3시~10시)으로 나누면 좋다. 왜냐하면 하루 종일 주민들의 움직임을 살피는 작업을 해야 하기 때문이다. 더 많은 시간을 이 작업에 투여하면 마을의 지리적 환경과 주민들의 움직임을 비록 계절의 차이는 있지만, 상당하게 파악할 수 있다.

걸어서 다니면서 해야 할 일은 지명이나 마을 형태 그리고 간판 등을 외우는 작업이다. 이와 병행하여 이 기간에 해야 할 작업이 바로 '그림지도' 제작이다. 여기서 '그림지도'는 작업자가 직접 손으로 그린 지도를 가리킨다. 국토지리원 등에서 제작한 5천분의 1 지도와 같이 축적 대비가 분명한 지도를 가리키지 않기 위해서 본 작업에서 만든 용어이다. 축적이 분명한 지도보다 그림지도가 디지털 마을지에서 필요한 이유는 주민들과 독자들의 공간 인식을 좀 더 현장감 있도록 제공하기 위해서이다. 축적 지도는 객관적이지만, 주민들의 실제 행동반경이 반영되지 않는 경우가 많다. 가령 슈퍼마켓을 가기 위해 주로 이용하는 골목이 있는데, 이 점을 염두에 두지 않고 축적 지도만을 제시하면 실제 삶이 지도에 반영되지 않는다.

이 작업을 효율적으로 하기 위해서는 먼저 5천분의 1 축적 지도에 습자지를 대고 중요한 길과 건물들을 표시한다. 이것을 이용하여 마을 전체의 그림지도 가안을 만들고, 그것을 가지고 걸어 다니면서 중요한 건물이나 상징물의 위치에 표시를 한다. 그러나 작업자 혼자서는 이 단계에서 그림지도를 완성할 수 없다. 향후 정보제공자와의 만남에서 얻게 되는 각종 과거와 현재의 기억들이 있는 위치를 메모하면서 현지조사가 마무리될 때 그림지도는 완성된다. 이를 위해서 하나의 본(本)이 완성되면, 그것을 복사하여 정보제공자들과의 인터뷰에서 위치를 표시할 수 있도록 준비해둔다.

〈그림 1〉은 제주시 삼도2동의 디지털 마을지 그림지도이다. 정보제공자 김홍식의 집을 중심으로 그가 인터뷰한 과거의 기억이 있는 곳과 현재의 건물 위치 등을 표시하였다.

비교적 텍스트에 맞추어 그림지도를 제작했지만, 부족한 내용도 많다. ① 그림지도는 스토리가 그 속에 담겨 있어야 한다. 그런데 이 그림에는 스토리가 없다. 가령 김홍식이 주인공이라면 그림지도에서 김홍식의 집을 중심으로 그가 출근했던 제주대학, 그가 단골로 갔던 식당, 그가 양복을 맞추어 입었던 양복점 등이 표시되어야 한다. ② 이 그림지도에는 동서남북이 표시되지 않았다. 아울러 평면 경사도 알 수 없다. 가령 김홍식 집에서 남문로타리까지 가려면 경사면을 올라가야 한다. 더욱이 김홍식의 입장에서는 자신의 집이 아래에 있고, 남문로타리가 위에 있다고 생각하기 때문에 이 그림지도는 거꾸로 되는 것이 더욱 좋다. ③ 그림지도는 마을을 공간적으로 나누는 개념이 적용되어야 한다. 그런데 이 그림지도에는 그것이 표현되지 않았다. 김홍식의 입장에서 보면 삼도2동은 세 블록으로 나누어진다. 하나는 관덕정으로 이어지는 길, 다른 하나는 남문로타리로 이어지는 중앙로, 마지막은 일제시대 칠성통으로 불렸던 상가 길이다. 특히 칠성통거리로 불리는 상가 길은 과거 제주시의 유행을 이끄는 골목이었다는 점에서 더욱 구체적으로 그림지도가 그려져야 하는 대상이다.

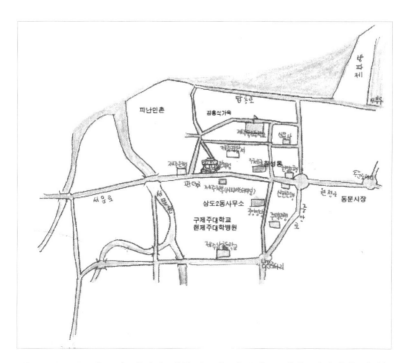

▌그림 1▌ 제주시 디지털 마을지 -삼도2동의 그림지도(심재석 제작)

다. 마을 스케치를 위한 사진 찍기

마을 스케치를 위해서 디지털카메라로 사진을 찍는 작업도 마을을 걸어 다니면서 해야 한다. 디지털 마을지를 위한 사진을 찍는 경우, 문화유적지, 중요한 건물, 전경 등만 찍는 경우가 많다. 이것은 아날로그 사진기로 사진을 찍을 때 가지고 있던 습관이다. 디지털카메라는 무조건 많이 찍은 후에 선택할 수 있다는 장점을 지닌다. 아울러 디지털카메라로 찍은 사진은 작업자가 마을 전체를 돌아다닐 때 미처 기록하지 못한 각종 이미지와 사실 등을 보관해두는 기억의 창고이기도 하다. 본격적으로 정보제공자의 집에 들어가기 전에 마을의 길에서 촬영할 수 있는 대상은 다음과 같다.

① 마을 전체 전경 : 마을 전체를 조망할 수 있는 앞산이나 구릉지에 올라가서 촬영한다. 이 때 한 장면에 담기 어려울 경우, 나누어서 여러 장을 촬영할 수 있다.

② 블록별 모습 : 마을은 그 규모에 상관없이 공간적으로 몇 개의 블록으로 나누어진다. 이것을 염두에 두고 블록별로 길을 다니면서 건물·문화유적·상점·주택 등을 망라하여 찍는다. 지역 명칭이 들어나는 간판이나 교통표지판, 동/리 사무소, 문패와 주소가 적힌 대문, 아파트 전경 등도 촬영해둔다.

③ 주민 모습 : 주민들 모습을 촬영하기 위해서는 망원렌즈가 부착된 사진기를 사용하는 것 이 좋다. 만약 그런 사진기가 없다면 광각렌즈로 가까이에서 촬영하는 방법을 쓸 수밖에 없다. 이 경우 피사체에 들어가는 주민들의 협조를 받아야 한다. 노인들 모습, 청·장년들 모습, 청소년들 모습, 아이들 모습 등을 염두에 두고 촬영해야 한다.

④ 재미있는 모습 : 모든 마을은 사람이 사는 곳이기 때문에 재미있는 모습이 있기 마련이다. 여름에 그늘에서 쉬고 있는 노인들 모습, 초등학교에서 운

동하는 아침 모습, 떡볶이 가게의 하교하는 학생들, 오래된 간판들, 농사짓는 모습, 시골 버스 정류장, 문을 닫은 정미소, 각종 가게 모습, 담, 기념비, 각종 안내판, 플래카드 등이 모두 여기에 해당된다.

라. 주민들과 사귀기

그림지도 그리기와 사진 촬영을 하면서 마을 전체를 구석구석 뒤지고 다니면, 규모가 작은 마을에서는 누구인지 궁금해 할 수 있다. 이 때 주민들과 인사를 나누고, 자신을 밝히는 일은 매우 중요하다. 특히 마을에 있는 가게를 방문하여 음료수나 물건을 사면서 마을에 대해 이야기를 나눈다든지, 식당에 가서 식사를 하면서 최근 마을의 정황에 대해서 살피는 작업은 그것이 바로 마을의 현황을 파악하는 지름길이면서 문헌이나 정보제공자가 알지 못하는 에피소드의 보고이기도 하다.

작업자는 값이 싼 기념품을 준비하는 것이 좋다. 보통 한 개에 1천 원쯤 하는 기념품을 전문 도매상에 가서 50~100개 정도를 구입할 경우, 만나는 주민들이 간단한 정보라도 제공해 주면 이 기념품을 준다. 이 경우 해당 마을의 디지털 마을지 작업이 마무리될 때까지 일종의 '단골'로 주민들을 사귈 수 있다. 보통 노인들이 정보를 많이 안다고 생각하여 노인정만을 찾는 경우가 많은데, 좀 더 그 대상을 넓혀야 한다. 당연히 노인정에 갈 경우에는 음료수나 간단한 간식을 사 가는 예의를 갖추지 않으면 안 된다.

아울러 막연하게 주민들 집을 방문하여 조사를 하겠다고 하면, 환영하는 사람들이 드물다. 예비조사에서 만약 작업 초기 단계에 마을에 행사가 있다는 정보를 파악했을 경우, 그 행사에 참여하여 주민들과 사귀는 기회를 가지는 것도 좋다. 특히 작업자는 작업의 목적을 달성하기 위해서 자신이 파악해야 하는 내용만 주민들에게 물어보는 경우가 많다. 가능하면 이 단계에서는 주민들 이야기를 많이 들어주는 것이 필요하다. 비록 그 내용이 디지털 마을지에

결코 쓰이지 않더라도 주민들과 사귀는 방법의 하나가 이것이기 때문이다.

### 마. 녹음하기

녹음이 가능한 도구를 항상 몸에 지니고 다니면서 각종 흥미 있는 소리를 녹음해야 한다. 주민들의 인터뷰 자료뿐만 아니라, 초등학교 등·하교, 장사하는 사람들 소리, 여름의 경우 곤충들 소리, 자연환경에 따라 바다 소리, 바람 소리, 가축이나 조류 소리, 마을 안내 방송 소리, 버스에서의 이야기 등 녹음을 해 두면 디지털 마을지에서 효과적으로 그 마을 이야기로 사용할 수 있다고 판단하는 대상을 그때그때 녹음해둔다.

### (3) '마을 이야기' 자료 수집 및 콘텐츠 제작 : 4~7주

'마을 이야기'는 디지털 마을지의 두 부분 중 한 부분에 해당될 정도로 중요하다. 그러나 '토박이 이야기'에 비해서 '마을 이야기'는 이미 문헌에 있는 자료가 많기 때문에 그것을 효과적으로 활용한다면 작업이 상대적으로 쉽다. 다만 기왕의 많은 작업에서 '마을 이야기' 내용을 기존 문헌에 있는 것을 그대로 옮겨오는 사례가 많았다. 이렇게 할 경우, 일반항목과도 구분이 되지 않으며, 생생한 마을의 이야기를 담아내려는 디지털 마을지의 목적에도 부합되지 않는다.

그렇다면 생생한 '마을 이야기'를 파악하기 위해서는 어떻게 해야 할 것인가? 이 작업에서 주로 만나야 하는 정보제공자는 동/리 사무소 관계자, 노인회장·부인회장·청년회장과 같이 마을 조직의 간부 그리고 초등학교에서 오랫동안 근무한 교사와 같은 사람들이다. 이들은 문헌에 나와 있는 내용에 대해서도 어느 정도 잘 파악하고 있으면서, 동시에 그 내용 중 주민들이 중요하게 생각하는 것은 무엇인지, 그 문헌 자료의 실재와 허상의 차이는 무엇인지, 최근에 많이 이야기하는 마을의 화제는 무엇인지에 대해서 비교적 잘 파악하고 있다.

따라서 마을의 동/리 사무소, 지역문화원, 초등학교 등을 방문하여 문헌자료를 수집하고 정보제공자로부터 생생한 이야기를 파악해야 한다. 지역문화원에서는 주민들이 중심이 되어 발행하는 문예지와 각종 소규모 행사와 관련된 팸플릿을 소장하고 있기도 하다. 동시에 각종 캠페인이나 통지문 등도 활용할 수 있다. 만약 지역신문이 있을 경우, 마을보다는 시·군·구를 대상으로 하겠지만, 해당 마을과 관련된 기사나 행사 소개 기사가 있는지도 파악해야 한다.

가. 문헌자료 수집과 인터뷰를 통한 자료 수집: 자연경관·지명유래·전설·
　　설화·교육·종교 등

지역문화원, 리·동사무소, 시·군청 문화과 등의 시설에서 구할 수 있는 문헌자료로는 시·군지, 마을지와 같이 공식적으로 발행한 자료이다. 여기에는 마을의 역사·유명인·경제·교육·문화 등 여러 방면의 자료가 체계적으로 정리되어 있다. 그러나 구체적인 자료가 부족한 경우도 있기 때문에 보충자료를 파악하는 작업도 필요하다. 반드시 그렇지 않지만, 이미 마을 선정 단계에서 파악한 문헌자료 중에 학술지논문, 석·박사논문, 조사보고서, 시·군정보고서 등도 문헌자료로 찾아야 한다.

아울러 마을의 역사·자연경관·지명유래·전설 등에 대한 자료도 시·군지에 들어 있는 경우가 많다. 특히 지명유래와 전설은 『한국구비문학대계』, 『한국지명유래사전』, 『한국민족문화대백과사전』 등에서도 구할 수 있다. 그런데 지명유래나 전설의 경우, 문헌자료에 나오는 내용을 주민들 중 제대로 알고 있는 사람이 있는지가 궁금하기 마련이다. 왜냐하면 학자들이 특이한 지명유래나 전설을 수집하여 문헌으로 만든 경우도 있기 때문이다. 동시에 문헌자료에 나오는 내용과 그 판본이 조금 다른 지명유래나 전설을 주민들 중에서 알고 있는 경우도 있다. 이럴 때는 문헌자료에서 나오는 내용을 소개하면서 동시에 주민 누가 알고 있는 내용은 이러하고, 그런 내용은 정보제공자가 알게 된 경위에 대해서 별도로 조사하여 텍스트에 적는다.

초등학교, 교회, 성당에도 마을 관련 문헌자료가 상당히 있다. 초등학교의 경우, 재학생의 숫자와 졸업생의 현황, 학교의 역사·행사·조직과 관련된 자료는 마을 전체 현황을 파악하는 데 매우 유용하다. 특히 타지에서 부임해온 초등학교의 교사는 나름대로 해당 마을에 대한 타자로서의 이미지를 가지고 있기 때문에 그들의 이야기가 마을의 특징을 파악하는 데 매우 유용하다. 아울러 지역 성당의 경우, 구역과 반 등의 조직과 연령별 조직이 비교적 체계적으로 짜여 있기 때문에 성당의 주임신부나 수녀 그리고 각종 조직의 대표를 통해서 정보를 파악할 수도 있고, 문헌자료도 구할 수 있다.


나. 마을의 인구와 생업 등 자료 수집과 인구 및 생업달력 콘텐츠 제작

마을의 인구·생업·조직·행사 등의 자료는 문헌에 나오는 경우도 있지만, 대부분은 동/리 사무소에서 통계적으로 알고 있는 내용이 더 구체적이다. 이 경우 동/리 사무소에 가서 구체적인 문서를 열람하여 표시하면 좋다. 특히 최근 한국의 마을에 외국인 혹은 귀화한 외국인들이 많기 때문에 별도로 외국인 기록부를 살펴서 이 내용도 수집해야 한다.

동시에 통계청에서 정기적으로 실시한 인구조사의 결과를 인터넷이나 문헌 자료를 통해서 파악할 수 있다. 인구 관련 자료 외에도 주거상태, 가옥형태, 경제적 조건 등에 대한 통계적 자료를 파악하여 '마을 이야기' 내용으로 활용해야 한다. 특히 이 통계적 자료는 '토박이 이야기'를 수집하고 정리할 때도 기초적인 자료로 이용이 가능하다. 가령 작업자가 조사하는 토박이의 경제적 조건이 대체로 어떠한지를 이해한다면, 인터뷰를 진행하고 그가 이야기하는 내용을 이해하기에 좋다.

인구와 관련된 콘텐츠는 남녀별, 성별, 연령별, 호수별 구성과 최근 50년 사이의 변화양상을 도표 혹은 텍스트로 정리한다. 특히 전·출입의 정도를 파

악하여 텍스트에서 묘사하면 마을 주민의 이동에 대한 파악도 독자가 가능하다.

마을 주민의 생업과 관련된 자료는 관할 세무서를 찾아가서 협조를 얻으면 된다. 세무서에서는 개인정보 유출과 관련하여 상세한 자료를 열람하지 못하도록 할 수도 있다. 디지털 마을지에 마을의 생업과 관련된 내용을 서술하는 목적은 마을의 경제적인 상황의 대강을 이해하려는 데 있기 때문에 구체적인 내용보다는 일반적인 경향에 대해 조사하는 것이 좋다. 만약 세무서에서 주민의 직업과 관련된 내용을 알려주지 않을 경우, 지역 의료보험조합에 가서 그 대강을 파악하는 방법도 있다.

하지만 도시의 경우, 세무서나 의료보험공단에서 파악이 되지 않으면, 초등학교에서 부모들의 직업이 대체로 무엇인지를 문의하는 것도 가능하다. 그러나 두 군데에서 모두 협조가 이루어지지 않으면 동/리 사무소에서 대강을 파악할 수밖에 없다. 생업은 주로 호수별로 파악해야 한다. 농·어촌의 경우, 단위농협이나 단위수협에서도 생업의 형태에 대한 정보를 가지고 있다. 농·어촌의 경우, 생산물은 곧장 특산물로 설명이 가능하기 때문에 조사를 통해서 생업달력을 만든다. 그러나 도시적인 마을의 경우에는 생업달력 제작이 어렵다.

만약 주된 생업이 농업일 경우, 구체적으로 농업의 형태와 방식에 대해서 조사를 하면 된다. 특히 농업 생산물 중에서도 벼농사를 주로 한다면, 벼농사 농작법에 대한 조사를 별도로 하여 그것을 생업 부분에 서술하여 이 마을의 일반적인 농업 방식에 대해 소개한다. 벼농사의 농업방식은 일 년을 주기로 하여 벼농사 달력을 만드는 방식으로 서술을 하면 좋다. 벼농사와 함께 밭농사로 채소를 재배할 경우에는 벼농사 달력과 함께 채소의 종류별로 일 년 동안 이루어지는 밭농사 시기와 주요 농작법을 서술한다. 단위 농협에서 배포하는 농업달력도 있다.

만약 어촌일 경우, 어촌에서의 어업 방식에 대해서 일 년을 주기로 조사하여 달력을 만든다. 어촌의 어업은 근해어업, 양식업, 어물가공업 등 그 종류가 다양하기 때문에 종류별로 조사하여 서술해야 한다. 특히 해당 지역의 '물

때' 정보는 단위 수협에서 발행한 달력에 나와 있는 경우가 많다. 이 부분도 조사하여 서술한다. 어촌에는 오랜 경험을 가진 어부가 있을 수 있다. 그 어부로부터 일제시대 말기부터 최근 어업 방식의 변화에 대한 정보를 수집하여 서술해야 한다. 강촌(江村)에도 어부가 있을 수 있고, 어로행위가 이루어진다. 어촌과 마찬가지로 오래된 어부로부터 정보를 수집하여 생업달력을 만든다.

다. 마을의 조직과 행사 등 자료 수집과 마을달력 콘텐츠 제작

마을의 조직은 공식적인 조직과 비공식적인 조직으로 나눌 수 있다. 공식적인 조직은 동/리 사무소와 같은 행정조직, 연령남녀조직(노인회·부인회·청년회 등), 종교조직(교회·성당·사찰 등), 새마을운동 등 시민조직, 상인회·농협·수협·임협 등 생업조직, 마을을 근거로 한 동창회조직, 초등학교의 학부모 조직 등이 그 예이다. 이에 비해 동갑계·사촌계·화수회·여행계와 같이 개인 사이의 친구관계에서 만들어진 조직도 있다. 각종 조직에 대한 파악은 앞에서 소개한 각 조직단체에 가서 파악하면 된다. 조직 출발 시점과 목적·활동 등에 대해서 파악하여 마을에서 가장 영향력이 강한 조직에 대해서 상세하게 묘사한다. 임원들의 구체적인 이름과 연령을 표시하여 현장감을 더 한다.

마을 행사는 앞에서 소개한 각종 조직이 마을을 단위로 하여 행하는 행사를 가리킨다. 이들 조직에서 일 년 중에 행하는 행사를 파악하여 마을달력을 만드는 데 활용한다. 이를 알기 위해서는 각종 시설과 단체의 연중 행사표를 수집하는 것이 우선이다. 다만, 현지조사를 하는 해당 연도의 것이 불명확하면, 그 전 해의 것을 수집해야 한다. 잘 정리되어 있는 경우도 있지만, 그렇지 않은 경우도 많다. 이 때 해당 시설과 단체의 간부로부터 협조를 얻어 기억을 되살리도록 인터뷰를 한다.

보통 마을달력을 제작하라고 하면, 몇 명의 정보제공자로부터 수집한 전통

적인 세시풍속을 대상으로 하여 간단하게 만드는 경우가 많다. 그러나 마을달력을 제작하는 목적은 해당 마을의 현황을 파악하는 데도 필요하며, 동시에 독자들에게 해당 마을을 방문할 경우, 어떤 행사가 있을 때 오면 좋다는 홍보 차원에서의 달력을 제공하는 데도 목적이 있다. 따라서 마을 행사는 대외적인 행사와 대내적인 행사로 나누어 마을달력의 콘텐츠를 제작한다. 대외적인 행사는 각종 민속명절, 어버이날 행사, 마을신앙 관련 행사, 초등학교 운동회, 척사대회 등 마을을 홍보하는 데 필요한 행사이다. 대내적인 행사는 조직 자체적으로 행하는 행사를 가리킨다.

이런 자료로 마을달력을 월별로 제작하여 디지털 마을지에서 정보를 제공하면, 해당 마을 출신들은 자신의 고향에서 어떤 일이 일어나는지를 파악할 수 있고, 관광객들은 볼거리가 있을 때 그 마을을 방문하여 더욱 재미있는 관광 경험을 쌓을 수 있다. 앞에서 제작한 생업달력을 앞의 행사달력과 통합하면 완성된 '마을달력'이 만들어진다.

라. 마을의 역사 자료 수집과 '마을 50년사' 연표 콘텐츠 제작

이 부분은 해당 마을을 외지인에게 어떻게 흥미 있게 소개하여 "그 곳에 가 보고 싶다"는 느낌을 가지도록 만드는 데 가장 중요한 콘텐츠이다. 마을의 역사는 이미 문헌자료를 통해서 수집한 거시역사와 관련된 자료가 있다. 그런데 이것만으로는 독자들의 흥미를 이끌기가 어렵다. 직접 마을에서 인터뷰를 하여 일제시대 말기와 해방 이후 이 마을의 변화상을 보다 생생하게 조사하여 마을의 역사를 서술할 필요가 있다.

가령 농·어촌의 경우, 일제시대 마을의 주도권을 쥐었던 사람들과 한국전쟁 이후의 변화, 새마을운동 때 일어난 주택 강제 개량 등의 물리적 변화, 1970년대 이후의 이농현상, 1980년대의 자발적인 주택 개량, 자동차 보유 등 최근의 변화상에 대해 상세하게 조사를 한다. 일반적으로 시·군지나 마을

지에는 일제시대 이전까지 거시적인 마을 역사를 담고 있다. 그러나 지금의 주민들과 밀접한 변화상은 최근 50년 사이의 마을 역사이다. 그래서 디지털 마을지에서 주로 다루는 역사를 '마을 50년사'라고 지칭한다.

그 대표적인 사건을 예로 들면 다음과 같다. 홍수나 태풍이 와서 고생한 해, 마을에 다리가 새로 건설된 해, 전기와 전화가 들어온 때, 텔레비전이 마을에 처음 들어온 때, 슬라브 주택이 처음 들어선 때, 동/리 사무소가 새로 지어진 때, 초등학교의 교사나 정문을 개축한 때, 농지개량, 도로포장이 된 때, 마을버스가 들어온 때, 마을에서 처음 승용차를 산 때, 사법고시에 합격한 사람이 나온 때, 아파트 단지가 들어선 때 등 마을 나름의 시간 축을 기초로 하여 마을 역사가 서술되어야 한다. 이를 위해서는 '마을 이야기' 조사 초반부에 마을을 다니면서 변화의 포인트를 작업자가 파악하는 일이 중요하다. 그래야 작업자가 각 시기마다 일어난 사건을 나열할 수 있고, 그것을 기준으로 그 당시의 정황에 대해 주민들에게 질문을 할 수 있다.

이 자료를 기초로 하여 마을의 역사를 정리하고, 마을연표를 만든다. 만약 최근 50년 사이에 일어난 마을의 변화상을 앞에서와 같은 사건 중심으로 정리를 한다면, 마을 주민들 역시 자신의 마을 역사에 대해 자료를 정리해 준 작업자에게 감사를 표시할 것이며, 그 자료를 보고 해당 마을을 찾는 사람도 주민들이 만들어낸 최근의 역사를 통해서 한국 현대사를 이해하는 매개물로 흥미를 가지게 될 것이다.


마. 명소 · 교통 · 특산물 등 자료 수집과 콘텐츠 제작

디지털 마을지는 마을의 자랑거리를 많이 담아내야 한다. 이를 위해서는 잘 알려진 마을의 명소는 물론이고 잘 알려지지 않은 마을의 명소와 특산물을 체계적으로 조사하여 서술하는 일이 중요하다. 보통 마을의 명소는 문화유적지만을 생각하는 경우가 많다. 문화유적지를 포함하여 주민들이 즐겨 가는 곳도

명소가 된다. 가령 주민들이 자주 등산이나 산책을 가는 마을 근처의 산 - 반드시 명산이 아니어도 된다 - 이나 마을의 지명유래와 전설과 관련된 장소, 그리고 마을 50년사와 관련된 사건이 있는 장소도 명소가 될 수 있다.

마을 명소에 대해서는 그림지도에 표시를 하고, 사진을 찍는다. 텍스트와도 하이퍼링크가 가능하도록 별도의 표시를 해 둔다. 이 작업을 통해서 웹서비스 단계에서는 그림지도 위의 지점을 표시하면 사진과 텍스트로 연결되도록 한다. 본 작업 마지막 단계에서 수행하는 동영상 촬영 때는 주요 정보제공자와 함께 동행을 하면서 마을 명소를 소개하는 장면을 촬영하여 동영상도 하이퍼링크로 연결되도록 한다.

그런데 마을의 명소를 소개하는 글들은 대부분 사실 나열에 그치는 경향이 강하다. 물론 주민들이나 작업자는 어느 장소인지를 잘 알기 때문에 별도로 설명할 필요를 느끼지 못한다. 그러나 해당 마을에 대해 잘 알지 못하는 외지인인 독자에게 이 마을의 명소를 소개하려면 교통 경로에서 중심에 있는 도시에서 해당 마을로 오는 방법과 마을에 도착한 후, 마을 명소에 가는 길을 자세하게 묘사하여 흥미를 더욱 유발시켜야 한다. 이를 위해서 교통편과 이동방법, 그리고 길 안내를 하는 콘텐츠를 별도로 개발할 필요가 있다.

아울러 승용차로 오지 않고, 대중교통을 이용할 경우를 대비하여 각종 교통편의 시간과 가격 그리고 흥미 있는 에피소드를 적도록 한다. 이를 통해서 내방객들이 가능하면 승용차보다 대중교통을 이용하여 마을을 찾아오도록 유도할 수 있다. 당연히 작업자도 승용차가 아닌 대중교통의 이용과 걸어서 다니며 마을 전체를 파악해야 버스에서 혹은 걸어서 올 때의 에피소드를 만들어내는 일이 가능하다.

특산물은 마을에서 자랑거리로 삼는 것과 함께 작업자가 보기에 충분히 특산물이 될 수 있다고 판단하는 것도 포함해야 한다. 가령 1970년대에 있었던 특산물인데, 지금은 생산하지 않을 경우, 이것을 자세하게 인터뷰하여 그 특산물의 내용에 대해서 상세하게 묘사할 필요가 있다. 이를 통해서 사라진 특산물을 개발할 수도 있고, 과거의 특산물과 현재의 특산물을 비교할 수도 있기 때문에 좋다. 가령 1970년대에는 마을의 하천에서 천렵을 하여 민물매운탕을 조리해 먹었다는 이야기를 들었을 경우, 그것을 좀 더 자세히 묘사하고 하천을 생태하천으로 개발한다면 맛있는 민물매운탕을 개발할 수 있다는 의견을 텍스트로 서술해도 된다.

특산물 관련 콘텐츠는 각 종류별로 생산되는 과정을 원료에서 완성품까지 사진·동영상·그림 등을 이용하여 묘사할 필요가 있다. 작업과정에 대해서 독자가 쉽게 이해할 수 있는 문장으로 묘사하고 그것의 종류·쓰임새·특징 등에 대해서도 서술한다. 특산물 중에서는 마을 주민 전체가 소득을 올리는 물건도 있지만, 마을 내에 소재하는 개인이나 공장에서 생산하는 것도 있다. 이 작업에서는 가능한 모든 특산물을 망라하도록 한다. 농산물의 경우에도 특산물은 여러 가지가 될 수 있다는 점을 명심하여 작업에 임한다.

특산물을 생산하는 장인이나 생산자에 대한 정보도 빠트리면 안 된다. 간단한 약력과 생산자가 된 동기 등에 대해서 콘텐츠를 제작한다. 만약 아주 특이한 특산물을 제작하는 사람이라면, 비록 외지에서 이 마을로 유입된 시간이 별로 길지 않아도 특산물 장인으로 인정하여 그의 생산 활동을 자세하게 묘사하는 것이 필요하다. 아울러 특산물의 판매·구입과 관련된 정보도 판매처·연락처·가격 등을 표시해야 유용한 정보가 된다.


바. '마을 이야기' 콘텐츠 제작 마무리

현지조사 작업이 차질 없이 마무리되었다면, 이 단계에서는 마지막으로 '마을 이야기' 콘텐츠를 완성도가 높게 제작해야 한다. 왕왕 '토박이 이야기'까지 현지조사를 한 이후 이 작업에 들어가는 경우가 많은데, 작업기간이 길기 때문에 이 단계에서 '마을 이야기' 콘텐츠를 초고 형식으로도 완성해 두는 것이 좋다. 특히 콘텐츠 제작 과정에서 새롭게 생기는 의문점을 향후 '토박이 이야기' 현지조사 과정에서 보완할 수 있다는 장점도 있기 때문에 더욱 이 단계에서 '마을 이야기'를 마무리 하는 것이 전체 작업에서도 효율적이다.

〈마을 이야기 콘텐츠 구성표〉는 디지털 마을지의 '마을 이야기' 콘텐츠를 어떤 내용으로 구성해야 하는지에 대한 기준표가 된다. 각각의 소항목 아래에 들어갈 개별 콘텐츠는 텍스트·사진·그림지도·동영상·녹음자료 등이 함께 구성된다. 아울러 최종보고서에서 제출해야 하는 〈콘텐츠목차 및 멀티미디어 리스트〉 작업도 이 단계에서 '마을 이야기' 부분을 마무리 지어야 한다. 소항목 중에서 '⑮ 재미있는 에피소드'는 작업자가 현지조사 과정에서 겪은 체험담으로 마을 이야기를 더욱 흥미 있게 만드는 데 도움이 되는 내용을 작업자의 입장에서 서술한다.

모든 개별 콘텐츠는 소제목을 붙인다. 이 소제목은 가능하면 독자들에게 흥미를 유발할 수 있도록 '카피' 문안처럼 뽑는 것이 좋다. 각 소제목에 들어갈 텍스트의 분량은 200자 원고지 최소 2매에서 최대 4매 정도면 된다. 앞에서 밝혔듯이, 서술 방식은 모두 스토리텔링이 가능하도록 서술형으로 한다. 완성된 '마을 이야기'는 연구책임자와 자문위원에게 제출하여 그 내용에 대한 감수와 자문을 받아야 하며, 여기에서 지적된 내용을 추가로 보완하는 작업은 '토박이 이야기' 작업이 완료된 이후에 함께 진행한다.

표 7  마을이야기 콘텐츠 구성표

| 대항목 | 소항목 | 개별 콘텐츠 소제목 | 멀티미디어 리스트 |
|---|---|---|---|
| 마을 이야기 | ① 마을 그림지도 | | |
| | ② 마을 찾아가기 | | |
| | ③ 마을 지명유래와 전설·설화 | | |
| | ④ 마을 역사 | | |
| | ⑤ '마을 50년사' 연표 | | |

| | | | |
|---|---|---|---|
| | ⑥ 마을 인구 | | |
| | ⑦ 마을 주민의 생업 | | |
| | ⑧ 생업 달력 | | |
| | ⑨ 마을 종교 | | |
| | ⑩ 마을의 각종 조직 | | |
| 마을 이야기 | ⑪ 마을 조직의 행사 | | |
| | ⑫ 마을 달력 | | |
| | ⑬ 마을 명소 | | |
| | ⑭ 마을 특산물 | | |
| | ⑮ 재미있는 에피소드 | | |

사. 다음 작업 준비 : 정보제공자를 만나기 전에 알아야 할 지식들

'마을 이야기' 다음에 해야 할 작업은 '토박이 이야기'이다. 마을 이야기에 비해서 어려운 점은 한 사람의 개인사와 가족사 그리고 가족의 삶과 같이 정보제공자가 별로 말하고 싶지 않은 개인적인 이야기를 수집하는 데 있다. 보통 정보제공자는 개인적인 이야기를 밝히지 않으려 한다. 매우 개인적인 일이며, 심지어 그것을 웹사이트에 공개해야 하는 부담감까지 있기 때문이다.

아울러 개인적인 삶에 대한 인터뷰에서 의식주, 일생의례, 최근의 사회사 등과 같이 비교적 전문가들이 해야 할 작업을 작업자는 수행해야 한다. 그래서 현지조사 때 무엇을 질문하고 어떤 자료를 모을 것인가를 생각하면, 비록 각종 매뉴얼은 있지만 매우 막연하다는 느낌을 가지게 된다. 이 문제를 해결하기 위해서는 작업자 본인이 아래에 주어진 주제에 따라 질문지를 미리 만들어야 한다. 질문지를 만드는 일은 작업자 본인이 주제에 대해서 어느 정도 기본적인 지식을 습득하는 일과 마찬가지다.

이를 위해서는 민속학 관련 개론서를 읽는다든지, 기왕에 나온 민속지나 마

을지를 읽는 방법이 가장 좋다. 이와 같은 자료를 읽으면서 작업자 스스로 이해한 수준에서 질문지를 만들어 인터뷰에 임해야 한다. 이것을 '마을 이야기'가 마무리된 시점에서 준비하는 것은 짧은 시간에 지나지 않는다. 이 '마을 이야기'를 작업하면서 동시에 이에 대한 지식을 틈틈이 공부해 두는 것이 좋다.

## 3) 토박이 이야기꾼 콘텐츠 제작

### (1) 토박이 이야기꾼 선정 : 8주

'토박이 이야기' 콘텐츠를 제작하는 데 가장 중요한 관건은 토박이 이야기꾼을 선정하는 데 있다. 이미 예비조사 단계에서 그 마을에 이야기꾼이 존재하는지가 중요한 선정 조건이었기 때문에 이 선정 작업에는 큰 문제가 안 될 수 있다. 다만 토박이 이야기꾼이 있다고 해도 그가 자신의 이야기를 공개화하는 데 동의해야 하며, 그가 가지고 있는 각종 개인적인 정보를 작업자에게 제공해 주겠다는 약속, 그리고 어느 정도 시간을 제공해 주겠다는 선약을 받아야 작업이 가능하다.

### 가. 적합한 토박이 이야기꾼

보통 토박이 이야기꾼으로 가장 적합한 사람의 첫 번째 기준은 마을에서 나이가 가장 많은 사람을 선정한다. 그러나 건강과 이야기의 양이 어느 정도인지를 알지 못한 상태에서 이 사람을 토박이 이야기꾼으로 무조건 선정하면 안된다. 건강 상태가 좋지 않다거나, 이야기하기를 별로 좋아하지 않는 사람을 억지로 선정해 두었다가 다음에 바꾸는 작업이 훨씬 무리일 수 있다. 가능하면 이 단계에서 여러 명의 토박이 이야기꾼을 이미 사귄 마을 사람들로부터 추천받고, 그 사람들과 대화를 나누어보아야 한다.

아울러 토박이 이야기꾼은 가족이 많고, 현재도 부부와 자녀·손자녀가 많은 사람으로 선정하는 것이 좋다. 그래야 각종 이야기가 풍부하게 나온다. 특히 작은 일에도 전문가라고 정평이 나 있는 사람이나 마을 이야기와 개인사가 잘 연결되는 직업을 가진 사람이면 더욱 좋다. 보통 정보제공자는 마을의 노인회장이나 기능 보유자를 선정하는 경우가 많다. 골고루 토박이 이야기꾼을 찾지 않고, 손쉽게 접촉한 결과이다. 물론 이런 사람들 중에서 보통 이야기가 많기 마련이지만, 보통 주민 중에서도 이야기꾼으로 적합한 사람이 있을 수 있다.

## 나. 예비조사와 인터뷰 약속

토박이 이야기꾼으로 선정하는 과정에서 먼저 정보의 양이 얼마나 있는지를 파악해둔다. 이를 위해서는 예비조사의 성격으로 다음의 내용을 질문하여 정리해 두어야 한다. ① 가족 관계, ② 일 년 동안 진행되는 가족의 생일, 제사, 명절, 여행 등 가족 행사 알기, 이 경우 정보제공자의 집에 있는 달력을 이용, ③ 정보제공자의 주택에 대한 그림 그리기와 사진 촬영, ④ 인터뷰 기간(4주간)에 인터뷰가 가능한 날짜와 시간을 약속 등이다.

인터뷰 약속에 앞서서 사례금에 대해서 밝힌다. 사례금은 가능하면 인터뷰가 완료된 이후에 지급한다. 다만 매번 인터뷰 때마다 간단한 선물을 사가지고 가는 것이 좋다. 인터뷰 시간은 최소 2시간, 최대 4시간 정도를 한다. 인터뷰 시간이 너무 길어지면 정보제공자의 개인 일정을 빼앗는 셈이 되어 진행이 잘 되지 않는다. 인터뷰 시간대는 작업자의 편리보다는 정보제공자가 가장 편안하게 이야기를 나눌 수 있는 때로 정한다. 여러 가지 사정을 알게 되면, 인터뷰 일정을 약속하고, 그 자리에서 스케줄 표를 만들어서 정보제공자에게도 준다. 하지만 약속된 날 전날에 전화로 확인하지 않으면 안 된다. 개인에게 항상 생각하지 않았던 일이 생길 수 있기 때문이다.

## 다. 인터뷰 장소

인터뷰 장소는 반드시 토박이 이야기꾼의 집에서 해야 한다. 특수한 경우, 동/리 사무소나 노인정 등에서 인터뷰를 원하는 정보제공자가 있다. 이 경우 충분히 설득하여 정보제공자의 집에서 인터뷰를 해야 한다. 왜냐하면 정보제 공자의 집에는 가족앨범, 가족사진, 가족과 관련된 물건 등이 있기 때문이다. 아울러 의식주에 대한 모습을 사진에 담고 동영상과 녹음을 하려면 정보제공 자의 집이 가장 적당하다. 정보제공자의 집에서 인터뷰가 불가능할 경우, 토 박이 이야기꾼으로 선정하는 것을 재고해야 한다.

## 라. 인터뷰에 임하는 자세

인터뷰에 임하는 작업자의 자세는 항상 '나는 아마추어, 정보제공자는 전문 가'라는 생각에서 시작해야 한다. 작업자가 이해하지 못하면 끈질기게 물어서 작업자 본인이 이해할 때까지 인터뷰를 진행시킨다. 간혹 '준비된 정보제공자' 를 만나서 질문도 하기 전에 미리 정리된 정보를 제공해 주는 정보제공자도 있다. 이런 사람은 토박이 이야기꾼에서 제외하는 것이 좋다. 왜냐하면 생생 한 자신의 이야기보다는 고정된 내용이 주를 이루기 때문이다.

인터뷰를 시작하기 전에 읽어야 하는 책으로는 뿌리깊은나무사에서 출판한 『민중자서전』을 읽기 바란다. 인터뷰를 하는 질문지는 없지만, 그들의 삶이 어떻게 전개되며, 인터뷰가 항상 맥락이 있지만, 마치 '취조'하듯이 진행되지 않는다는 점을 이 책을 통해서 배울 수 있다. 간혹 정보제공자가 만나서 5분 정도 지나 달변으로 작업자의 '토박이 이야기'와 직접 관련이 없는 이야기를 할 때도 생긴다. 이 경우 작업자는 가능하면 맞장구를 쳐 가며 이야기를 끝까 지 들어야 한다. 이 이야기 역시 정보제공자를 이해하는 하나의 과정이다. 이 과정에서 작업자와 정보제공자는 더욱 친밀한 관계를 가지게 된다.

만약 정보제공자의 집에서 식사를 할 기회가 생기면 놓치지 말아야 한다.

이 기회를 이용해서 그들의 식생활도 파악할 수 있기 때문이다. 더욱이 연출되지 않은 사진과 동영상, 그리고 소리를 녹음할 수 있기도 하다. 따라서 가능하면 반드시 정보제공자의 집에서 식사를 함께 하는 기회를 가지도록 한다. 아울러 인터뷰는 정보제공자의 집에서 시작하지만, 이야기가 마을의 각 현장을 가보아야 할 경우, 작업자는 정보제공자와 함께 마을을 다니면서 인터뷰를 진행시킨다. 이 경우 녹음기는 매우 효과적이다.

정보제공자와 인터뷰를 하기 전에 녹음을 한다고 하면, 처음에는 상당히 부담스러워 하지만 이야기를 나누다가도 10여 분 지나면 녹음을 하는지 조차 기억하지 못하는 경우도 있다. 인터뷰를 하는 과정에서 녹음을 하면서 보기 좋은 인터뷰 장면이 있으면 동시에 촬영하는 작업도 진행시켜야 한다. 따라서 작업자가 2명이면 매우 효율적으로 현지조사를 수행할 수 있다.


마. 매일 정리해야 하는 필드노트와 자료

'마을 이야기'에서도 마찬가지이지만, '토박이 이야기'의 현지조사에서도 매일 조사가 끝나면 반드시 필드노트와 사진·동영상·녹음자료 등을 정리해야 한다. 매일 인터뷰 내용을 정리해야만 다음에 만나서 더 구체적으로 질문할 내용을 만들 수 있으며, 보충해야 하는 내용도 발견할 수 있다. 매일 정리 작업을 위해서는 작업자가 머무는 숙소는 항상 1인 1실을 사용해야 한다. 작업자가 2명일 경우, 다른 개인적인 일로 매일 인터뷰한 내용을 정리하지 못하는 일이 발생할 가능성이 많다.


(2) 남자 토박이 이야기꾼 인터뷰 및 콘텐츠 제작 : 9~12주

디지털 마을지에서 남자 토박이 이야기를 인터뷰하는 이유는 토박이의 삶을 통해서 마을 주민의 구체적인 생활의 한 단면을 묘사하기 위해서이다. 남자 토박이 이야기꾼은 결코 마을 주민의 생활을 대표하지도 않으며, 보편화시킬

수도 없다. 다만, 하나의 사례로서 이 마을에서 이 사람이 살게 된 연유와 그가 생각하는 자신의 가족과 마을에 얽힌 이야기를 풀어내도록 하는 데 목적을 둔다. 아래의 내용은 반드시 인터뷰하여 정리해야 할 콘텐츠의 내용이다. 그러나 이외에도 흥미 있는 내용이 있으면 작업자가 임의로 추가할 수 있다.

토박이가 소장하고 있는 오래된 사진은 토박이 이야기 콘텐츠를 제작하는 데 매우 중요한 자료이다. 오래된 사진에는 행사에 참여한 사람들이 나오기 때문에 그것을 가지고 이야기를 풀어나가는 데 매우 효과적이다. 동시에 과거에 입었던 옷과 물건들이 사진에 담겨 있기 때문에 이것을 활용하여 의식주와 관련된 과거의 사실을 재구성할 수도 있다. 그래서 토박이 이야기꾼과 처음 만나서 친숙해지면, 그 집에 소장하고 있는 사진이나 앨범을 볼 수 있도록 허락을 받고, 그것을 별도로 접사하거나 스캔하는 작업을 해야 한다.

접사나 스캔한 사진 중에서 토박이와의 인터뷰에서 효과적으로 활용할 수 있는 것은 인화를 하여 그것을 가지고 대화를 진행하면 좋다. 아울러 앨범이나 오래된 사진을 접사나 스캔을 한 것을 CD에 별도로 구워서 토박이에게 선물로 주면, 상당히 영구적으로 보관할 수 있는 방법이기 때문에 정보제공자들이 좋아한다. 인터뷰의 전체 내용을 녹음해 두면 디지털 마을지를 제작할 때 활용할 수 있다.

〈표 8〉은 '남자 토박이 이야기'의 콘텐츠 주제를 표로 만든 것이다. 이것을 근간으로 질문지를 만들고 인터뷰 작업을 진행시킨다.

표 8 '남자 토박이 이야기' 질문표

| 대상 | 항목 | 소주제 | 참고 |
|---|---|---|---|
| 토박이<br>이야기<br>-남자 | 이 마을에 살게 된 이유 | - 이 마을에 사는 연유<br>- 조부모 이야기<br>- 외조부모 이야기<br>- 부모 이야기<br>- 형제자매 이야기<br>- 가족관계표 | 사진<br>녹음 |
| | 마을에서의 활동 | - 참여하는 조직<br>- 조직의 활동<br>- 마을 행사 참여 이야기 | 상세한 묘사<br>사진 |
| | 학교생활 | - 학교 모습 기억하기<br>- 기억에 남는 선생님<br>- 기억에 남는 친구<br>- 기억에 남는 놀이<br>- 즐겨 먹었던 음식<br>- 교복과 학용품 | 졸업앨범<br>놀이과정<br>음식이름<br>사진접사 |
| | 청소년과 청년시절 | - 졸업식 이야기<br>- 군대 가기<br>- 외지에서의 생활<br>- 직업 찾기 | 사진접사<br>상세한 묘사 |
| | 혼인과정 | - 부인과의 만남 과정<br>- 혼인 전의 연애<br>- 처가의 부모 이야기<br>- 혼인식 과정<br>- 혼인 후 거주지<br>- 혼인 후 직장생활<br>- 혼인 후 가정생활 | 사진접사<br>상세한 묘사 |
| | 자녀 출산과 양육 | - 자녀 소개<br>- 자녀 출산 과정<br>- 자녀 이름 정하기<br>- 자녀 백일·돌잔치<br>- 학교 교육 | 사진접사<br>상세한 묘사 |
| | 자녀 혼인과 손자녀 | - 사돈 집 소개<br>- 혼인식 과정<br>- 손자녀 출산<br>- 손자녀 백일·돌 | 사진접사<br>상세한 묘사 |

| | | -직업의 내용(하루와 일 년) | |
|---|---|---|---|
| | 사회생활 | -요사이 친구관계<br>-잘 가는 식당과 메뉴<br>-잘 가는 단골 가게<br>-여행 경험 | 상세한 묘사<br>사진접사 |
| | 명절과 가족행사 | -명절(원단·설·단오·복날·추석·동지·섣달그<br> 믐날 등) 이야기<br>-차례·제사·성묘·묘사 등과 부모 상장례의 과정<br>-가족의 생일 등 행사 | 행사별<br>상세한 묘사 |
| 토박이<br>이야기<br>-남자 | 종교 생활 | -신앙하는 종교와 활동<br>-마을 전체의 전통종교 활동 | 상세한 묘사 |
| | 토박이의 소중한 물건 | -앨범·상장·가구·기념품 등의 사진<br>-소중한 물건에 얽힌 이야기 | 사진촬영<br>토박이 명칭 |
| | 개인 연표 | -출생에서 현재까지 있었던 중요한 일들<br>-기억에 남는 사건들 | 연도<br>상세한 작업 |
| | 토박이는 이런 사람 | -작업자가 서술<br>-토박이의 주택 서술<br>-토박이의 모습 서술<br>-인터뷰 할 때의 분위기 서술 | 이미지 묘사<br>주택 평면도<br>그림지도에서<br>의 토박이 집 |

가. 그는 왜 이 마을에 사는가?

그가 알고 있는 마을의 역사와 친가와 외가의 조부모 그리고 부모에 대한 이야기를 정리한다. 마을에서 태어난 토박이의 경우, 부모 혹은 그 선대부터 거주해온 역사를 가지고 있기 때문에 이 소주제를 도입부에서 시작하는 것이 인터뷰를 효과적으로 진행시키는 데 좋다. 그러나 작업자는 토박이의 이야기를 듣고, 가족관계표를 만들어 더욱 분명하게 친척관계를 파악해야 한다. 가족관계표를 만든 후 토박이에게 보여주고, 다시 확인하는 작업을 할 필요가 있다.

가족관계표는 〈표 9〉와 같이 △(남자), ○(여자), △(사망) ＝(혼인관계), (부모-자식 관계), ─(형제자매 관계) 등을 표시하는 방식으로 작성한다. 〈표

9)는 토박이의 입장에서 친가 부모와 처가 부모 그리고 형제와 자녀만이 표시된다. 만약 조부모를 표시할 경우, 표를 더 확장하여 한 장에 전체를 그릴 수 있다. 아울러 각각의 사람들마다 이름과 사연을 적어도 된다. 이 가족관계표를 통해서 토박이 가족의 관계망을 한 눈에 파악하는 일이 가능하다.

표 9 족관계표 작성 예

가족관계표를 작성하면서 조부모 이야기, 외조부모 이야기, 부모 이야기, 형제자매 이야기를 구체적으로 들을 수 있다. 특히 남자 토박이의 경우, 해당 마을에서 오랫동안 거주해온 가족이면 조부모와 부모 이야기를 통해서 마을의 역사를 직·간접적으로 파악할 수 있기 때문에 이 부분을 구체적으로 인터뷰한다. 만약 이야기꾼이 이주해온 사람일 경우, 이주 전의 이야기와 함께 이주하게 된 이유를 인터뷰하여 서술한다. 이주하면서 집을 장만한 과정에 대한 내용도 포함시켜서 구체적인 내용을 적는다.

나. 학교 다닌 이야기

1930년대 이전에 출생한 한국인의 경우, 초등학교를 다니지 못한 사례도 있기 때문에 무조건 학교 다닌 이야기로 들어갈 수는 없다. 미리 토박이의 교육 정도를 살핀 다음, 만약 초등학교 이상을 졸업한 사람일 경우에 학교 다닌 이야기를 인터뷰한다. 특히 해당 마을에 있는 초등학교를 다닌 토박이일 경우, 학교생활은 물론이고 당시 해당 마을의 초등학교 모습을 상세하게 묘사하도록 유도할 필요가 있다. 이를 위해서는 인터뷰 장소를 해당 초등학교로 옮겨서 직접 현장에서 인터뷰를 듣는 방식이 효과적이다. 이때는 녹음을 하여 디지털 마을지에 담는다.

당시 학교 모습과 기억에 남는 에피소드, 즐겨 먹었던 음식과 놀이, 기억에 남는 선생님, 학교 풍경, 친구들 이야기 등 가능한 많은 이야기를 기억 재생을 통해서 듣도록 한다. 만약 졸업 앨범이 있을 경우, 그것을 가지고 이야기를 나누면 더욱 많은 기억을 재생할 수 있다. 졸업 앨범을 가지고 있지 않은 경우, 사전에 해당 초등학교에 가서 사진이나 앨범을 구하여 접사한 후 인화한 사진을 가지고 이야기를 전개시켜도 좋다. 다만 허위로 학력을 이야기하는 토박이도 있을 수 있기 때문에 이 부분에서는 자세하게 토박이를 관찰할 필요도 있다.

### 다. 청소년과 청년 시절

성인이 되면서 겪은 사건과 직업 찾기, 군대 가기, 직업 이야기, 마을 모습의 변화, 외지에서의 경험 등을 인터뷰한다. 성인이 되면서 기념으로 촬영한 흑백사진을 집에 가지고 있는 경우도 있기 때문에 친밀한 관계 속에서 사진을 구하는 노력을 해야 한다.

### 라. 혼인은 언제 어디서 어떻게 했나

신부 구하기, 혼인 전 이야기, 혼인식 과정, 혼인 후 거주지와 가정생활 꾸리기 등에 대해서 비교적 구체적인 내용을 인터뷰하면 좋다. 특히 혼인식 과정은 사회사적 의미를 지니는 내용이기 때문에 가능하면 자세하게 질문해야 한다. 가령 혼인 장소, 혼인 절차, 혼인 경비 부담 방법, 초대한 하객의 범위,

하객에게 준 답례품, 하객이 준비한 선물, 하객을 접대한 음식, 신혼여행 여부와 간 장소, 기타 에피소드 등을 구체적으로 인터뷰하여 콘텐츠 제작에 활용한다. 아울러 결혼식 장면을 찍은 사진이 있으면 그것을 구해 접사하여 당시의 기억을 되살린다.

### 마. 자녀 출산과 양육

남자 토박이들은 자녀 출산 과정에 대해 자세히 기억하지 못하는 경우가 많다. 그러나 부인의 도움을 받아 이 과정을 비교적 자세하게 조사한다. 아울러 자녀 이름 짓기, 출생신고, 백일·돌잔치 그리고 학교 교육 등에 대해서 아버지의 입장에서 가진 기억들을 듣는다.

### 바. 자녀 혼인과 손자녀 보기

성인이 된 자녀 이야기와 그들의 혼인 전후, 혼인식 과정, 살림 차려주기, 자녀의 직업, 손자녀의 출산과 백일·돌·학교생활 등에 대해 조사한다.

### 사. 사회생활

남자 토박이 본인의 직업에서 작업을 하는 과정에 대해서 하루와 일 년으로 나누어 상세하게 묘사한다. 이 부분은 직업에 따라 내용이 달라진다. 농·수산업에 종사할 경우, '마을 이야기'의 생업 부분과 겹칠 수도 있다. 이때는 적절하게 조정한다. 그러나 정보제공자가 다를 경우, '마을 이야기'와 중복되어도 직업에 대한 내용을 가능한 상세하게 묘사한다.

소속된 각종 조직 이름과 마을 조직 이름, 소속된 조직의 각종 활동, 친구 관계 등에 대해서도 인터뷰를 하여 자료를 정리해둔다. 마을 사람들과의 여행·놀이·운동 등 여가활동에 대해서 이 부분에서 조사하여 적는다.

특히 남자 토박이가 잘 가는 단골식당을 파악한다. 이 작업은 관광식당이 아닌, 지역 주민들이 자주 가는 단골식당을 파악하는 데도 필요하다. 식당의 이름과 위치 그리고 메뉴와 가격 등을 조사한다. 왜 남자 토박이는 해당 식당과 단골이 되었는지도 파악하여 적는다. 인터뷰가 진행되는 중간에 작업자는 그 식당에 가서 더욱 구체적인 정보(전화번호, 위치, 사진 등)를 수집하여 콘텐츠로 제작한다.

### 아. 의례와 종교 생활

원단·설·단오·복날·추석·동지·섣달그믐날 등의 명절을 지내는지, 지내지 않는지를 우선 파악한다. 지낼 경우, 구체적인 내용을 조사하여 서술한다. 그런데 기왕의 보고서를 보면 명절 행사를 세시풍속이라 적고, 매우 간단하게 무엇을 하는지 서술하는 경우가 많다. 이것은 질문하는 사람이 어떤 명절을 지내는지를 묻고, 그 명절 때 주로 하는 행사가 무엇인지를 물었기 때문이다.

명절은 일종의 사건이기 때문에 구체적인 시기와 참여자, 내용을 적어야 한다. 가령 2006년 설날 전날, 설날 당일, 설날 다음날에 구체적으로 어떤 활동을 했는지 질문하면 정보제공자도 매우 구체적으로 답을 할 수 있다. 명절 외에도 가족의 생일이나 차례·제사·성묘·묘사와 같이 일 년 중에 반복해서 진행되는 가족행사도 조사한다. 이것도 일종의 명절에 버금가는 행사에 속한다.

부모 상장례의 과정에 대해서는 과거의 일이며 슬픈 내용이라 조심스럽게 질문한다. 상장례와 관련하여 사진을 가지고 있는 집도 있다. 이 경우 사진을 수집하여 앞에서 제시한 방법으로 인터뷰를 진행시킨다.

종교생활은 개인과 마을 전체로 나눌 수 있다. 마을 전체의 종교 행사로는 마을제사가 대표적이다. 산신제 혹은 장승제 등의 이름으로 행해지는 마을제사에 참여한 경험이 있을 경우, 가장 최근의 행사에 토박이가 어떻게 참여하였는지를 조사한다. 당연히 행사의 진행과정에 대해서 토박이가 알고 있는 한

도에서 묻는다.

## 자. 토박이의 소중한 물건

사람들은 대부분 자신이 소중하게 여기는 물건을 소장하고 있다. 소중하게 여기는 이유와 그것을 소장하게 된 사연은 그 사람의 개인사와도 밀접하게 연관된다. 이 점에 주목하여 토박이가 소중하게 여기는 물건 5~10가지 정도를 질문하여 그것에 대한 내용을 서술한다. 당연히 물건을 사진으로 촬영하는 작업도 필요하다.

## 차. 개인 연표 만들기

개인이 살아온 이야기를 연표로 작성한다. 보통 개인 연표를 작성하라고 하면 출생, 학교, 혼인, 자녀 출생, 직업의 변화 정도를 그 내용으로 하는 경우가 많다. 이것은 연표가 아니라, 이력서에 가깝다. 개인 연표를 작성하는 이유는 인터뷰한 내용을 한 눈에 시간별로 파악하기 쉽게 하기 위해서이지, 결코 토박이의 이력서를 작성하는 데 목적이 있지 않다. 아래의 연표는 뿌리깊은나무사에서 발간한 『민중자서전』 중의 연표이다. 이것을 예시로 이와 같은 형식으로 개인 연표를 작성한다.

## 표 10 개인 연표 작성의 예시

### 김 명환 연보

| 해 | 일 |
|---|---|
| 1913년 | 전라남도 곡성군 옥과면 무창리에서 아버지 김 용현과 어머니 명 시현 사이에 오남이녀 중에서 다섯째로 태어났다. |
| 1920년 (여덟살) | 옥과 보통학교에 입학하였다. |
| 1921년 (열한살) | 아버지 회갑잔치에 전라도 일대의 판소리 명창과 산조 명인들이 와서 공연을 하였다. 이때부터 판소리에 깊은 흥미를 느끼기 시작하였다. 이해 여름에 후두부를 앓았으나 한방 치료로 곧 나았다. |
| 1925년 (열세살) | 옥과 보통학교를 졸업하였다. |
| 1926년 (열네살) | 일본 동경에 있는 효성 음악 학교에 입학하였다. |
| 1927년 (열다섯살) | 일본 동경에 있는 우에노 음악 학교에 다니던 곤조카의 권유로 동경 공회당에서 연주하는 서양 음악을 자주 들었다. |
| 1928년 (열여섯살) | 아버지 김 용현이 발병하여 일본에서 임시 귀국을 하였다. 아버지의 병환으로 혼처를 정하였다. |
| 1929년 (열일곱살) | 음력으로 지면 아버지가 발병한 같은 해인 무진년 섣달 초사흗날에 아버지가 세상을 떠났다. 음력 시월 유일에 화순군 능주에 살던 조 금안과 혼인하였다. 혼례를 마친 뒤에 처친 잔치에서 북을 치지 못한다 하여 동네 청년들에게 부끄럼을 당하였다. 이 일이 그로 하여금 북을 배우게 하는 계기가 되었다. 이 해 겨울에 장 판개를 찾아가 북과 판소리를 배웠다. |
| 1930년 (열여덟살) | 각기병에 걸려 다시 귀국하였다. 처남의 권유로 고향 고보로 다녔다. |
| 1931년 (열아홉살) | 다시 일본으로 건너가 효성 중학교를 졸업하고 귀국하였다. 큰아들 현표가 태어났다. 북 공부에 전념하는 한편으로 씨름판을 누비다. |
| 1933년 (스물한살) | 둘째아들 준표가 태어났다. |
| 1934년 (스물두살) | 임 방울의 옥과 공연 때에 고수 노릇을 맡아 처음으로 무대에 출연했다. |
| 1935년 (스물세살) | 큰딸 효정이가 태어났다. |
| 1936년 (스물네살) | 둘째아들 준표가 치아에 종통이 올라 죽었다. |
| 1937년 (스물다섯살) | 조선 성악 연구회에서 이 동백의 판소리에 북 반주를 했다. 명고 한 성준 앞에서 북을 치고 그 실력을 인정 받았다. 송 만갑의 지도로 복꾼부에 정진하였다. |
| 1940년 (스물여덟살) | 협률사를 따라 전국을 순회하다 여비가 바닥이 나서 귀향에다. 중국을 여행하였다. |
| 1944년 (서른두살) | 여름에 징용이 되어 끌려가다 도중에 탈출을 하였다. |
| 1945년 (서른세살) | 부인 조 금안이 장결핵으로 세상을 떠났다. |
| 1949년 (서른일곱살) | 가산을 정리하고 광주시 금남로로 이사하였다. |
| 1950년 (서른여덟살) | 큰아들 현표가 납북되었다. |
| 1952년 (마흔살) | 전쟁에서 받은 충격에서 벗어나려고 아편을 시작하였다. |
| 1953년 (마흔한살) | 임 방울의 난장 공연에서 번 돈으로 성 우향과 함께 정 응민에게 공부를 하러갔다. |
| 1954년 (마흔두살) | 조선일보사가 주최한 "옥자 위안 공연"에 참가하였다. 이 공연으로 명성이 널리 퍼졌다. |
| 1957년 (마흔다섯살) | 보성에서 음악 공부를 마치고 광주로 돌아왔다. |
| 1958년 (마흔여섯살) | 아편 중독이 매우 심하여 이를 잊기 위해 자진해서 광주 교도소에 들어갔다. 아편을 끊고 전라남도 초도에서 요양 생활을 했다. |
| 1959년 (마흔일곱살) | 전라남도 해남의 대흥사에서 휴양을 하였다. 어머니 명 시현이 세상을 떠났다. |
| 1961년 (마흔아홉살) | 스승 정 응민이 세상을 떠났다. 떠돌이 생활을 하며 극심한 가난에 시달렸다. |
| 1968년 (쉰여섯살) | 서울로 올라왔다. |
| 1969년 (쉰일곱살) | 함 동정월을 만나 그이의 가야금 재수련을 거듭었다. |
| 1973년 (예순한살) | "뿌리깊은나무 판소리 감상회"에 고수로 출연하기 시작했다. |
| 1974년 (예순두살) | 담석 제거 수술을 받았다. |
| 1975년 (예순세살) | 한국 판소리 보존 연구회의 발족에 참가하였다. 많은 학자들이 그이의 의견을 바탕으로 하여 책과 논문을 썼다. |
| 1976년 (예순네살) | 김 채윤과 재혼하였다. |
| 1978년 (예순여섯살) | 주요 무형 문화재 제59호 판소리 고법의 예능 보유자로 지정되었다. 제1회 고법 발표회를 가졌다. |
| 1979년 (예순일곱살) | 담석증이 재발하여 다시 수술을 받았다. |
| 1980년 (예순여덟살) | 이해부터 팔십삼년까지 케이비에스 텔레비전과 라디오에 녹음 출연을 하였다. |
| 1981년 (예순아홉살) | 문하생들을 중심으로 하여 전북적 성격의 "일산회"가 발족했다. |
| 1982년 (일흔살) | 전통 판소리 발표회 공연을 하였다. 이 공연 뒤에 "뿌리깊은나무 판소리" 전집의 북 반주를 모두 맡았다. 일본과 유럽 순회 공연을 갔다. |
| 1983년 (일흔한살) | 제자들이 제일회 일산 문하생 고법 발표회를 가졌다. |
| 1984년 (일흔두살) | 케이비에스가 주최하는 국악 대상에서 공로상을 받았다. |
| 1986년 (일흔네살) | 이해부터 팔십년년까지 국립 창극단 지도위원을 맡았다. |
| 1988년 (일흔여섯살) | "뿌리깊은나무 산조 전집" 녹음 때에 함 동정월과 지 성자의 가야금 산조 반주를 맡았다. |
| 1989년 (일흔일곱살) | 사월 오일에 세상을 떠났다. |

자료: 구술/김명환, 편집/김혜숙·박종권·백대웅·이은자, 『내 북에 앵길 소리가 없어요』(민중자서전 11), 서울: 뿌리깊은 나무, 1991에서 연보를 접사하여 옮김.

카. 토박이는 이런 사람

인터뷰가 마무리된 시점에서 작업자는 자신이 사귀면서 느낀 토박이가 어떤 사람인가에 대해 인물평을 간단하게 하여 독자들로 하여금 토박이 이야기의 마무리를 할 수 있도록 유도한다. 특히 토박이가 사는 주택 모습과 평면도 등을 묘사하고, 인터뷰할 때 토박이가 입은 옷이나 집안 분위기 등에 대해서도 묘사하여 독자들이 보다 더 토박이를 이해할 수 있도록 서술한다.

타. 남자 토박이가 살아온 이야기 자료 정리 및 초고 완성

현지조사를 하면서 매일 정리한 자료를 모아서 최종 콘텐츠를 제작한다. 이미 '마을 이야기' 최종 콘텐츠를 제작해본 경험이 있기 때문에 이 작업은 좀 더 수월할 수 있다. '남자 토박이 이야기'의 콘텐츠 구성표를 다음에 제시한다.

표 11 '남자 토박이 이야기' 콘텐츠 구성표

| 대항목 | 소항목 | 개별 콘텐츠 소제목 | 멀티미디어 리스트 |
|--------|--------|------------------|-----------------|
| 남자토박이 이야기 | ① 이 마을에 살게 된 이유 | | |
| | ② 마을에서의 활동 | | |
| | ③ 학교생활 | | |
| | ④ 청소년과 청년시절 | | |
| | ⑤ 혼인과정 | | |
| | ⑥ 자녀 출산과 양육 | | |
| | ⑦ 자녀 혼인과 손자녀 | | |
| | ⑧ 사회생활 | | |
| | ⑨ 명절과 가족행사 | | |
| | ⑩ 종교생활 | | |
| | ⑪ 토박이의 소중한 물건 | | |
| | ⑫ 개인 연표 | | |
| | ⑬ 토박이는 이런 사람 | | |

파. 보충하기

완성된 초고는 연구책임자와 자문위원에게 송부하여 검토를 받는다. 이 과정에서 또 다른 질문이 발생할 수 있다. 작업자 본인도 초고를 작성하면서 새로운 질문들이 생긴다. 이 내용을 모아서 다시 한 번 정보제공자와 만나 보충조사를 실시한다. 하지만 인터뷰를 할수록 의문점이 계속 생기는 경우가 있는데, 작업의 종결을 위해서 어느 정도 선에서 마무리 짓는 것이 좋다. '마을 이야기'와 마찬가지로 텍스트·사진·동영상·녹음·그림자료 등을 모두 정리하여 〈표 11〉의 콘텐츠 구성표도 만들어두어야 최종 작업 때 수월하다.

### (3) 여자 토박이 이야기꾼 인터뷰 및 원고작성: 13~16주

여자 토박이 이야기꾼과의 인터뷰 질문은 남자 토박이 이야기꾼의 것과 거의 비슷하다. 그 방법 역시 앞에서 소개한 것과 같다. 비록 같은 마을에서 혼인하는 사례도 있지만, 대부분의 여자 토박이 이야기꾼은 시집을 와서 해당 마을에 사는 경우가 많다. 그래서 시부모, 시형제와의 만남이 해당 마을로의 시집 온 일과 함께 시작되었다.

아울러 가정의 의식주 생활에 대한 정보는 여자 토박이 이야기꾼이 비교적 상세하게 알고 있는 편이다. 가정의 의식주 생활에서도 마을과 어떻게 연계되는지에 주목해야 한다. 가령 마을 부인들이 잘 만드는 지역음식이나, 단골식당, 지역에 있는 시장 등과 관련된 이야기를 여자 토박이로부터 들을 수 있다. 동시에 혼인과정과 자녀 출산·양육 등과 같이 여성 중심의 일에 대한 정보도 남자 토박이에 비해서 훨씬 구체적으로 청취하는 것이 가능하다.

〈표 12〉는 여자 토박이 이야기꾼과 인터뷰를 할 때 나누어야 하는 중요한 질문을 표로 만든 것이다. 남자 토박이와 겹치는 사례를 제외하고, 아래에 별도로 설명을 덧붙인다.

표 12 '여자 토박이 이야기' 질문표

| 대상 | 항목 | 소주제 | 참고 |
|------|------|--------|------|
| 토박이 이야기 - 여자 | 이 마을에 살게 된 이유 | - 이 마을에 사는 연유<br>- 시부모 이야기<br>- 시형제 이야기<br>- 친정 가족 이야기<br>- 가족관계표 | 사진<br>녹음 |
| | 마을에서의 활동 | - 참여하는 조직<br>- 조직의 활동<br>- 마을 행사 참여 이야기 | 상세한 묘사<br>사진 |
| | 시집오기 전 이야기 | - 친정에서의 학교 다니기<br>- 학교 모습<br>- 기억에 남는 선생님<br>- 기억에 남는 친구들<br>- 놀이와 음식<br>- 청소년과 처녀시절 이야기 | 상세한 묘사<br>사진접사 |
| | 이 마을에 살게 된 이유 | - 이 마을에 사는 연유<br>- 시부모 이야기<br>- 시형제 이야기<br>- 친정 가족 이야기<br>- 가족관계표 | 사진<br>녹음 |
| | 마을에서의 활동 | - 참여하는 조직<br>- 조직의 활동<br>- 마을 행사 참여 이야기 | 상세한 묘사<br>사진 |
| | 시집오기 전 이야기 | - 친정에서의 학교 다니기<br>- 학교 모습<br>- 기억에 남는 선생님<br>- 기억에 남는 친구들<br>- 놀이와 음식<br>- 청소년과 처녀시절 이야기 | 상세한 묘사<br>사진접사 |
| | 혼인과정 | - 남편과의 만남 과정<br>- 혼인 전의 연애<br>- 혼인식 과정<br>- 혼인 후 거주지<br>- 혼인 후 직장생활<br>- 혼인 후 가정생활 | 사진접사<br>상세한 묘사 |

| | | | |
|---|---|---|---|
| 토박이<br>이야기<br>- 여자 | 자녀 출산과 양육 | - 자녀 소개<br>- 자녀 출산 과정<br>- 자녀 이름 정하기<br>- 자녀 백일 · 돌잔치<br>- 학교 교육 | 사진접사<br>상세한 묘사 |
| | 자녀 혼인과 손자녀 | - 사돈 집 소개<br>- 혼인식 과정<br>- 손자녀 출산<br>- 손자녀 백일 · 돌 | 사진접사<br>상세한 묘사 |
| | 의생활 이야기 | - 족 옷의 종류와 옷장만<br>- 자신이 생각하는 옷치장의 특징<br>- 머리 다듬기<br>- 장신구와 이불장만 | 상세한 묘사<br>사진접사 |
| | 식생활 이야기 | - 가정의 일상식사(봄 · 여름 · 가을 · 겨울)<br>- 간장 · 된장 · 김치 · 나물 등의 조리법<br>- 자신이 잘 만드는 지역음식의 종류와 조리법<br>- 자신이 좋아하는 친정과 시댁의 음식과 조리법<br>- 마을 친구들이 잘 만들어 먹는 음식과 조리법<br>- 잘 가는 단골식당의 이름과 메뉴 · 가격 · 특징<br>- 잘 가는 시장과 그곳의 특징 | 조리법<br>상세묘사<br>사진촬영<br>식당과 시장<br>함께 가기 |
| | 주생활 이야기 | - 지금 살고 있는 집의 구조 · 기능과 사용하는 사람<br>- 집 마련 과정과 수리 과정<br>- 가구 중에서 가장 소중한 것의 이름과 왜 소중한지 등 | 집 평면도<br>가구 표시 |
| | 사회생활 | - 직업의 내용(하루와 일 년), 주부일 경우에는 가사<br>- 요사이 친구관계<br>- 잘 가는 단골 가게<br>- 여행 경험 | 상세한 묘사<br>사진접사 |
| | 명절과 가족행사 | - 명절(원단 · 설 · 단오 · 복날 · 추석 · 동지 · 섣달그<br>  믐날 등) 이야기<br>- 차례 · 제사 · 성묘 · 묘사 등과 시부모, 친정부모의<br>  상장례 과정<br>- 가족의 생일 등 행사 | 행사별<br>상세한 묘사 |
| | 종교 생활 | - 신앙하는 종교와 활동<br>- 마을 전체의 전통종교 활동 | 상세한 묘사 |
| | 토박이의 소중한 물건 | - 앨범 · 상장 · 가구 · 기념품 등의 사진<br>- 소중한 물건에 얽힌 이야기 | 사진촬영<br>토박이 명칭 |

| 토박이 이야기 - 여자 | 개인 연표 | -출생에서 현재까지 있었던 중요한 일들<br>-기억에 남는 사건들 | 연도<br>상세한 작업 |
| --- | --- | --- | --- |
| | 토박이는 이런 사람 | -작업자가 서술<br>-토박이의 주택 서술<br>-토박이의 모습 서술<br>-인터뷰 할 때의 분위기 서술 | 이미지 묘사<br>그림지도에서<br>의 토박이 집 |

가. 그녀는 왜 이 마을에 사는가?

시부모, 시형제, 친정 가족 이야기를 여기에서 정리하고, 그녀가 이 마을에 사는 연유가 바로 혼인으로 인해서 생긴 일임을 설명한다. 남자 토박이와 똑같이 가족관계표를 작성하고 친척들 이야기를 묘사한다.


나. 시집오기 전 이야기

친정에서 학교 다닌 이야기, 학교 모습과 기억에 남는 에피소드, 즐겨 먹었던 음식과 놀이, 기억에 남는 선생님, 학교 풍경을 서술하고, 친정에서의 청소년과 처녀 시절 이야기도 함께 적는다.


다. 혼인은 언제 어디서 어떻게 했나

신랑과의 연분, 혼인 전 이야기, 혼인식 과정, 혼인 후 거주지와 가정생활 꾸리기, 시집온 마을의 인상과 모습 등을 서술한다. 남자 토박이와 마찬가지로 혼인식 과정에서 발생한 각종 이야기를 묻는다. 가령 혼인 장소, 혼인 절차, 혼인 경비 부담 방법, 초대한 하객의 범위, 하객에게 준 답례품, 하객이 준비한 선물, 하객을 접대한 음식, 신혼여행 여부와 간 장소, 기타 에피소드 등을 구체적으로 인터뷰하여 콘텐츠 제작에 활용한다. 아울러 결혼식 장면을 찍은 사진이 있으면 그것을 구해 접사하여 당시의 기억을 되살린다.

### 라. 자녀 출산과 양육

자녀의 임신과 가족계획, 출산 과정에 대해서 상세한 묘사를 한다. 특히 산부인과나 분만소 등을 간 경우, 이웃집의 할머니가 도와서 순산을 한 경우에는 그 이름과 위치 등을 자세하게 적는다. 백일·돌잔치 때 마련한 음식이나 장소 등도 구체적으로 묘사한다. 학교 교육을 비롯한 여러 가지 자녀 양육 과정을 질문하여 정리한다.

### 마. 의생활 이야기

가족 옷의 종류와 옷장만, 자신이 생각하는 옷치장의 특징, 머리 다듬기, 장신구, 이불장만 등에 대해서 질문을 하고 내용을 정리한다. 특히 한복을 비롯한 전통 옷의 사용과 양장의 사용에 대해 질문한다. 옷감을 사는 곳, 옷을 사는 곳이 어디인지를 질문하여 마을 주민의 시장권을 파악한다.

### 바. 식생활 이야기

가정의 일상식사(봄·여름·가을·겨울), 간장·된장·김치·나물 등의 조리법, 자신이 잘 만드는 지역음식의 종류와 조리법, 자신이 좋아하는 친정과 시댁의 음식과 조리법, 마을 친구들이 잘 만들어 먹는 음식과 조리법, 잘 가는 단골식당의 이름과 메뉴·가격·특징, 잘 가는 시장과 그곳의 특징 등을 질문한다. 특히 조리법 서술은 작업자 본인이 충분히 만들 수 있을 정도로 이해하여 작성해야 자료적 가치가 있다.

이를 위해서는 대표적인 2~5가지 지역음식을 정보제공자로 하여금 만들어 보도록 연출해야 하며, 그 과정을 사진·동영상 촬영을 해야 한다. 지역음식에 대한 구체적인 정보는 디지털 마을지에서 매우 유용한 정보로 활용될 수 있다. 조리법 서술과 함께 관련 사진·동영상이 하이퍼링크로 연결된 콘텐츠를 제작해야 한다. 조리법 서술의 예는 다음과 같다.

표 13 **조리법 작성의 예시**

○ 조리법의 서술은 다음과 같이 체계적으로 진행한다.

<사례> 주영하 조사 자료, 『이상희 할머니의 떡 만들기』

① 음식명 : 봉우리떡

② 개요 : 봉우리떡은 찹쌀가루를 시루에 수저로 떠서 놓아 소를 넣고 팥고물 속에 묻어서 안쳐 찐 떡이다. 이상희 할머니는 어릴 적에 친정 어머니로부터 배웠다. 명절이면 항상 이 떡을 만들었기 때문에 자신도 시집을 와서 아이들 간식이나 잔치, 그리고 명절 때 만든다.

③ 만드는 과정 : 쌀 담그기-가루내기-솥에 안치기-찌기

④ 재료 :

찹쌀 1되(800g), 소금 1큰 술

팥고물 재료 : 회색팥 1½되, 계피 가루(통계피를 간 것) 약간, 설탕·집진간장 약간

떡소 재료 : 깐 호두 45g, 밤 3개, 대추 6개, 유자청 1홉, 엉길 정도의 꿀, 잣 약간, 계피 가루·팥무거리 약간

⑤ 만드는 법

㉠ 가루내기 : 멥쌀을 깨끗이 씻어서 하룻밤 담그었다가 소쿠리에 건져 물기를 빼고 소금을 넣어 곱게 빻는다.

㉡ 팥고물 볶기 : 붉은 팥을 맷돌에 타거나 방앗간에 갖고 가서 반으로 쪼개어서 물에 5시간 이상 담가 놓는다. 팥이 불어서 손으로 문지르면 껍질이 벗겨진다. 싹싹 비벼서 물에 껍질이 다 떠내려가도록 한다. 껍질을 다 벗겨 떠내려 보냈으면 시루에 보자기를 깔고 팥을 푹 무르게 쪄서 식힌 후 빻아 가루를 만든다. 덜 식혀서 빻으면 질어진다. 이렇게 한 것을 수분을 제거하기 위하여 볶아준다. 옴폭하고 깊은 용기에 식용유를 두르고 빻은 고물을 넣어서 나무주걱으로 타지 않게 바닥까지 저어가며 볶는다. 덩어리가 차츰 풀어지며 김이 나기 시작하였다가 불을 줄이면 차츰 김이 적게 난다. 이때 손으로 만져보아 가루가 보드랍고 약간 수분이 있는 상태가 되면 불을 끈다. 김이 나지 않고 뽀송뽀송 할 때 까지 볶으면 꺼칠해서 맛도 덜해진다. 볶은 가루에 계피 가루를 엷은 계피색이 나도록 넣고 설탕을 기호에 따라 넣는다. 그리고 집에서 담가 여러 해 묵은 집진간장도 조금 넣는다. 모든 재료를 골고루 섞어서 중체 정도의 굵기로 된 체에 한 번 내린다.

㉢ 소 만들기 : 깐 호두는 콩 알 만하게 자르고, 밤은 속껍질까지 까서 사방 1cm정도의 정사각형 모양으로 자른다. 대추는 씨를 발라서 콩 알 만하게 네모로 자른다. 유자청 건지는 1cm 정도의 길이로 자른다. 이렇게 준비한 호두·밤·대추·유자청에 잣을 조금 넣고 계피 가루를 약간 넣어 향을 낸다. 팥고물 만들 때 무거리가 남았으면 이것도 섞어 혼합한다. 이 재료들을 엉기게끔 하기 위해서는 꿀을 넣는다. 너무 꿀을 많이 넣어 질다 싶으면 팥 무거리를 넣어서 되기를 조절한다.

㉣ 시루에 안쳐 찌기 : 팥고물 볶아 두고 소도 만들어 놓았으면 떡가루를 시루에 안친다. 시루 밑에 보자기를 깔고 준비한 팥고물을 바닥이 보이지 않도록 넉넉히 뿌린다. 그 위에 찹쌀가루 한 큰 술을 떠서 놓고 그 가운데에 소를 작은 수저로 한 수저 떠서 놓고 다시 찹쌀가루 한 큰 술을 떠서 소를 덮어 봉우리처럼 볼록하게 만든다. 여기에 쌀가루가 뵈지 않을 정도로 준비한 팥가루를 덮는다. 그 위에 다시 한 켜를 올리는데 쌀가루를 떠서 올려 소를 넣어 다시 쌀가루 얹어 팥가루를 덮는다. 이런 식으로 켜켜로 안쳐서 솥에 물을 ⅔정도 붓고 시루를 올리고, 시루번을 부치고 뚜껑을 덮어 푹 쪄서 뜸을 들인다.

㉤ 담기 : 다 쪘으면 시루를 솥에서 떼어서 수저로 팥고물에 묻혀 있는 떡을 찾아서 그릇에 담는다. 담을 때는 사이사이에 고물을 넉넉히 넣어서 담고 맨 위에는 남은 고물을 성근체로 내려 떡의 형체가 보이지 않도록 덮는다.

사. 주생활 이야기

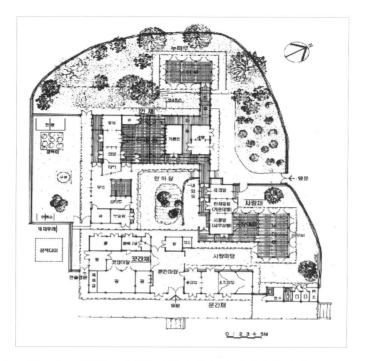

▌그림 2▐ 이희봉, 강화군 길상면 온수리 김부자집 평면도, 2002.


지금 살고 있는 집의 구조와 사용하는 사람·기능, 집 마련 과정과 수리 과정, 가구 중에서 가장 소중한 것의 이름과 왜 소중한지 등을 질문한다. 독자가 이 집의 모습을 사진을 보지 않고 텍스트만으로도 이해할 수 있도록 묘사를 해야 한다. 집의 평면도는 그림으로 자세하게 묘사한다. 다만 〈그림 2〉에서와 같이 너무 전문적인 그림을 요구하지 않는다. 그 대신에 각 집의 공간을 토박이가 어떻게 부르는지, 각 공간의 모습을 간단하게 묘사하는 작업을 하여 그림이 흥미를 이끌어내도록 한다.

아. 자녀 혼인과 손자녀 보기

성인이 된 자녀 이야기와 그들의 혼인 전후, 혼인식 과정, 살림 차려주기, 자녀의 직업, 손자녀의 출산과 백일·돌·학교생활 등

자. 사회생활

직업의 작업과정(주부일 경우 하루 생활), 소속된 각종 조직 이름과 마을 조직 이름, 소속된 조직의 각종 활동, 마을의 친구관계, 마을 전체의 여행과 놀이, 각종 계모임 등에 대해서 적는다. 특히 계모임의 경우, 그 구체적인 방법과 인원 수 그리고 활용한 사례를 질문한다.

차. 의례와 종교생활

명절(원단·설·단오·복날·추석·동지·섣달그믐날), 차례·제사·성묘·묘사, 부모 상장례의 과정, 종교생활, 마을 전체의 종교 행사 참여 과정 등을 남자 토박이 질문과 똑같이 하면 된다. 다만, 명절이나 차례 때의 음식 장만에 대해서는 조리법·경비·시장보기 등에 대해 구체적으로 질문한다.

카. 토박이의 소중한 물건

남자 토박이의 경우와 같다.

타. 개인 연표 만들기

남자 토박이와 같다. 출생에서부터 현재까지를 적는다.

파. 토박이는 이런 사람

남자 토박이와 같다. 다만 가계부가 있을 경우, 공개가 가능하도록 설득하

여 몇 가지 사례를 소개한다.

하. 여자 토박이가 살아온 이야기 자료 정리 및 초고 작성

현지조사를 하면서 매일 정리한 자료를 모아서 최종 콘텐츠를 제작한다. 이미 '마을 이야기'와 '남자 토박이 이야기' 최종 콘텐츠를 제작해 본 경험이 있기 때문에 이 작업은 좀 더 수월할 수 있다. '여자 토박이 이야기'의 콘텐츠 구성표를 다음에 제시한다.

표 14  여자 토박이 이야기 콘텐츠 구성표

| 대항목 | 소항목 | 개별 콘텐츠 소제목 | 멀티미디어 리스트 |
|---|---|---|---|
| 여자<br>토박이<br>이야기 | ① 이 마을에 살게 된 이유 | | |
| | ② 마을에서의 활동 | | |
| | ③ 시집오기 전 이야기 | | |
| | ④ 혼인과정 | | |
| | ⑤ 자녀 출산과 양육 | | |
| | ⑥ 자녀 혼인과 손자녀 | | |
| | ⑦ 의생활 이야기 | | |
| | ⑧ 식생활 이야기 | | |
| | ⑨ 주생활 이야기 | | |
| | ⑩ 사회생활 | | |
| | ⑪ 명절과 가족행사 | | |
| | ⑫ 종교생활 | | |
| | ⑬ 토박이의 소중한 물건 | | |
| | ⑭ 개인연표 | | |
| | ⑮ 토박이는 이런 사람 | | |

가. 보충하기

완성된 초고는 연구책임자와 자문위원에게 송부하여 검토를 받는다. 이 과정에서 또 다른 질문이 발생할 수 있다. 작업자 본인도 초고를 작성하면서 새로운 질문들이 생긴다. 이 내용을 모아서 다시 한 번 정보제공자와 만나 보충조사를 실시한다. 하지만 인터뷰를 할수록 의문점이 계속 생기는 경우가 있는데, 작업의 종결을 위해서 어느 정도 선에서 마무리 짓는 것이 좋다. '마을 이야기'와 마찬가지로 텍스트·사진·동영상·녹음·그림자료 등을 모두 정리하여 〈표 14〉의 콘텐츠 구성표도 만들어두어야 최종 작업 때 수월하다.

## 4) 나오기: '내가 이해한 마을'

앞에서 밝힌 바와 같이 디지털 마을지의 콘텐츠는 객관성보다는 내가 이해한 마을 이야기를 독자들이 얼마나 재미있게 읽고 보도록 구성하고 이야기해 주는가에 목적을 두고 서술되어야 한다. 이런 면에서 작업자는 "나는 내레이터이다."는 생각을 지니고서 본인이 이해한 마을 이야기를 텍스트로 묘사하고, 사진·동영상·그림지도 등을 제작하는 자세가 필요하다. 장장 16주의 현지조사작업이 마무리되면 작업자는 해당 마을을 가장 잘 이해하고 있는 사람들 중의 한 사람이 되었음을 스스로 느끼게 된다.

바로 이렇게 느낀 상태에서 제작한 콘텐츠는 생생한 현장감을 지니고 있기 때문에 그 내용을 접하는 네티즌들도 바로 현장에 자신이 있는 듯 착각에 빠질 수 있다. 필자는 지난 몇 년 동안 『한국향토문화전자대전』 디지털 마을지 작업에 간접적으로 참여하면서 작업자들이 항상 시간에 쫓기면서 콘텐츠 제작을 한다든지, 아니면 현지조사의 결과가 마지막에 마땅하지 않아 기왕에 알려진 내용을 편집하여 콘텐츠를 제작한다든지, 무조건 인터뷰한 내용만을 근거로 삼아 콘텐츠를 제작하는 모습을 많이 보았다.

결국 본인이 서술한 텍스트이면서도 본인 스스로도 잘 이해하지 못하고 작성했기 때문에 생긴 결과였다. '내가 이해한 마을'을 다른 사람에게 잘 설명한다고 생각한다면, 현지조사 작업을 할 때나 콘텐츠를 제작할 때 객관성보다는 자신이 이해한 내용을 우선에 내세울 것이다. 더욱이 잘 이해가 되지 않은 내용에 대해서는 다시 질문하고 조사하는 일이 당연하다. 만약 이 일이 자신의 개인적인 이해(利害)와 관련되어 있다면 더욱 분명하게 내용을 밝히려고 노력할 것이다. 이런 자세가 디지털 마을지 제작에서 가장 중요하다.

'마을 이야기', '남자 토박이 이야기꾼 이야기', '여자 토박이 이야기꾼 이야기'가 모두 완성되면 보고서 작업을 수행하면 된다. 텍스트의 교정과 교열, 소제목 뽑기, 사진이 들어가야 할 위치, 동영상의 정리, 그림지도와 그림자료의 완성 등과 함께 콘텐츠 목록을 만드는 작업도 해야 마무리가 된다. 이 작업은 발주처에서 제공하는 매뉴얼에 따라서 진행하면 된다. 완성된 콘텐츠는 최종 납품을 하기 전에 현지 주민들 중에서 내용을 볼 수 있는 사람을 선정하여 읽도록 해야 한다. 혹시 틀린 내용이 들어가 있을 수 있기 때문이다.

이 글은 2005년과 2006년에 수행한 「"한국향토문화전자대전" '마을항목' 제작을 위한 연구」(연구책임자: 주영하), 「"디지털제주시문화대전" '마을항목' 콘텐츠 제작」(연구책임자: 허남춘)의 코디네이터, 「북제주군 마을항목 콘텐츠 제작」(연구책임자: 임경택)의 자문위원 등을 맡으면서 경험한 내용을 기초로 하여 마련되었다. 특히 2007년 8월에 개최된 《향토문화아카데미》에서 본 주제와 관련하여 강의를 하고, 강의 평가를 받은 결과는 매우 유익한 도움이 되었다.

주지하듯이, 이 글은 일반적인 민속지, 향토지, 시·군지 등의 마을지 작업에는 적당하지 않은 내용도 있다. 왜냐하면 디지털 마을지의 목적이 그것들과는 약간 다르기 때문이다. 하지만 그 작업을 할 때 이 글을 참고한다면 보다 명확한 마을지 콘텐츠를 제작하는 데 도움이 될 것이라 믿는다. 특히 이 글을 통해서 민속지, 향토지, 시·군지 등의 마을지 제작을 할 때도 분명한 목적을 가져야 한다는 점을 확인한다. 이 글의 서두에서도 밝혔듯이, 마을지 제작의 목적이 어디에 있는지에 따라 작업의 대상과 방법도 조금씩 달라지기 때문이다.

필자는 디지털 마을지가 궁극적으로 주민들의 손으로 넘어가서 그들이 직접 만드는 데까지 이르기를 기대한다. 주민들 중에서 이 작업에 뜻이 있는 사람도 이 글을 보고 하나의 매뉴얼로 삼아서 작업을 한다면 충분히 나름대로의 디지털 마을지를 만들 수 있다. 특히 주민이 직접 만들 경우, 그 디지털 마을지는 마을 내부와 외부를 이어주는 정보와 소식의 발신처이자 정류장이 될 것이다. 이렇게 스스로 진화하는 디지털 마을지가 바로 디지털 환경에서 지역사회를 더욱 사람 사는 마을로 만드는 원동력이 되리라 생각한다.

표 15 디지털 마을지 전체 콘텐츠 구성표

| 대항목 | 소항목 | 개별 콘텐츠 소제목 | 멀티미디어 리스트 |
|---|---|---|---|
| 마을 이야기 | ① 마을 그림지도 | | |
| | ② 마을 찾아가기 | | |
| | ③ 마을 지명유래와 전설·설화 | | |
| | ④ 마을 역사 | | |
| | ⑤ '마을 50년사' 연표 | | |
| | ⑥ 마을 인구 | | |
| | ⑦ 마을 주민의 생업 | | |
| | ⑧ 생업 달력 | | |
| | ⑨ 마을 종교 | | |
| | ⑩ 마을의 각종 조직 | | |
| | ⑪ 마을 조직의 행사 | | |
| | ⑫ 마을 달력 | | |
| | ⑬ 마을 명소 | | |
| | ⑭ 마을 특산물 | | |
| | ⑮ 재미있는 에피소드 | | |
| 남자토박이 이야기 | ① 이 마을에 살게 된 이유 | | |
| | ② 마을에서의 활동 | | |
| | ③ 학교생활 | | |
| | ④ 청소년과 청년시절 | | |
| | ⑤ 혼인과정 | | |
| | ⑥ 자녀 출산과 양육 | | |
| | ⑦ 자녀 혼인과 손자녀 | | |
| | ⑧ 사회생활 | | |
| | ⑨ 명절과 가족행사 | | |

| | | | |
|---|---|---|---|
| 여자토박이<br>이야기 | ① 이 마을에 살게 된 이유 | | |
| | ② 마을에서의 활동 | | |
| | ③ 시집오기 전 이야기 | | |
| | ④ 혼인과정 | | |
| | ⑤ 자녀 출산과 양육 | | |
| | ⑥ 자녀 혼인과 손자녀 | | |
| | ⑦ 의생활 이야기 | | |
| | ⑧ 식생활 이야기 | | |
| | ⑨ 주생활 이야기 | | |
| | ⑩ 사회생활 | | |
| | ⑪ 명절과 가족행사 | | |
| | ⑫ 종교생활 | | |
| | ⑬ 토박이의 소중한 물건 | | |
| | ⑭ 개인연표 | | |
| | ⑮ 토박이는 이런 사람 | | |

안동대학교 민속학연구소, 『마을 민속조사 어떻게 할 것인가』, 서울: 민속원, 2002.

_____, 『마을 민속보고 어떻게 할 것인가』, 서울: 민속원, 2003.

윤택림, 『문화와 역사 연구를 위한 질적연구방법론』, 서울: 아르케, 2004.

주영하, 「두 가지의 민속학과 의식주 연구」, 『민속학연구』 20호, 서울: 국립민속박물관, 2007.

한국정신문화연구원 한국향토문화전자대전추진위원회, 『향토문화란 무엇인가』, 성남: 한국정신문화연구원 한국학정보센터, 보고서, 2002.

줄리아크레인, 『문화인류학현지조사방법』, 한경구 외(역), 서울: 일조각, 1996.

Sanjek, Roger, *Fieldnotes: The Making of Anthropology*, Ithaca: Cornell University Press, 1990.

Collier, John and Malcolm Collier, *Visual Anthropology: Photography As a Research Method*, University of New Mexico Press, 1986.

● 이 외 다음의 각종 민속지를 참고하면 현지조사 전에 갖추어야할 지식을 공부할 수 있음.

경기도 박물관, 『경기민속지』(1998~2005).

문화재관리국, 『한국민속종합보고서』(1969~1982).

한국정신문화연구원, 『한국의 향촌민속지(Ⅰ)』, 성남: 한국정신문화연구원 편집부, 1992.

_____, 『한국의 향촌민속지(Ⅱ)』, 성남: 한국정신문화연구원 편집부, 1995.

_____, 『한국의 향촌민속지(Ⅲ)』, 성문출판사, 1996.

구리시지편찬위원회, 『구리시지』, 구리시, 1996.

이천시지편찬위원회, 『이천시지』, 이천시, 2001.

안동시사편찬위원회, 『안동시사』, 안동시, 1999 등 각종 시·군지.

### 1) 디지털 마을지 시청각 자료의 역할과 종류

한국학중앙연구원에서 사업을 주관하는 『한국향토문화전자대전』은 국책사업으로서 진행되는 사업이기도 하지만 인문학과 시청각 자료의 활용이라는 측면에서 본다면 매우 의미 있는 사업이다. 특히 매체를 활용해서 생산되는 『한국향토문화전자대전』의 시청각자료는 디지털시대에 부응하는 결과물을 만들어낸다. 조사자가 직접 현지조사를 수행하면서 생산하는 결과물들은 집필과정, 편집을 마친 후에 정보구현시스템을 통해 체계적으로 데이터베이스가 만들어진다. 이렇게 현지에서 조사하는 과정에 수집, 정리, 집필된 자료들로 만들어진 여러 항목들을 데이터베이스화하여 서버에 구축된 자료들은 사용자들이 편리하게 웹상에서 손쉽게 검색하여 원하는 자료를 얻을 수 있다. 조사자가 현지조사과정을 통해 얻은 생생한 현지의 자료가 전문가의 손길을 통해 정리되어 홈페이지를 통해 검색이 된다. 검색된 결과들이 원하는 주제어에 따라 일목요연하게 화면에 나타난다. 검색된 결과물은 향토문화에 대한 학술, 교육적 자료로서 훌륭한 역할을 할 뿐만 아니라 디지털한국학아카이브로서 가치를 가진다.

「디지털○○문화대전」에 구축된 항목별 데이터들이 가진 장점 중 하나는 조사자가 현지에서 마을사람들과 같이 호흡하면서 인류학, 민속학 현지조사방식을 통해 조사를 수행하면서 얻게 되는 생생한 기록을 디지털캠코더, 디지털카메라, 그리고 보이스레코더와 같은 디지털 기기를 통해서 현지에서 직접 기록

---

* 이 장 내용은 2007년 한국학중앙연구원 제1기 향토문화아카데미에서 현장취재 실습 강좌를 담당한 심재석 선생(한국학대학원 민속학 박사과정, 템플대학교 영상인류학 석사)이 동 강좌의 교육교재로 집필한 것이다. 지역 문화 멀티미디어 취재 방법론에 대한 독자의 이해를 돕기 위해 필자의 동의를 얻어 본서에 편입하였다. (편집자주)

을 한다는 부분이다. 현지조사 전문가에 의해 직접 그 지역에서 수집된 자료들이기 때문에 「디지털○○문화대전」 각 항목별 자료는 조사자와 현지사람들의 숨결이 느껴질 수 있는 살아있는 자료들이다. 또한 하이퍼텍스트가 가진 유관 항목들과의 유기적인 연결을 통해서 텍스트기반 사전식 나열방식과는 다르게 자료로서 활용범위가 매우 넓은 편이다. 하이퍼텍스트는 마치 하나의 문서인 것처럼 보인다. 하지만 그것은 단순히 텍스트와 시청각자료와의 연결고리를 만들어서 실제 홈페이지 안에 엄청난 분량의 자료들이 유기적으로 연결되는 있다는 것을 「디지털○○문화대전」 홈페이지에서 사용자들이 직접 마우스를 클릭하면서 실감할 수 있다.

　디지털 기기를 활용해서 기록된 자료는 다양한 형태로 가공되어 시각적으로 보기 좋은 웹화면과 사용자 편의를 고려한 검색 인터페이스를 통해 사용자들에게 언제든지 인터넷을 통해 「디지털○○문화대전」에서 원하는 다양한 지역문화 관련 자료를 찾을 수 있게 한다. 이것이 가능하게 된 것은 물론 정보 기술이 발달한 덕분이다. 디지털 기술을 활용하여 조사자가 현지조사를 수행하면서 사진촬영을 한 후 원하는 수준의 결과물이 나왔는지 현장에서 바로 확인을 할 수 있다. 동영상 또한 현장에서 촬영을 마친 후 즉시 재생이 가능하고 컴퓨터를 이용하여 쉽게 서비스할 수 있는 파일로 동영상을 변환하여 활용할 수 있는 디지털 장비의 특성은 하이퍼텍스트를 기반으로 하는『한국향토문화전자대전』작업에 빠질 수 없는 중요한 장비들이다. 그리고 무엇보다 예전의 아날로그 장비에 비해서 편리한 사용법, 경제성, 그리고 뛰어난 화질로 만들어진 결과물들을 즉시 확인할 수 있기 때문에 예전에 활용한 필름카메라, 아날로그 방식의 기록방식보다 생산성과 경제성 등을 비교해 보아도 흠잡을 데 없는 완벽한 장비들이다. 사진. 동영상은 홈페이지를 통해 내용을 보여주고 네티즌들이 관심을 가지고 있다. 시청각자료를 통해 각 항목에 대한 이해를 텍스트 하나만으로 이해하기 어려운 부분들까지 좀 더 포괄적인 내용들이 담긴 시청각자료들을 통해 다양한 정보를 하나의 자료를 통해 효과적인 얻을 수 있는 역할을 한다. 따라서 시청각자료는 사용자들로 하여금 향토문화를 쉽게 접할 수 있게 호기심을 유발하고 하이퍼텍스트를 통해 다양한 정보를 얻을 수 있게 하면서 한 단계씩 다양한 내용들로 연결되어 향토문화에 대한 내용들을 사용자도 모르는 사이 한 항목에서 시작되어 관련항목까지 두루 살펴보게 해주는 기제로서 작용하고 있다.

이제는 디지털영상기술을 통해 머릿속에서 상상하는 모든 것이 실제로 모니터 상에 구현 가능하다. 현재 현지조사를 하는 과정에 이와 같은 기술과 장비를 활용하기에는 실질적으로 지원되는 예산이 부족한 상황이다. 그렇다고 장비와 예산이 지원이 되더라도 쉽사리 조사자가 마을사람들이 살아가는 모습을 세밀하게 표현하기에는 부족한 부분이 많이 있는 것이 사실이다. 또한 단순히 장비만 있다고 해결되는 쉬운 문제는 아니라는 것이다. 설령 예산과 장비가 지원이 된다고 하더라도 한정된 조사기간 동안 원하는 모든 것을 동영상, 사진 속에 담아낼 수 있는 것은 아니다. 최첨단 디지털장비와 인력을 동원해서 마을이야기를 원하는 대로 만들어내는 것은 미리 만들어 놓은 시나리오를 토대로 재현해서 만들어내는 것이다. 이것은 진실한 역사의 기록이라는 측면에 배치되는 상황이다. 이런 관점에서 볼 때 조사자가 현지조사를 하는 과정동안 마을사람들과 함께 호흡하면서 하나씩 만들어내는 「디지털○○문화대전」의 각 항목들 속의 시청각자료는 매우 의미가 있는 것이다. 조사지역이 가진 지역적 특성을 있는 그대로의 모습을 조사자가 현지에서 직접 기록해서 홈페이지를 통해 보여줄 수 있다는 만으로도 그것이 1차 자료로서 가치를 준다. 또한 그 자료를 활용해서 향토문화를 교육하는 교육의 현장, 연구자들에게는 학문적 자료로서의 활용할 수 있는 여지가 있다는 점에서 중요한 가치와 의미를 가지고 있다. 아쉽게도 이런 논의는 논지 전개상 이 글에서 이루어질 수 없다. 하지만 필자는 조사자들이 시청각자료들을 보다 객관적인 입장에서 기록을 할 수 있도록 필자가 가지고 있는 현지조사경험 속에서 나온 노하우를 공유한다는 의도와 목적으로 글을 쓰고자 한다. 그동안 현지조사에 임하는 조사자들이 현지조사에 대한 가이드라인 없이 조사를 해야 하는 것은 매우 아쉬운 점이었다. 이것은 조사된 자료의 평균적 수준을 담보한다는 차원에서 필요한 작업이다. 조사매뉴얼을 통한 표준화된 가이드라인 또는 조사지침을 제시하는 것은 반드시 필요한 부분이라는 생각을 해본다. 또한 이 글을 통해서 인류학, 민속학 현지조사 훈련을 받지 못한 조사자들이 효과적인 현지조사를 수행하는데 도움이 되게 하고자 한다.

현재 시청각자료의 생산자는 「디지털○○문화대전」에 참여하는 조사자가 가진 관점에서 전반적인 작업이 이루어지고 있다. 하지만 필자의 욕심이자 바람은 그 지역에서 살고 있는 향토문화의 주체인 마을 주민들의 삶속에서 같이 호흡하는 내부자의 관점으로 자료가 만들어진다면 제대로 된 살아있는 '마을이야기'가 만들어 질 수 있을 것이다. 비록 현재는 '마을이야기'가 조사자의 입장에서 생산되지만 향후 이러한 작업이 마을사람들이 직접 생산하는 '마을이야기' 형태의 자료로서 「디지털○○문화대전」의 콘텐츠가 만들어진다면 훨씬 더 생동감 있는 마을지 형태로 서비스가 될 수 있다는 생각이다. 실제로 그 마을에서 살아가는 마을사람들이 직접 만들어내는 항목들로 「디지털○○문화대전」이 채워져 나가는 것을 기대하면서 시청각자료의 수집, 그리고 기록과 관련된 내용들을 알기 쉽게 설명해 나가고자 한다. 다만 이 글에서는 현지조사에서 사용되는 장비의 세세한 사용법에 대한 설명보다는 장비를 활용하는데 유용한 팁을 알려주는 방식으로 설명해 나가고자 한다.

## (1) 사진자료

「디지털○○문화대전」에 서비스되는 시청각자료의 종류는 크게 사진자료, 동영상자료, 음향자료로 구분된다. 사진자료는 크게 조사자가 현지에서 조사하는 과정에 수집하는 자료와 촬영하는 사진자료들이 있을 수 있다. 현지조사 과정에서 수집되는 사진자료는 현지조사지역의 주민들의 일상과 마을생활이 담겨져 있는 사진앨범 속의 사진들과 관공서에서 보유하고 있는 기록사진, 결혼식사진이 담긴 앨범, 학교졸업앨범 등이 있을 수 있다. 실제 마을에서 조사하는 과정에서 사진을 수집하는 것은 쉬운 일은 아니다. 개인의 삶이 생생하게 기록되어 있는 마을 주민의 사진앨범은 쉽사리 제3자에게 보여주기도 쉽지 않을뿐더러 이것을 「디지털○○문화대전」 홈페이지를 통해 누구나 볼 수 있는 자료로 제공한다는 것은 쉽지 않은 일이다. 하지만 현지조사과정에서 이러한 부분을 놓치게 되면 과거 그 마을의 모습들을 보여줄 수 있는 기회를 놓치게 되므로 현지조사에 임하는 조사자는 최대한 노력을 기울여서 이와 같은 자료를 수집하는 것이 중요하다는 생각이다. 왜냐하면 비록 이러한 사진들이 여러 가지 여건상 수집이 힘들어도 사진을 분석해 보면 생각보다 많은 정보를 포함하고 있기 때문이다. 예컨대 결혼식 사진을 통해 가족, 친족관계와 함께 마을 주민들 간의 친소관계까지 파악이 가능하기 때문에 마을이야기를 구성하는 기초자료로서 매우 유용한 자료가 될 수 있기 때문이다. 그리고 마을의 특정지역에서 찍은 사진은 현재의 모습과 대비하여 마을의 역사적 변화를 설명할 때 보조적 설명을 할 수 있는 자료로서 훌륭하게 역할을 할 수 있으며, 무엇보다 텍스트로 설명하기 어려운 부분들을 사진 한 장을 통해서 쉽게 설명이 가능하기 때문이다.

다음은 현지조사에 임하는 조사자가 직접 촬영하는 사진들에 대한 설명을 하고자 한다. 이미 수집된 또는 확인된 사진자료들과 함께 조사자가 촬영하는 사진들은 현재의 마을 모습뿐 만 아니라 마을 사람들이 살고 있는 공간, 사는 모습, 주거 및 생활환경들을 사진으로 기록을 해야 한다. 이를 위해서 물론 현지조사지역에 들어가서 무턱대고 카메라를 들이대면서 사진을 찍는 조사자는 없으리라 생각되지만 혹시나 그런 조사자가 있으면 그런 행동은 삼가하는 것이 좋다. 현지조사를 하는 마을에 들어가서 그 지역에 조사자가 들어가서 직접 마을조사를 하는 취지와 의도를 분명히 마을 주민들에게 알리는 것이 꼭 필요하고 효율적인 현지조사를 위해서 선행되어야 한다. 전술한 사진앨범의 경우도 무턱대고 한 집에 들어가서 집주인에게 사진앨범을 보여 달라고 해서 선뜻 내놓는 사람은 거의 없을 것이다. 조사자가 찍는 사진도 마찬가지이다. 개인적인 삶의 모습들이 다 드러나는 모습들이 투영되어 있는 앨범을 들추고 살아가는 일상에 대한 기록을 한답시고 카메라를 들이대면서 사진을 무턱대고 찍으면 좋아할만한 사람은 없을 것이다. 마을의 모습을 촬영하는 경우도 마찬가지이다. 마을사람들이 자랑하고 싶어 하는 문화재, 유물들은 별다른 문제가 되지 않겠지만 숨기고 싶은 마을의 어두운 부분도 있을 것이다. 그런 상황에서 조사자가 마을 구석구석 카메라를 들고 다니면서 사진을 찍어대는 모습을 마을사람들이 고운 시선으로 바라볼 리가 없다. 그러기 위해서는 현지조사에 들어가면서 마을사람들에게 미리 양해를 구해두는 것이 필요하다. 이와 같은 시청각자료 수집 및 촬영 작업을 위해서 주민들과의 친밀감을 높이는 것이 최우선이고 이 부분은 나중에 언급할 영상제작 부분뿐만이 아니라 마을조사에 있어서 조사자가 염두에 두어야 할 가장 중요한 부분이다.

### (2) 동영상자료

디지털기술의 발달로 디지털장비 및 활용에 따르는 기술개발속도는 엄청난 속도로 발전하고 있다. 예전에 비하면 동영상제작에 대한 일반인들의 접근성이 매우 빠른 속도로 진전되었다. 이것은 다양한 미디어에 노출된 대중들이 미디어 대한 거부감이 적어지고, 더불어 휴대전화에도 동영상촬영기능이 있고, 디지털카메라에는 상당히 고화질의 동영상촬영이 가능한 기능이 탑재되어 있다. 이는 일반인들이 매체를 소비하는 위치에서 생산하는 위치로 자리가 바뀌게 되면서 매체에 대한 거부감이 상쇄된 것도 큰 이유 중 하나이다. 일반인들에게도 이렇게 손쉽게 이동이 가능한 장비의 보편화된 장비의 활용으로 동영상제작은 간단하게 기기의 조작법만 배운다면 누구나 쉽게 동영상 촬영을 할 수 있다. 또한, 정보기술의 발달덕분에 가히 영상혁명이라고도 할 수 있는 동영상 제작 장비 발달 덕분에 손쉽게 접하게 되는 것이 바로 저가, 고화질 디지털캠코더의 출현이다. 이제는 이러한 디지털영상기기의 활용을 통해 저렴한 비용으로 효율적인 결과물을 만들어 내는 여건이 갖추어졌다. 특히 영상관련 장비 사용법이 간단해지면서 일반인들이 자신들의 일상생활을 기록하고, 그것을 편집해서 동영상을 개인 블로그나 UCC(User Created Contents) 전문 홈페이지에 올려두기도 한다.

조사자가 한 지역을 연구하면서 마을 사람들의 삶의 모습을 생생하게 기록하는 과정에서 활용되는 여러 가지 기록방법들 중에서 디지털영상제작기법의 현지조사에서 활용은 현 시점에서 필수적이며 매우 중요하다. 조사자가 현지조사에서 캠코더를 이용한 자료의 수집, 인터뷰를 녹음하여 촬영과 동시에 필드노트에 기록하면서 정리된 자료를 토대로 마을 지가 구성되는 일련의 과정은 특히 「디지털○○문화대전」, '○○의 마을이야기'와 같은 항목에서 반드시 필요하다. 현지에서 조사를 수행하는 조사자의 노력과 함께 이와 같은 디지털 장비의 활용으로 그 결과는 극대화될 수 있다. 마을 조사항목들을 수집하는 과정에서 보게 되는 다양한 형태의 자료들 중에서 한 마을의 이야기를 가장 이상적인 마을지 형태로 영상민속지로 만들어지게 되는 영상구성은 다른 항목과 더불어 『한국향토문화전자대전』 홈페이지를 통해서 서비스되는 항목들 중에서 큰 의미를 가지는 항목이다. 이를 위해서는 사전에 디지털영상장비에 대한 사용방법을 숙지하고 현지에서 다시 재현할 수 없는 생생한 마을의 모습과 사람들의 이야기들을 담아내는 작업과정이 필요하다. 이런 과정을 통해 만들어진 영상을 통해서 이용자가 마치 조사를 한 마을 현지에 있는 것 같은 생생한 느낌을 가질 수 있도록 한다면 더할 나위가 없는 훌륭한 영상민속지가 되고 마을지 항목에서 서비스 될 수 있다. 생생한 동영상 제작은 조사자의 통찰력과 이를 화면에 담아내는 영상기술의 결합을 통해서 완성될 수 있다. 이와 같은 결과물을 도출해내기 위해서 조사자는 영상촬영기술, 편집 그리고 민속지 서술을 포함한 다양한 분야의 상호작용(interaction)에 의해서 하나의 완성된 결과물을 만들어 내는 것이 가능하다.

　최상의 결과를 만들기 위해서 조사자는 영상을 담아내는 도구인 디지털캠코더의 기본적인 사용방법과 더불어 렌즈를 통해서 들어오는 화면의 적절한 구성과 촬영 후 편집과정을 통해 결과물을 도출해 내는 과정에 대한 기본적인 이해는 반드시 필요하다. 만약 조사자가 직접 촬영을 하지 않고 전문 촬영기사와 함께 조사지역에 들어가서 활동을 하더라도 기본적인 영상제작과정의 이해가 선행되어야만 현지에서 순조롭게 조사가 진행될 수 있다. 조사자가 영상제작에 대한 기본적인 이해가 부족하면 조사를 진행하면서 큰 오류 없이 현지에서 촬영된 영상을 편집하고 이것을 홈페이지에서 서비스하는 과정까지 무난하게 도달할 수 있다. 따라서 조사자는 촬영기사(videographer)의 입장과 조사자가 지닌 두 가지 측면에 모든 노력을 기울이면 기대이상의 결과물을 도출해 낼 수 있다.

## (3) 음향자료

　조사자는 한정된 시간에 많은 내용을 조사하는 심리적인 부담을 안고 현지조사에 임하게 된다. 일정한 시간에 많은 양의 정보를 얻기 위해서는 조사자가 현지조사지역에서 마을사람과 인터뷰하면서 모든 것을 현지조사노트에 일일이 받아 적기에는 물리적인 한계가 있게 된다. 그래서 많은 조사자들은 보이스레코더를 가지고 현지에서 인터뷰를 진행할 수밖에 없다. 이렇게 녹음된 인터뷰 자료는 현지에서 돌아와서 필드노트와 함께 자료를 정리하는데 반드시 필요한 소중한 자료이다. 따라서 음향자료를 기록하는데 가장 중요한 것은 힘들게 현지조사지역에 가서 인터뷰를 하면서 녹음한 자료의 상태가 최상을 유지하는 것이 필요하다. 그리고 보이스레코더의 다른 기능은 현지에서 조사자가 순간순간 일일이 필드노트에 옮겨 적지 못하는 상황에서 보이스레코더는 필드노트의 대용으로 활용될 수 있다. 그러나 요즘엔 이런 역할이 디지털 캠코더의 등장으로 크게 활용이 되지 않고 있다. 어떤 상황에서 보이스레코더는 민요, 농악 등 그 지역에서 수집할 수 있는 무형문화재, 민담, 설화, 민요와 같은 구술 관련 자료들의 녹음을 하는데도 활용된다. 이렇게 음향자료들의 기록은 보이스레코더 하나로 충분히 역할을 할 수 있기 때문에 현지조사에 임할 때 잊지 말고 챙겨야 하는 필수 장비 중 하나이다.

## 2) 시청각 자료의 수집

한 마을을 조사하여 구축되는 디지털 마을지의 다양한 콘텐츠는 시청각자료가 기반이 되어 그것이 홈페이지에서 구현이 된다. 「디지털○○문화대전」에서 활용되는 자료들 중에서 현지에서 조사자가 촬영한 사진자료가 아니고 조사자의 노력에 의해 마을에서 수집된 다양한 시청각자료가 가지는 특별한 의미는 마을사람들의 삶의 모습이 투영되어 있다는 것뿐만이 아니라 마을 사람들이 직접 생산한 이미지자료들이라는 점에서도 큰 의미가 있다. 비록 그 가운데에는 마을 사람들이 사진자료의 생산자가 아니고 사진관에서 사진사가 찍은 사진들도 많겠지만, 실제 지역사회 내에 있는 마을주민들 중 누군가가 경영하는 사진관에서 찍거나 마을주민이 직접 촬영한 사진, 동영상이 대부분일 것이다. 이것이 가지는 의미는 마을주민들의 관점에서 찍은 그들의 눈높이로 이미지들이 만들어졌다는 점이다. 이렇게 마을주민들에 의해 만들어진 이미지들을 면밀히 분석을 해본다면 매우 흥미로운 사실들을 알 수 있을 것이다. 지역사회 구성원들이 스스로 자신들의 이야기들을 사진, 혹은 동영상에 담아서 자신들의 이야기를 스스로 하는 것으로 외부에서 들어가는 조사자가 만들어낸 것들과 대비되는 개념에서 이와 같이 조사자가 마을사람들이 가지고 있는 시청각자료의 발굴과 수집은 매우 의미 있는 작업이며 반드시 필요한 작업이다.

마을사람들이 가지고 있는 사진에는 다양한 의미와 이야깃거리가 있을 것이다. 사진을 찍을 때는 특정한 의도, 의미, 혹은 목적이 있을 수 있다. 당시에 유행하는 사진의 형태가 있을 것이고 궁극적으로는 누군가에게 찍은 사진을 보여주는 것이 목적이다. 직접 눈으로 사진을 보면서 시각적인 소통을 시작하고 그 소통은 그 사진이 있는 마을의 풍경사진, 백일사진, 돌잔치사진, 졸업·입학식사진, 결혼사진, 각종 기념사진과 마을 행사사진, 스냅사진 등을 통해 조사자는 간접적으로 마을의 다양한 삶의 모습을 이해하게 된다. 이런 사진들은 지극히 개인적인 사진들이 대부분이다. 그러므로 실제 이런 자료들을 제공받기에는 조사자의 끊임없는 노력과 마을사람들의 적극적인 협조가 없이는 매우 어려운 작업이다. 하지만 이런 작업은 「디지털○○문화대전」의 다양한 시청각 자료들 중에서 매우 중요한 자료로서의 가치를 가지는 자료이다. 이를 위해서는 개인 소장앨범, 마을청년회, 부인회, 노인회 등이 보관하는 행사사진앨범, 관공서에서 보유하고 있는 자료, 그리고 향토지, 지역 언론사에서 보유하고 있는 숨겨진 자료들을 발굴해서 「디지털○○문화대전」에서 콘텐츠로 활용하는 것은 매우 중요한 작업 중 하나이다.

(2) 동영상자료

가정에서 쉽게 촬영하고 모니터로 바로 볼 수 있는 홈비디오 보급 및 확산 속도는 다른 매체와 비교해 보았을 때 매우 빠른 속도로 보급이 되는 것 중 하나이다. 또한 디지털카메라와 휴대전화에 있는 동영상 촬영기능으로 동영상의 생산은 과거 어느 시기보다 쉬운 일 중 하나로 자리매김 하였다. 이런 동영상은 개인이 생산하는 매체이자 동시에 다자가 공유할 수 있는 매체의 속성을 공유한다. 예전에는 생활에 여유가 있는 부류에서 소유하던 것이 2000년 이후에는 급속한 속도로 보급되어 전문가가 아니더라도 휴대전화만 가지고 있어도 동영상을 생산할 수 있는 상황에 이르렀다. 비록 직접 촬영하진 않더라도 각종 기념행사가 있으면 비디오를 촬영하고 촬영된 비디오테이프는 각 가정마다 몇 개정도는 가지고 있을 정도이다. 따라서 마을행사, 개인들의 기념(돌잔치, 입학식, 소풍, 학예회, 결혼, 환갑잔치 칠순잔치 등)행사에 촬영된 비디오테이프에 담긴 동영상을 통해 마을의 역사와 개인사가 투영되어 있다. 다른 활자매체와 비교해서 다양한 속성을 가진 동영상을 통해서 다양하게 자료들을 추출해 낼 수 있기 때문이다.

### (3) 음향자료

실제 마을 조사를 행하면서 기록된 음향자료를 구하기는 쉽지는 않다. 하지만 조사지역내에 무형문화재기능보유자가 있는 경우, 혹은 예술인들이 거주하는 지역의 경우에는 의외로 많은 양의 음향자료를 확보할 수 있다. 이러한 경우 실제 대부분 CD형태로 제대로 기록이 남아 있는 경우가 많다. 하지만 이러한 기능보유자, 혹은 예술인들의 작업인 경우 저작권 문제가 매우 중요하다. 비록 소유자가 자료제공을 허락 했을 경우에도 저작권이 다른 개인, 혹은 단체가 소유하고 있는 경우가 많기 때문에 실제 자료를 수집하였어도 이것을 「디지털○○문화대전」 홈페이지에 싣는 경우 나중에 저작권 문제가 발생할 소지가 있으므로 매우 신중하게 자료를 다룰 필요가 있다. 가능하면 조사자가 직접 녹음을 하고 이것을 「디지털○○문화대전」 홈페이지에서 서비스를 하는 것이 저작권 관련 문제가 없이 서비스 할 수 있는 방안이기도 하다. 하지만 최고의 결과물을 얻기에는 조사자가 가진 장비의 한계가 존재 할 수 있다.

## 3) 시청각 자료의 기록

여기에서는 조사자가 현지에서 수집하는 자료를 효율적으로 기록하는 것에 대한 설명을 하고자 한다. 『한국향토문화전자대전』에서는 조사자가 일인 다역을 해야 하는 현실적인 어려움이 존재한다. 이런 현실적인 어려움 속에서 보다 효과적으로 결과물을 내기 위해서 조사자가 직접 『한국향토문화전자대전』에 기록되는 다양한 콘텐츠를 생산하는 것이 과제수행을 효율적으로 진행할 수 있다. 이런 현실적인 어려움 속에서 다행스러운 것은 개인들이 시청각자료를 생산하는 장비를 비교적 쉽게 구입해서 사용할 수 있을 정도로 장비의 가격대비 성능이 매우 뛰어나기 때문이다. 일반인이라도 조금만 촬영할 때 주의를 기울인다면 「디지털○○문화대전」홈페이지에서 각 항목에 서비스 할 수 있는 좋은 화질이 보장된다. 영상촬영 전문가의 도움 없이 지역문화 전문가의 관점으로 직접 제작되는 시청각 자료는 보다 알찬 내용으로 사진과 동영상을 제작하여 「디지털○○문화대전」을 통해 볼 수 있다.

조사자가 직접 시청각자료를 만들어낸다는 것의 중요한 의미는 실천적 커뮤니케이션의 형태로 마을사람들의 목소리를 직접 듣고, 이야기를 나누고, 이를 자료화한다는 점에서 매우 의미 있는 작업이다. 현지조사를 행하는 조사자가 전문가들이 가진 고가의 장비가 아니더라도 조사자가 직접 현지에서 조사를 하고 편집을 하고 「디지털○○문화대전」홈페이지를 통해서 서비스 된다는 점에서 의미 있는 작업이다.

### (1) 사진촬영 종류 및 대상

#### 가. 문헌자료

마을조사를 하다보면 그 지역에서 나온 고문서, 교지, 지도 등 다양한 형태의 문헌자료들이 있다. 실제 이런 것은 사진 전문가도 제대로 잘 찍기 어려운 것들이다. 가장 어려운 부분 중 하나는 바로 이런 자료들은 실내에서 볼 수밖에 없는 환경인 경우가 많고 그러다보니 자료의 촬영 역시 실내에서 이루어질 수밖에 없는 경우가 많다. 따라서 실내에서 적은 빛의 양으로 사진을 찍다보면 느린 셔터속도로 인해 손으로 들고 사진을 찍는 경우에 찍힌 사진들이 느린 셔터스피드로 흔들려서 흐린 결과물이 나타난다. 이렇게 되면 나중에 자료로 활용할 수 없게 된다. 또한 디지털카메라에 달린 액정화면은 그 크기가 작아서 액정화면을 언뜻 보면 제대로 찍힌 듯 보이는 경우가 많아서 어렵게 찍은 사진을 실제 자료로 활용하기 어려운 면이 있다. 그러므로 이런 경우 사진 촬영 방법은 두 가지 방법이 있다. 첫 번째는 실내에서 촬영하는 경우에 삼각대를 활용해서 느린 셔터속도에도 카메라가 흔들리지 않게 하는 방법이 있다. 두 번째는 자료를 소유한 분께 양해를 구한 후 태양광이 있는 야외에서 찍는 방법이다. 필자는 두 번째 방법을 추천하는 바이다. 실내에서 찍는 경우 광량이 부족해서 스트로보를 사용할 경우도 있는데 이런 경우 스트로보 불빛 때문에 난반사가 생겨 내용을 잘 판독하기 어려운 경우도 생기기 때문이다.

▌그림 1▌ 촬영시 반사가 된 사례

▌그림 2▌ 촬영시 반사가 안된 사례

▌그림 3▌ 실내에서 찍은 문서사진

나. 금석문

　마을 주변에 있는 비석과 같은 자료를 촬영하는 경우에 대부분 앞면만 촬영하여 자료를 제출 하는 경우가 많다. 하지만 비석에는 비문뿐만 아니라 다양한 내용들이 비석의 각 면에 새겨져 있는 경우가 대부분이다. 따라서 비석을 촬영하는 경우에 전면뿐만 아니라 좌우측면, 후면까지 촬영을 하고 비석의 각 부분 중 조사자가 원고 작성에 도움이 될 부분들은 부분 확대촬영을 해서 사진이 시청각자료로서 활용되는 것뿐만이 아니라 원고 작성 시 참고 자료로서 활용할 수 있게 하는 것이 나중에 추가 조사를 나가는 수고를 덜 수 있다. 그리고 비석의 주변 경관까지 촬영을 해 두는 것이 필요하다. 수년 혹은 수십 년 후 비석 주변이 많이 변화될 가능성이 있기 때문에 지금 당장에는 큰 의미가 없는 자료일수 있으나 세월이 흘러 수십 년이 지난 후에는 그 사진 한 장으로 많은 변화에 대한 자료로서 활용될 수도 있기 때문이다. 금석문을 찍을 때 주의할 점은 가능하면 피사체인 비석과 카메라 렌즈와는 직선을 이루어서 찍어야 비석의 모양이 왜곡이 덜 되고 가능하면 광각렌즈 보다는 표준렌즈로 찍는 것이 피사체를 덜 왜곡시키게 된다.

■그림 4■ 비석 원경 촬영　　　　■그림 5■ 비석 근경 촬영

다. 민속자료

마을 조사를 하다보면 다양한 민속자료들을 접하게 된다. 배냇저고리부터 지게, 디딜방아 등 많은 민속자료를 접하게 되는데 일일이 모두 설명하기에는 부족한 지면이고 워낙 다양한 사례가 많기 때문에 일일이 열거하기에는 어려움이 있어서 기본적인 촬영요령을 설명하고자 한다. 먼저 이런 물질문화자료는 실제 크기와 사진 상에 보이는 크기가 촬영하는 방식에 따라서 매우 다르게 화면상에 보이기 때문에 촬영을 한 후에 실측을 해야 한다. 촬영 후 나중에 찍은 사진과 수집된 자료의 명칭, 사용방법, 그리고 크기가 담긴 정보를 함께 제공해 주는 것이 필요하다. 자료를 촬영할 때도 그것의 한 부분만 찍는 것이 아니라 다양한 각도에서 사진을 찍어둘 필요가 있다. 촬영하면서 자료와 함께 그것의 크기를 알 수 있는 자를 함께 촬영하는 것이 필요하다. 미처 자를 준비하지 못했다면 볼펜과 같이 일상적으로 크기를 가늠 할 수 있는 물건을 민속자료와 함께 촬영 한다면 사진자료만으로도 실제 촬영된 자료의 크기를 가늠하는데 도움이 되기도 한다.

라. 마을전경사진

「디지털○○문화대전」에 실린 지역의 한 마을에 대한 설명과 이야기를 읽어 나가다 보면 제일 먼저 사용자는 그 마을모습이 어떨까 하는 궁금증을 쉽사리 가지게 된다. 마을이야기 속에 나오는 마을전경이 들어간 사진이 없다면 독자는 매우 아쉬워 할 수 있다는 생각이 든다. 생생한 마을이야기를 읽으면서도 마을 모습을 독자의 머릿속에서 상상만 한다면 하이퍼텍스트의 장점인 인터넷 홈페이지의 위력이 반감될 수밖에 없다. 그러므로 마을의 전체 모습이 다 잘 들어간 전경사진을 찍는 것이 필요하다. 마을의 크기가 적당해서 카메라의 뷰파인더로 봐서 한 장의 사진에 마을의 모습이 들어갈 수 있다면 크게 문제 될 것은 없으나 마을의 크기가 커서 한 장의 사진으로 다보여 줄 수 없는 경우 어떻게 해결을 해야 하는가에 대한 질문이 들어올 수 있다. 한정된 예산으로 항공촬영을 할 수도 없고 그렇다고 높은 산에 올라가서 촬영을 하는 것도 여의치 않은 경우에는 어떻게 하면 좋을까 하는 생각을 해본다. 이런 경우 디지털 카메라에 내장된 파노라마 기능을 이용해서 여러 장의 사진을 찍어서 연결시키는 방법이 효과적이다. 만약 디지털 카메라에 이러한 기능이 없다면 여러 장의 사진을 포토샵과 같은 프로그램을 이용해서 연결시키면 마을의 모습을 한눈에 볼 수 있는 훌륭한 마을전경사진이 된다.

▌그림 6▌ 포토머지기능 사용 예

**█ 그림 7 █ 포토머지기능 사용 결과물**

마. 사진 스캔

가족 앨범, 관공서에서 수집한 사진자료 등 소중한 사진 자료들을 어떻게 효과적으로 자료화 할 수 있는가에 대한 부분들이 조사자 입장에서 현지에서 해결하기 매우 어려운 부분이다. 왜냐하면 자료제공자들에게는 그 사진이 그들이 가지고 있는 유일한 사진일 수도 있기 때문에 쉽사리 조사자에게 주기 쉽지 않기 때문이다. 가장 이상적인 사례는 그 사진들을 빌려와서 대형스캐너를 이용해서 스캔을 한 후 자료제공자에게 반환하는 것이 조사자의 입장에서는 유리한 방법이다. 그래서 필자가 현지조사 하면서 사진자료를 제공받아 스캔하는 방법을 소개하고자 한다. 실제 늘 현지조사를 하다보면 일정에 쫓기게 되고 그러다 보면 현지조사 노트 정리도 제때 못하는 경우가 많은데 많은 사진자료 스캔까지 한다고 생각하면 현지조사하면서 밤샘을 해야 하는 게 아닌가 하는 생각을 하게 된다. 실제로 자료가 방대한 경우 그런 각오도 불사해야 하는 경우도 있다. 필자는 현지조사지에 나가면서 노트북과, 디지털카메라, 디지털캠코더, 그리고 스캐너를 가지고 현지에 들어간다. 그 이유는 전술한 바와 같이 자료제공자가 준 자료를 현지에서 스캔을 해서 자료화 하는 작업을 하는 것이 훨씬 더 유리하다는 판단을 했기 때문이다. 특히 지역적으로 오지나 섬 지역의 경우에는 더욱더 그러하다. 자료를 스캔해서 그것을 현지에서 확인을 하고 나서 바로 자료를 돌려주면 여러모로 시간적·경제적으로 유리하고 무엇보다 여러 가지 수고들을 덜어주기 때문이다. 이렇게 현장에서 작업을 마무리하면 자료보관증을 서로 주고받을 일도 없고 자료제공자 역시 적은 부담으로 자료를 제공해주는 환경을 만들어서 자료수집이 훨씬 더 수월하기 때문이다. 인력의 여유가 있다면 많은 자료를 수집하더라도 조사원과 함께 동시에 현지조사와 자료 수집을 병행할 수 있으므로 효율적인 현지조사가 되기 때문에 일석이조의 효과를 누릴 수 있다. 이렇게 효과적인 작업이 가능하게 된 것은 휴대가 가능하면서도 2400dpi까지 스캔이 가능한 스캐너가 최근에 출시된 덕분이기도 하다.

▌▌그림 8▌▌ 현지에서 스캔한 사진

▌▌그림 9▌▌ 현지에서 작업하는 모습

(2) 동영상 촬영

사진과 비교해 동영상이 가지는 장점은 여러 가지가 있다. 화면을 보는 것과 함께 소리를 들을 수 있는 장점이 있다. 그리고 캠코더의 줌(Zoom)기능은 다양한 화면구성을 가능하게 하고 줌인 줌아웃 기능은 촬영하는 조사자의 주관적인 시야와 시각을 표현해 주는 중요한 기능이다. 이런 기능은 촬영하는 조사자의 시각적인 감각뿐만이 아니라 조사자가 보고자 하는 내용의 관점이 그대로 화면에 남게 된다. 이는 기계적인 메커니즘으로 나타나는 하나의 기술적인 기능이지만 화면의 내용을 토대로 이야기 하는 내러티브적인 측면에서는 매우 중요한 기능인 것이다.

인류학적인 현지조사를 통해 영상으로 기록된 것을 영어로 'Ethnographic Film'이라고 불리어 지고 인류학에서는 이를 '민족지영화'로 번역을 한다. 동영상 자료의 생산은 하나의 민족지영화가 만들어지기 위해서 생성되는 하나의 세그먼트들이며 이 조각들이 모여서 시퀀스가 되고 시퀀스가 모여서 하나의 스토리텔링이 된다는 점에서 「디지털○○문화대전」에서 시청각자료는 다양한 원자료(raw data)의 모음이며 이와 같은 자료들은 향후 크게는 한국학의 연구부분에서 훌륭한 자료로서 가치가 있다. 다만 민족지영화에서 활용될 수 있는 자료로서의 가치를 증대하기 위해서는 현재 하나의 완성된 마을지 형태의 민족지영화가 당장 서비스하는 단계에서도 필요한 부분이지만 편집이 되지 않은 원자료의 형태로 한국학정보센터에서 보관되는 자료의 활용방안에 대하여서도 구체적인 계획이 생긴다면 훌륭한 한국학 연구의 원전 자료와 같은 의미를 가지는 아카이브로서 역할이 기대되는 부분이다.

## 가. 기본 장비의 구성과 녹화 포맷

동영상 촬영을 하기 위해서는 디지털캠코더(이하 캠코더)와 함께 안정적인 화면을 얻기 위한 캠코더용 삼각대, 그리고 녹음을 위한 마이크가 필수적이다. 영상의 제작방법과 그 결과물의 화질은 어떠한 포맷을 사용하는가에 따라 크게 달라지며 그에 따라 제작단가 또한 급격하게 높아진다. 보편적인 포맷은 우리가 일반적으로 가정에서 사용하는 아날로그 방식인 VHS, 그 보다 상위의 S-VHS, 일본 소니사의 Hi-8, Beta 그리고 디지털 방식으로는 Digital-8, DV 그리고 방송용 급으로는 DVCAM. Digi-Beta, HDTV 등 다양한 포맷이 있다.

이 중에 DV는 아날로그 비디오테이프 포맷과 비교하면 BETACAM 다음으로 좋은 화질을 가지고 있다. 그래서 소위 방송용으로 적합하면서 제작단가 또한 방송용과는 비교해 상대적으로 저렴한 포맷이다. 따라서 DV는 가격대비 최종 결과물로는 최적의 포맷이다. 현재 방영되는 방송국에서의 프로그램들이 이 포맷으로 제작하여 방송되며 특히 다큐멘터리 전문채널의 경우 상당수의 프로그램들이 DV 포맷으로 제작되고 방영되고 있다. 또한 이 포맷은 촬영한 테이프를 컴퓨터와 연결해 촬영된 영상을 하드디스크에 옮겨 편집 작업을 용이하게 할 수 있으며 또한 편집 후 홈페이지에서 서비스되는 형태로 재가공할 수 있는 장점이 있다. 특히 아날로그 포맷에서 생길 수 있는 화질의 열화현상이 거의 없으므로 선명한 화질을 보여줄 수 있다. 따라서 마을항목 영상제작 포맷은 DV가 최적화된 포맷이다. 최근에는 DVD-R, 하드디스크가 비디오테이프를 대체하는 상황이기도 하다.

### 나. 기본적인 캠코더의 사용법과 촬영의 기본

먼저 DV 포맷을 지원하면서 보편화된 모델인 Sony™사의 기종을 기준으로 설명을 한다. 캠코더의 작동원리가 유사하듯 캠코더의 기본적인 사용방식은 대동소이하므로 소니 캠코더 장비를 기본으로 사용법을 설명해도 다른 기종을 사용할 경우에도 크게 무리가 없다. 또한 최근에 출시된 대부분의 장비는 HD급 화질을 구현하면서도 DV SP 모드를 지원을 하는 장비로 조사자가 활용할 수 있는 범위가 넓은 장점을 가지고 있으며 고가의 HD 테이프뿐만 아니라 DV 테이프를 사용할 수 있어서 제작단가를 최소화 하면서 방송 수준의 화질이 보장된다는 점에서 여러모로 장점이 많은 장비이다.

### 다. 화면의 구성과 좋은 주제들

촬영에 임하기전에 언제, 어디서, 어떤 내용을 캠코더에 담을 것인가를 구체적으로 정하는 것이 좋다. 대상이 정해지면 그것을 화면에 담기위해서는 준비를 치밀하게 하지 않으면 나중에 재작업을 해야 하는 수고를 해야 하는 상황이 발생할 수 있기 때문이다. 화면을 구성하는 좋은 주제들은 조사자가 가진 눈높이에서 결정되므로 사전에 필요한 다양한 정보들을 미리 숙지하고 촬영에 임하는 자세가 필요하다. 하지만 현장기록이라는 측면에서 치밀하게 짜인 콘티를 가지고 들어가도 즉흥적인 상황이 현장에서 발생하기 때문에 그것에 대비하는 순발력 또한 조사자가 발휘해야 한다. 동영상 촬영은 시간과 노력이 많이 드는 작업이다. 그러므로 지금 촬영하는 내용에 대한 사전준비와 함께 촬영된 화면이 어떻게 홈페이지에서 서비스될 것인지에 대한 명확한 방향선정을 하고나서 적절한 주제를 선정하는 것이 매우 중요하다. 그렇지 않으면 많은 시간과 노력과 비용이 들어간 결과물이 무용지물이 될 수 있기 때문이다.

그런 관점에서 좋은 영상으로 구성하기위한 주제들의 몇 가지 예를 들어보고자 한다.

○ 마을전경과 마을내의 랜드마크가 되는 건물, 유물, 유적
○ 마을 생업과 관련된 생활환경 및 물질문화
○ 토박이의 이야기를 통한 특별한 마을이야기
○ 마을공동체 주관 행사 및 마을 주민들의 일생의례
○ 유·무형문화재의 기록

조사지역의 여건 및 주변 상황에 따라 좋은 주제들이 많이 나올 수 있다. 위의 예시를 참고하여 지역 여건에 맞는 다양한 주제를 찾고 항목 하나하나로 만드는 작업의 몫은 조사자의 눈높이와 조사지역의 여건에 따라 다양하게 찾을 수 있다. 이러한 작업은 단순히 캠코더의 기본 작동방법을 익힌다고 가능한 일은 아니다. 다만 다행인 것은 예전에는 전문적인 트레이닝을 받은 사람만이 카메라를 작동할 수 있게 영상을 담을 수 있는 고가의 장비를 일반인이 다룬다는 것은 매우 어려운 일이었다. 하지만 기술발달 덕분에 최근에 출시된 장비는 일반인들이 몇 시간의 교육만으로도 기본적인 작동이 가능하게 되었

다. 이런 연유로 마을조사에 대한 전문적인 지식을 가진 조사자가 캠코더로 마을이야기를 담는다면 알찬 내용으로 화면을 채워나가고 영상과 내용이 어우러지는 좋은 결과물이 나올 것 이라는 예상을 한다. 예전에는 영상제작에 많은 사람이 동원되는 큰 작업이었던 것이 이제는 한사람이 PD, 카메라맨, 작가, 편집까지 해 낼 수 있게 되었다. 물론 이런 작업이 현지조사를 하는 조사자에게는 큰 부담이 될 수 있다. 하지만 좋은 주제를 정해서 영상으로 기록을 하게 되면 단순히 인터뷰한 자료들을 필드노트에 정리된 자료를 텍스트화해서 자료로 활용하는 것 이상의 정보들을 화면에 담아 낼 수 있기 때문이다. 예컨대 인터뷰하면서 옛날이야기를 하는 도중에 생기는 미묘한 감정의 변화를 텍스트로 표현하기에는 한계가 있기 때문이다. 잘 만들어진 영상물은 오히려 정리된 텍스트 보다 정보 전달능력이나 자료로서의 가치가 더욱 더 있다. 그러므로 잘 만들어진 영상을 통해 설득력 있고, 좀 더 많은 내용들이 담긴 중요한 기록의 형태로 새롭게 탄생하게 된다. 글을 쓰는 것과 마찬가지로 영상으로 결과물을 만들어내는 작업은 처음에는 누구에게나 두렵기만 한 작업이다. 영상제작 부분까지 연구자가 쉽게 단숨에 도전하기엔 높은 산처럼 느껴질 것이라는 생각을 하게 된다. 하지만 이런 작업과정을 반복하다 보면 조사자만의 영상감각이 생길 수 있을 것이다. 따라서 사람들마다 고유의 필체가 있듯이 반복해서 작업을 해 나간다면 자신 만의 영상자료 축적 노하우가 자연스럽게 축적이 될 수 있다. 영상제작, 이제는 조사자가 자신 있게 할 수 있는 여건이 갖추어 졌다. 현지조사에 경험이 있는 전문 연구자의 눈높이 그대로 마을의 모습을 영상에 담아낼 수 있다면 최상의 결과물이 나올 수 있다고 필자는 생각한다.

라. 촬영시 주의 점과 장비의 운용 및 활용

마을조사의 경우에 대부분 연구실이 아닌 조사지역 현지에서 작업이 가장 중요한 작업이다. 치밀한 사전준비와 장비의 점검을 조사지역에 나가기 전에 반드시 한 후에 현지에서 작업을 진행하여야 한다. 사소한 실수로 중요한 장면을 놓치는 경우가 많다. 반드시 현지에 조사를 나가기 전에는 촬영용 기자재의 작동여부와 배터리를 점검해야 한다. 그리고 무엇보다 충분한 수량의 촬영용 테이프를 준비하는 것이 필요하다.

촬영을 하기 전에 숙지해야 할 몇 가지 팁을 소개하고자 한다.


○ 필요한 작업을 마친 후 촬영된 테이프는 반드시 메모를 하여 촬영일자, 장소, 내용 등을 적어두어 관리를 한다. 테이프가 한 두 개 일 경우에는 큰 문제가 없으나 조사가 진행될수록 테이프의 분량이 늘어나고 체계적인 관리가 어려울 수 있다.
○ 따라서 테이프에는 일련번호를 기재하여 촬영된 순서를 기록해 두어야 나중에 편집과정에 반영을 해서 순차적인 편집이 필요한 경우 요긴하게 쓰일 수 있다.
○ 현지에서 조사를 마친 후 사용한 캠코더는 압축공기들을 이용하여 렌즈에 쌓인 먼지 등을 제거해 주고 사용한 배터리는 따로 표시를 해 두어 충분히 충전을 미리 해주어 다음 촬영에 차질이 없도록 준비를 한다.
○ 캠코더는 반드시 케이스에 넣어 운반과 보관을 해야 외부 충격으로부터 캠코더를 보호해 줄 수 있다.


마. 후반작업

후반작업이라 함은 현지에서 촬영한 영상을 편집하고 필요에 따라 화면과 음향의 조정을 하는 과정을 이야기 한다. 이런 과정은 상당한 시간과 노력이 요구되는 과정이다. 이제는 고사양의 컴퓨터가 보급이 많이 되어 컴퓨터로 후반작업 전체를 마무리 할 수 있게 되었다. 조사지에서 촬영한 테이프의 영상을 컴퓨터 하드디스크에 저장해서 편집하는 것이 가능하게 되었다. 예전에 많이 사용된 아날로그방식의 편집은 편집이 쉽고 시간이 단축되는 이점이 있으나 편집과정을 반복하면서 화질 열화현상이 생기는 단점이 있다. 그리고 장비가 고가이다 보니 방송국 또는 전문 영상제작 프로덕션이외에서는 사용하지 못했다. 하지만 디지털 편집의 경우 컴퓨터 하드웨어의 비약적인 발전 덕분에 적은 비용으로 화질의 열화가 최소화 되면서 방송급 화질을 보장하는 좋은 화질의 결과물을 얻을 수 있다.

일반적으로 비선형편집에 사용되는 프로그램들은 Adobe™ Premiere나 Apple™ Final Cut Pro 등이 많이 사용되며, 프로덕션이나 방송국, 영화사 등에서는 Avid™ 시스템을 많이 사용하고 있다. 이들 모두가 비선형(non-linear) 편집 방식이며, 컴퓨터를 이용해서 편집 작업이 이루어진다. 고난이도의 편집과 그래픽 작업은 전문적인 교육과 현장경험이 풍부한 편집전문가들에 의해 이루어진다. 하지만 『한국향토문화전자대전』에서 서비스되는 영상은 다양한 시각적 변화나 현란한 컴퓨터 그래픽이 동원되는 그런 영상보다는 진솔한 내용으로 구성된 영상이 주류를 이룬다. 그러므로 단순한 컷 위주로 하는 편집은 비교적 짧은 교육시간만으로도 조사자가 수행할 수 있다. 다만 작업의 효율성을 위해서는 조사팀 내에 교육을 받은 자가 현지조사팀에 있는 것이 작업의 완성도와 결과물 도출에 많은 도움이 된다. 아래에는 편집용 프로그램의 예시를 들고 실제 편집과 관련된 자세한 설명은 생략한다. 이와 관련된 부분은 영상편집프로그램 매뉴얼을 참고하길 바란다.

**┃그림 10 ┃ 프리미어 작업 장면**

(3) 음향자료

　현지에서 조사를 하는 과정을 통해 조사자가 마을사람들과 인터뷰하는 내용, 사는 모습들이 담겨진 소리, 유·무형문화재의 기록 등 다양한 형태의 음향자료를 수집한다. 수집된 음향들은 『한국향토문화전자대전』각 항목별로 하이퍼텍스트와 링크되어 시청각자료로 활용된다. 수집, 녹음된 음향들이 자료로서의 가치를 가지기 위해서는 무엇보다 내용이 충실해야 하지만 녹음된 음질 또한 매우 중요하다. 서비스에 무리가 없는 결과물을 얻기 위해서는 녹음하는 현장의 상황에 적절하게 대처하여 최대한 주변의 소음을 차단한 상태로 녹음하는 것이 중요하다. 녹음된 자료는 문헌에서 부족한 부분을 채워 줄 수 있고, 미처 현지조사 당시에 놓친 부분을 보충하는데 도움을 줄 수 있다.

## 가. 음향자료의 종류

예전에는 마이크로 카세트녹음기와 스틸카메라만이 인류학, 민속학 현지조사에 동원되어 자료의 기록과 함께 기록된 사진과 음향은 원자료로서 훌륭한 역할을 하였다. 하지만 지금은 디지털카메라, 디지털녹음기, 디지털캠코더 등 디지털 기기로 무장을 한 조사자가 현장에서 다양한 자료를 즉시 현장에서 기록하고 바로 컴퓨터로 옮겨 정리할 수 있는 단계에 이르렀다. 특히 디지털 캠코더는 영상뿐만이 아니라 음향까지 CD 수준의 음질을 확보할 수 있는 상황이다 보니 예전에 비해 녹음기를 이용하여 현지 조사 때 활용한 것 보다 활용의 폭은 다소 좁아진 느낌이 들긴 하지만 그래도 휴대성과 활용 면에서 디지털레코더의 역할은 대단하다. 녹음을 하여 활용할 수 있는 자료들은 구술자료, 민요, 전설, 민담 등과 같은 것들이 주류를 이룬다.

## 나. 기록을 위한 기기의 활용

이렇게 기록을 하기 위해서는 전문적인 보이스레코더를 활용하는 것이 좋다. 전문적인 장비의 경우 관리와 운용에 어느 정도 기술적인 부분에 대한 교육이 필요하다. 하지만 여건상 어려운 경우 음성녹음이 가능한 MP3 기기를 활용하는 방법이 있다. 이 기기는 가격도 저렴하고 지향성 외부마이크와 녹음방식을 CD음질로 세팅을 해서 녹음을 하면 전문 보이스레코더로 녹음한 것과 유사한 결과물을 기대할 수 있다. 모든 디지털 장비는 정확한 세팅과 사용법만 준수한다면 기대 이상의 결과물을 도출해 낼 수 있다. 이는 장비의 운용과 주변 환경에서 나는 소음을 차단하는 노력을 현지조사에서 인터뷰를 하면서 조사자가 신경을 써서 작업을 해 준다면 기대치 이상의 결과물이 나올 수 있다.

다. 음향자료의 편집 및 정리

현지에서 녹음, 수집한 음향자료는 실로 그 분량이 엄청나다. 또한 하이퍼 텍스트와 연결된 각 항목과 유기적인 서비스를 위해서는 음향자료의 편집은 필수이다. 음향편집에 사용되는 프로그램은 MP3플레이어, 또는 보이스레코더 구입 시 번들로 따라오는 프로그램을 활용하는 방법이 있고 전문적인 음향편집 프로그램을 활용하는 방법이 있다. 다만 두 가지 프로그램 모두 기본적인 사용방식은 대동소이하고 특히 조사자가 하는 작업은 단순한 컷 위주의 편집이기 때문이 이런 작업 역시 동영상 편집프로그램과 같이 일정한 시간동안 기본적인 교육을 통해서 충분히 활용할 수 있다. 편집된 음향파일은 정해진 규격에 맞추어 각 항목별로 정리를 해서 하이퍼텍스트와 유기적으로 연결시킬 수 있게 각 항목과 연결하는 정리 작업을 해야 한다.

## 4) 동영상, 무엇을 찍을 것인가?

### (1) 어디서 무엇을 찍을 것인가?

가. 인터뷰 장소 스케치

- 장소의 스케치는 화면구성에 도움을 준다.
- 배경을 충분히 설명하기 위해서는 풀샷, 미디엄샷, 클로즈샷 등 여러 크기로 촬영하는 것이 좋다.
- 불필요한 화면이 생기는 경우 음성은 살리고 그 화면을 대치할 수 있는 인서트 컷으로 활용할 수 있다.

나. 실내인터뷰

- 실내촬영 시에도 배경을 충분히 설명할 수 있는 배경화면을 촬영한다.
- 안정적인 화면을 위해 캠코더용 삼각대를 사용한다.

- 적절한 캠코더 움직임을 통해서 배경을 충분히 설명해야 한다.
- 가능하면 화면 가득 삶의 모습이 담겨질 수 있게 적절한 각도의 광각렌즈를 사용하는 것이 좋다.
- 캠코더는 손으로 들고 찍는 핸드헬드(hand held) 촬영방식은 삼각대를 사용한 촬영보다 안정적이지 못하다.
- 적절한 배경은 인터뷰의 효과를 높인다.
- 잘못된 실내인터뷰 촬영 경우
  예) 역광촬영으로 인물이 검게나오는 촬영, 인물의 정보를 나타낼 수 없는 배경에서의 촬영, 수평이 맞지 않는 촬영

다. 외부 인터뷰

- 이야기 하려는 주제와 부합된 배경의 선택은 인터뷰의 효과를 높인다.
- 마을의 경제활동과 관련된 인터뷰의 경우 마을의 주요 특산물이 있는 장소에서 촬영을 하면 동시에 그 지역특산물을 동시에 촬영할 수 있어 시간과 노력을 경감하는 장점이 있다

▌그림 11▌ 공간지형 촬영의 예

라. 공간, 지형 촬영

- 공간과 지형 촬영은 안정된 무빙과 풀샷을 주로 사용한다.
- 강조하고 싶은 것은 클로즈업 샷으로 표현한다.

- 줌인과 줌아웃을 적절하게 사용하거나 적절한 캠코더 무빙을 사용하면 표현하고자 하는 지형과 공간을 충분히 설명할 수 있다.
- 예산과 장비의 지원이 가능하다면 마을 전경 항공촬영이 이상적이다. 하지만 현실적으로 어렵기 때문에 조사자는 마을 전체가 들어오는 높은 산과 같은 적당한 포인트에서 촬영을 할 필요가 있다.

마. 물질자료 촬영 및 스케치

- 물질자료는 화면을 가득 채우는 클로즈업 샷을 주로 사용한다.
- 물질자료를 풍부하게 설명하기 위해서는 물질의 다양한 요소를 촬영해야 한다.
- 사진, 장부, 문서 등의 경우 캠코더를 이용한 촬영보다 스캔한 이미지가 오히려 선명도가 좋다. 무조건 캠코더만을 고집하지 말고 현지에서 스캐너를 활용해서 스캔을 하거나 가능하다면 제보자의 양해를 구한 후 자료 정리과정에서 스캔 작업을 한 후 자료로 남겨두는 것이 좋다.
- 물질자료는 촬영만으로 설명이 어려운 부분이 있기 때문에 필요에 따라 스케치 작업도 병행을 하는 것이 필요하다.

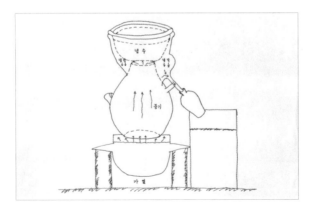

▌그림 12 ▌ 물질자료의 스케치의 예

## 가. 화면 크기를 생각하고 촬영

- 6하 원칙에 따라 촬영하면 촬영한 동영상을 통한 전반적인 상황 설명이 수월하다.
- 영상에서 이러한 것들을 표현할 수 있게 하는 것이 화면의 크기인데 일단 어떤 상황 전체를 잡은 풀 샷 화면은 폭 넓게 잡히는 인물과 배경에 의해 〈언제〉와 〈어디서〉와 같은 공간의 크기나 상황을 설명해 줄 수 있다.
- 그 넓은 화면 중에 촬영하고자 하는 대상을 잡은 미디엄 샷은 〈누가〉를 이야기하며, 그가 하는 행동과 표정을 좀 더 들여다보기 위해 잡은 클로즈업 화면은 〈무엇을〉에 포함 된 내용을 표현할 수 있다.
- 이런 식으로 줌인, 줌아웃 등으로 화면의 크기를 다르게 촬영하면 나중에 편집을 할 때(혹은 편집 없이 그냥 보더라도) 화면에 리듬감이 생겨 보기에도 편할 뿐더러, 이야기하고자 하는 내용과 관심을 훨씬 자세히 설명할 수 있다. 하지만 내용과 관련 없는 무의미한 줌(Zoom)의 사용은 오히려 시청자에게 내용에 집중하지 못하게 하고 혼란을 줄 수 있으므로 자제하는 것이 좋다.

## 나. 캠코더는 가능하면 고정

- 안정된 화면을 위해 캠코더가 흔들리지 않게 한다. 캠코더 사용에 익숙하지 않은 초보자들은 가능한 한 캠코더를 움직이지 않고, 촬영할 대상의 움직임을 캠코더에 담는 것이 좋다.
- 마찬가지로 줌의 조작은 특별한 목적과 의도 없이는 사용하지 않는 것이 바람직하다. 줌은 촬영할 피사체의 크기를 조절하기 위해서 하는 경우 이외에는 반드시 필요하다고 판단될 때에만 사용해야 한다.
- 사건이나 행사를 촬영할 경우 다양한 카메라 워킹이 수반되어야 하지만

정확한 기록을 위한 촬영에서는 삼각대를 이용하여 안정되게 촬영을 하는 것이 바람직하다.

- 만약 삼각대를 이용하지 못할 경우에라도 가능한 촬영 시에는 호흡을 조절하여 캠코더가 흔들리지 않도록 하는 것이 좋다.
- 처음 캠코더를 시작할 때에는 녹화버튼을 눌러 녹화가 시작되고, 스톱버튼을 눌러 녹화를 끝마칠 때까지 가능한 한 캠코더를 고정시키는 것이 초보자가 유념해서 지켜야 할 영상촬영의 첫 단계이다.

## 다. 캠코더 수평 유지

- 캠코더로 동영상을 촬영할 때 화면을 수평으로 맞추는 것이 바람직하다.
- 삼각대를 사용할 때에는 수평기를 정확히 맞추고, 핸드헬드로 촬영할 경우에는 뷰파인터 또는 LCD 모니터를 통해서 보이는 피사체 주변의 수직이나 수평상태의 배경 등을 기준으로 해서 수평을 유지시키도록 한다.
- 대부분의 캠코더는 수평, 수직을 위한 가이드 프레임이 있고 최근에 출시된 캠코더에는 수평을 확인 할 수 있게 해주는 기능이 포함되어 있으니 이 기능을 활용하면 된다.

▐ 그림 13 ▐ 삼각대 수평이 맞는 사진    ▐ 그림 14 ▐ 삼각대 수평이 안 맞는 사진

**▌그림 15 ▌ 수평이 맞는 사진**　　**▌그림 16 ▌ 수평이 맞지 않는 사진**

라. 캠코더의 앵글(Angle)을 조금만 바꿔 주어도 느낌이 달라진다

- 화면을 구성하는 앵글은 기본적으로 하이앵글(위에서 아래로 내려다보는 각도), 아이레벨(눈높이에서 촬영되는 앵글), 로우앵글(밑에서 위로 보며 촬영하는 각도)이 있다.
- 다양한 화면을 구성하는 면에서 이런 앵글의 활용은 필요하지만 인터뷰와 같은 정적인 화면을 촬영을 할 때는 피사체의 눈높이와 렌즈와는 나란히 같은 높이에 맞추는 것이 좋다.

마. 인터뷰 촬영의 경우에는 배경에 주의

- 현지에서 섭외한 마을사람을 인터뷰 할 때나 어느 특정한 피사체를 캠코더에 담을 때 주된 관심사는 물론 캠코더 안에 가장 크게 담기는 것이다. 하지만, 그것만으로는 대상을 설명해 주기에 부족하다.
- 어느 한 항목을 구성하기 위한 목적으로 캠코더로 촬영할 때는 인물 못지 않게 배경이 중요한 정보를 제공하게 된다. 그러므로 적당한 배경을 선택

하는 것은 주된 피사체를 촬영하는 것만큼 중요한 이유이다. 예컨대 인터뷰를 마을사람의 거주하는 가옥에서 촬영한다면 그 배경인 가옥의 형태를 보고 단편적이긴 하지만 주생활에 대한 정보를 얻을 수 있기 때문이다.

## 바. 역광을 피해서 촬영

- 초보자의 경우 캠코더에 기본값으로 세팅되어 있는 기능을 자동으로 세팅해서 촬영을 하는 경우가 많다. 이런 경우 캠코더는 자동적으로 그 주변의 빛의 양에 따라 평균적인 수치에 맞게 조리개를 적당하게 조정한다. 촬영을 하다보면 주변의 상황에 따라 적절하게 수동기능을 활용하는 것이 필요하다.
- 그러므로 캠코더에 익숙하지 않은 조사자는 촬영을 할 때 가능하면 밝은 창문 배경이나, 배경에 강한 조명이 있는 경우나 옥외에서 태양광을 바로 마주 보고 촬영하는 것과 같은 역광아래에서 촬영하는 것을 피하는 것이 좋다.
- 이론적으로, 실제적으로 가장 바람직한 조건은 피사체에 45°정도 각도에 비추는 것이지만 현장에서 조명을 동원해서 촬영하기엔 어려운 상황이므로 역광의 조건이라도 피해서 촬영을 해야 한다.

## 사. 인터뷰 촬영시 불필요한 소음을 차단

- 캠코더에 장착되어 있는 마이크는 대부분 전지향성 마이크(모든 방향에서 나오는 소리가 전부 녹음되는 마이크)로 인터뷰 시에는 가능한 한 주위의 소음이 없는 장소를 택하는 것이 바람직하다.
- 주변 소음을 차단하는 것이 어려운 경우, 캠코더를 피사체에게 조금 더 가깝게 하여 촬영하는 것이 불필요한 주변 소음을 차단하고 깨끗한 음질의 음성을 녹음할 수 있기 때문이다.

- 가능하다면 인터뷰 시에는 외부 마이크(일명 샷건) 또는 무선마이크를 사용하는 것이 좋다.

아. 캠코더로 촬영을 하고 화면을 구성할 때는 화면 앞뒤로 충분한 정지 시간을 준다

- 캠코더 촬영시 화면이 움직이는 시작과 종료 점에서 충분한 고정 샷을 만들어 주어야 한다. 보는 사람이 화면 안에서 고정샷을 주고, 그 화면의 움직임이 끝난 후에는 화면 내에서 무엇을 전달하고자 하는 것인가에 대한 상황을 생각할 수 있게 하는 정지된 화면이 필요하다.
- 팬(pan)이나 줌(zoom)과 같이 화면에 변화를 줄 때에는 적당한 스피드를 유지하는 것이 바람직하다. 너무 빠른 팬이나 급격한 줌과 같은 동작은 시청자들에게 화면이 움직일 수밖에 없는 상황을 설명해 줄 수가 없다. 시청자들로 하여금 화면에 나오는 전반적인 상황을 충분하게 이해할 수 있는 의도된 하지만 적당한 속도로 화면을 움직이는 것이 좋다.

자. 삼각대가 없다면 가능하면 광각으로 촬영해라

- 광각은 말 그대로 화면을 넓게 잡아 촬영하는 것을 말한다. 렌즈를 망원 쪽으로 놓고 촬영을 하면 피사체에 초점을 맞추기가 어렵고, 그 화각이 좁아져 약간의 손 흔들림에도 화면은 매우 심하게 흔들린다.
- 넓은 화각이 나오는 광각렌즈를 사용해서 촬영을 하면 초점이 맞는 심도가 깊어져 초점이 안 맞는 경우가 최소화 되며, 미세한 흔들림 정도는 화면에서 거슬리지 않을 정도이다.

(3) 조사항목에 따른 영상작업

『한국향토문화전자대전』을 수행하기 위한 현지조사에서 조사자가 가지게

되는 어려운 점들 중 하나는 수집된 자료의 표준화라는 것이다. 먼저 가장 중요한 점은 현지조사에 참여하여 자료를 수집하고 이를 기록하는 조사자의 관점과 시각에 따라서 많은 차이점이 생길 수 있다. 무엇을 어떻게 정리를 해야 하는 것과 같은 어려움은 각각의 현지조사 지역별로 상이한 부분이 많아서 그것을 일괄적으로 표준화하는 것은 현실적으로 불가능한 일이다. 이러한 여러 가지 문제점을 보완하기 위해 마을조사표에 따르는 항목별, 주제별 제작은 다음과 같은 범주의 결과물이 나올 수 있다. 상세한 내용은 전편의 「디지털 마을지 콘텐츠 제작 방안」편을 참고하기 바란다.

**시청각자료 형태로 만들어 질수 있는 결과물의 사례들**
① 동영상 자료
② 스틸사진 자료
③ 정보제공자가 보유하고 있는 사진 자료를 스캔하여 얻은 기록물(문서 포함)
④ 현지조사원이 스케치한 자료

## 5) 시청각 자료 가공 · 제작방침 및 조사자의 역할

이상과 같이 수집, 촬영된 다양한 시청각 자료들을 정리하고 가공해서 결과물을 제작해야 한다. 그것에 대한 기본적인 자료 확보와 항목에 근거한 멀티미디어 포맷을 선정하게 된다. 수집된 멀티미디어자료는 D/B화하는 과정이 필수적이다. 이것은 조사된 자료를 항목별로 분류하여 이용자들이 자료에 접근이 용이하게 구성된 체계에 따라 서비스시스템에서 구현되어야 하기 때문에 반드시 수반되어야 하는 과정이다. 시청각자료는 다음과 같은 멀티미디어 제작 지침에 따라 가공 · 제작이 되어야 한다.

#### 표 1 이미지 (사진촬영, 스캔) 작업 지침

| | | 아카이브용 | | 서비스용 | |
|---|---|---|---|---|---|
| 이미지 (P) | 사진촬영 | 2560 × 1920 | tiff | 1024 × 768 24비트<br>L-size 800 × 600<br>M-size 475 × 356<br>S-size 120 × 90<br>icon 32 × 32 | jpg |
| | 사진스캔 | 1200dpi<br>24비트(칼라)<br>size(mm) A6 148 × 105 기준<br>(6992 × 4961) | tiff | 압축률 1:3~1:10<br>L-size 800 × 568<br>M-size 475 × 337<br>S-size 120 × 90<br>icon 32 × 32<br>24비트(칼라) 또는 8비트(흑백) | jpg |
| | 슬라이드 스캔 | 1200dpi<br>24비트(칼라)<br>size(inc) 4 × 5 기준<br>(6000 × 4800) | tiff | 압축률 1:3~1:10<br>L-size 800 × 640<br>M-size 475 × 380<br>S-size 120 × 90<br>icon 32 × 32<br>24비트(칼라) 또는 8비트(흑백) | jpg |

#### 표 2 사운드 및 동영상 작업 지침

| | 아카이브용 | | 서비스용 | |
|---|---|---|---|---|
| Sound(A) | – 48000 Hz, 16 bit Stereo | mp3 | – 48000 Hz, 16 bit Stereo | flv |
| 동영상(M) | – 640 × 480 이상 | avi | – 475 × 356 | flv |

#### 표 3 지도/도면/도면 애니메이션/도표/PVR

| | | 아카이브용 | | 서비스용 | |
|---|---|---|---|---|---|
| 도면(D) | | Adobe™ illustrator CS | pdf, jpg | L-size 800 × 600<br>M-size 475 × 356<br>S-size 120 × 90 | jpg |
| 도면 애니메이션(D) | | flash player | swf | flash player | swf |
| 도표 (T) | 표 | 한글 | hwp, xls, ppt | flash player | swf |
| | 그래프 | MS Powerpoint™ | xls, ppt | flash player | swf |
| PVR(R) | | QuickTime™ | mov | QuickTime™ | mov |

『한국향토문화전자대전』 과업기간동안 그 지역에서 수집된 자료의 양을 실로 방대하다. 디지털기기 덕분에 현지에서 수집, 촬영, 녹음되는 자료의 양은 예전에 비해 더 많이 증가하였다. 자료의 양이 적은 것 보다 많은 것이 유리하겠지만 아무런 의도나 의미가 없이 무턱대고 양산된 자료는 그야말로 무용지물이 될 수 있다. 예전에 필름카메라를 사용하던 때보다 카메라 셔터를 눌러대는 횟수가 늘어나고 그만큼 만들어지는 조사 자료의 양이 늘어나는 것이 당연한 일이다. 편리하고 다양한 기능을 가진 디지털기기를 활용하면서 좀 더 신중하게 조사와 정리를 한다면 방대한 자료 속에서 다양한 내용들을 담을 자료들을 추출해내고 그것들을 활용하여 더 나은 조사결과물들이 도출될 수 있다.

자료를 자료답게 만들어내는 과정과 노력은 조사자의 몫이다. 조사자는 어디서, 무엇을, 어떻게, 누구와 인터뷰를 하면서 작업을 했는지에 대한 기본적인 내용과 함께 관련 시청각자료를 꼼꼼하게 정리를 하는 것이 필요하다. 디지털기기로 작업된 파일에 담겨져 있는 메타데이터를 활용하면 조사 자료를 정리하는데 많은 도움이 된다. 그리고 조사자에 따라서 자료정리 방식이 다르겠지만 사진, 동영상, 음향자료는 조사일정과 연결해서 정리하고 보관하는 것이 나중에 원고를 집필하는 과정에 훨씬 더 효율적으로 활용할 수 있다. 많은 조사자들이 사진자료, 영상자료, 음향자료를 각각 한 군데 모아서 보관하는 경우가 많은데 비슷한 장소에서 찍은 각각 이미지를 한군데 모아두면 더 혼란스러운 경우가 생길 수 있기 때문이다. 무엇보다도 잘 정리된 자료는 오히려 추후에 데스크 작업을 하면서 원고 집필 및 자료 정리를 위해 방대한 자료를 찾으면서 소비하는 많은 시간과 노력을 최소화하는데 기초가 되는 작업이다. 충실한 현지조사와 통찰력있는 안목으로 조사를 한 자료들을 활용하여 수집, 기록된 자료는『한국향토문화전자대전』각 항목별 원고는 시청각자료와 자연스럽게 호환이 되어 보다 총체적이고 심층적인 내용을 사용자에게 전달할 수 있기 때문에『한국향토문화전자대전』에서 시청각자료의 중요성이 더욱 더 강조된다.

# 3편

# 정보시스템 구현 기술

1. 디지털 향토지 편찬의 기술적 환경

2. 디지털 향토지 콘텐츠 접근 방법의 설계와 구현

3. 전자텍스트 편찬 도구 활용 기술

## 1) 디지털 향토지 편찬의 지향점

인터넷 이용의 급속한 확대에 따라 종래 책자 형태로 발간되던 지역문화 관련 콘텐츠도 온라인 환경에서 서비스되어야할 필요성이 증대되고 있다. 아직까지 책자 형태 간행을 우선시 하는 시지·군지 등도 저작물의 디지털 데이터를 온라인으로 제공하는 서비스를 병행하는 추세이다. 지식 콘텐츠의 유통 환경이 이처럼 변화되어 가고 있는 상황이므로, 향후 향토지 편찬자들은 그 저작물이 온라인 서비스에 적합한 형태로 만들어질 수 있는 방안을 숙지하고 이를 편찬 실무에 적용할 수 있어야 한다.

디지털 향토지 편찬의 중요한 의의는 '지역문화 지식 정보'의 공급자와 수요자 사이의 간극을 해소한다는 점에서 찾을 수 있다. 향토지에 담기는 콘텐츠의 생산자, 즉 내용 정보의 필자들은 대체로 오프라인 저작을 선호하는 연구자들이 주류를 이루는 반면, 이 저작물이 겨냥하는 독자층은 디지털 환경에 친숙한 신세대들이 적지 않은 비중을 차지한다. 디지털 향토지의 편찬은 오프라인 세대가 보존해 온 지식을 온라인 세대에 전파하는 것을 중요한 목적으로 삼는다.

디지털 향토지를 제작하는 또 하나의 이유는 그것이 전통적인 책자형 향토지에 비해 독자의 관심과 몰입을 유도하여 정보 전달 효과를 높이는 데 유리하다는 점이다. 이것은 독자가 흥미를 느끼는 기사거리를 능동적으로 찾아갈 수 있게 하는 하이퍼텍스트 기술 및 동영상, 가상현실, 애니메이션 등 감성적인 콘텐츠 제작을 통해 가능하다.

디지털 향토지의 새로운 지향점은 이용자가 직접 콘텐츠 수정·증보에 참여하는 개방적 편찬 환경의 조성이다. 책자형 도서 간행이나 오프라인 저작의 온라인 게시에서는 불가능했던 이 기능을 통해 독자는 저작물에 더욱 친근하게 다가갈 수 있고, 저작물의 내용이 더욱 풍부해지는 이점을 기대할 수 있다.

디지털 데이터는 발췌·복제 및 재활용이 용이하다. 이 점에서 디지털 향토지의 콘텐츠는 2차적 문화 콘텐츠 개발 자원으로의 활용을 촉진할 수 있으며, 이 또한 디지털 향토지를 만드는 이유가 될 수 있다.

그러나 이와 같은 디지털 향토지의 장점은 기존의 책자형 향토지를 정보 기술 전문가의 손에 넘겨 디지털 매체에 수록하는 식으로 얻어질 수 없다. 종이책을 만들 때 적용하는 편집 기술의 노하우는 '책'이라고 하는 매체의 특성에 의존하여 발전하여 온 것이다. 매체가 달라지면 그 속에 담길 콘텐츠를 다듬는 노력, 즉 편찬 작업의 성격도 달라져야 한다. 그 콘텐츠의 성격과 의미를 모르는 사람이 컴퓨터 조작 기술만 가지고 디지털 향토지의 편찬 작업을 수행할 수는 없는 일이다.

21세기의 지역문화지 편찬 사업 종사자들은 콘텐츠의 내용적 특성에 적합하면서 이용의 편의성과 정보 전달 효과를 극대화 할 수 있는 디지털 향토지 제작 방향을 스스로 강구해야 할 과제를 안고 있다. 지역문화지 편찬자가 그와 같은 방향 감각을 가지고 있을 때에 비로소 정보 기술 전문가들과의 의사소통이 가능해지고, 제대로 된 조력을 유도할 수 있다.

이 장은 디지털 향토지 편찬의 첫 걸음을 내딛는 지역문화지 편찬자들이 디지털 정보 편찬의 트렌드와 기술적 환경을 이해함으로써 자신이 추구하는 편찬 방향을 정보 기술 분야의 언어로 표현할 수 있게 하고, 이를 통해 정보 기술 전문 인력과의 협업을 용이하게 하는 것을 목적으로 한다.

## 2) 정보 자료 온라인 서비스의 발전 단계

### (1) 오프라인 저작물의 온라인 게시

#### 가. 데이터 파일 공개

책자 간행을 위해 만든 향토지 데이터를 컴퓨터에 저장하고 그 저장 위치를 공개함으로써 이용자가 온라인상에서 해당 데이터 파일을 취득할 수 있게 하는 방법을 말한다.

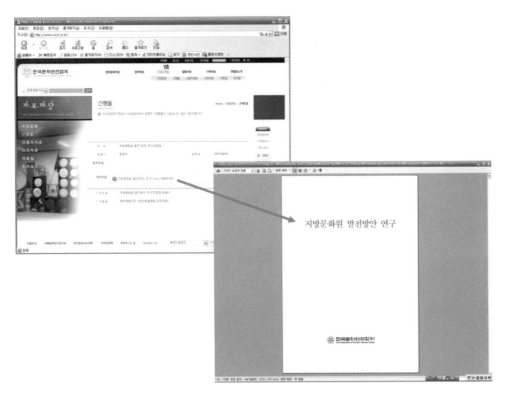

▌그림 1▐ 한국문화원연합회의 간행물 데이터 서비스(http://www.kccf.or.kr/) : 한국문화원연합회에서 자체적으로 제작한 간행물의 원고 파일을 기관 웹 사이트 상에서 열람할 수 있도록 하고 있다.

HWP(한글과컴퓨터<sup>TM</sup>사의 흔글<sup>TM</sup> 파일), DOC(Microsoft<sup>TM</sup>사의 Word<sup>TM</sup> 파일), PDF(Portable Document Format. Adobe<sup>TM</sup>사의 Acrobat Reader<sup>TM</sup>를 통해 읽을 수 있는 파일) 등 책자 간행을 위해 제작된 데이터 파일을 별도의 편찬 가공 노력 없이 서버에 업로드 함으로써 구현하고, 이용자는 서버에 게시된 파일의 이름을 자신의 단말기 브라우저상에서 클릭함으로써 해당 파일을 열어보거나, 자신의 컴퓨터에 저장할 수 있다.

이는 공시홍보를 목적으로 하는 자료의 온라인 배포를 선호하는 방법으로 데이터의 편찬 가공비용이 거의 필요치 않다. 정보 서비스보다는 데이터 공유에 목적을 둔 것이며, 이용 편의성이나 데이터 보안, 저작권 보호 등을 고려하지 않은 게시 형태이다.


나. 목차(TOC) 또는 디렉토리 구성을 추가한 파일 공개

공개하고자 하는 데이터 파일이 여러 개로 구성되어 있는 경우, 파일의 목록을 '목차'(TOC, Table of Contents) 또는 몇 가지 분류 주제에 의한 '디렉토리'(Directory) 형태로 가공하고, 이용자가 특정 항목을 선택했을 때 해당 파일에 접근하는 하이퍼링크를 제공하는 방법이다.

이러한 방식의 서비스를 위해서는 목차 또는 디렉토리 구성에 맞게 데이터 파일을 분절하는 과정이 필요하다. 목차 또는 디렉토리 정보는 통상 HTML 파일로 제작하여 이용자가 웹 브라우저 상에서 바로 열람할 수 있도록 하며, 개별 항목과 연결된 데이터 파일은 파일 형식에 상응하는 전용 브라우저를 통해 볼 수 있게 한다.

오프라인 저작물의 콘텐츠 내용은 손대지 않고 접근 경로의 편의성만 제고하는 수준의 편찬 방법이라고 할 수 있는데, 오프라인 저작물이 편찬 사업의 주된 결과물이고, 온라인 서비스는 보조적인 것으로 한정하는 경우 이러한 서비스 방법을 채택할 수 있다.

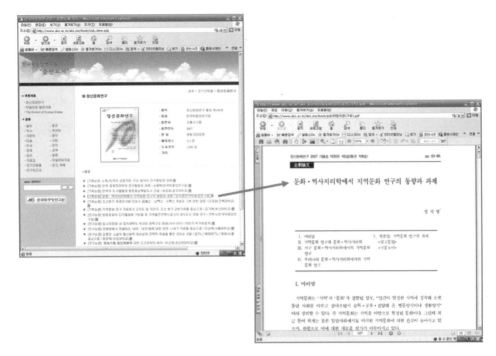

**그림 2** 한국학중앙연구원의 『정신문화연구』 PDF 파일 서비스(http://www.
aks.ac.kr/aks_kor/book/) : 학술지 『정신문화연구』 간행을 위해 만
든 전자출판 데이터를 PDF 파일로 전환하여 목차와 함께 제공하고 있다.

## (2) 오프라인 저작물의 2차적 가공

### 가. e-Book 출판

책자 간행을 목적으로 제작된 전자출판 데이터를 책자 형태 그대로 온라인
상에서 열람할 수 있도록 한 것을 '전자 책' 또는 'e-Book'(Electronic Book)
이라고 한다. 이것은 콘텐츠의 내용이나 편집 형태를 바꾸지 않고, 데이터 파
일 포맷만 e-Book 데이터 형식으로 변환하여 서비스하는 것이다.

책에서 구현한 편집 효과를 온라인상에서 유사하게 구현할 수 있고, 제작이
용이하다는 장점이 있으나, 열람 기능 이외의 부가 서비스 기능을 제공할 수
없고, 데이터의 수정, 보완이 어려운 단점이 있다.

[그림 3] 『파주문화재대관』(http://www.pajucc.or.kr/) : 파주문화원에서 편
찬한 도서 콘텐츠의 e-Book 서비스

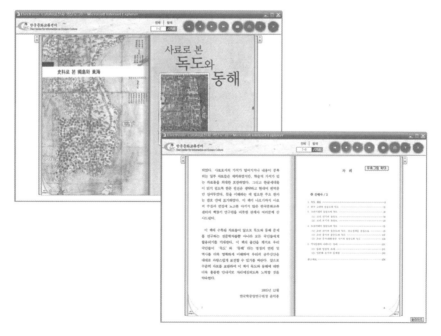

[그림 4] 『사료로 본 독도와 동해』(http://www.ikorea.ac.kr/) : 한국학중앙
연구원 한국문화국제교류센터에서 편찬한 도서 콘텐츠의 e-Book 서비스

나. 웹 문서 변환을 통한 서비스

'웹 문서'라고 불리는 HTML 문서는 월드 와이드 웹(WWW, World Wide Web) 환경에서 통용될 수 있는 형식의 전자문서이다.

오프라인 서비스를 위해 제작된 콘텐츠 소스 데이터에 HTML 태그(TAG)를 부가하는 방법으로 웹 문서를 제작하는 데, 기사 내용을 담은 HTML 문서와 함께 '목차' 또는 '디렉토리' 기능을 수행하는 HTML 문서를 제작하여, 이용자로 하여금 저작물의 내용 전체에 쉽게 접근할 수 있게 하는 것이 일반적인 구현 방법이다.

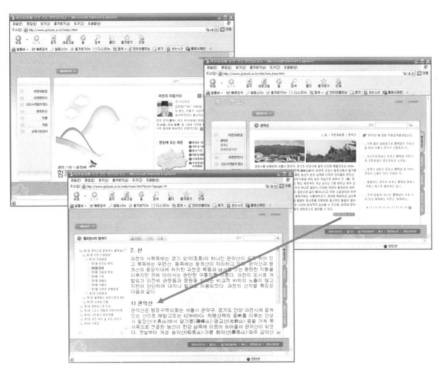

█ 그림 5 █ 『과천시지』 온라인 서비스(http://www.gcbook.or.kr/) : 과천시와 과천문화원에서 편찬한 『과천시지』 콘텐츠의 온라인 서비스. 책자 간행을 위해 편찬한 데이터를 웹 문서로 변환하고, 이를 데이터베이스에 탑재하여 온라인으로 제공하고 있다.

이러한 서비스 방법은 HTML이 제공하는 하이퍼텍스트 기능을 활용함으로써 기사 내용과 관련이 있는 사진, 동영상, 애니메이션 자료의 연계 서비스를 손쉽게 구현할 수 있다는 장점이 있다. 반면, 콘텐츠의 모든 부분을 HTML 문서로 만들어야 하므로, 자료량에 비례하여 편찬 작업 부담이 커지며, 내용 수정 및 증보에 유연하게 대처하기 어렵다.

그와 같은 작업 부담을 줄이기 위해 개별 기사의 문서 형식을 일정하게 정하고, 소스 데이터를 기사 단위로 분절하여 데이터베이스에 수록하고, 서비스 시점에 일정한 형식의 HTML 문서가 만들어지도록 하는 방법을 사용하기도 한다.


다. 디지털 콘텐츠 편찬

앞에서 살펴 본 정보 자료 온라인 서비스의 몇 가지 형태는 '책'이라고 하는 종이 매체의 저작물을 생산한 후에 2차적인 노력으로 그 콘텐츠를 디지털화하여 온라인상에서 접근할 수 있도록 한 것이라고 할 수 있다. 이에 반해, 이제부터 다루고자 하는 '디지털 콘텐츠 편찬'은 도서 간행을 위해 생산한 데이터를 디지털 매체에 수록하는 것이 아니라, 처음부터 디지털 매체 및 온라인 서비스를 겨냥하여 콘텐츠를 제작하는 것이다.[1]


디지털 향토지 편찬·간행은 다음과 같은 단계를 거쳐서 이루어진다.

① 디지털 향토지의 특성(차별화 요소)을 고려한 편찬 기획

② 기술적 프레임워크의 개발·도입

③ 편찬 조직의 구성과 교육 훈련

---

1) 일반적으로 '디지털화'(digitalization)라고 하면 아날로그(analog) 형태의 정보를 디지털(digital) 신호로 변환하여 전자적인 매체에 수록하는 것을 말한다. 넓게 해석하면 '디지털 콘텐츠 편찬'(digital content compilation)도 디지털화에 포함시킬 수 있지만, 필자가 굳이 이 두 가지 개념을 구분하는 이유는 우리 사회에서 디지털화라는 이름으로 수행해 온 일들이 대체로 문자 그대로의 디지털화, 즉 아날로그 매체에 수록된 정보를 디지털 매체로 옮기는 '매체 변환'에 머물고 있기 때문이다. '디지털 콘텐츠 편찬'은 매체 변환뿐 아니라 새로운 매체에 적합한 형태로 정보 콘텐츠를 재조직하는 노력을 부각시키는 개념이다.

④ 모노미디어 데이터의 제작: 텍스트 원고 집필, 시청각 자료 제작

⑤ 통합전자문서 제작

⑥ 온라인 서비스 시스템 개발 및 운영

## 3) 디지털 콘텐츠 편찬의 차별화 요소

향토지와 같은 저작물을 책자 형태로 간행하는 것과 디지털 콘텐츠로 제작하는 것의 차이점은 단순히 매체(media)를 달리 하는 데에 그치지 않는다. 디지털 콘텐츠의 편찬을 통해 책자 간행에서 할 수 없었던 일을 실현하지 않는다면, 그것은 진정한 의미의 디지털 편찬이라고 할 수 없다. 매체 전환에 머물지 않고 '디지털 콘텐츠 편찬'으로 인정받을 수 있기 위한 필요 요건으로 ① 하이퍼텍스트(Hypertext), ② 멀티미디어(Multimedia), ③ 콘텐츠 접근 방법(Content Access Method) 등 세 가지를 들 수 있다.

표 1 디지털 콘텐츠 편찬의 차별화 요소

| 디지털 콘텐츠 편찬의 차별화 요소 | 내 용 |
|---|---|
| ① 하이퍼텍스트(Hypertext) | 문서 내의 중요한 키워드마다 관련이 있는 다른 문서로의 연결고리를 갖도록 함으로써 내용적 관련성을 가지고 있는 모든 문서들이 하나의 문서인 것처럼 보일 수 있게 하는 것. |
| ② 멀티미디어(Multimedia) | 동영상, 애니메이션, 가상현실, 전자지도 등의 시청각 자료의 서비스를 통해 콘텐츠에 대한 몰입도를 높이는 것 |
| ③ 콘텐츠 접근 방법 (Content Access Method) | 저작물 상에서 이용자가 관심을 갖는 콘텐츠에 도달하는 통로를 다양하고 편리하게 열어 주는 것. |

### (1) 하이퍼텍스트(Hypertext)

하이퍼텍스트는 인터넷이라고 하는 새로운 지식 유통의 환경에서 가장 강력한 영향력을 발휘하는 정보 구성 형태이다. 지식과 정보는 유통 목적에 따라

그 내용 요소의 조직 형태를 일정하게 유지할 필요도 있고, 자유로운 조합을 허용할 필요도 있다. 종래의 '종이 책'은 전자에 적합한 매체였다. 우리가 새롭게 '하이퍼텍스트'에 주목하는 이유는 그것이 과거의 정보 매체에서는 구현하기 어려웠던 후자의 기능을 열어 주고 있기 때문이다.

종이 책은 그 내용을 이루는 지식 요소가 고정되어 있을 뿐 아니라 그 요소들의 나열 순서가 저자의 기획에 따라 일정하게 확립되어 있어서 독자는 그 정해진 순서에 따라 책 속의 지식과 정보를 전수하게 된다. 반면 하이퍼텍스트의 세계에서는 독자의 관심이 어디를 향하느냐에 따라 얻게 될 지식과 정보의 내용이 판이하게 달라질 수 있다.

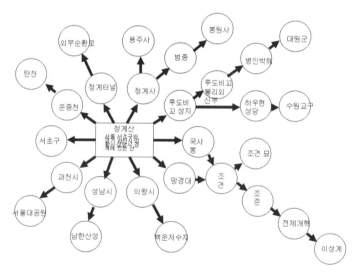

**▌그림 6▐** 하이퍼텍스트가 지향하는 관련 정보의 연결 고리

〈그림 6〉은 '청계산'에 관한 기사에 담긴 내용 요소들과 그 각각의 요소와 관련이 있는 정보들의 관계를 도시한 것이다. 각각의 기사는 원고지 5매 이내의 짧은 분량이지만 독자들은 개인적 관심이 모아지는 방향에 따라 방대한 분량의 지식을 여러 가지 스토리로 획득할 수 있다. 똑같이 '청계산'을 출발점으

로 삼았다 하더라도, 어떤 경우에는 '청계산의 주봉인 망경대' → '망경대라는 이름을 낳게 한 조견' → '조견의 형 조준' → '조준이 주도한 고려 말의 전제개혁' → '이성계의 역성혁명'의 경로를 따라 여말선조(麗末鮮初)의 역사를 탐구할 수 있고, 또 다른 경우에는 '루도비꼬 유적지' → '루도비꼬 볼리외 신부' → '병인박해' → '대원군'으로 이어지는 연결 고리를 좇아 조선 말기의 동서교섭사(東西交涉史)를 공부할 수도 있다.[2]

하이퍼텍스트를 구현하는 방법은 여러 가지가 있을 수 있겠으나, 오늘날 세계적으로 보편화된 이 분야의 표준 프레임웍은 이른 바 '월드 와이드 웹'(World Wide Web, WWW)이라고 불리는, 인터넷(Internet) 상의 전자문서 유통 체계이다. 월드 와이드 웹 상에서 유통될 수 있는 전자문서는 '하이퍼텍스트 전송 규약'(HyperText Transfer Protocol, HTTP)에 따라 HTML(HyperText Markup Language) 또는 XML (eXtensible Markup Language) 언어로 작성된다. 그 문서 속에 포함된 의미 있는 단어나 문장에 그것과 관련 있는 다른 문서의 주소를 약속된 방법에 따라 부기함으로써 의미적 연관 관계에 있는 수많은 자료들이 서로 연결될 수 있도록 하는 것이다.


## (2) 멀티미디어(Multimedia)

컴퓨터 기술이 발달하기 전 지식과 정보는 그 성격에 부합하는 하나의 매체에 담겨서 유통되었다. '종이'라고 하는 2차원 공간 매체에는 텍스트와 정지화상이 담길 수 있었으며, '음반'이라고 하는 시간적 매체에는 음악을 담을 수 있었다. 입체 구조물을 전시하는 전시장은 3차원 공간 매체라고 할 수 있다. 시간성과 공간성을 결합한 매체로는 영화 필름(2차원 공간＋시간)과 공연 예술의 무대(3차원 공간＋시간)가 있었다. 이것은 개개의 콘텐츠가 자기 성격에 맞는 매체를 통해 유통되었다고 할 수 있지만, 거꾸로 매체의 제약에 의해 콘

---

2) 김현, 「하이퍼텍스트 구현 기술」, 『문화콘텐츠 입문』(북코리아, 2006), 257~259쪽 참조.

텐츠의 내용이 특정한 방향으로 한정되었던 것이라고 이야기할 수도 있다.

디지털 콘텐츠가 멀티미디어를 지향하는 것은 지식과 정보가 매체의 제약에 의해 위축되지 않고 생생한 모습으로 독자에게 수용될 수 있도록 하기 위함이다. 멀티미디어 정보는 오관을 통해 수용된다. 이는 이성뿐 아니라 감성을 자극함으로써 현장을 체험하는 듯한 '실감'을 얻게 하고, 이를 통해 대상 정보에 몰입할 수 있게 하는 효과를 낳는다. 이로써 정보 전달의 효과가 커지게 되는 것이다.

현재까지 지식 정보 콘텐츠 제작에 주로 활용되고 있는 시청각 데이터는 정지화상(Still Image)으로 구분되는 사진, 드로잉, 수치 데이터 기반의 그래픽 차트, 음향(Sound)의 범주에 속하는 녹취 음원, 전자 음원, 동영상(Motion Picture)에 속하는 실사 영상, 2D 애니메이션, 3D 애니메이션 등이다. 그 각각을 따로 따로 취급하면 모노미디어(Monomedia) 데이터가 되겠지만, 두 가지 이상을 융합하여 새로운 응용 기능을 구현하면 멀티미디어라는 이름을 얻게 된다.

오늘날의 멀티미디어 기술이 지향하는 방향은 다양한 모노미디어 데이터를 보다 완벽하게 융합하여 마치 현실 세계를 컴퓨터 화면에 옮겨 놓은 듯 한 느낌을 주도록 하는 것이다. 이른바 가상현실(Virtual Reality)이라는 이름으로 추구되는 다양한 기술적 시도들이 그것이다.

향토지 편찬과 같은 인문 지식 콘텐츠 분야에서 특별히 관심을 두는 기술은 '하이퍼미디어(Hypermedia)'[3]라고 할 수 있다. 이는 내용적 관련성을 좇는 하이퍼텍스트 연결 고리를 텍스트에 한정하지 않고 멀티미디어 데이터에까지 확장한 것을 의미한다.

---

3) 하이퍼미디어(Hypermedia)란 하이퍼텍스트와 멀티미디어가 결합한 것을 일컫는 합성어이다.

### (3) 콘텐츠 접근 방법(Content Access Method)

콘텐츠 접근 방법이란 저작물 상에서 이용자가 관심을 갖는 내용에 쉽게 도달할 수 있도록 하는 안내 기능을 말한다. 현대 사회의 커뮤니케이션 기술 발달은 정보 생산의 양적 팽창을 유도하였다. 방송 매체나 인터넷 상에서 직면하는 정보의 홍수 속에서 이용자는 자신이 원하는 정보에 쉽고 빠르게 도달할 수 있기를 희망한다. 디지털 저작물이 나날이 대형화되는 추세도 '정말 필요한 정보에 신속하게 다가갈 수 있는 방법'에 대한 요구를 절실한 것으로 만들었다. 더욱이 대용량의 디지털 저작물은 책자형 저작물에 비해 순차적 접근이 어렵기 때문에 책을 볼 때와는 다른 형태의 콘텐츠 접근 방법이 강구되지 않을 수 없다.

저작물 속에 담긴 정보를 찾아가는 최적의 방법은 그 정보의 성격과 유형에 따라 달라진다. 특정 주제의 기사를 찾고자 할 때에는 목차나 주제별 색인을 통해 접근하는 것이 유용하다. 반면, 찾고자 하는 정보가 지리적 위치를 위주로 하는 것이라면, 지도 형태의 안내 자료를 경유하는 것이 편리할 것이다. 역사적 사실은 연대표를 통해 접근하는 것이 효과적이고, 사진이나 도표는 '도판 목차', '표 색인' 등을 통하는 것이 유용하다. 저작물의 내용 중 필요한 것을 신속하게 찾아가는 콘텐츠 접근법은 오프라인 저작물 상에서도 여러 형태로 추구되었다.

디지털 콘텐츠 상에서는 컴퓨터가 제공하는 데이터 처리 기술의 응용을 통해 책자형 도서에서 제공되었던 것보다 훨씬 편리하고 효과적인 콘텐츠 접근법의 구현이 가능해졌다. 디지털 저작물이 제공하는 콘텐츠 접근 방법도 기본적으로는 책자형 저작물에 쓰이던 방법을 계승·발전시킨 것이라고 할 수 있다. 외형적인 모습을 보면, 책자형 도서에서 쓰던 방법과 아주 유사한 것, 부분적으로 유사한 것, 책에서는 전혀 볼 수 없었던 것이 혼재한다고 할 수 있으나, 어느 것이나 정보 검색 기능과 같은 정보 처리 기술을 기반으로 만들어지는 기능이기 때문에 이용·효과 면에서 큰 차이를 보인다. 정보 기술에 입각한 콘텐츠 접근법을 어느 수준까지 제공하느냐 하는 것은 디지털 콘텐츠를 오프라인 저작물과 차별화할 수 있는 중요한 요소가 된다.

표 2 책자형 저작물이 제공해 온 전통적인 콘텐츠 접근 방법

| 콘텐츠<br>접근 방법 | 기 능 | 용 처 |
|---|---|---|
| 순차 접근 | 독자들이 책의 본문을 앞에서부터 차례로 읽어 나아가는 것 | 시작에서부터 결말에 이르기까지 하나의 줄거리로 이어져서 중간에 파고들 여지가 없는 '소설과 같은 장르의 문학서 |
| 내용 목차 | 편찬자의 기획 의도에 따라 구성된 콘텐츠 내용 체계를 해당 콘텐츠의 시작 면수와 함께 제공함으로써 독자들이 관심을 갖는 부분을 바로 찾아갈 수 있도록 하는 것 | 대부분의 도서 간행물 |
| 용어 색인 | 본문 기사의 내용을 대변하는 핵심 용어들을 추출하고 그것을 가나다순으로 정렬하여, 그 용어가 등장하는 기사를 바로 찾아갈 수 있도록 하는 것 | 학술적 성격의 저작물로서 통독보다는 부분 참조의 기능이 기대되는 도서 |
| 삽도 색인 | 본문 기사와 함께 수록된 사진, 도면, 도표 등의 목록을 작성하고 그것을 유형별 또는 가나다순으로 정렬하여 이용자들이 쉽게 참조할 수 있도록 하는 것 | 도판자료집, 연감·백서 등 사진이나 도표화한 통계자료를 많이 포함하고 있는 도서 |

## 4) 디지털 저작물 온라인 서비스의 제형태

인터넷 상의 디지털 저작물들은 저마다 그 내용적 특성에 상응하는 서비스 기능을 제공한다. 이른 바 '검색 서비스', '디렉토리 서비스', '이미지 검색 서비스' 등의 이용자 편의 기능은 온라인상의 독자가 그 저작물의 내용에 쉽게 접근할 수 있도록 하는 '콘텐츠 접근 방법'이다. 디지털 향토지에 적합한 서비스 기능을 찾기 위한 전초작업으로서 오늘날 디지털 저작물 상에서 일반적으로 사용되고 있는 콘텐츠 접근법은 어떠한 것이 있으며, 그것은 어떠한 성격의 저작물에서 활용되었는지 살펴보기로 한다.

(1) 검색

디지털 저작물의 가장 대표적인 콘텐츠 접근 방법이다. '검색 창'에 특정 어휘나 문장을 입력하면 그 단어를 포함하거나 의미상 관련이 있는 기사를 찾아서 그것의 목록을 제공하고, 이용자가 다시 목록상의 특정 기사를 선택하면 해당 정보의 상세 내용을 보여 주는 방식으로 운영된다.

이러한 방식의 정보 검색은 원래 대량의 자료를 적재한 데이터베이스를 검색할 때 쓰였던 것이지만 인터넷의 확산과 더불어 정보 검색 포털을 통해 일반인들도 이러한 데이터 접근법에 익숙해지게 되었다. 요즈음에는 데이터베이스나 검색 포털에서뿐 아니라 일정한 기획 의도를 가지고 편찬된 디지털 콘텐츠 상에서도 유사한 형태의 검색 기능을 제공하는 추세이다.

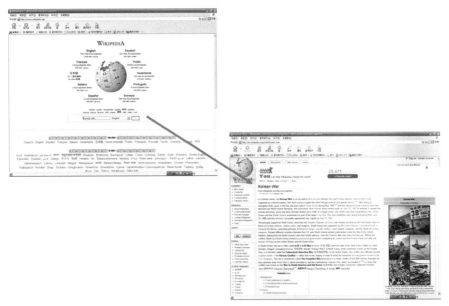

█그림 7█ **위키피디아 백과사전(WikipediA, http://www.wikipedia.org/)** : 위키미디어 재단에서 운영하는 개방형 온라인 백과사전. 이용자 누구나가 백과사전 항목의 필자가 될 수 있고, 기존의 기사 원고를 수정할 수 있는 특성 때문에 콘텐츠 접근 방법이 '검색'으로 일원화되어 있다. 홈페이지에서 제공하는 검색 창에 텍스트를 입력하면 그것을 표제어로 하는 기사를 제공한다.

정보 서비스 시스템 상에서 일반적으로 'TOC'[4]라고 부르는 콘텐츠 목차서비스 기능은 책자형 자료의 '목차'와 거의 동일한 것이라고 할 수 있다. 실제로 TOC 서비스 기능은 아날로그 매체에 담긴 자료를 디지털화한 문헌 자료데이터베이스에서 많이 채용하였던 콘텐츠 접근 방법이다. 원래 종이 책에 담겨 있는 정보를 온라인으로 제공함에 있어 책을 볼 때와 유사한 방식으로 그 내용을 살필 수 있게 한다는 취지에 입각한 것이다.

책에서와 마찬가지로 이 접근 방법은 일정한 구성 체계를 갖추고 있는 콘텐츠 상에서만 의미가 있는 접근법이다. 인터넷 상의 디지털 정보를 망라하여 집적한 포털 시스템이나 정보 배열의 순서나 층위가 중요치 않은 데이터베이스는 굳이 목차 서비스를 고려할 필요가 없다. 하지만 처음부터 일정한 기획의도를 가지고 단위 기사 하나 하나에 적정한 위치와 순서를 부여해 간 디지털저작물이라면 '목차 서비스'는 반드시 구현되어야 할 기능이라고 할 수 있다.

---

4) TOC는 'Table of Content'의 약어이다.

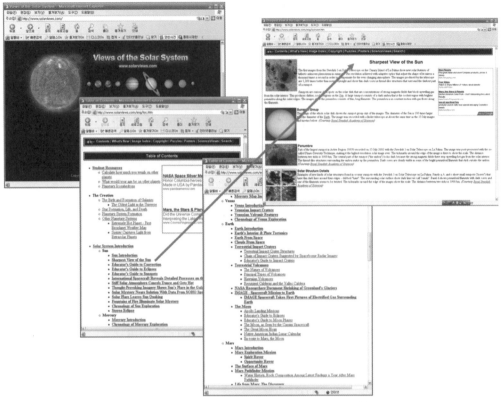

**┃그림 8┃** 태양계의 모습(Views of the Solar System, http://www.solarviews.com)
: 개인 저자 Calvin Hamilton이 태양계의 별들을 주제로 제작한 멀티미디어 콘텐츠. 미항공우주국이 생산한 천체 사진을 온라인 서비스용으로 가공하여 수록하고 관련된 지식을 부가하였다. 콘텐츠 전체 내용을 일별할 수 있는 목차 화면을 제공하고 이곳에서 관심이 가는 기사를 선택하여 볼 수 있는 접근법을 제공한다.

## (3) 디렉토리

일정한 주제 분류 체계를 제시하고 이용자의 주제 선택에 의해 그와 관련된 중요 콘텐츠에 접근하도록 하는 방법이다. 정보 검색 서비스가 가장 보편적이면서도 고전적인 디지털 콘텐츠 접근법이라고 한다면, 디렉토리 서비스는 인터넷 포털의 성장과 더불어 새롭게 인기를 얻게 된 서비스 형태라고 할 수 있다. 세계적인 정보 포털 야후(YahooTM)가 월드 와이드 웹상의 정보를 이용자의 관심 영역별로 분류하여 접근할 수 있도록 한 것이 오늘날 일반화된 디렉토리 서비스의 효시라고 알려져 있다.[5]

디렉토리 서비스와 앞에서 설명한 콘텐츠 목차 서비스는 어떻게 구별되는가? 서비스 형태만 본다면 콘텐츠 목차 서비스는 다양한 디렉토리 서비스의 하나라고 할 수도 있다. 그러나 '콘텐츠 목차'는 콘텐츠 생산자의 기획 의도에서부터 '연역적'으로 만들어진 것인데 반해, '디렉토리'는 이미 만들어진 데이터의 성격을 '귀납적'으로 분석·종합한 것이라는 점에서 성격을 달리한다.[6] 또한 '콘텐츠 목차' 상에서 하나의 개별 기사는 대체로 한 곳에만 위치하지만, '디렉토리' 상에서는 하나의 개별 기사가 여러 개의 분류 주제에 배정될 수 있다.

---

5) 반면, 야후(YahooTM)의 유력한 경쟁사인 구글(GoogleTM)은 '디렉토리 서비스' 개념을 배제하고 '검색' 기능만을 고도화함으로써 자사 포탈을 차별화하였다.
6) 단, 유용한 '디렉토리' 서비스를 위해서는 분류 주제들을 미리 확정하고, 데이터의 생산 단계에서부터 그 적용을 일정하게 할 필요가 있다.

**▐그림 9▐** 브리태니커 온라인(Encyclopedia Britanica Online, http://www. britannica.com/eb/subject) : 대영 백과사전의 인터넷 온라인 버전. 예술·문학(Arts & Literature), 지구·지리(The Earth & Geography), 건강·의약(Health & Medicine), 철학·종교(Philosophy & Religion), 스포츠·레크레이션(Sports & Recreation), 과학·수학(Science & Mathematics), 생명(Life), 사회(Society), 기술(Technology), 역사(History) 등 10개 대 주제 및 다단계의 하위 주제 카테고리를 단계적으로 거쳐서 관련 기사를 찾아가는 방법을 제공하고 있다.

본문 텍스트 속에 포함된 단어 가운데 핵심어 역할을 하는 것들을 뽑아서 철자 순으로 배열한 목록을 제공하고, 이용자가 목록상의 단어를 선택함으로써 관심 있는 기사에 접근할 수 있도록 하는 방법이다. 이것은 '콘텐츠 목차'처럼 디지털 콘텐츠보다 책자형 저작물에서 더 많이 활용되었던 접근법이다. 특히 고급 학술 도서의 간행 시 '색인'의 편집은 필수 요건으로 인식되었다.

요즈음 온라인상에서 유통되는 디지털 콘텐츠 상에서 그와 같은 유형의 색인어 서비스는 일반적이지 않은데, 그 이유는 그것이 불필요하거나 수요가 적어서가 아니라 텍스트 중에서 핵심어〔색인어〕를 선택하는 것은 기계적으로 하기 어려운 일이고, 그만큼 비용이 커지는 문제가 발생하기 때문이다. 질(質, 콘텐츠 가공의 정밀도)보다는 양(量, 대상 정보의 망라성)을 우선시하는 온라인 정보 서비스의 경향성에 의해 대규모 콘텐츠 상에서도 쉽게 구현할 수 있는 검색 기능이 용어색인의 역할을 대신하게 된 것이다.[7]

그러나 콘텐츠 안에 어떠한 데이터가 있는지 모르는 이용자는 검색어 입력이 쉽지 않다. 이 경우, 내용상 의미 있는 단어들의 목록을 제공하는 것은 검색어의 선택을 용이하게 할 뿐 아니라,[8] 이용자가 접근하고자 하는 저작물에서 얻을 수 있는 정보의 성격과 범위를 쉽게 짐작할 수 있도록 한다는 점에 의의가 있다.

---

7) 핵심어와 비핵심어를 구분하지 않고 텍스트 속의 모든 단어와 문자를 색인화하는 전문색인 (全文索引, Full Text Indexing)은 정보 검색 시스템(Information Retrieval System)의 자동 색인 기능에 의해 기계적 방법만으로도 구현할 수 있기 때문에 시스템 개발자들은 이를 선호한다.
8) 기계적으로 추출된 전문색인(全文索引) 상의 단어들을 모두 보여 줄 수는 있으나, 이 경우 불필요한 단어들이 함께 제시되어 불편하다.

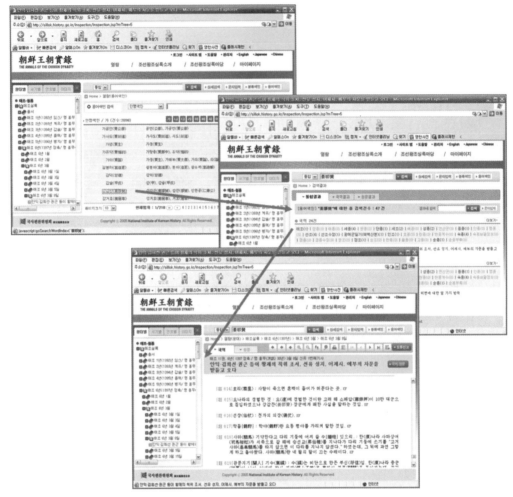

**｜그림 10｜** 온라인 『조선왕조실록』(http://sillok.history.go.kr) : 국사편찬위원회에서
온라인으로 제공하는 『조선왕조실록』의 국역문 및 한문 원문 데이터베이스.[9] 『조
선왕조실록』 본문 및 역주에 수록된 인명, 지명, 서명, 연호 등의 고유명사를 모
두 추출하여 목록화하고, 이 목록상에서 특정 용어를 선택함으로써 해당 용어가
사용된 기사를 찾아갈 수 있도록 하고 있다.

---

9) 1995년 및 2002년에 간행된 국역 『조선왕조실록』 CD-ROM 및 한문 원전 『조선왕조실
록』 CD-ROM 콘텐츠의 온라인 버전이다. 한국고전번역원(구 민족문화추진회)도 동일한
콘텐츠를 인터페이스 디자인만 달리하여 서비스하고 있다(한국고전번역원:
http://www.itkc.or.kr).

### (5) 시청각 갤러리

정지화상, 동영상, 음향, 도면, 도표 등 콘텐츠에 부가된 시청각 자료 전체를 매체별, 주제별로 열람할 수 있게 하고, 시청각 자료 열람 시 해당 자료와 관련이 있는 본문 기사를 바로 찾아갈 수 있게 하는 방법이다.

최근 인터넷 환경에서 서비스되는 온라인 디지털 콘텐츠에는 사진, 음향, 동영상, 애니메이션, 가상현실 등 이용자의 시각·청각에 호소하는 자료의 양이 급증하는 추세이다. 콘텐츠에 포함된 시청각 자료들의 체계적인 목록을 제공하고, 이를 통해 관심 있는 기사에 접근할 수 있도록 하는 것이 디지털 콘텐츠의 갤러리 서비스인데, 이는 책자형 콘텐츠의 '화보집' 기능과 '도판 색인'(사진 목차, 표 목차 등) 기능을 디지털 매체 상에서 복합적으로 구현한 것이라고 할 수 있다.

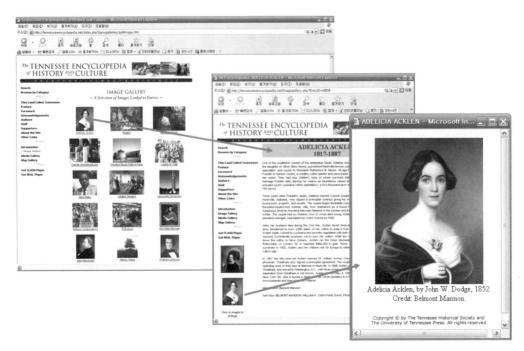

█ 그림 11 █  테네시주 역사·문화 백과사전(The Tennessee Encyclopedia of History
and Culture, tennesseeencyclopedia.net) : 미국 테네시주의 역사와 문화
에 관계된 기사를 수록한 지역 문화 백과사전. 기사 콘텐츠와 함께 수록된 이미
지, 슬라이드쇼, 지도 등 멀티미디어 자료의 목록을 시청각 갤러리 형태로 제공하
고, 기사 내용에 대한 접근점의 역할을 하도록 구성하였다.

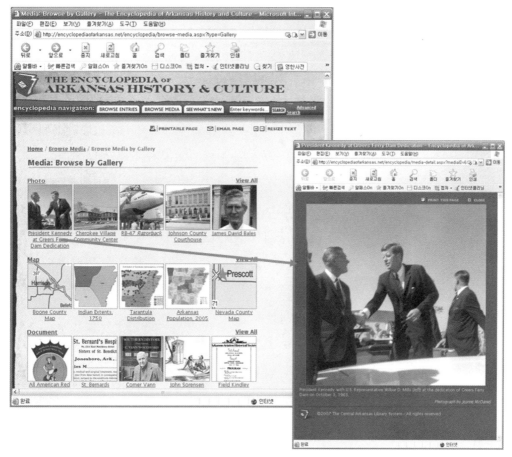

그림 12  아칸사스주 역사·문화 백과사전(The Encyclopedia of Arcansas History and Culture, encyclopediaofarcansas.net) : 미국 아칸사스주의 지역 문화 백과사전. 기사 콘텐츠와 함께 수록된 사진, 지도, 문서, 비디오, 오디오 이미지 자료를 시청각 갤러리 형태로 제공한다.

## (6) 전자지도

전자지도에서 관심 지점을 선택함으로써 그와 관련된 콘텐츠 기사에 접근할 수 있게 하는 서비스 방법이다. 오프라인 저작물에서 유사한 사례를 찾는다면, 관광 안내 책자에서 도서 본문과 길잡이 지도 사이에 상호 참조 색인을 제공하는 것을 들 수 있다. 관광 안내서처럼 지도 참조가 필수적인 콘텐츠가 아니라도, 지도 형태의 색인을 제공하는 것은 매우 유용하다. 사실상 모든 유형의 지식 정보 속에는 공간적 개념과 시간적 개념이 포함되어 있다. 공간적 개념들을 지리적 위치로 구체화하고, 그것을 지도 도면상에서 찾을 수 있게 하는 것은 내용 찾기의 편리성을 증대시키는 것뿐 아니라 지식 정보의 공간성을 시각적으로 확인하게 함으로써 내용을 보다 충실하게 이해할 수 있게 한다.

전자지도를 콘텐츠 접근 방법으로 삼기 위해서는 '전자지도'라고 하는 별도의 디지털 데이터가 마련되어야 하므로, 비용과 기술면에서 구현이 용이하지 않았다. 그러나 최근 들어 디지털 콘텐츠 제작자가 자신의 저작물을 위해 전자지도 데이터를 특별히 구매하거나 제작하지 않아도, 고품질의 온라인 전자지도를 자신의 디지털 콘텐츠 상에서 연결해서 서비스할 수 있는 환경이 조성되었다.[10] 이러한 환경에서는 전자지도 상에 관심 지점(POI, Point of Interest) 색인을 구현하거나 전자지도와 디지털 저작물 사이의 상호 참조 기능을 구현하는 것이 용어색인이나 멀티미디어 갤러리 서비스를 구현하는 정도의 노력으로 가능해진다. 향후 전자지도 서비스를 수반한 디지털 콘텐츠의 제작은 크게 확산될 전망이다.

---

10) 세계적인 검색 포털 구글(Google™)과 국내의 대표적인 포털 사이트 네이버(Naver™) 등은 자사의 전자지도 콘텐츠를 외부 시스템에서도 연계·서비스할 수 있는 개방적 정보 서비스 체제를 운영하고 있다. 각각의 회사에서 제공하는 인터페이스 프로토콜에 따라 전자지도 서비스 화면을 호출하고 여기에 자기 콘텐츠에 접근할 수 있는 하이퍼링크 정보를 제공함으로써 전자지도 색인 서비스 기능을 구현할 수 있다.

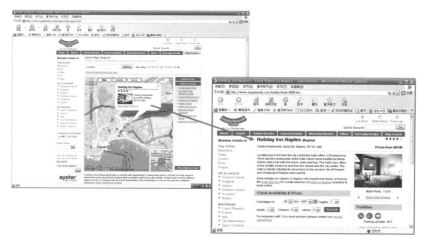

▌그림 13▌ 슈퍼브레이크 닷 컴(http://www.superbreak.com) : 구글 맵(Google Maps™)
이 제공하는 전자지도를 기반으로 제작된 숙박·여행안내 시스템

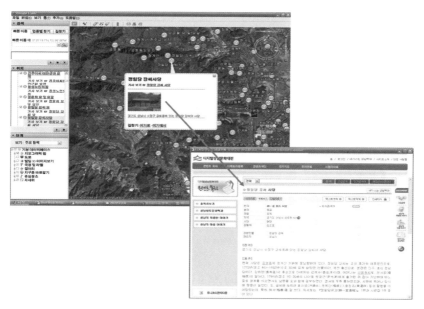

▌그림 14▌ 『한국향토문화전자대전』 (http://korea.grandculture.net) 구글 어스 인터
페이스 : 구글 어스(Google Earth)가 제공하는 위성사진에 『한국향토문화전자
대전』 기사의 관련 위치 정보를 수록하는 방법으로 전자지도 연계 서비스 기능
을 구현하였다.

콘텐츠 속에 담겨 있는 시간적 정보들을 연표 형식의 목록으로 정리하여 이용자에게 제공하고, 연표 상에서 관심 있는 사실을 선택함으로써 관련된 기사에 접근할 수 있게 하는 서비스이다. 전자지도를 소개할 때에도 언급하였듯이, 지식 정보의 많은 부분이 어느 정도의 시간성을 내포하고 있기 때문에 시간 축에 따라 관련 정보를 정리하게 되면, 콘텐츠의 내용을 특화한 전자연표를 만들 수 있다.

전자연표는 주로 역사적인 내용을 담은 인문 지식 분야의 디지털 콘텐츠 서비스에서 이용되는 방법으로 교육용 콘텐츠나 박물관 안내 정보 시스템, 백과사전의 온라인 서비스 등에서 찾아 볼 수 있다.

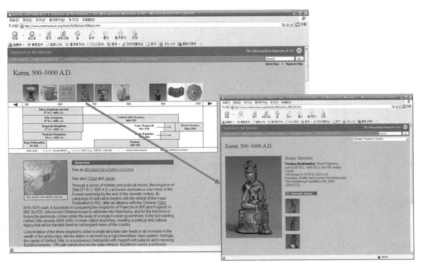

┃그림 15┃ 메트로폴리탄 박물관의 미술사 연표(Timeline of Art History, http://www.metmuseum.org/toah/) : 미국의 메트로폴리탄 박물관에서 운영하는 미술사 정보 사이트. 이 박물관이 소장하고 있는 세계 각국의 유물과 예술 작품에 관한 정보를 전자연표 형식의 이용자 인터페이스를 통해 제공하고 있다. 지역별로 상고시대에서부터 현대까지를 커버하는 역사 연표를 제공하고 그 위에서 특정 시대와 관련이 있는 기사에 접근할 수 있는 하이퍼링크 노드를 대표 이미지의 썸네일로 제공한다.

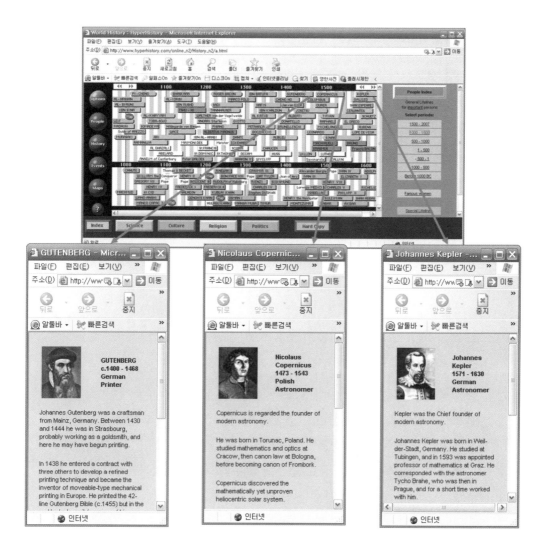

┃그림 16┃ 하이퍼 히스토리 온라인(Hyper History Online, http://www.hyperhistory.
com/) : 세계사에 관한 2,000여 개의 기사를 연대표 형태의 인터페이스를 통
해 제공하는 사이트. 과학, 문화, 종교, 정치 등 4개의 분야 분류 디렉토리 및
인물, 사건 등의 유형 분류 디렉토리와 시대별 연표를 결합한 형태의 메뉴를 제
공하고, 여기에서 관심 정보를 찾아갈 수 있도록 하고 있다.

## 5) 디지털 향토지의 발전 방향

디지털 향토지 편찬이 지향하는 것은 지역문화 지식 자원에 대해 디지털·온라인 세대의 접근을 용이하게 하고 이들의 다각적인 지식 수요에 유연하게 대응할 수 있는 서비스를 제공한다는 것이다. 편찬 목적의 중요한 포인트가 '고객'에 있는 만큼, 고객의 새로운 요구에 따라 디지털 향토지의 형태도 부단히 변화되어 가야 할 것이다. 디지털 향토지의 미래 고객이 어떠한 방식의 서비스를 요구할지 정확하게 예측하는 것은 용이한 일이 아니다. 그러나 정보기술 분야의 전문가들이 일반적으로 공감하는 디지털 콘텐츠의 변화 추세는 향토지와 같은 인문지식 콘텐츠의 발전 방향과 무관하지 않을 것이다.

온라인 디지털 콘텐츠 제작 분야에서 가장 주목받는 트렌드는 가상현실(Virtual Reality) 기능의 확대이다. 이는 컴퓨터의 멀티미디어적 기능을 단순히 여러 가지 매체의 자료에 접근할 수 있게 하는 데 머물게 하지 않고, 그것을 일체화시켜서 마치 사물이 있고, 사건이 벌어지는 현장에 와 있는 듯한, 이른바 현장감 있는 체험을 제공하는 기능이다. 게임 소프트웨어류에서 가장 발전적인 모습을 보이는 가상현실 기능은 가까운 장래에 교육용 소프트웨어나 각종 안내 시스템에 널리 활용될 것이다. 가상현실 기능을 위주로 하는 향토지 콘텐츠는 컴퓨터를 통해 어느 고장의 특별한 지점을 직접 돌아보는 듯 한 현장감을 주면서 관련된 지식을 얻게 하는 일종의 '가상 여행 시스템'의 모습을 취하게 될 것이다. 가상현실은 이와 같이 콘텐츠에 대한 이용자의 몰입도를 더욱 높임으로써 정보 전달의 효과를 극대화 할 것으로 기대된다.

디지털 콘텐츠 제작 기술의 또 다른 발전 방향은 데이터 구조의 표준화와 모듈화를 통해 콘텐츠 상호간의 연계활용성을 극대화하는 것이다. 수준 높은 디지털 콘텐츠의 제작에는 많은 비용의 투입이 요구된다. 제3자가 만든 콘텐츠나 시스템을 부품처럼 활용하면서 자기만의 새로운 저작을 거기에 덧붙일 수 있다면, 제작비용을 절감하면서도 콘텐츠의 질적 수준을 크게 향상시킬 수 있을 것이다. 차세대 정보 시스템의 개발자들이 공통의 과제로 추구하는 상호운영성(interoperability)의 목표는 디지털 향토지 편찬에도 직접적인 영향을 미친다. 앞에서 살펴보았듯이, 전자지도의 '베이스 맵'처럼 막대한 제작비용이 드는 콘텐츠를 다시 만들 필요 없이 이미 만들어진 것을 자유롭게 사용할 수 있다. 전자지도뿐 아니라 각종 통계자료나 용어 해설, 영상자료 등이 인터넷 상에서 공유될 수 있는 환경이 조성되면, 향토지와 같은 비영리적 콘텐츠의 제작이 더욱 활성화 될 것이다. 이러한 환경에서 만들어지는 미래의 디지털 향토지는 다른 사람이 만든 부품을 활용하여 제작하는 것에 그치지 않고, 스스로 새로운 부품을 제공하여 또 다른 디지털 콘텐츠의 제작을 용이하게 하는 역할을 해야 한다.

디지털 콘텐츠 시장에서 관심을 끄는 또 하나의 변화상은 콘텐츠의 공급자와 소비자가 일체화되는 경향이다. UCC(User Created Content)라고 하는 이름으로, 이용자의 개인 저작물이 네트워크를 통해 다른 이용자에게 전파될 수 있는 장치가 마련됨으로써 오늘날 인터넷 상의 디지털 콘텐츠는 규모와 다양성을 크게 증폭시켰다. 전문적인 집필진을 운영하지 않고 오로지 이용자의 자유로운 기고와 수정으로 콘텐츠를 확보하는 온라인 백과사전 위키피디아(WikipediA, http://www.wikipedia.org)의 기사 항목 수는 2백만 건이 넘는 규모이다. 최근 국내의 포털 사업체들은 이용자가 제작한 멀티미디어 UCC의 소통을 중요한 사업 영역으로 인식하고 이를 위한 투자를 늘리고 있다.

디지털 향토지는 다른 어떤 주제의 저작물보다 UCC 기반 콘텐츠로 발전할 가능성이 더 높다고 여겨진다. 자기 고장, 자기 마을, 자기 이웃의 이야기는 외부의 전문 연구자보다 그 마을에서 살아온 지역 주민에 의해 더욱 풍성한 이야기가 만들어질 수 있기 때문이다. 문제는 전문 필자가 아닌 사람들의 원고도 가능한 한 정확성과 체계성을 높일 수 있도록 하는 장치를 마련하는 일이다. 원고의 체계적인 구성을 유도할 집필 템플릿, 부품처럼 쓸 수 있는 다양한 참고 자료, 멀티미디어 콘텐츠의 편집을 용이하게 할 수 있는 온라인 도구 등을 이용자에게 제공하는 방법을 고려해야 한다.

　디지털 콘텐츠 제작과 유통 분야에서 관찰되는 일반적이면서도 대표적인 변화 추세는 이상과 같은 것들이다. 중요한 사실은, 디지털 콘텐츠의 외형을 바꾸는 변화는 정보 기술에 의해 주도되지만, 그 발전된 기술을 콘텐츠 제작에 응용하는 것은 콘텐츠의 내용적 지식에 정통한 편집자의 역할일 수밖에 없다는 것이다. 디지털 콘텐츠의 편집자는 새로운 기술 환경에 유연하게 적응할 수 있는 능력을 지속적으로 키워 가야 한다.

참고문헌

김영순·김현 외, 『인문학과 문화콘텐츠』, 다할미디어, 2006.
인문콘텐츠학회, 『문화콘텐츠 입문』, 북코리아, 2006.

## 2. 디지털 향토지 콘텐츠 접근 방법의 설계와 구현

### 1) 온라인 서비스를 위한 향토지 편찬 프로세스

온라인 서비스 시스템이 제공하는 다양한 콘텐츠 접근 방법은 모두 컴퓨터 시스템이 제공하는 정보 처리 기능을 활용한 것이지만, 전적으로 프로그래밍 기술에 의해서만 구현되는 것은 아니다. 의도하는 서비스 형태에 맞게 가공된 데이터와 그 데이터를 적절히 운용할 수 있도록 개발된 프로그램의 조합에 의해서 이루어지는 것이라고 할 수 있다.

콘텐츠 접근 방법이 만들어지기 위해서는 본래의 콘텐츠 외에 서비스를 위한 콘텐츠가 별도로 만들어져야 한다. 책을 출판할 때 본문 원고 외에 목차 원고와 색인 원고가 있어야만 책의 앞뒤에 목차와 색인을 붙일 수 있는 것과 같은 이치이다. 개인 저자의 저작물인 경우, 본문 원고의 필자가 직접 목차와 색인을 만들어낸다. 그러나 여러 사람의 필자가 참여한 공동 저작인 경우 이 작업은 기획·편집의 책임을 맡은 편집자의 손에서 이루어진다.

본문 콘텐츠에 대한 접근을 용이하게 하기 위해 만드는 부가적인 콘텐츠, 이것을 '길잡이 콘텐츠'(guiding content)라고 부르기로 한다. 본문 콘텐츠에 대한 접근 방법이 효과적으로 제공되었느냐의 여부는 사실상 유용한 '길잡이 콘텐츠'를 생산하였느냐의 문제로 귀결된다고 할 수 있다. '길잡이 콘텐츠'는 누가 만드는가? 저작물의 기획 목표와 '본문 콘텐츠'의 내용을 명확하게 이해하는 편집자가 그 역할을 담당해야 한다.[11]

---

11) 최근 10년 동안 정보통신부의 지식정보자원관리사업 등 국책사업을 통해 인문지식 기반의 대규모 정보 시스템이 다수 개발되었다. 이는 모두 학술적으로 중요한 자료를 담은 데이터베이스이지만 이용 편의성의 면에서 대부분 긍정적인 평가를 받고 있지 못하다. 그 원인은 '본문 콘텐츠'와 '서비스 기능' 사이의 매개 역할을 할 '길잡이 콘텐츠'의 생산이 부실했던 데에서 찾을 수 있다.

## (1) 콘텐츠 접근 방법 구현 전략

이용자에게 제공되는 '콘텐츠 접근 방법'은 데이터와 무관하게 프로그래밍 기술에 의해서만 구현되는 것이 아니다. 어떠한 콘텐츠 접근 방법을 제공할 것인가 하는 문제는 데이터의 편찬 체계에 영향을 미친다. 따라서 콘텐츠에 대한 이용자의 접근 방법의 설계는 단순히 유저 인터페이스(User Interface) 차원에서 이루어지는 것이 아니라, 데이터 구조 및 데이터 가공 프로세스를 기획하는 단계에서부터 이루어져야 한다. 이러한 입장에서의 콘텐츠 접근 방법 구현 절차는 다음 같이 정리해 볼 수 있다.

① 콘텐츠의 성격에 부합하는 서비스 기능의 구상
② 서비스 기능이 필요로 하는 '길잡이 콘텐츠'의 정의
③ 길잡이 콘텐츠 요소를 포함하는 본문 콘텐츠 제작 업무 수행
④ 본문 콘텐츠 제작 완료 후 길잡이 콘텐츠 요소의 기계적 추출
⑤ 길잡이 콘텐츠 요소의 검증 보완 → '본문 콘텐츠'에 반영 → 재추출
⑥ '길잡이 콘텐츠'의 완성 → 콘텐츠 접근 방법 구현

'어떠한 형태의 서비스 기능을 구현할 것인가'는 '어떠한 성격의 길잡이 콘텐츠를 만들 것인가'의 문제와 직결된다. 다양한 콘텐츠 접근법을 제공하기 위해서는 여러 종류의 길잡이 콘텐츠가 만들어져야 할 것이다. 하지만 서비스 기능 하나 하나에 대해 독립적인 길잡이 콘텐츠를 만드는 것은 과도한 편찬 노력을 필요로 한다는 점에서 바람직하지 않다. 더구나 콘텐츠 편찬 작업이 1회적 업무에 그치지 않고 지속적 개정·증보를 해야 하는 경우, 본문 콘텐츠가 바뀔 때마다 길잡이 콘텐츠를 수정하는 작업을 별도로 해야 한다면 그 부담으로 인해 콘텐츠의 개정·증보가 심각하게 지연될 수도 있다. 이 문제에 대한 바람직한 해결 방법은 '본문 콘텐츠'와 '길잡이 콘텐츠'가 유기적으로 연계될 수 있는 장치를 미리 마련해 둠으로써 '본문 콘텐츠'를 만들면 '길잡이 콘

텐츠'가 자동적으로 만들어질 수 있도록 하는 것이다.

'길잡이 콘텐츠'는 그 내용 면에서 '본문 콘텐츠'와 무관한 것이 아니다. '본문 콘텐츠' 속에서 콘텐츠 접근점으로 쓰일 수 있는 요소를 모은 것이 '길잡이 콘텐츠'라고 할 수 있다. 만일 '본문 콘텐츠'를 생산하는 단계에서부터 '길잡이 콘텐츠'의 요소를 명시적으로 드러내 줄 수 있다면, '본문 콘텐츠'가 완성되었을 때 '길잡이 콘텐츠'를 자동적으로 생산하거나, 적어도 그 작업을 매우 용이하게 진행할 수 있다.

다음은 본문 콘텐츠의 어떤 요소들이 길잡이 콘텐츠의 생산에 쓰여지는지를 보이는 예시이다.

표 1 **길잡이 콘텐츠의 소재와 활용**

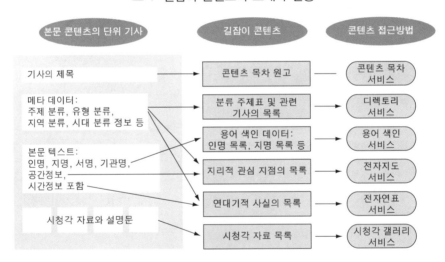

본문 콘텐츠 속에 들어 있는 길잡이 콘텐츠의 요소를 명시적으로 표시해 주는 작업은 본문 텍스트를 기술할 때 XML 등의 전자문서 제작 언어를 사용함으로써 수행할 수 있다.12)

---

12) XML(eXtensible Mark-up Language)은 문서의 구조적인 형식과 내용 요소들이 컴퓨

디지털 콘텐츠의 제작은 '원시 데이터를 XML 전자문서로 편찬하는 일'이라고 단언하여도 지나친 말이 아니다. 이 작업을 통해 사람만이 식별할 수 있었던 본문 텍스트 속의 내용 요소를 컴퓨터도 인식할 수 있게 만들 수 있고, 그렇게 함으로써 유용한 서비스 기능을 기계적으로 구현할 수 있기 때문이다. 이러한 점에서 XML은 디지털 콘텐츠 편집자가 반드시 숙지해야 할 기반 기술이며, 이 교재에서 중점적으로 다루는 '콘텐츠 접근 방법'도 본문 콘텐츠를 XML 전자문서로 제작한다는 전제에서 그 구현 방법을 모색할 것이다. 단, XML 기술 자체에 대한 이해는 별도의 교육 과정을 통해 이루어져야 할 것이므로 여기에서는 텍스트 원고가 XML 전자문서로 변환된 사례를 보이고, 이어서 XML로 기술된 전자 텍스트에서 어떠한 절차를 거쳐 소기의 콘텐츠 접근 방법을 구현하는지를 중점적으로 다루기로 한다.

## 가. XML 변환을 고려한 원고 템플릿

지역문화지의 원고 집필자는 대부분 인문학 분야의 연구에만 종사해 온 사람들이기 때문에 집필자에게 처음부터 XML 전자문서 형태의 원고를 요구할 수는 없다. 지역문화지의 원시자료〔초고〕는 불가피하게 워드 프로세서 문서 수준에서 수합하게 된다. 그러나 수합 원고의 XML 변환을 보다 용이하게 하기 위해서 원고 작성의 체계를 미리 제시해 주는 것은 가능하며, 또 반드시 필요한 일이다. 즉 원고의 제목, 분류 주제, 본문 텍스트의 단락과 소표제 등을 일정한 양식에 의해서 작성하게 하면, 적어도 그러한 내용 요소들을 기계적으로 분석하여 구조화하는 일이 가능하다. 다음은 원고 집필 지침에 따라

---

터가 식별할 수 있는 명시적 정보로 기술될 수 있도록 하기 위한 전자문서 마크업 언어이다. 월드 와이드 웹의 표준화를 주도하고 있는 W3C(World Wide Web Consortium)는 1998년 최초의 XML 권장안을 제시하였으며, 최근에 이르기까지 여러 단계의 개선안과 함께 다양한 응용 기술의 표준화 방안을 제공하고 있다.

정해진 양식에 입각하여 작성된 원시 자료의 사례이다.[13]

[기본 정보]

| 항목ID | 501085 | | | | |
|---|---|---|---|---|---|
| 항목명(한글) | 운림산방 | | | | |
| 항목명(한자) | 雲林山房 | | | | |
| 항목명(영어) | Ullimsanbang | | | | |
| 이칭·별칭 | 운림각(雲林閣)｜소허암(小許庵) | | | | |
| 키워드 | 허련｜소치｜소치기념관 | | | | |
| 관련항목 | 문화예술｜미술｜문화재｜남종화｜허련｜허형｜허건｜허문｜진도역사관｜첨찰산 | | | | |
| 분야1 | 예술/미술 | 분야2 | | 분야3 | |
| 유형1 | 유적/건물 | 유형2 | | 유형3 | |
| 지역 | 전라남도 진도군 의신면 사천리 64 | | | | |
| 시대 | 조선시대/조선말기 | | | | |
| 멀티미디어지정 | 사진 | 운림산방전경｜운림산방화실 | | | |
| | 지도 | | | | |
| | 도면 | | | | |
| | 동영상 | | | | |
| | 음향 | | | | |
| | 기타 자료 | | | | |
| 출처 | | | | | |
| 집필자 | 이선옥 | | | | |
| 집필자 의견 | | | | | |

---

13) 『디지털진도문화대전』의 일반항목인 '운림산방' 기사의 초고이다. 집필자에게 원고 작성 틀〔템플릿, template〕을 제공하고, 콘텐츠 제작에 필요한 정보를 그 틀 안의 해당 칸에 채워 넣게 함으로써 표준화된 양식의 데이터가 만들어질 수 있게 하였다. 템플릿 상의 '기본정보'는 모든 기사로부터 공통적으로 추출할 수 있는 요소이며, '유형별 상세 정보'는 유사한 성격의 기사로부터 공통적으로 추출할 수 있는 요소 그리고 '내용'은 기사마다 다르게 작성될 본문 내용을 기술하는 부분이다.

[유형별 상세정보]

| | |
|---|---|
| 성격 | 화실 |
| 양식 | 한옥 |
| 건립시기/연도 | 1857년 |
| 관련인물 | 허련｜허형｜허건｜허문｜허백련 |
| 구성 | 화실(기와)｜안채(초가)｜사랑채(초가)｜영정실｜소치기념관｜진도역사관｜연못｜관리사무소 |
| 높이 | |
| 길이 | |
| 둘레 | |
| 깊이 | 해당사항없음. |
| 면적 | 28,740㎡ |
| 소재지주소 | 전남도 진도군 의신면 사천리 64번지 |
| 소유자 | 진도군 |
| 관리자 | 진도군 |
| 문화재지정번호 | 전라남도 지정기념물 제51호 |
| 문화재지정일 | 1981년 10월 20일 |

[내용]

[정의]
조선 말기 허련이 그림을 그리던 화실.

[개설]
소치 허련이 49세 때부터 84세에 세상을 떠날 때까지 작품 활동을 하였던 곳으로, 남종문인화를 대표하는 호남화단의 산실이다.

[명칭유래]
운림산방은 운림각(雲林閣) 또는 소허암(小許庵) 이라고도 한다. 허련의 호 소치는 중국 원나라 말기 사대가(四大家)의 한 사람인 대치(大癡) 황공망(黃公望, 1269~1358)에서 왔듯이, 운림산방의 운림 또한 예찬(倪瓚, 1303~1374)의 호 운림과 연관이 있을 것으로 추정한다.

[건립경위]
운림산방은 서울에서 활약하던 허련이 그의 나이 49세 때인 1857(철종 8) 스승인 김정희가 세상을 떠나자 고향으로 돌아와 작품 활동을 하기 위해 건립하였다.

[위치]

전라남도 진도군 의신면 사천리 64번지 첨찰산 자락에 위치하고 있다.

[변천]

허련에서 시작되어 54년을 이어오던 운림산방은 1911년 아들 허형이 50세 되던 때에 다른 사람에게 팔고 강진으로 이사하였다. 그러다가 1982년 허련의 손자인 남농 허건에 의해 다시 사들여져 쇠락한 운림산방이 복원되었고, 진도군에 기증되어 현재는 진도군 소유로 진도군에서 일괄 관리하고 있다.

[형태]

총면적은 28,740㎡에 연건평 2,579㎡이다. 허련이 기거하던 초가로 된 안채와 사랑채, 기와로 된 그림을 그리던 화실, 그리고 운림지(雲林池)라고 부르는 연못으로 구성되어 있다.

[금석문]

현재 운림산방에 걸려있는 '운림산방(雲林山房)' 현판은 허련의 방손인 의재 허백련의 글씨이다.

[현황]

운림산방에는 백일홍, 매화, 동백과 오죽 등 갖가지 나무와 화초가 심어져 있다. 허련이 직접 심었다고 하는 백일홍, 백매에 대한 기록이 그의 저술인 『몽연록』에 전하나 현재 남아 있는 것은 아니다. 운림산방 앞의 연못은 복원되어 한 변 35m 가량 되는 사각형 연못의 중심에는 백일홍을 심은 둥근 섬이 있다.

최근 운림산방 주변에는 허련의 작품과 그의 가법을 이은 후손들의 작품을 전시할 수 있는 소치기념관, 진도의 역사를 보여주는 진도역사관이 건립되고, 연못 등이 보수되어 이곳을 찾는 관광객들의 좋은 볼거리가 되고 있다. 전라남도 지정기념물 제51호로 지정되어 있다.

[의의와 평가]

운림산방은 허련의 화실일 뿐만 아니라 소치 허련, 미산 허형, 남농 허건, 임전 허림, 의재 허백련, 그리고 허건의 손자들에 이르는 화맥의 산실이다. 호남을 남종문인화의 고장이라 부르는 근거가 되는 중요한 유적지라 할 수 있다.

[참고문헌]

『호남의 전통회화』(국립광주박물관, 1984)

『소치일가사대화집(小癡一家四代畵集)』(양우당, 1990)

『문화재도록』(전라남도, 1998)

소치연구회 간 · 김상엽 저, 『소치허련』(학연문화사, 2002)

## 나. 전자문서 설계 · 제작 · 응용

위에서 본 지역문화지 콘텐츠의 기사 원고의 내용은 필자가 관련 자료에 의거하여 창의적으로 작성한 것이지만, 그 원고를 담는 틀은 사전에 설계된 구조에 맞춘 것이다. 이와 같은 원고를 담아내기 위한 틀의 전체적인 구조는 다음과 같다.14)

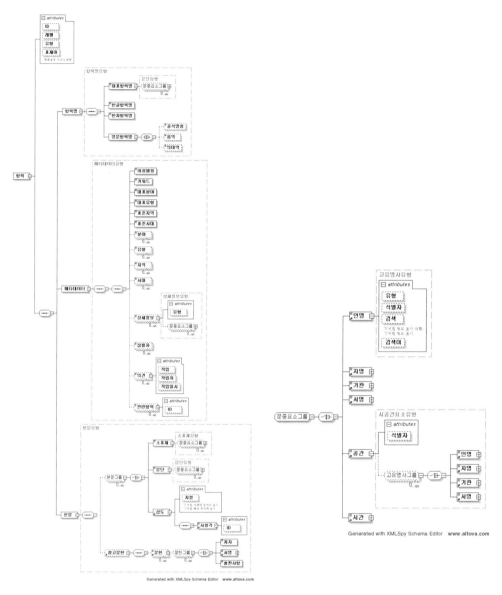

**▌그림 1▌** 『한국향토문화전자대전』 콘텐츠의 전자문서 구조

---

14) 『한국향토문화전자대전』XML 전자문서 구조에 대해서는 다음의 논문에서 상세한 설명을 볼 수 있다. 김현, 「향토문화 하이퍼텍스트 구현을 위한 XML 요소 처리 방안」, 『인문콘텐츠』, 9(2007).

이와 같은 전자문서 구조 설계에 입각하여 앞에서 예시한 원고를 XML 전자문서로 변환한 결과는 다음과 같다.

〈항목 레벨="3" 유형="기획항목" ID="50001085"〉
　　　〈항목명〉
　　　　　　　〈대표항목명〉〈지명 검색="1" 검색어="운림산방" 유형="유적"〉운림산방〈/지명〉〈/대표항목명〉
　　　　　　〈한글항목명〉운림산방〈/한글항목명〉
　　　　　　〈한자항목명〉雲林山房〈/한자항목명〉
　　　　　　〈영문항목명〉〈공식명칭 /〉〈음역〉Ullimsanbang〈/음역〉〈의미역〉Ullim
Hermitage〈/의미역〉〈/영문항목명〉
　　　　　〈/항목명〉

　　　　　〈메타데이터〉
　　　　　　　〈이칭별칭〉운림각(雲林閣)|소허암(小許庵)〈/이칭별칭〉
　　　　　　　〈키워드〉허련|소치|소치기념관〈/키워드〉
　　　　　　　〈대표분야〉예술/미술〈/대표분야〉
　　　　　　　〈대표유형〉유적/건물〈/대표유형〉
　　　　　　　〈표준지역〉전라남도 진도군 의신면 사천리 64〈/표준지역〉
　　　　　　　〈표준시대〉조선시대/조선말기〈/표준시대〉
　　　　　　　〈분야〉예술/미술〈/분야〉
　　　　　　　〈유형〉유적/건물〈/유형〉
　　　　　　　〈지역〉〈지명 검색="0" 검색어="" 유형="주소"〉전라남도 진도군 의신면 사천리
64〈/지명〉〈공간 식별자="진도:운림산방" /〉〈/지역〉
　　　　　　　〈시대〉조선시대/조선말기〈/시대〉
　　　　　　　〈상세정보 유형="성격"〉화실〈/상세정보〉
　　　　　　　〈상세정보 유형="양식"〉한옥〈/상세정보〉
　　　　　　　〈상세정보 유형="건립시기/연도"〉1857년〈시간 식별자="진도:운림산방 건립"
/〉〈/상세정보〉
　　　　　　　〈상세정보 유형="관련인물"〉〈인명
UCI="G002+AKS-KHF_12D5C8B828FFFFB1809X0" 검색="1" 검색어="허련" 유형="성명"〉허련
〈/인명〉|〈인명 검색="1" 검색어="허형" 유형="성명"〉허형〈/인명〉|〈인명
UCI="G002+AKS-KHF_12D5C8AC74FFFFB1907X0" 검색="1" 검색어="허건" 유형="성명"〉허건
〈/인명〉|〈인명 검색="0" 검색어="" 유형="성명"〉허문〈/인명〉|〈인명
UCI="G002+AKS-KHF_13D5C8BC31B828B1891X0" 검색="1" 검색어="허백련" 유형="성명"〉허
백련〈/인명〉〈/상세정보〉
　　　　　　　〈상세정보 유형="구성"〉화실(기와)|안채(초가)|사랑채(초가)|영정실〈지명 검색
="1" 검색어="소치기념관" 유형="시설"〉소치기념관〈/지명〉|〈지명 검색="1" 검색어="진도역사관" 유형
="시설"〉진도역사관〈/지명〉|연못|관리사무소〈/상세정보〉

〈상세정보 유형="면적"〉28,740㎡〈/상세정보〉

〈상세정보 유형="소재지 주소"〉〈지명 검색="0" 검색어="" 유형="주소"〉전라남도 진도군 의신면 사천리 64〈/지명〉〈/상세정보〉

〈상세정보 유형="소유자"〉〈지명 검색="0" 검색어="" 유형=""〉진도군〈/지명〉〈/상세정보〉

〈상세정보 유형="관리자"〉〈지명 검색="0" 검색어="" 유형=""〉진도군〈/지명〉〈/상세정보〉

〈상세정보 유형="문화재 지정번호"〉전라남도 기념물 제51호〈/상세정보〉

〈상세정보 유형="문화재 지정일"〉1981년 10월 20일〈시간 식별자="진도:운림산방 문화재 지정"/〉〈/상세정보〉

〈집필자〉이선옥〈/집필자〉

〈의견〉〈/의견〉

〈관련항목 ID="50000062"〉건축〈/관련항목〉

〈관련항목 ID="50000128"〉관광〈/관련항목〉

〈관련항목 ID="50000307"〉남종화〈/관련항목〉

〈관련항목 ID="50001866"〉임삼현〈/관련항목〉

〈관련항목 ID="http://www.cha.go.kr/newinfo/Culresult_Db_View.jsp?VdkVgwKey=23,00510000,36" 대상="문화재청"〉운림산방(雲林山房)〈/관련항목〉

〈관련항목 ID="http://dev2.koreandb.empas.com/minbaek/data/view.php?item_no=J57176" 대상="민족문화대백과사전"〉운림산방〈/관련항목〉〈/메타데이터〉


〈본문〉

〈소표제〉〔정의〕〈/소표제〉

〈문단〉조선 말기 〈인명 UCI="G002+AKS-KHF_12D5C8B828FFFFB1809X0" 검색="1" 검색어="허련" 유형="성명"〉허련〈/인명〉이 그림을 그리던 화실.〈/문단〉

〈소표제〉〔개설〕〈/소표제〉

〈문단〉〈인명 검색="0" 검색어="" 유형="호"〉소치〈/인명〉〈인명 UCI="G002+AKS-KHF_12D5C8B828FFFFB1809X0" 검색="1" 검색어="허련" 유형="성명"〉허련〈/인명〉이 49세 때부터 84세에 세상을 떠날 때까지 작품 활동을 하였던 곳으로, 남종문인화를 대표하는 호남화단의 산실이다.〈/문단〉

〈소표제〉〔명칭유래〕〈/소표제〉

〈문단〉〈지명 검색="1" 검색어="운림산방" 유형="유적"〉운림산방〈/지명〉은 〈지명 검색="0" 검색어="" 유형="유적"〉운림각(雲林閣)〈/지명〉 또는 〈지명 검색="0" 검색어="" 유형="유적"〉소허암(小許庵)〈/지명〉이라고도 한다. 〈인명 UCI="G002+AKS-KHF_12D5C8B828FFFFB1809X0" 검색="1" 검색어="허련" 유형="성명"〉허련〈/인명〉의 호 〈인명 검색="0" 검색어="" 유형="호"〉소치〈/인명〉는 〈지명 검색="0" 검색어="" 유형="국명"〉중국〈/지명〉〈지명 검색="0" 검색어="" 유형="국명"〉원〈/지명〉나라 말기 사대가(四大家)의 한 사람인 〈인명 검색="0" 검색어="" 유형="호"〉대치(大癡)〈/인명〉〈인명 검색="0" 검색어="" 유형="외국인명"〉황공망(黃公望, 1269~1358)〈/인명〉에서 왔듯이, 〈지명 검색="1" 검색어="운림산방" 유형="유적"〉운림산방〈/지명〉의 〈인명 검색="0" 검색어="" 유형="호"〉운림〈/인명〉 또한 〈인명 검색="0" 검색어="" 유형="외국인명"〉예찬(倪瓚, 1303~1374)〈/인명〉의 호

〈인명 검색="0" 검색어="" 유형="호"〉운림〈/인명〉과 연관이 있을 것으로 추정한다.〈/문단〉
　　　　　〈참고문헌〉
　　　　　　　〈문헌 WID="2297"〉〈서명 검색어="호남의 전통회화" 유형="서명"〉『
호남의 전통회화(湖南의 傳統繪畵)』〈/서명〉〈〈출판사항〉국립광주박물관, 1984〈/출판사항〉〉〈/문헌〉
　　　　　　　〈문헌 WID="2298"〉〈저자〉허문〈/저자〉 편, 〈서명 검색어="소치일가
사대화집" 유형="서명"〉『소치일가사대화집(小癡一家四代畵集)』〈/서명〉〈〈출판사항〉양우당, 1990〈/출판사
항〉〉〈/문헌〉
　　　　　　　〈문헌 WID="2299"〉〈서명 검색어="문화재도록" 유형="서명"〉『문화
재도록』〈/서명〉〈〈출판사항〉전라남도, 1998〈/출판사항〉〉〈/문헌〉
　　　　　　　〈문헌 WID="2300"〉〈저자〉소치연구회〈/저자〉 간·〈저자〉김상엽〈/저
자〉 저, 〈서명 검색어="소치허련" 유형="서명"〉『소치허련』〈/서명〉〈〈출판사항〉학연문화사, 2002〈/출판
사항〉〉〈/문헌〉
　　　　　〈/참고문헌〉
　　　　　〈삽도 지정="0"〉〈시청각 ID="M0158"〉운림산방〈/시청각〉〈/삽도〉〈삽도 지정
="0"〉〈시청각 ID="P0636"〉소치기념관〈/시청각〉〈/삽도〉
　　　　　　　〈삽도 지정="0"〉〈시청각 ID="P0652"〉운림산방〈/시청각〉〈/삽도〉〈삽도 지정
="0"〉〈시청각 ID="P0536"〉운림산방 설경〈/시청각〉〈/삽도〉
　　　　　　　〈삽도 지정="0"〉〈시청각 ID="P0194"〉의제 허백련〈/시청각〉〈/삽도〉〈삽도 지정
="0"〉〈시청각 ID="P0670"〉진도역사관〈/시청각〉〈/삽도〉
　　　　　　　〈삽도 지정="0"〉〈시청각 ID="P2142"〉허건〈/시청각〉〈/삽도〉〈삽도 지정="0"〉〈시
청각 ID="P1889"〉허련〈/시청각〉〈/삽도〉
　　　　　　　〈삽도 지정="0"〉〈시청각 ID="P1890"〉허련 산수화〈/시청각〉〈/삽도〉〈삽도 지정
="0"〉〈시청각 ID="P2144"〉허형〈/시청각〉〈/삽도〉
　　　　　　　〈삽도 지정="0"〉〈시청각 ID="D0036"〉운림산방 배치도〈/시청각〉〈/삽도〉〈삽도 지
정="0"〉〈시청각 ID="T0313"〉운림산방의 화맥〈/시청각〉〈/삽도〉
　　　　　〈/본문〉
〈/항목〉

　　　이와 같은 형태의 XML 전자문서에서 시작 태그[〈○○○〉]와 종료 태그[〈/
○○○〉]로 둘러싸인 각각의 부분이 이른바 '요소'(Element)라고 불리는 정
보 인자들이다. 이 '요소'들의 일부는 필자가 템플릿 상에 작성한 초고 원고에
서 기계적으로 추출되기도 하지만, 편집자들이 별도의 부가적인 노력으로 생
성해 내는 부분도 있다. 예컨대, 본문 텍스트 속의 인명, 지명, 서명 요소들은
초고 상에 그것에 대한 명시적인 표시가 없기 때문에 2차적인 편찬 작업을 통
해 그것을 정보 요소로 표시해 주는 작업을 해 주어야 하는 것이다. 이처럼
텍스트 속의 정보에 XML 문법에 의한 태그(Tag, 꼬리표)를 부가함으로써

하나의 정보 요소임을 드러내는 일을 태깅(tagging)이라고 한다. 태깅 작업에 의해 본문 텍스트 상에 명시적으로 표기된 '요소'들은 컴퓨터의 정보 처리 기능에 의해 기계적으로 취합되어 '길잡이 콘텐츠'를 만들게 되며, 그것을 이용하여 다양한 '콘텐츠 접근 방법'을 구현할 수 있게 되는 것이다.

앞에서 살펴 본『한국향토문화전자대전』XML 데이터의 경우, 태깅에 의해 표시된 여러 정보 요소 중 특별히 콘텐츠 접근 방법 구현에 활용되는 요소들을 정리하면 다음과 같다.

표 2 『한국향토문화전자대전』전자문서 요소의 활용

| 상위 요소 | | 요소 | 콘텐츠 접근 방법 개발 응용 | |
| --- | --- | --- | --- | --- |
| | | | 길잡이 콘텐츠 | 콘텐츠 접근 방법 |
| 항목명 | | 한글항목명 | 콘텐츠 목차 원고 | 콘텐츠 목차 |
| 메타데이터 | | 대표분야, 분야 | 분야 분류 색인 | 디렉토리(분야분류) |
| | | 대표유형, 유형 | 유형 분류 색인 | 디렉토리(유형분류) |
| | | 표준지역, 지역 | 지역 분류 색인 | 디렉토리(지역분류) |
| | | 표준시대, 시대 | 시대 분류 색인 | 디렉토리(시대분류) |
| | | 상세정보 / 주소 / 공간 | 공간 레지스트리 등록 정보 | 전자지도 |
| | | 상세정보 / 연대 / 시간 | 시간 레지스트리 등록 정보 | 전자연표 |
| 본문 | 문단 | 인명 | 인명 색인 | 용어색인(인명) |
| | | 지명 | 지명 색인 | 용어색인(지명) |
| | | 서명 | 서명 색인 | 용어색인(서명) |
| | | 기관 | 기관명 색인 | 용어색인(기관명) |
| | | 공간 | 공간 레지스트리 등록 정보 | 전자지도 |
| | | 시간 | 시간 레지스트리 등록 정보 | 전자연표 |
| | 삽도 | 삽도 | 시청각자료 색인 | 시청각 갤러리 |

## 2) 텍스트 정보 기반의 서비스 기능 구현

### (1) 검색 서비스 기능의 구현

다른 분야의 콘텐츠와 마찬가지로 디지털 향토지에서도 검색 기능이 가장 대표적인 콘텐츠 접근 방법의 역할을 한다. 따라서 우수한 검색 기능의 구현은 이용자의 만족도를 높이는 관건이 된다고 할 수 있다. 그러나 이 검색 기능의 우수성은 편찬자의 노력 이전에 이른 바 '정보 검색 엔진'이라고 하는 소프트웨어의 기능에 의해 좌우되는 경우가 많으므로, 서비스 시스템 구현 시 어떠한 '정보 검색 엔진'을 도입해야 할지,15) 그리고 정보 검색 엔진이 제공하는 다양한 색인 기능 가운데 무엇을 선택해야 할지16)를 신중하게 결정해야 한다.

정보 검색 엔진의 선택처럼 기술적인 문제는 그 분야 전문가의 도움이 필수적이다. 하지만 디지털 콘텐츠의 정보 검색 품질은 콘텐츠 편찬자의 식견과 노력 여하에 따라 달라지는 부분도 적지 않으므로 이 부분에 대한 이해를 명확히 하고 적절한 편찬 전략을 세워야 할 필요가 있다.

---

15) 세계적으로 상품화된 정보 검색 엔진의 가지 수는 매우 많으나, 대부분 영어권 국가의 언어에 적합한 형태로 개발된 것이기 때문에 그것을 한국어 콘텐츠에 적용했을 경우 만족스럽지 못한 검색 결과를 제공하는 경우가 많다. 네이버, 엠파스 등 국내의 대표적인 정보 포털 사업체에서 상용화된 소프트웨어를 도입하지 않고 자사 전용 검색 엔진을 만들어서 사용하는 것도 그러한 이유에 기인한다.

현재까지 상용화된 검색 엔진 가운데 디지털 향토지 온라인 서비스에 필요한 요건을 비교적 잘 갖추고 있는 제품으로 한국과학기술정보연구원에서 개발한 KRISTAL 2002를 추천할 수 있다. 이 제품은 우리나라 고전 문헌 자료의 정보 검색 서비스를 목적으로 특화된 기능을 가지고 있기 때문에, 순한문 문헌이나 한자 용어가 많이 쓰인 텍스트의 서비스 시스템을 구현하기에 용이한 장점이 있다. 반면, 이 엔진을 탑재할 수 있는 서버 장비의 운영 체제가 Unix, 또는 Linux에 한정되어 있기 때문에 Microsoft Windows 계열의 운영 체제 상에서는 사용할 수 없다는 단점이 있다. 현재 KRISTAL 2002 정보 검색 엔진은 국사편찬위원회, 한국고전번역원, 한국학중앙연구원, 서울대학교 규장각, 한국국학진흥원 등의 기관에서 고전 문헌자료의 검색 서비스 목적으로 활용하고 있다.

16) 대부분의 검색 엔진은 대상 정보의 특성에 따라 색인 타입을 선택할 수 있는 기능을 제공한다. 예컨대 한국어 정보의 경우 검색 인덱스를 생성할 때 형태소 분석을 할 것인지, 단어 단위로 색인할 것인지, 글자 단위로 색인할 것인지의 여부를 응용 시스템 개발자가 선택할 수 있도록 하는 것이다.

## 가. 통합 검색

'통합 검색'이란 대상 정보의 성격이나 유형과 무관하게 단일한 검색 창에 검색어를 입력함으로써 자료를 찾는 방법이다. 이용자 입장에서 가장 손쉬운 방법이기 때문에 인터넷 상에서 운영되는 정보 서비스 시스템은 대부분 이러한 방식의 검색법을 최우선적으로 제공한다.

정보의 유형이나 성격에 구애됨이 없이 특정 어휘를 포함하는 기사를 찾아내는 이 검색 기능은 콘텐츠의 구성 체계와 무관하게 정보 검색 엔진의 도움만으로 구현이 가능하다. 그러나 동일한 내용의 정보가 기사에 따라 달리 쓰여져 제대로 된 검색 결과를 얻을 수 없는 등의 문제는 정보 검색 엔진의 기능만으로는 해결할 수 없는 과제이다. 디지털 콘텐츠 편찬자는 이용자가 만족할 수 있는 검색 결과를 제공하기 위해서 띄어쓰기, 문장부호 사용, 괄호 사용 등에 일관된 규칙을 적용해야 하고, 치밀한 교정·교열 업무를 수행해야 한다.

## 나. 고급 검색

통합 검색은 자료상에 해당 단어가 있는지의 여부만 가지고 검색 결과를 만들어내기 때문에 재현율[17]은 높지만, 정확률[18]이 떨어지는 단점이 있다. '고급 검색'은 찾고자 하는 대상 정보의 범위를 성격별, 시기별, 지역별 등 여러 가지 조건으로 제약하여 검색 결과의 정확률을 높일 수 있도록 하는 검색 방법을 말한다. 대부분의 정보 포털 사이트에서는 '통합 검색'을 기본 검색 기능으로 제공하는 한편, 이용자의 선택에 의해 '고급 검색' 기능을 이용할 수 있도록 하고 있다.

'고급 검색' 기능을 구현하기 위해서는 텍스트 내의 여러 가지 정보 요소별

---

17) 재현율(recall)이란 시스템 속에 수록된 관련 문서(relevant documents) 대비 실제로 검색된 관련 문서의 비율을 의미한다.
18) 정확률(precision)이란 검색된 문서 중 관련 문서가 차지하는 비율을 의미한다.

로 별도의 검색 인덱스를 만들어야 한다. 디지털 향토지의 편찬자가 '고급 검색' 기능을 구현하기로 했다면, 가장 먼저 시행해야 할 일은 텍스트의 어떠한 정보 요소를 검색 대상으로 삼을 것인가를 결정하고, 그것이 본문 텍스트를 전자 문서화하는 과정에서 명시적 정보 요소로 표현될 수 있도록 XML 요소 설계에 반영하는 것이다. '고급 검색' 대상 항목이 정보요소화 되면, 그것을 기초로 검색 인덱스를 생성하는 일과 여러 요소들을 조합하여 원하는 정보를 찾는 방식의 검색 기능을 구현하는 일 등의 후속 업무는 기술적으로 용이하게 처리될 수 있다.

다. 『한국향토문화전자대전』의 검색 서비스

『한국향토문화전자대전』의 지역별 사이트에서는 홈페이지를 비롯하여 콘텐츠를 열람하는 모든 웹 페이지 상에서 검색 질의를 통해 자료를 찾을 수 있는 통합 검색창을 제공하며, 검색 결과의 정확률을 높이기 위한 별도의 장치로서 고급 검색 기능을 제공한다.

'통합 검색'은 본문 텍스트 속의 모든 단어를 대상으로 한 색인을 만들고 그것을 이용하여 검색 기능을 수행하는 것이다. 내부적으로 『한국향토문화전자대전』의 모든 항목 기사 텍스트를 수록하고 있는 '향토백과 DB'와 시청각 자료에 대한 정보만을 별도로 저장하고 있는 '시청각 정보 DB', 그리고 정보 이용자가 추가한 콘텐츠를 저장하는 '이용자 백과 DB' 등 3종의 데이터베이스에 대해 각각 검색 작업을 수행하고, 그 결과를 통합하여 이용자에게 제시하는 절차를 거친다. 검색 결과를 이용자에 보여주는 마지막 단계에서 이용자가 입력한 검색어가 검색된 기사의 제목 속에 포함되어 있는 경우, 관련성이 높은 정보로 판단하여 결과 제공의 우선순위를 높게 부여한다.

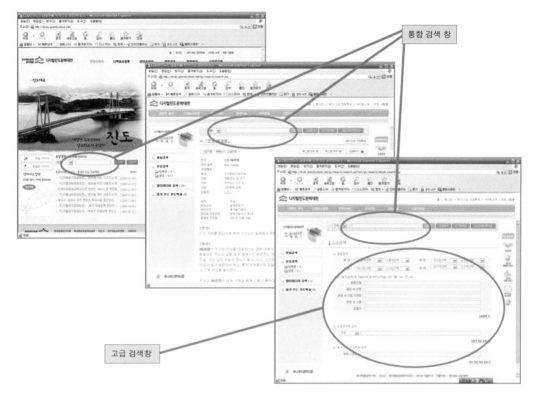

통합 검색 창

고급 검색창

▮▮그림 2▮▮ 『한국향토문화전자대전』 검색 화면

'고급 검색'을 통해서는 본문 텍스트에 대해 ① '분야', '유형', '지역', '시대' 등 기사 속성 분류를 선택할 수 있는 기능, ② 검색 범위를 '본문 전체', '인명', '지명', '기관명', '서명', '집필자명' 등으로 한정할 수 있는 기능, 그리고 ①과 ②의 조건을 조합하여 검색할 수 있는 기능을 제공한다. 또한 검색 범위를 ③ 시청각 자료에 대한 정보로 한정하거나, ④ 이용자가 부가한 콘텐츠만 대상으로 할 수도 있다. 검색 조건을 상세화할 수 있는 이러한 기능은 콘텐츠의 내용 요소에 따라 검색어 인텍스를 각각 별도로 생산함으로써 구현된다. 고급 검색 기능을 위한 검색용 색인의 유형과 그 대상 정보는 다음과 같다.

표 3 검색 색인의 유형과 대상 정보

| 검색 색인 | 데이터베이스 | XML 요소 명 | 용도 |
|---|---|---|---|
| 분야 분류 색인 | | 분야 | |
| 유형 분류 색인 | | 유형 | |
| 시대 분류 색인 | | 표준시대, 시대 | |
| 지역 분류 색인 | | 표준지역, 지역 | |
| 전문(全文) 색인 | 향토백과 DB | 본문 | |
| 인명 색인 | | 인명 | 검색 조건 지정 |
| 지명 · 기관명 색인 | | 지명 | |
| 서명 색인 | | 서명 | |
| 집필자 색인 | | 집필자 | |
| 시청각 자료 색인 | 시청각 정보 DB | 기록물 | |
| 이용자 백과 색인 | 이용자 백과 DB | 항목명, 본문 | |
| 기사 제목 색인 | 향토 백과 DB | 항목명 | 검색 결과 분석 |

## (2) 콘텐츠 목차 서비스 기능의 구현

콘텐츠 목차는 저작물의 구성 체계가 블랙박스화 되는 것을 방지하고, 이용자가 전체 콘텐츠의 구조를 일별할 수 있게 한다. 콘텐츠에 '목차'가 있다고 하는 것은 그 콘텐츠 전체가 미리 짜여진 내용 구성 체계에 따라 편찬되었음을 의미한다. 반면, 그러한 체계를 마련하지 않고 개개의 기사를 사전식으로 나열하는 편찬 방식도 있을 수 있는데, 후자의 경우에는 '목차'를 만들 필요가 없다.

해당 지역의 문화를 분야별로 탐구하고 그 성과를 계층적으로 조직하는 방식이 보다 일반적인 향토지 편찬의 형태임을 감안하면, 책자형 향토지의 '목차'와 유사한 기능을 하는 '디지털 콘텐츠 목차'의 구현을 고려하지 않을 수 없다.

가. 콘텐츠 목차 구현 방법

'콘텐츠 목차'는 이용 편의를 위한 장치의 하나이지만, 그에 앞서 콘텐츠 편찬의 전 과정을 이끌어 가는 '기획안'으로서의 의미를 갖는다. '목차'의 초안은 편찬 과정의 초기에 만들어지게 되고, 콘텐츠 개발 업무의 진행에 따라 지속적으로 조정되어 가다가, 콘텐츠 개발이 완료되는 시점에 이르러 이용자에게 보여지는 형태의 '목차'가 완성되는 것이다.

① 항목 구성 체계의 수립

집필 기획의 초기 단계에서부터 개개의 향토지 기사에 대해 그것이 전체적인 구성 체계 내에서 어느 위치에 놓일 것인가를 생각해야 하고, 그 위치를 알려 주는 정보를 기사 콘텐츠 내에 포함하도록 해야 한다.

② 항목 구성 체계의 지속적 관리

'콘텐츠 목차' 구현의 핵심은 편찬자가 관리하는 '목차'와 실제로 만들어지는 콘텐츠 기사 내용 사이의 불일치를 지속적으로 조정해 나아가는 것이다. 이를 위해서는 '목차' 데이터와 '콘텐츠 기사' 데이터의 조응 관계를 상시 검증하고 조정할 수 있는 장치를 마련해야 한다.

③ '콘텐츠 목차'의 편찬 완료

콘텐츠 기사 편집 작업의 완료와 더불어 '콘텐츠 목차'의 편찬도 마무리 짓게 된다. 디지털 콘텐츠 상에서 '콘텐츠 목차' 원고는 '본문 콘텐츠'의 일부인 기사 제목의 집합이므로 별도의 데이터를 생성할 필요가 없다. 단, 목차 열람의 속도를 빠르게 하기 위해 목차 콘텐츠를 따로 제작할 수도 있는데, 이 경우에는 본문 내용이 수정될 때마다 목차 콘텐츠 파일을 갱신하는 절차를 수행해야 한다.

## 나. 『한국향토문화전자대전』 콘텐츠 목차 서비스

『한국향토문화전자대전』 편찬 사업에서는 향토지 기사의 전체적인 조직을 '항목 구성 체계'라고 부른다. 통상 3, 4단계의 계층적 체계를 이루는 '항목 구성 체계'는 해당 지역 향토지의 기획 연구 단계에서 초안이 만들어지며, 개별 항목 기사는 모두 집필 착수 이전에 구성 체계상의 위치가 부여된다. 편집자는 집필 작업이 진행되는 동안 지속적으로 '항목 구성 체계'를 조정·보완하여, 콘텐츠 제작 완료와 더불어 조정 작업을 완료한다.

콘텐츠 기사의 집필이 완료되면 그 속에 포함된 '항목 구성 체계' 정보에 따라 계층적 구조의 '목차'를 자동적으로 생산하고, 기사 원고의 편집자는 원고의 내용과 '목차' 상의 위치를 검토·확인하고 조정한다. 편집자에 의한 조정 결과는 기사 내용에 포함된 '항목 구성 체계' 정보를 갱신함으로써 보존한다.

실제로 생산된 콘텐츠의 내용이 '항목 구성 체계'와 맞지 않는 경우가 발생하는데, 이때 항목 기사의 집필이 잘못된 경우도 있지만, 초기에 만들어진 항목 구성 체계가 부적절한 것으로 판단되는 경우도 있다. '항목 구성 체계'와 항목 원고 내용은 서로에 대해 보완·조정하는 역할을 한다.

『한국향토문화전자대전』의 콘텐츠 목차는 마지막으로 정리된 '항목 구성 체계'를 그대로 반영한 것이다. 이용자는 이 목차의 최상위 레벨에서부터 출발하여 각각의 하위 주제를 선택함으로써 단위 기사에 접근하게 된다.

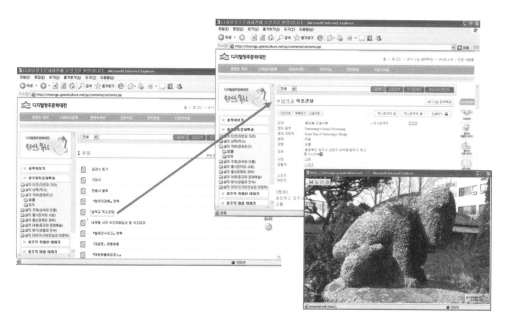

**‖그림 3‖** 『한국향토문화전자대전』 콘텐츠 목차 서비스

### (3) 디렉토리 서비스 기능의 구현

디지털 향토지에 있어서 '콘텐츠 목차 서비스'가 개별 기사의 위치와 순서에 입각한 접근법인 데 반해, 디렉토리 서비스는 그것과 무관하게 여러 가지 관점에서의 분류 기준에 따라 개별 콘텐츠에 다가갈 수 있는 길을 열어 주는 것이다. 디렉토리 서비스를 가능하게 하기 위한 기본 전제는 일정한 기사 분류 체계가 마련되어 있고, 전체 콘텐츠 속의 개별 기사들이 그 체계에 따라 분류되었다고 하는 것이다.

디렉토리 서비스에 적용하는 분류 체계는 학술적인 것일 수도 있고, 이용자의 관심을 위주로 한 것일 수도 있다.19) 디지털 향토지의 경우에도 콘텐츠의

---

19) 인터넷 포털 사이트에서 채용하고 있는 디렉토리 분류 체계는 철저히 '고객 지향적'인 성격을 갖는다. 즉, 네이버 포털의 아래와 같은 디렉토리 분류 체계는 어떠한 학문적 기준이나 체계성과 무관하게 이용자의 정보 수요에 효과적으로 부응하기 위해 고안된 것이라고 할 수 있다. 하지만 이것도 엄연히 유효성 있는 분류 체계의 하나이며, 체계가 세워져 있

성격과 이용자의 관심도를 고려한 분류 체계의 확립 및 그 기준에 입각하여 일관성 있게 시행된 기사 분류 작업이 디렉토리 서비스의 선결 요건이다.

가. 디렉토리 서비스의 구현 방법

향토지 본문 텍스트의 편찬 업무 중 디렉토리 서비스의 구현을 위한 공정 및 그것의 이행 절차는 다음과 같다.

① 미리 마련된 분류 주제에 따라 콘텐츠 집필자들이 자신이 생산한 기사 원고 상에 1차적인 분류 주제 부여를 한다.

② 교열 단계에서 이를 수정·보완하여 신뢰할 수 있는 분류 데이터를 생산한다. 이 때, 집필자 및 교열자가 생산·보완하는 분류 정보는 '메타데이터'로서 콘텐츠 기사 내용의 일부가 된다.

③ 편찬 작업 완료 시 콘텐츠 기사에 포함된 분류 주제를 기반으로 '디렉토리 서비스' 메뉴와 관련 기사 목록을 자동 생산한다.

④ 디렉토리 서비스 기능을 통해 기사 분류를 최종적으로 검증하고 불합리한 부분을 수정한다.

나. 『한국향토문화전자대전』의 디렉토리 서비스

『한국향토문화전자대전』에서는 콘텐츠의 메타데이터 요소 중 '분야', '유형', '시대', '지역' 등 4개 요소(element)의 데이터 값을 기반으로 다음과 같은 4

기 때문에 그에 입각한 디렉토리 서비스가 가능한 것이다.

| | | |
|---|---|---|
| 1) 뉴스<br>스포츠신문, 신문, TV, 경제신문, 속보, 날씨, … | 6) 경제, 재테크<br>은행, 부동산, 이력서, 고용보험, 취업, … | 11) 컴퓨터, 인터넷<br>자료실, 배경화면, 타자연습, 바이러스, P2P, … |
| 2) 엔터테인먼트<br>음악, 영화, TV 프로그램, 유머, 운세, 만화, … | 7) 사회, 정치<br>지진, 기상청, 현금영수증, 독도, 지자체, … | 12) 레저, 스포츠<br>격투기, 축구, 메이저리그, 이종격투기, 야구, 레포츠, … |
| 3) 교육, 학문<br>정시모집, 대학교, 입시, 자격증, 사전, 지도, … | 8) 기업, 쇼핑<br>쇼핑몰, 자동차, 중고차, 의류, 경매, 알바, … | 13) 문화, 예술<br>문학, 종교, 소설, 폰트, 전통놀이, 공연예술, … |
| 4) 게임<br>한게임, 아크로드, 플래시게임, PC게임, 고전게임, … | 9) 인물, 사람들<br>연예인, 배우, 가수, 모델, 방송인, 언론인, 스포츠인, … | 14) 어린이<br>컴퓨터, 숙제, 연예, 세계, 취미, 키즈생활정보, … |
| 5) 세계정보, 여행<br>국내여행, 해외여행, 여행지안내, 국가별, 노동, … | 10) 라이프스타일<br>로또, 요리, 건강, 헤어스타일, 질병, 금연, 버스노선, … | |

개의 분류 디렉토리를 제공한다.

① 분야 분류 디렉토리: 9개 대분야, 38개 소분야로 구성된 지역문화 분야
   분류표를 통해 단위 기사에 접근하는 방법을 제공

② 유형 분류 디렉토리: 19개 유형 분류표를 통해 단위 기사에 접근

③ 시대 분류 디렉토리: 표준 시대 분류표를 통해 단위 기사에 접근

④ 지역 분류 디렉토리: 해당 지역의 행정지명 목록을 통해 기사에 접근

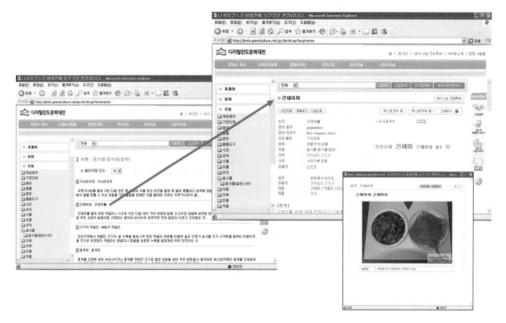

『한국향토문화전자대전』 디렉토리 서비스

(4) 용어색인 서비스 기능의 구현

디지털 향토지의 이용자는 그 정보의 생산자에게 익숙한 정보를 똑같이 친
숙하게 여기지 않는다. 디지털 향토지를 통해 내 고장의 문화와 역사에 대한
지식을 얻고 싶어도 어떠한 용어로 접근해야 하는지를 모를 때가 많다. 용어
색인 서비스는 '콘텐츠 목차', '분류 디렉토리' 등과는 다른 차원에서 디지털 향

토지에 담겨 있는 내용을 일별할 수 있게 하는 기능을 제공한다.

용어색인은 콘텐츠 접근 방법의 하나일 뿐 아니라 정보 검색 기능을 지능적으로 고도화하는 기초 데이터로서의 역할도 수행한다. 즉 추출된 용어 가운데 서로 동의어이거나 그 밖의 상관관계가 있는 키워드들을 연결시킴으로써 정보 검색 기능을 확장할 수 있으며, 사람의 판단에 의해 선택된 용어의 목록을 활용하여 컴퓨터 시스템의 키워드 자동 추출 기능을 고도화 할 수 있다.

## 가. 용어색인 서비스의 구현 방법

① 편집자가 기사 본문 텍스트 속에서 '의미 있는 단어 또는 어구'를 선택하고 선택된 키워드를 기계적으로 식별해 낼 수 있는 기호를 기입한다.[20] 이 경우 키워드 선택의 명확한 기준이 사전에 확립되어 있어야 한다. 특히 대량의 데이터를 여러 사람의 편집자가 가공할 때에는 일관된 선택 기준과 표준화된 작업 공정이 반드시 마련되어 있어야 한다.

② 키워드 선택 및 태깅 작업이 1차 마무리된 후, 선택된 키워드를 기계적으로 추출하여 검증한다.

③ 태그 기입의 오류, 일관성의 결여 등 문제점이 발견된 곳의 데이터를 수정한다.

④ 목표 수준에 도달할 때까지 기계적 추출 → 검증 → 수정 과정을 반복한다.

⑤ 편집 작업이 완료된 상태에서 추출된 색인어를 대상으로 검색 확장을 위한 후 처리 작업, 즉 동의어 및 관련어를 연합하여 탐색할 수 있는 기능을 구현한다.[21]

---

20) XML 전자문서 제작 공정 중 본문 내 문중 요소(in-text elements) 태깅(tagging) 작업이다. 이 작업은 용어 색인의 생산과 더불어 유관 정보 사이의 하이퍼링크(Hyperlink) 기능을 구현하기 위한 작업으로서의 의미를 갖는다.
21) 동일한 대상을 지칭하지만, 기사에 따라 다르게 선택된 용어를 하나의 그룹으로 묶어 주는 작업이다. 동일인을 어느 기사에서는 본명으로 표기하고, 다른 기사에서는 시호나 봉작호로 부른 경우가 있다면, 본명이나 시호 중 한 단어만 가지고는 해당 인물에 대한 기사를 망라하여 찾을 수 없다. 이러한 문제점을 시정하기 위해서는 그 사람의 본명과 이칭을 동

나. 『한국향토문화전자대전』의 용어색인 서비스

〈인명〉, 〈지명〉, 〈서명〉, 〈기관〉 등 본문 내 고유명사 표기 요소 값을 추출하여 아래와 같은 3종류의 색인어 목록을 생성하고, 이를 통해 본문 기사에 접근할 수 있도록 하고 있다.

① 인명 색인

② 지명기관명 색인

③ 서명 작품명 색인

또한 동의어를 하나의 그룹으로 묶을 수 있도록 하기 위해, 동의어 관계에 있는 고유명사들은 공통의 식별자를 속성 값으로 갖도록 한다.

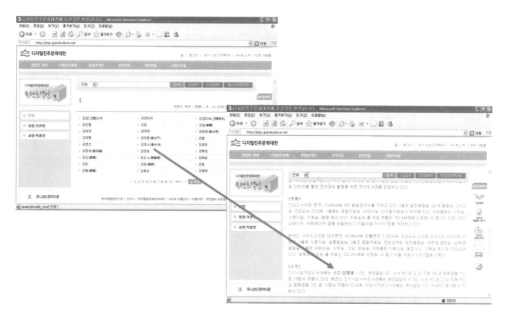

▌그림 5▐ 『한국향토문화전자대전』 용어 · 색인 서비스

의어로 묶어 주는 작업이 필요하다. 각각의 단어에 대해 동의어를 OR 조건으로 결합시킨 검색 질의어를 부여하는 방법을 사용할 수 있다.
예) 이순신 → 이순신 OR 충무공, 충무공 → 이순신 OR 충무공

후처리 작업 과정에서 각각의 고유명사에 대해서는 표기 요소 값을 요소별로 추출하여 목록화하고 식별자 속성을 활용하여 동일 대상을 OR 연산으로 결합한다. 이렇게 함으로써 기술 형태가 다르더라도 동일한 대상의 이름인 경우에는 통합된 결과를 제공할 수 있게 한다.

### 3) 부가 정보 기반의 서비스 기능 구현

#### (1) 시청각 갤러리 서비스의 구현

시청각 갤러리는 향토지의 내용에 대한 이해 부족으로 텍스트에 직접 다가가기를 부담스러워하는 청소년층 독자들에게 효과적인 콘텐츠 접근 방법이다.

갤러리 서비스는 시청각 자료의 열람 기능에 국한할 수도 있지만, 그 자료와 관련이 있는 텍스트 기사를 참조할 수 있는 기능을 함께 제공하는 것이 바람직하다.

가. 갤러리 서비스의 구현 방법

콘텐츠 목차나 디렉토리 서비스 기능의 구현과 마찬가지로 시청각 자료를 처음 생산하는 단계에서부터 갤러리 서비스를 위한 정보 생산을 병행하는 것이 중요하다.

디지털 향토지 편찬 시 시청각 자료의 수집·기획에서부터 제작·완성 단계까지의 과정은 다음과 같다.

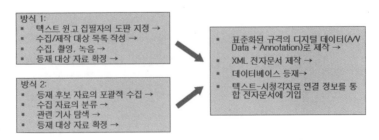

**┃그림 6┃** 시청각 자료 편찬 공정

디지털 향토지의 멀티미디어 데이터는 아직까지 독립적인 영상이나 음향으로 제작되기보다 텍스트 기사의 정보 전달 효과를 높이기 위한 참고 자료로 만들어지는 것이 일반적이다. 따라서 시청각 자료의 수집, 제작, 가공 과정에는 그것을 적절한 항목 기사에 연결시키기 위한 연관성 조사 작업 및 분류 작업, 그 관련성을 언어로 표현하는 설명문 부가 작업이 수반된다. 그러한 정리 작업의 결과를 일정한 형식의 디지털 정보로 축적하면, 그것이 바로 시청각 자료와 관련 텍스트 사이의 매개자 역할을 하는 '길잡이 콘텐츠'가 될 수 있다.

위의 〈그림 6〉에서 [방식 1]은 기사 원고의 집필에서 시청각 자료의 수요가 발생하여 수집·제작으로 이어지는 경우, [방식 2]는 시청각 자료의 수집이 먼저 일어나고 텍스트 연계가 나중에 이루어지는 경우이다. 어느 경우든 그 다음 과정은 시청각 데이터와 설명 자료를 표준화된 형식에 따라 제작해 내는 일이다. 수집·제작된 시청각 자료에 관한 설명문은 시청각 자료를 중심으로 볼 때 일종의 주석(Annotation)이라고 할 수 있다. 시청각 데이터의 생산과 관리에 있어서 이 'Annotation'의 의미가 중요하게 부각되는 이유는 그것의 표준화를 통해 시청각 자료의 공유와 연계를 촉진할 수 있기 때문이다. 오류 없이 가공된 Annotation 정보가 데이터베이스에 등재되면, 이로부터 '갤러리 서비스'가 자동적으로 구현될 수 있게 된다.


나. 『향토문화전자대전』의 시청각 갤러리 서비스

시청각 자료를 동영상, 사진, 음향, 도면, 도표, 애니메이션, 가상현실 등 매체 유형별로 분류하여 선택할 수 있게 하고, 그 다음 단계에서 '자연과 지리', '도시와 마을', '성씨와 인물', '지역사회와 시설', '문화예술과 신앙', '생활과 민속' 등 주제별로 열람할 수 있게 한다.

개별 시청각 자료는 모두 제목, 분류, 설명문, 수집·제작 정보와 함께 관련 기사 정보를 가지고 있으며 이를 매개로 유관 기사로의 하이퍼 링크를 지원한다.

**▌그림 7▐** 『한국향토문화전자대전』 시청각 갤러리 서비스

### (2) 전자지도 서비스 기능의 구현

지역문화 콘텐츠는 일정한 범위의 지리적 공간과 밀접한 연관성을 가지고 있다. 지역문화 콘텐츠의 이러한 특성 때문에 기사와 관련이 있는 지리적 위치를 전자지도 상에서 보여주는 서비스와 전자지도에서 관심 지점을 선택함으로써 그와 관련된 기사에 접근할 수 있게 하는 서비스가 더욱 중요한 의미를 갖는다.

### 가. 전자지도 서비스의 구성 요소

향토지의 기사[텍스트]와 전자지도는 구조, 성격, 활용 범위 면에서 각각 독립적 영역을 가진 별도의 콘텐츠이다. 따라서 향토지의 전자지도 서비스는 독립적인 두 콘텐츠 사이의 연결고리를 만들어내고 그것을 매개로 두 개의 콘텐츠가 상호 연동할 수 있도록 하는 것이라고 할 수 있다.

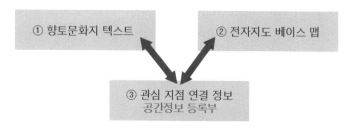

① 향토문화지 텍스트

② 전자지도 베이스 맵

③ 관심 지점 연결 정보
공간정보 등록부

▌그림 8▌ 지역문화지 전자지도 서비스의 3가지 구성 요소

① 전자지도 베이스 맵

특정 지역의 자연 지형 및 인공 시설물에 관한 정보를 가상공간에 지도 형태로 표현한 전자지도는 전문적인 지도 제작자에 의해서 만들어진다. 지역문화지의 전자지도 서비스는 이미 만들어져 있는 전자지도 상에 지역문화와 관련된 정보를 부가하는 것이기 때문에, 이미 만들어져 있는 전자지도를 '베이스 맵'이라고 부른다.

지역문화지의 전자지도 서비스가 이루어지기 위해서는 제3자가 만든 '베이스 맵'의 사용권을 확보해야 하는 데, 이 베이스 맵 확보 방법은 첫째, 전자지도 제작공급 사업체로부터 일정 지역 전자지도의 데이터를 구매하여 사용하는 방법,[22] 둘째, 외부 기관에서 서비스 하는 전자지도 상에 해당 지역문화지의 POI(Point of Interest)를 실어서 서비스하는 방법 등이 있다.[23]

---

22) 이 경우, 전자지도 서비스 시스템을 자체적으로 운영하게 된다.
23) 이 경우, 전자지도 서비스는 베이스 맵 온라인 서비스를 시행하는 포털 사이트로부터 전자지도 사용 권한과 응용 프로그램 인터페이스(API, Application Program Interface)를 제공받아서 구현하게 된다.
※ Google Map™: Google™ 사는 별도의 허가 인증 없이 자사의 하이브리드 지도 서비스를 타 시스템에서 연계하여 활용하는 것을 허용하며, 이를 위한 API(Application Program Interface)를 제공한다.

② 공간 정보 등록부

지역문화지 텍스트와 전자지도 베이스 맵의 상호 연결은 '공간정보 등록부'(Spatial Information Registry)라고 하는 장치를 통해 구현한다. 이것은 텍스트 상의 공간 정보와 전자지도 상의 지리적 위치를 매칭시키는 매개적 정보의 저장 공간이다.

┃그림 9┃ 공간정보 등록부(Spatial Information Registry)의 구조

③ 공간정보 등록부 관리기

공간정보 등록부에 새로운 공간 정보를 입력하고, 수정하는 작업을 용이하게 하기 위한 응용 프로그램이다. 관심 지점(POI)을 등록할 때 그것의 지리적 위치를 베이스 맵 상에서 확인할 수 있는 기능, 행정 주소를 경위도 좌표로 변환할 수 있는 기능 등을 제공함으로써 공간정보의 신규 등록과 기등록 정보의 수정을 용이하게 할 수 있게 한다.

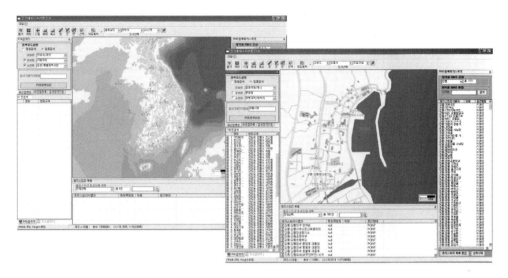

▨ 그림 10 ▨ 공간정보 등록부 관리기 화면

### 나. 전자지도 서비스의 구현 방법

전자지도 서비스는 해당 지역의 '베이스 맵'과 '공간정보 등록부 관리기' 등 기본 환경이 갖추어진 상태에서 다음과 같은 절차를 거쳐 구현한다.

① 해당 지역에서 이미 널리 알려져 있는 지리적 정보를 조사하여 공간정보 등록 부[공간정보 레지스트리]의 초기 데이터베이스를 구축한다.

② 지역문화 콘텐츠의 집필자 또는 편집자가 콘텐츠 기사 내용 중에서 전자지도 연계 서비스가 필요가 부분[공간 정보]을 찾아내고, 거기에 기계적 식별이 가 능한 표시자를 기입한다(XML 마크업 작업).

```
<한국향토문화전자대전>↵
<항목 ID="30000555" 레벨="6" 유형="일반항목">↵
  <항목명>↵
    <대표항목명><지명 검색="1" 검색어="경포대" 유형="유적">경포대</지명></대표항목명>↵
    <한글항목명>경포대</한글항목명>↵
    <한자항목명>鏡浦臺</한자항목명>↵
    <영문항목명>↵
      <공식명칭></공식명칭>↵
      <음역>Gyeongpodae Pavilion</음역>↵
      <의미역></의미역>↵
    </영문항목명>↵
  </항목명>↵
  <메타데이터>↵
    <이칭별칭></이칭별칭>↵
    <키워드>누각</키워드>↵
    <대표분야>종교/유교</대표분야>↵
    <대표유형>유적/건물</대표유형>↵
    <표준지역>강원도 강릉시 저동</표준지역>↵
    <표준시대>고려/고려 후기</표준시대>↵
    <분야>종교/유교I문화유산/유형 유산</분야>↵
    <유형>유적/건물</유형>↵
    <지역>강원도 강릉시 저동 94번지<공간 식별자="강릉:경포대"></공간></지역>↵
    <시대>고려/고려 후기</시대>↵
    <상세정보 유형="성격">누정</상세정보>↵
    <상세정보 유형="양식">익공양식</상세정보>↵
    <상세정보 유형="건립시기/일시">1326년<시간 식별자="강릉:경포대 건립"></시간></상세정보>↵
```

┃그림 11┃ 전자지도 호출을 위한 XML 요소 태깅 사례

③ 정보 편찬자들은 지역문화지 콘텐츠의 XML 마크업 작업을 수행하는 과정에서 의미 있는 공간 정보를 발견할 때마다 그것이 레지스트리에 이미 등록된 정보 인지를 확인한다.

④ 기등록 정보인 경우에는 요소(Element) 표기와 함께 속성(Attribute) 정보로서 레지스트리 상의 개체 식별자를 기입한다. 레지스트리에 등록되지 않은 새로운 공간 정보인 경우에는 식별자를 명명하고 이를 레지스트리에 새로 등록한다.

⑤ 레지스트리 관리자는 새로운 공간 개체를 레지스트리에 등록하는 과정에서 그것의 지리적 위치 정보를 생성·저장한다.

⑥ 향토지 콘텐츠 제작 완료 후 레지스트리에 등록된 POI 정보를 목록 형태로 제공하면 그것이 곧 지리정보 색인의 역할을 하게 된다.

⑦ 편찬 작업이 완료된 이후 전자지도 연계 서비스 지점을 추가하고자 할 때에는 레지스트리에 새로운 공간 개체를 등록하고, 지역문화지 텍스트

속의 공간 정보에 표시자를 기입한다. 이러한 방법으로 전자지도 연계 서비스를 실시간으로 확장해 나아가는 것이 가능하다.

다. 『향토문화전자대전』의 전자지도 서비스 기능

① '지리정보 색인' 기능

전자지도 상에서 관심 지점을 선택함으로써 해당 지점과 관련이 있는 『향토문화전자대전』기사에 접근할 수 있도록 한다.

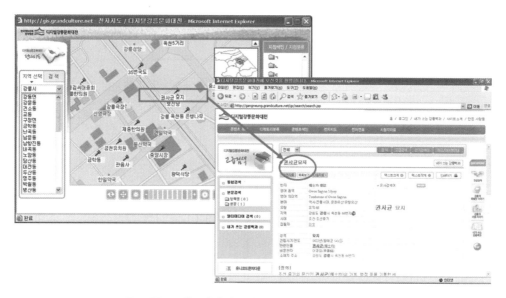

▌그림 12▐ 전자지도에서 본문 텍스트로의 연계

② '지도 참조' 기능

『향토문화전자대전』본문 기사에서 '공간 정보'로 표기된 부분을 클릭함으로써 해당 지점을 전자지도상에서 확인할 수 있게 한다.

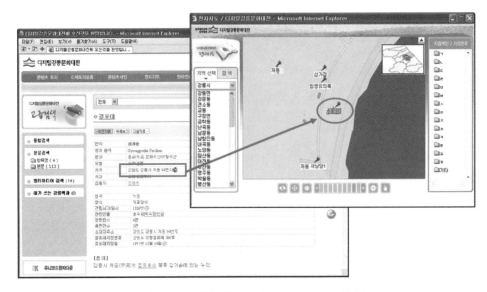

■그림 13■ 본문 텍스트에서 전자지도로의 연계

위의 두 가지 기능은 '공간정보 등록부'를 매개로 '텍스트'와 '전자지도'를 연계하는 방식으로 구현된다.

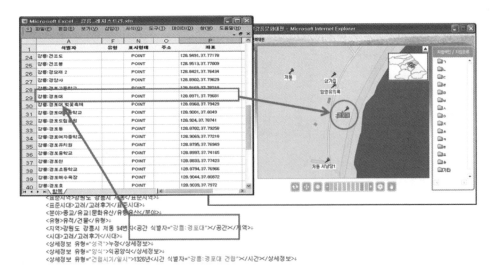

■그림 14■ 등록부를 매개로 한 텍스트 - 전자지도 링크

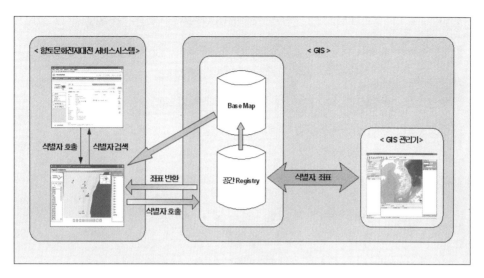

'텍스트' – '베이스 맵' – '공간정보 등록부'의 연동 구조

(3) 전자연표 서비스 기능의 구현

지역문화지는 고대로부터 현대에 이르기까지 그 지역의 역사를 이루어 온 많은 사실을 기록하고 있다. 지역문화지 속에 담겨 있는 그 지방의 역사적 사실들을 연표 형식의 목록으로 정리하여 이용자에게 제공하고, 그 연표 상에서 관심 있는 사실을 선택함으로써 그와 관련된 지역문화지 기사에 접근할 수 있게 하는 서비스의 구현을 고려할 수 있다.

가. 전자연표 서비스의 구성 요소

향토지의 전자연표는 그 지역의 역사적 사실만 가지고 구현할 수도 있겠지만, 이 경우 시대적 배경에 대한 이해를 얻을 수 없기 때문에 정보로서의 가치가 떨어진다. 그러한 이유에서 한국사 또는 세계사적으로 중요한 사실들을 담고 있는 일반적인 역사 연표 위에 그 지역의 역사적 사실을 부가적으로 표시하는 방법을 추구하고 있다. 지역 경계를 넘어서는 넓은 범위의 시간 정보

(국가 차원의 역사 정보 또는 세계사에 관한 정보)를 포함함으로써 모든 지방의 지방사 연표 제작의 밑그림으로 쓸 수 있는 기초 데이터를 '베이스 연표'라고 부른다.

향토지의 전자연표 서비스는 전자지도 서비스와 마찬가지로 3가지 요소의 조합으로 구현된다.

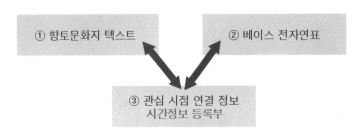

┃그림 16┃ 지역문화지 전자연표 서비스의 3가지 구성 요소

지역문화지 텍스트와 베이스 전자연표의 상호연결은 시간 정보등록부(Chronological Information Registry)를 통해 구현된다. 시간정보 등록부는 텍스트상의 연대기 정보와 전자연표상의 시점을 매칭시키는 매개적 정보의 저장소이다.

나. 전자연표 서비스 구현 방법

대체로 전자지도 제작 절차와 동일하다. 단, 전자지도의 경우 이미 만들어져 있는 해당 지역의 지리 정보 데이터를 이용할 수 있는 데 반해, 그 지역의 역사연표 데이터는 주로 편찬 중인 향토지 텍스트 속에서 추출해야 한다. 전자연표 서비스의 초기 단계에서는 '시간정보 등록부'가 완전히 비어 있다고 간주해도 무방하며, 따라서 기등록 정보를 활용하기 위한 작업 과정은 생략될 수 있다.

① 지역문화 콘텐츠의 집필자 또는 편집자가 콘텐츠 기사 내용 중에서 전자

연표 연계 서비스가 필요가 부분〔시간 정보〕을 찾아내고, 거기에 기계적 식별이 가능한 표시자를 기입한다(XML 마크업 작업).

② 편찬 완료된 XML 텍스트로부터 시간 정보 요소를 일괄 추출하여 동일한 대상 정보에 동일한 식별자가 부여되어 있는지를 확인하고, 일관성이 결여된 부분을 수정한다.

③ 교정을 마친 시간 정보 목록 데이터를 '시간정보 등록부'에 탑재한다.

④ 시간정보 등록부가 만들어진 상태에서 텍스트 상에 시간 요소를 추가할 필요가 있을 때에는 전자지도 작업과 마찬가지로 그 요소가 레지스트리에 이미 등록된 정보인지를 먼저 확인한다. 기등록 정보인 경우에는 요소 표기와 함께 속성 정보로서 레지스트리 상의 개체 식별자를 기입한다. 레지스트리에 등록 되지 않은 새로운 시간 정보인 경우에는 식별자를 명명하고 이를 레지스트리에 새로 등록한다.


다. 『향토문화전자대전』의 전자연표 서비스 기능

전자연표 상에서 특정 시간대나 역사적 사건을 선택함으로써 그것과 관련이 있는 『향토문화전자대전』 기사에 접근하는 방법과 역으로 본문 기사에서 '시간 정보'로 표기된 부분을 클릭함으로써 그 주변의 역사적 사건들을 전자연표 상에서 확인하는 기능을 제공한다. 어느 경우나 '시간정보 등록부'를 매개로 연결되며, 시간 요소의 '식별자' 속성이 연결 고리의 역할을 한다.

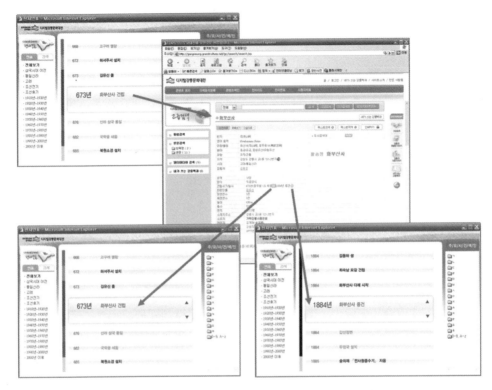

**그림 17** 전자연표 본문 텍스트 상호 연계

## 4) 디지털 향토지 편집자의 역할

온라인 디지털 콘텐츠가 제공하는 정보 접근법은 매우 다양하며, 또 새로운 것이 계속 만들어지고 있으나, 그 서비스의 기본 사상과 논리는 오프라인 콘텐츠 상에서 제공되던 것과 무관하지 않다. 콘텐츠 접근 방법을 구현함에 있어서 가장 우선시 되어야 할 과업은 정보의 구성 체계를 정하고, 그 체계를 기계적으로 인식할 수 있게 하는 것이다. 컴퓨터 화면상에서 시각적으로 어떻게 보이게 하는가는 부차적인 문제이며, 정보 기술 분야 전문가의 도움으로 용이하게 해결할 수 있는 과제이다.

디지털 향토지의 편집자는

첫째, 만들고자 하는 콘텐츠의 성격과 규모에 적합한 서비스 방법을 선택할
　　　수 있어야 하며,

둘째, 선택한 서비스 방법은 어떠한 매개적 정보〔'길잡이 콘텐츠'〕를 필요로
　　　하는지 알아야 하고,

셋째, 원고 집필 및 콘텐츠 편찬 과정에서 서비스를 위한 매개적 정보가 생
　　　산될 수 있도록 하는 방안을 강구하여야 한다.


디지털 향토지는 컴퓨터 시스템이 제공하는 정보 처리 기능을 활용하여 다
양한 형태의 데이터 접근법을 제공하는 것이 가능하다. 그러나 기술적으로 가
능하다고 해서 독자가 이해하기 어려운 수준의 활용법을 제공하는 것은 무의
미하다. 콘텐츠가 지향하는 목적과 정보 이용 고객의 성격, 수준을 고려하여
무엇이 유용한 콘텐츠 접근법이 될 것인지를 판단하고, 데이터 가공 시에 그것
이 가능하도록 하는 장치를 마련하는 것이 디지털 향토지 편집자의 역할이다.

강승식, 『한국어 형태소 분석과 정보검색』, 홍릉과학출판사, 2002.

김　현, 「향토문화 하이퍼텍스트 구현을 위한 XML 요소 처리 방안」, 『인문콘텐츠』 9, 2007.

_____, 「고문헌 자료 XML 전자문서 편찬 기술에 관한 연구」, 『고문서연구』 29, 2006.

_____, 「전자문화지도 개발을 위한 정보 편찬 기술」, 『인문콘텐츠』 4, 2004.

이건식, 「지식정보자원관리사업 역사분야 정보시스템의 기능적 사용자 인터페이스에 대한 연구」, 『한국정보관리학회지』 23(1,59), 2006.

Jack Olson, 『데이터 품질』, 한만호(역), 대청, 2006.

William Frakes, 『정보검색』, 류근호·김진호(역), 시그마프레스, 1995.

## 1) 전자텍스트 편찬 도구의 필요성

전자텍스트 또는 전자문서라고 불리우는 것에 대한 사전적 정의는 다음과 같다.

"전자문서란 전자적 매체에 담긴 내용물로서, 인쇄를 하지 않고 전자적인 형태로 이용할 목적으로 만들어진 것을 말한다."[24]

전자적인 형태로 이용한다는 것은 인쇄하여 책자 형태로 만드는 것이 아니라 CD-ROM, 인터넷 서비스 등에 활용되는 것 같이 전자적인 형태로 이용된다는 것이다.

일반 아날로그 문서와 전자문서의 가장 큰 차이점은 그 문서를 이용하는 주체가 누구냐에 있다. 아날로그 문서의 이용 주체는 사람이다. 전자문서도 궁극적으로는 사람에게 지식과 정보를 전달하는 것을 목적으로 하지만, 최종적으로 사람에게 제공되기 전까지 컴퓨터라고 하는 기계가 그 문서의 내용을 읽고 분석하고 가공한다. 데이터 입출력, 색인 생성, 형식 변환, 자동 하이퍼링크 생성 등 컴퓨터에 의하여 수행되는 여러 자동화 과정을 거쳐 마지막 결과물이 사람들이 이용하기 쉬운 형태로 제공되는 것이다.

전자적인 형태의 서비스를 목표로 하는 전자텍스트 제작 방법은 전통적인 책 출판에서 텍스트를 제작하는 방법에 비해 어떠한 차이점이 있을까? 텍스트를 읽는 주체가 '사람'이 아니라 '기계'라는 사실은 보다 엄격한 텍스트 가공

---

24) "Electronic Document"(http://www.wikipedia.org/wiki/Electronic_document)

의 정밀성을 요구한다.

책을 출판할 때 여러 차례의 교정·교열 과정을 거친다고 해도 오자나 잘못된 표현이 남아있게 마련이다. 하지만 그 오류가 매우 심각한 것이 아닌 이상 독자들은 자신의 지식과 판단력에 의해 스스로 그 잘못된 부분을 고쳐가며 받아들인다. 하지만 현재의 컴퓨터는 아직 이런 완전한 자기 보정 능력을 갖추고 있지 못하다. 그 동안 인공지능, 자연어 처리 기술 등 컴퓨터에게 지능을 심어주기 위한 기술적 연구가 진행되어 왔지만, 그것은 아직까지 실험적인 단계에 있을 뿐이다.

틀린 글자가 있거나, 띄어쓰기가 바르지 않은 경우, 또는 폰트의 모양은 비슷해도 문자 코드가 다른 기호가 혼재되어 있는 경우, 컴퓨터의 데이터 처리는 부정확해지고, 그것은 정보검색이나 하이퍼링크의 신뢰성을 떨어뜨리는 결과를 수반하게 된다.

디지털 콘텐츠의 편찬 목적이 단순히 온라인 시스템 상에 콘텐츠를 게시하는 데 그치는 것이 아니라, 컴퓨터가 제공하는 다양한 정보 처리 기능을 이용하여 콘텐츠의 이용 가치를 높이는 데 있다면, 편찬자는 그 텍스트의 정확성을 높이는 데 각별한 주의를 기울여야 한다.

원고 상태의 텍스트 속에 있는 갖가지 오류들을 바로잡는 일차적인 방법은 사람의 지적 판단력에 의존하는 방법, 즉 육안으로 오류를 찾아서 고치는 방법이다. 그러나 이러한 전통적인 교정 방법은 아무리 그 강도를 높인다고 해도 완벽을 기하기 어렵다. 더구나 대형 사전류의 편찬과 같이 텍스트의 양이 방대한 경우에는 교정 인력 사이의 주관적인 편차도 있어 일관성 있는 결과물을 얻는 것이 더욱 어려워진다.

이러한 문제점은 전자텍스트의 편집을 도와주는 전자적인 도구의 활용에 의해 어느 정도 해소할 수 있다. 즉 사람의 눈으로 판별하기 어려운 오류들을 컴퓨터의 도움으로 찾아내고, 또 그것을 일관된 원칙에 따라 신속하게 수정할 수 있는 것이다. 이 장에서는 '전자텍스트 편집기'와 '전자텍스트 키워드 정제기'라고 하는 전자텍스트 편찬 도구의 활용을 통해 텍스트의 정밀도를 제고하고, 이를 통해 디지털 콘텐츠의 활용 가치를 높이는 방법을 모색해 보기로 한다.

## 2) 전자텍스트 편집 도구

인터넷에서 접할 수 있는 전자텍스트 형식은 수 없이 많다. 가장 대표적인 것이 HTML(HyperText Markup Language) 문서인데, 우리가 인터넷 브라우저를 통하여 매일 보는 웹 페이지가 대부분 HTML 형식의 전자문서이다. 문서를 인쇄물과 같은 모양으로 서비스하는 PDF(Portable Document Format)도 전자텍스트 형식의 하나이다. Adobe™사에서 관리하고 있는 이 형식은 흔히 애크로뱃리더(Acrobat Reader™)라는 프로그램을 이용하여 볼 수 있다. 컴퓨터에 애크로뱃이나 다양한 PDF 생성 프로그램을 설치하면 문서 작성 프로그램에서 간단히 인쇄 기능을 통하여 생성할 수 있다. 생성된 PDF 파일은 종이에 인쇄했을 때와 같은 모습을 지닌다.

XML(eXtensible Markup Language) 파일은 HTML 파일과는 달리 문서의 구조, 내용, 스타일을 분리하여 관리할 수 있는 형식이다. 모양은 XSLT 파일을 통하여 지정할 수 있어 같은 내용을 담고 있는 XML 파일을 XSLT 파일만 변경하여 다양한 스타일로 표시할 수 있다. 특히 XML 파일의 장점은 이용자가 원하는 문서의 구조를 DTD, XMLSchema 등을 통하여 지정해서 엄격한 구조의 안정성을 유지할 수 있다는 점이다. 또한 내용의 일부분에 부가적인 메타데이터를 쉽게 부여할 수 있는 구조로 되어 있어 현재 과학, 산업, 경제 분야 등 다방면의 데이터 표준 포맷으로 자리하고 있다.

XML 형식의 전자텍스트는 일반적인 워드 프로세서나 에디터 프로그램을 통해서도 생성할 수 있지만, 마크업 기호의 입력을 용이하게 하고 오류의 발생을 줄이기 위해서는 XML 문서 편집을 목적으로 만들어진 전문 프로그램의 사용이 권장된다. XML 파일을 생성하고 편집할 수 있는 프로그램은 상용화된 것만 해도 여러 가지가 있고, 무료로 사용할 수 있는 프로그램에서 100만원 대에 달하는 것까지 가격대도 다양하다. 그 중 대표적인 프로그램을 몇 가지 살펴보기로 한다.

- XML Spy™

가장 대표적인 XML 데이터 편집 프로그램이다. Altova™사에서 개발하여 판매 중인 이 프로그램은 매년 향상된 기능을 추가하여 새로운 버전으로 발표되고 있다. 대표적인 기능으로 XML 형식 검증, XLST를 적용하여 미리보기, DTD나 XMLSchema를 이용한 유효성 검증 등을 지원하며, 그 외에 부수적인 편의 기능이 셀 수 없을 정도로 다양하게 제공된다. 현재까지 개발된 거의 모든 XML 관련 기술을 지원한다고 해도 과언이 아니다. 하지만 대부분의 기능이 콘텐츠 제작보다는 기술적인 부분에 초점이 맞춰져 있어 인문 분야의 XML 파일을 편집할 때는 오히려 부담스러운 프로그램이다. 또한 프로그램을 실행하는 데 높은 사양의 컴퓨터를 필요로 한다. 특히 10메가바이트 이상의 큰 파일을 읽어 들이면 속도가 현저하게 느려져서 편집 작업이 힘들다.

- ⟨oXygen/⟩™ Xml Editor

⟨oXygen/⟩이라는 독특한 이름을 가진 이 프로그램은 XML Spy와 함께 대표적인 XML 편집 프로그램으로 이용되고 있다. XML Spy와 마찬가지로 XML 문서 편집과 검증에 관련된 다양한 기능을 제공한다. XML Spy보다는 가벼운 느낌의 프로그램이다.

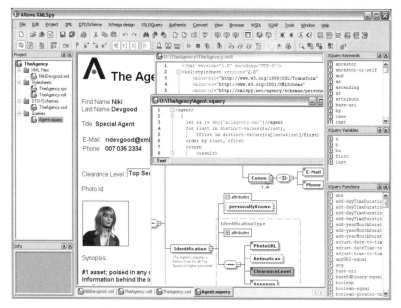

**■그림 1 ■** XML Spy 프로그램 화면

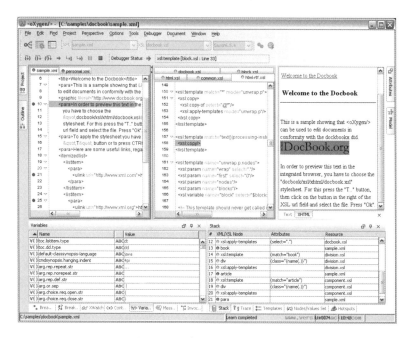

**■그림 2 ■** 〈oXygen/〉 XML Editor 프로그램 화면

• EmEditor™

EmEditor는 XML 전용 편집 프로그램은 아니지만, 다양한 텍스트 편집 기능을 제공하고 있어서 XML 문서 편집에 유용하게 쓰일 수 있는 소프트웨어이다. 앞의 XML Spy와 같은 프로그램과 비교하여 인문 분야의 XML 파일을 편집하는 데 필요한 여러 가지 장점을 가지고 있다. 무엇보다도 프로그램의 크기가 작고 가벼워 100메가바이트 이상의 큰 파일에 대해서도 무난하게 편집 작업을 할 수 있다. XML 전용 편집기는 아니지만 요소명, 속성명 등을 다른 색상으로 표시하여 편집 작업에 도움을 준다. 또 하나의 특별한 장점은 정규 표현식(Regular Expression)에 의한 텍스트 탐색 및 치환 기능을 제공한다는 것이다. 이 기능은 일반적인 워드 프로그램 상에서 볼 수 있는 단순한 찾기/바꾸기 기능과 비교하여 높은 수준의 데이터 처리 작업을 가능하게 해준다.

█그림 3█ EmEditor 프로그램 화면

### 3) 전자텍스트 키워드 정제 도구

'전자텍스트 키워드 정제 도구'란 전자텍스트의 키워드를 추출하고 정제하여 그 결과를 원래의 전자텍스트에 반영시키는 일련의 기능을 제공하는 프로그램을 말한다. 앞에서 살펴 본 전자텍스트 편집 도구만 가지고 텍스트의 정확성을 높이기에는 한계가 있다. 예컨대, 편집기 상에서는 텍스트의 정확성을 XML 요소 하나하나에 대해 개별적으로 검토할 수는 있지만, 그 요소들에 대한 태깅이 텍스트 전반에 걸쳐 일관성 있게 부여되었는지를 확인하기는 어렵다. 특히 백과사전이나 종합적인 지방문화지처럼 양적으로 방대한 규모의 콘텐츠를 제작하는 경우 여러 사람에 의해 가공된 개별적인 전자텍스트를 종합적으로 검증하는 일이 반드시 필요한데, 이러한 목적으로 쓸 수 있는 도구가 바로 키워드 정제 프로그램이다.

여기서 말하는 '키워드'란 XML 데이터 상에서 기능적으로 중요한 요소를 말하는데, 내용적인 면에서 중심이 되는 어휘를 의미하기보다는 용어 색인의 대상이 되는 어휘, 하이퍼링크의 연결 고리가 되는 어휘 등을 대상으로 한다. 이러한 의미에서의 키워드가 텍스트 전반에 걸쳐 일관성 있게 기술되었는지 검증하고, 발견된 오류를 효율적으로 수정할 수 있게 하는 것이 키워드 정제 도구의 역할이다.

전자텍스트 키워드 정제 도구가 갖춰야 할 기능 요건은 다음과 같다.

● 다양한 조건을 이용한 데이터 추출

원래의 XML 데이터에 대해서 다양한 조건을 설정하여 정제 작업의 대상이 되는 부분만을 쉽게 추출할 수 있는 기능을 제공하여야 한다.

● 원본 데이터 참조 기능

텍스트 원문에서 추출된 데이터만 가지고 정제 작업을 하다보면 그 용어가

쓰인 문맥을 파악하기가 곤란한 상황이 발생한다. 같은 어휘라 할지라도 문맥에 따라 의미가 달라질 수 있기 때문에 추출된 데이터의 목록만 가지고 정제 작업을 하다보면 오류가 발생할 수 있다. 따라서 추출된 데이터를 포함하는 텍스트 원문 문장을 쉽게 참조하는 기능을 제공하여 문맥에 맞는 작업을 할 수 있게 하는 기능을 제공하여야 한다.

- 미리 보기 기능

XML 데이터 원문은 수많은 태깅 기호가 포함되어 있기 때문에 가독성이 떨어진다. 따라서 일반 이용자에게 XML 데이터를 제공할 때에는 XSLT 파일을 적용하여 읽기 쉬운 모양으로 변환한다. 키워드 정제 도구에서도 사용자가 XSLT 파일을 설정하여 실제 서비스되는 화면을 미리 확인할 수 있는 기능이 제공되어야 한다.

- 외부 프로그램 연동 기능

키워드 정제 작업을 할 때에는 추출된 데이터의 순차 정렬, 일괄 치환, 특정 조건에 따른 데이터 변환 등 다양한 기능을 필요로 한다. 키워드 정제 도구가 그러한 기능을 제공한다고 하더라도 사용자들은 기존에 사용하던 프로그램을 이용하여 데이터를 정리하는 것을 더 선호할 수도 있다. 키워드 정제 도구가 마이크로소프트 엑셀™, 엑세스™ 등 강력한 데이터 처리 프로그램의 파일 형식을 지원한다면 여러 프로그램의 장점을 조합하여 키워드 정제 작업을 효과적으로 수행할 수 있게 된다.

## 4) 키워드 정제 도구 활용 실습

키워드 정제 도구는 XML 텍스트 편집기처럼 대중적으로 활용되는 상용 소프트웨어를 찾아보기 힘들다. 그 이유는 '키워드 정제'라고 하는 작업 과정이 콘텐츠의 내용적 특성에 의존하는 부분이 많기 때문이다. 키워드 정제기는 보편적 수요에 대응하는 상용 소프트웨어보다는 특정 콘텐츠를 위한 맞춤형 소프트웨어로 제작되는 것이 일반적이다.

한국학중앙연구원 한국학정보센터에서는 『한국향토문화전자대전』을 비롯한 한국학 자료 편찬한 기술 연구의 일환으로 인문 분야 XML 전자텍스트의 가공을 위한 키워드 정제 도구를 개발하였고, 이를 한국학 자료 편찬 전문가들에게 제공하여 활용하도록 하고 있다. 이 소프트웨어가 제공하는 기능은 다음과 같다.

- 설정 파일을 기반으로 작업 환경을 구성하여 다양한 구조의 XML 데이터를 처리할 수 있도록 한다. XML 파일의 저장 위치, 추출할 기본 요소, 추출할 부가 정보, 작업 데이터 저장 위치 등을 지정할 수 있다.
- XML 원문 파일과 추출된 키워드의 목록이 연동되도록 함으로써 본문 텍스트의 문맥을 참조하면서 키워드 정제 작업을 할 수 있다.
- 키워드 목록상에서 수정 작업을 하면 XML 원문 파일의 해당 요소가 동시에 수정되는 기능을 제공한다. 기본적인 수정 작업은 목록 표시 화면에서 수행하고 그 결과를 XML 원문 파일에도 반영시킬지 여부를 선택할 수 있다. XML 파일의 크기가 클 경우 작업 속도가 느려질 수 있으므로 주의하여 사용하여야 한다.
- 추출된 요소의 수정 결과를 XML 파일에 일괄적으로 적용할 수 있는 배치 기능을 제공한다. XML 원문 파일의 크기가 크거나 추출된 데이터의 양이 많을 경우, ③의 연동 기능을 사용하지 않고 목록상의 데이터에 대해서만 수정 작업을 수행한 후 이 기능을 이용하여 XML 원문 파일을 일괄 수정한다.
- XML 원문 파일에서 추출한 키워드의 목록을 마이크로소프트 엑세스 파

일로 저장하는 기능을 제공한다. 키워드 정제기만으로는 수행하기 어려운 데이터 가공 업무를 엑세스 상에서 처리할 수 있다.

## (1) 작업환경 설정

작업환경은 WC(Work Configuration)라는 확장자를 가진 파일을 만듦으로써 설정할 수 있다. WC 파일은 XML 형식의 텍스트 파일로서 일반 에디터 프로그램을 이용하여 쉽게 작성할 수 있다. 작업환경 설정파일의 구조는 아래와 같다.

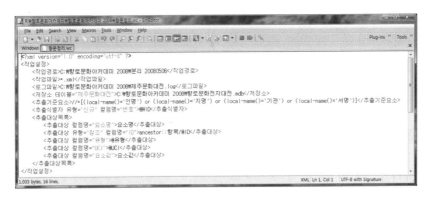

▍그림 4▍ 작업환경 설정파일

표 1  작업환경 설정파일 구조

| 요 소 명 | 기 능 |
| --- | --- |
| /작업설정/작업경로 | 작업의 대상이 되는 XML 파일이 저장된 경로를 설정한다(추후 데이터베이스 등에 저장되어 있는 XML 파일에 대해서 작업할 수 있는 기능을 제공할 예정임). |
| /작업설정/작업파일 | 작업 경로에 들어 있는 파일들 중에서 작업의 대상이 되는 파일의 확장자를 설정한다. |
| /작업설정/로그파일 | 프로그램을 사용할 때 발생되는 오류나 중요한 사항을 저장할 파일을 설정한다. |

| | |
|---|---|
| /작업설정/저장소 | 추출된 요소 목록을 저장하고 수정 결과를 유지할 파일을 설정한다(현재는 마이크로소프트 엑세스 파일(*.mdb) 형식만을 지원한다. 추후 데이터베이스 서버 등 다양한 저장소를 지원할 예정임). |
| /작업설정/저장소/@테이블 | 저장소 파일에서 현재 작업의 요소 목록을 저장할 테이블 이름을 설정한다. 해당 이름을 가지는 테이블이 존재하지 않으면 자동으로 테이블을 생성한다. |
| /작업설정/추출기준요소 | 요소 목록을 추천할 때 하나의 레코드가 되는 XML 파일 내의 요소(element)를 XPath를 이용하여 설정한다. |
| /작업설정/추출식별자 | 요소의 목록과 XML 데이터와의 연결성을 관리하기 위하여 추출 기준 요소에 지정된 각 XML 요소에 대하여 식별자를 부여하고, 이를 '추출식별자'라고 한다.<br>추출식별자의 값으로 추출 기준 요소에 사용할 속성의 이름을 설정한다. |
| /작업설정/추출식별자/@유형 | XML 데이터 파일에 각각의 요소에 대하여 이미 식별자가 부여되어 있고 이를 사용할 경우에는 '@유형' 속성값을 "기존"으로 설정한다.<br>각각의 요소에 대하여 식별자가 부여되어 있지 않을 경우 연결성 관리를 위하여 필수적으로 식별자가 부여되어야 하기 때문에 '@유형' 속성값에 "신규"를 설정하면 자동으로 속성을 생성하여 추가한다. 속성값은 '추출기준요소'에 지정된 XPath를 이용하여 추출된 순서대로 숫자 1부터 자동으로 부여한다. |
| /작업설정/추출식별자/컬럼명 | 자동으로 부여된 식별번호가 저장소 테이블에 저장될 때 사용할 컬럼의 이름을 설정한다. |
| /작업설정/추출대상목록 | 요소 목록에 추출될 데이터들을 '추출대상' 자식 요소를 이용하여 설정한다.<br>'추출대상' 자식 요소는 원하는 만큼 추가할 수 있다. |
| /작업설정/추출대상목록/추출대상 | 요소 목록에 추출될 데이터를 설정한다.<br>요소값으로 '추출 기준 요소'의 XPath 경로에 대한 상대 경로를 설정한다.<br>특별하게 "요소값"을 설정하면 해당 요소의 값을 추출하고, "요소명"을 설정하면 해당 요소의 이름을 추출한다. |
| /작업설정/추출대상목록/추출대상/@유형 | "참조"라는 값이 지정될 경우 프로그램 하단의 요소 목록에서 값을 수정할 수 없게 한다.<br>추출된 값이 정리 작업의 대상이 아니고 참조만 하면 되는 경우 유용하다. |
| /작업설정/추출대상목록/추출대상/@컬럼명 | 추출된 정보가 데이터베이스 테이블에 저장될 때 사용할 컬럼의 이름을 설정한다.<br>이 이름은 프로그램 하단의 요소 목록 화면의 컬럼명으로도 이용된다. |

(2) 화면 및 메뉴 구조

가. 파일 메뉴

프로그램을 구동시킨 후, 초기 화면에서 파일 메뉴를 선택하면 다음과 같은
화면이 표시된다.

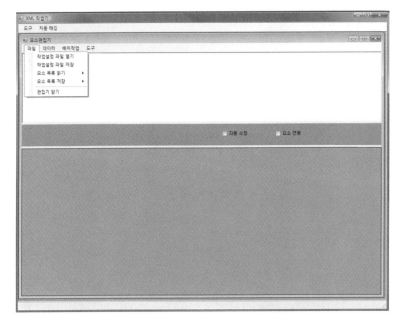

┃그림 5┃ 파일 메뉴 선택 화면

파일 메뉴 아래의 각 서브 메뉴가 제공하는 기능은 다음과 같다.

표 2 파일 메뉴의 하위 메뉴

| 메 뉴 명 | 기 능 |
|---|---|
| 작업 설정 파일 열기 | 현재 작업할 상태를 정의한 작업환경 설정파일을 선택하여 읽어 들일 수 있다. |
| 작업 설정 파일 저장 | 작업 환경 편집 대화상자에서 변경한 내용을 저장할 수 있다. |
| 요소 목록 읽기 | 요소의 목록이 추출되어 있거나 요소 목록을 다른 프로그램을 이용하여 편집하였을 경우 그것을 읽어 들이는 기능을 수행한다. |

| | |
|---|---|
| 요소 목록 저장 | 키워드 정제 도구의 기능을 이용하여 추출된 요소의 목록을 저장하는 기능을 수행한다. |
| 편집기 닫기 | 키워드 정제 도구를 종료한다. |

나. 데이터 메뉴

데이터 메뉴를 선택한 화면은 아래와 같다.

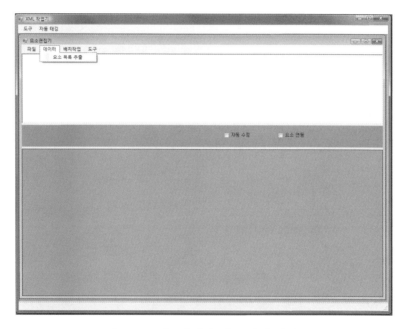

█그림 6█ 데이터 메뉴 선택 화면

데이터 메뉴 아래 서브 메뉴가 제공하는 기능은 아래와 같다.

표 3 데이터 메뉴의 하위 메뉴

| 메 뉴 명 | 기 능 |
|---|---|
| 요소 목록 추출 | 작업 환경 설정 파일에서 읽어 들인 정보를 이용하여 XML 데이터에서 지정된 요소와 속성 등을 추출하여 요소 목록을 작성한다. 추출된 요소의 목록은 프로그램 하단의 목록 표시 창에 채워진다. |

다. 배치작업 메뉴

배치작업 메뉴를 선택한 화면은 아래와 같다.

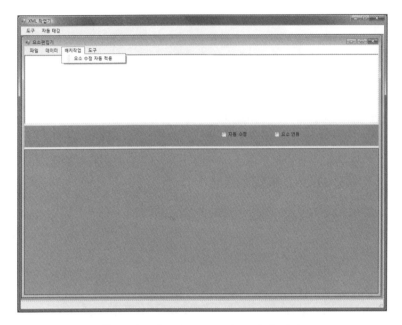

**┃그림 7┃ 배치작업 메뉴 선택 화면**

배치작업 메뉴 아래의 각 서브 메뉴가 제공하는 기능은 아래와 같다.

표 4  배치작업 메뉴의 하위 메뉴

| 메 뉴 명 | 기 능 |
|---|---|
| 요소 수정 자동 적용 | 자동 수정 기능을 이용하지 않고 목록 화면이나 외부 프로그램에서 데이터 수정을 했을 경우, 요소 수정 자동 적용 기능을 이용하여 수정 결과를 원본 XML 데이터에 반영한다. 변경할 데이터의 종류나 조건을 설정할 수 있다. |

라. 도구 메뉴

도구 메뉴를 선택한 화면은 아래와 같다.

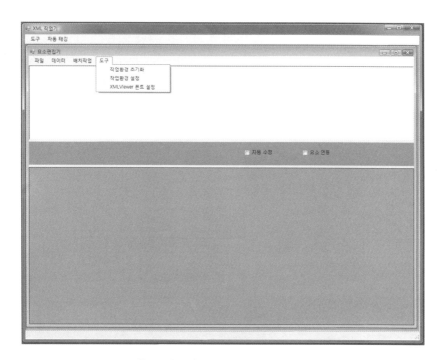

┃그림 8┃ 도구 메뉴 선택 화면

도구 메뉴 아래의 각 메뉴가 제공하는 기능은 아래와 같다.

표 5 도구 메뉴의 하위 메뉴

| 메 뉴 명 | 기 능 |
|---|---|
| 작업 환경 초기화 | 현재 설정된 작업 환경을 초기화한다. |
| 작업 환경 설정 | 작업 환경 데이터를 변경하거나 새로 설정한다. |
| XMLViewer 폰트 설정 | 프로그램 화면 상단의 XML 데이터 표시 부분에 적용할 글꼴, 글자 크기 등을 설정한다. |

가. 작업 환경 설정 파일 읽기

파일 메뉴의 '작업 설정 파일 열기'를 이용하여 설정 파일을 읽어 들이면 다음과 같은 화면이 표시된다. 하단의 창에 표시된 컬럼 이름은 작업 환경 설정 파일에서 지정한 추출 대상 요소의 이름들이다.

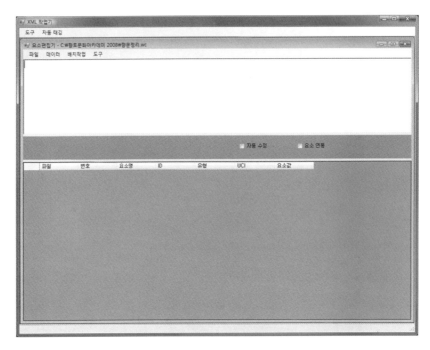

█그림 9█ 작업 환경 설정 파일을 읽어 들인 화면

나. 요소 목록 추출

작업 환경 설정 파일을 읽어 들인 후에 데이터 메뉴의 '요소 목록 추출' 메뉴를 선택한다. 그러면 데이터를 추출 작업이 이루어지고 그 결과로 프로그램 하단의 요소 목록 창에 추출된 요소 데이터가 채워진다. 동시에 작업 환경 파일에 설정된 저장소의 테이블에도 요소 목록이 만들어진다. '요소 목록 추출' 기능 수행 결과는 아래와 같다.

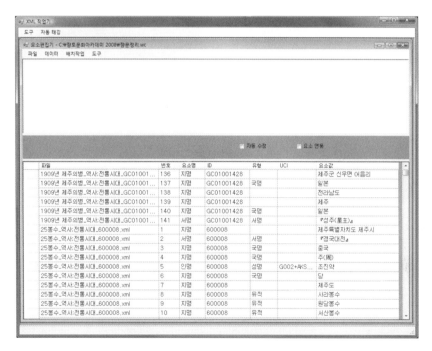

【그림 10】 요소 목록 추출 결과 화면

## 다. 요소 및 본문 텍스트 연동

요소 목록창에서 특정 요소를 마우스로 선택하면 그 요소의 위치를 XML 본문 파일 상에서 찾아서 보여준다. 이 기능은 키워드 정제 작업시 실제 데이터의 앞뒤 문맥을 참고하여야 할 경우에 유용하게 이용할 수 있다. '자동 수정' 기능이 설정되어 있는 경우, 요소 목록의 데이터를 수정하면 XML 데이터의 해당 부분이 자동으로 수정된다.

■그림 11■ 특정 요소를 선택한 요소 연동 기능 화면

라. 요소 수정 자동 적용

'자동 수정' 기능은 편리하기는 하지만 XML 데이터 파일의 크기가 클 경우 정제 작업 속도가 저하될 수 있다. 또한 외부 프로그램을 이용하여 요소 목록을 수정했을 경우, 수정된 데이터를 원래의 XML 데이터에 적용하여야 할 필요도 있다. 이런 경우에 도구 메뉴 아래의 '요소 수정 자동 적용' 기능을 이용한다. 요소 수정 자동 적용 대화상자에서는 '적용할 열(컬럼)'을 선택할 수 있다. '적용할 행 선택 기준' 콤보 박스를 누르면 특정 행의 값을 기준으로 수정 결과를 적용 대상을 제한할 수 있다.

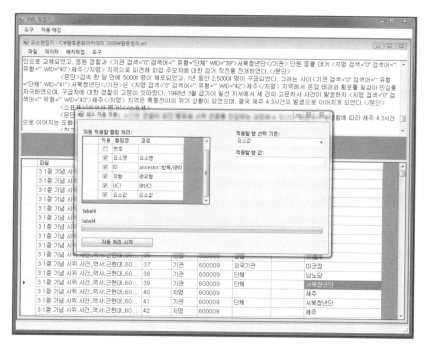

▌그림 12▐  요소 자동 적용 배치 작업 대화상자

**▌그림 13 ▌** 요소 자동 적용 배치 작업 조건 설정 화면

## 마. 외부 프로그램 연계 활용

키워드 정제 도구의 현재 버전은 마이크로소프트 엑세스(*.mdb) 파일을 데이터 저장소로 이용한다. 요소 목록을 추출하면 아래 그림과 같이 저장소로 설정된 엑세스 파일에 설정된 테이블이 만들어지고 추출된 요소 목록이 채워진다.

엑세스 프로그램이 제공하는 다양한 데이터 처리 기능을 이용하여 이 데이터를 직접 수정할 수 있다. 또한 엑셀이나 다른 형식의 파일로 변환하여 수정할 수도 있다.

**|| 그림 14 ||** 마이크로소프트 엑세스로 읽은 추출 요소 목록 데이터

## 5) 전자텍스트 편찬 도구의 발전 전망

인터넷이 가야할 방향을 이야기 할 때 빠지지 않고 등장하는 용어가 '시맨틱 웹(Semantic Web)'이다. 이 용어의 기본 개념은 컴퓨터가 정보들 간의 관계-의미 정보를 해석하여 자동으로 처리할 수 있게 한다는 것이다. 컴퓨터가 내용을 분석하여 자동으로 분류하거나, 문서 간의 관련성을 맺어주는 등의 일을 한다는 뜻이기도 하다. 이러한 수준의 지능적인 정보 처리는 원고 상태의 기본 텍스트만 가지고는 이루어질 수 없다. 텍스트 속의 주요 정보를 일정한 틀 속에 정리한 메타데이터와 문서 내의 어휘의 성격과 의미를 정의한 용어 사전, 그 용어들의 상관관계를 정의한 시소러스 등 방대한 규모의 참조 정보를 적절하게 이용하여야 가능한 일이다.

이와 같은 추세를 고려할 때, 앞으로의 전자텍스트 제작은 본문 텍스트의 디지털화에 머물지 않고, 키워드를 추출하여 요소화 하는 일이나 부가적인 메타데이터의 제작을 더욱 중요하게 여기게 될 것이다. 이러한 작업의 목적은 사람이 제공하는 정보를 컴퓨터가 이해하여 새로운 부가가치를 창출할 수 있게 하는 일이기 때문에 컴퓨터가 착오를 일으키지 않게 하는 노력, 다시 말해 텍스트 형식의 정밀도를 엄격하게 유지하는 일이 필수적으로 요구된다. 텍스트 형식의 정밀함에는 오탈자 방지, 기호 사용의 정확성, 띄어쓰기의 일관성, 대명사 사용의 지양 등이 포함된다.

컴퓨터가 텍스트 자체의 의미를 새롭게 고양시킬 수는 없다. 하지만 그 의미의 정확한 전달을 가로막는 형식상의 문제를 진단하고 수정하는 데에는 큰 도움을 줄 수 있다. 특히 방대한 양의 텍스트에서 형식의 정밀함을 유지하기 위해서는 전자적인 텍스트 편찬 도구의 사용이 필수적이다.

전자텍스트 편찬 도구의 수요는 앞으로 급격히 신장될 것이며, 그에 따라 이 도구의 기능도 하루가 다르게 발전해 갈 것이다. 디지털 콘텐츠의 제작자들은 전자텍스트 편찬 환경의 변화·발전 추세를 주목하면서 자신에게 유용한 도구를 찾아내고 활용하는 노력을 기울여야 할 것이다.

▌공저자▌

김 현   한국학중앙연구원 한국학대학원 고문헌관리학/인문정보학 교수
        한국학정보센터 소장

주영하   한국학중앙연구원 한국학대학원 민속학 교수
        동아시아역사문화연구소 연구위원

정치영   한국학중앙연구원 한국학정보센터 인문지리학 교수
        문화콘텐츠편찬실 실장

임동주   한국학중앙연구원 한국학정보센터 책임연구원
        백과사전편찬연구실 실장

정경란   한국학중앙연구원 한국학정보센터 선임연구원
        문화콘텐츠편찬실 기획팀 팀장

김백희   한국학중앙연구원 한국학정보센터 연구원(철학박사)
        문화콘텐츠편찬실 편찬연구팀 팀장

임준근   한국학중앙연구원 한국학정보센터 연구원
        인문정보학연구실 시스템개발팀 팀장

곽병훈   한국학중앙연구원 한국학정보센터 전문위원(정치학박사)

## 지역문화와 디지털 콘텐츠

2008년 7월 10일 초판인쇄
2008년 7월 14일 초판발행

지은이 • 김    현 외 7명
펴낸이 • 이 찬 규
펴낸곳 • 북코리아
등록번호 • 제03-01157호
주소 • 121-802 서울시 마포구 공덕동 115-13번지 201호
전화 • (02) 704-7840
팩스 • (02) 704-7848
이메일 • sunhaksa@korea.com
홈페이지 • www.ibookorea.com

ⓒ 한국학중앙연구원, 2008

값 20,000원

ISBN 978-89-92521-80-2 93380

이 책은 2007년도 한국학중앙연구원의 공동연구과제로 수행된 연구 결과물임